SHENZHEN
PROPERTY MANAGEMENT
YEARBOOK 2023

深圳物业管理年鉴

2023

《深圳物业管理年鉴》编辑委员会　编著

U0330772

中国建筑工业出版社

图书在版编目（CIP）数据

深圳物业管理年鉴 . 2023 = SHENZHEN PROPERTY
MANAGEMENT YEARBOOK 2023 /《深圳物业管理年鉴》编
辑委员会编著 . —北京：中国建筑工业出版社，
2023.11
ISBN 978-7-112-29187-8

Ⅰ. ①深…　Ⅱ. ①深…　Ⅲ. ①物业管理—深圳—
2023 —年鉴　Ⅳ. ①F299.276.53-54

中国国家版本馆 CIP 数据核字（2023）第 180919 号

责任编辑：毕凤鸣
责任校对：张　颖

深圳物业管理年鉴 2023
SHENZHEN PROPERTY MANAGEMENT YEARBOOK 2023
《深圳物业管理年鉴》编辑委员会　编著
*
中国建筑工业出版社出版、发行（北京海淀三里河路 9 号）
各地新华书店、建筑书店经销
逸品书装设计制版
北京凌奇印刷有限责任公司印刷
*
开本：880 毫米 ×1230 毫米　1/16　印张：19　插页：4　字数：446 千字
2023 年 11 月第一版　　2023 年 11 月第一次印刷
定价：**128.00** 元
ISBN 978-7-112-29187-8
（41908）

版权所有　翻印必究

编辑指导单位　中华人民共和国住房和城乡建设部
编辑主持单位　深圳市住房和建设局
承　编　单　位　深圳市住宅与房地产杂志社有限公司
编　著　者　《深圳物业管理年鉴》编辑委员会

编辑委员会

主　　任：徐松明
副　主　任：朱文芳
委　　员：张　雁　谢吾德　仇晨卉　刘国彪　刘　瀚　周婷婷　陈耀忠

编　辑　部

主　　编：朱文芳
副　主　编：张　雁
执　行　编辑：李春云
编写人员：黎铭明　饶雅婷　雷　杰　李亚力　许子昕　陈姗姗　张宇红
　　　　　李　纯　谢慧婷　殷宇嘉　何　楠　谢凤清　姚　琳　林彦湲
　　　　　林铄众　范斐璇　潘永健　邓　卓　高治宏　胡倩瑜　刘　婷
　　　　　何家鹏　唐小蕾　易　聪　葛金龙　刘远鹏　林　平　林　琅
　　　　　魏会学　林思群　张建明　姜培浩　白　潔　李　斌　谢建英
　　　　　袁愉快　尹怡人　葛大永　赵林夫　尹昕皖　张　毅　吴金平
　　　　　陈文婷

策　　划：刘　云　李　华　杨卫东
设计 / 制作：范海源

编撰说明

一、《深圳物业管理年鉴2023》(以下简称本书)是在中华人民共和国住房和城乡建设部指导下，深圳市住房和建设局主持编写的一本反映2022年深圳市物业管理历史与现状的资料性工具书。

二、本书综合性资料，来自中华人民共和国住房和城乡建设部官网、深圳市住房和建设局官网；专业性资料，来自深圳市住房和建设局统计年报、深圳市物业管理信息平台、2022年度深圳市物业管理行业发展报告、公开出版物，以及各区住房和建设局，深圳市物业管理行业协会，各区物业管理协会(联合会)，深圳物业管理相关出版机构、研究机构、培训机构，深圳市物业管理相关企业及专业机构的官方网站。缘于资料出处的不同和统计口径的差异，虽作过一些技术处理，但仍有参差。

三、本书有部分内容因各区住建局统计口径不一，只能原始照录。

四、本书对物业管理行业理性评判的标准尺度没有完全统一，因此对物业管理发展历史及现状以描述存在或发生过的事实为主，部分为专业人士与专家的解读分析，谨供读者参考。对于本书中的不足与存疑，恳请有关领导、专家与同行们批评指正。

编著者

2023年8月

■ 图片纪事

　　2022年11月21至23日，由深圳市住房和建设局指导，深圳市物业管理行业协会主办，全国各省市50多家地方协会协办，为期3天的"2022深圳国际智慧物业产业博览会"（以下简称"物博会"）在深圳国际会展中心8号馆隆重举行。本届物博会展览面积达2万㎡，围绕"智慧创美好 共生向未来"主题，设置十大展区。参展企业近300家，专业观众超3万人次。物博会紧扣"智慧"这一国家重点发展战略，突出展示近年来广大物业服务企业和产业链企业在智慧领域的发展建设成果，围绕多个经典智慧化应用场景，集中呈现一批科技化、数字化成果。图为2022年11月21日上午，深圳市住房和建设局党组书记、局长徐松明等领导与参加开幕式的嘉宾合影。

■ 图片纪事

深圳市住房和建设局党组书记、局长徐松明,局领导朱文芳,物业监管处处长张雁等领导参观物博会。

　　物博会期间，长城物业、绿城服务、万物云和中海物业四大物业服务企业，联合签署《住宅物业服务倡议书》。

　　物博会期间，主办方围绕粤港澳大湾区物业创新发展、城市服务、社区美好生活、物业数字力、智慧化建设、法律政策、产业发展等维度，推出了八场高端论坛，百位嘉宾上演百家争鸣，为行业创新发展把脉问诊、出谋献策，为全国物管行业转型升级探索新路。

物博会盛况。

■ 图片纪事

　　2022年8月19日下午，深圳市住房和建设局党组成员、副局长宋延带队前往罗湖区翠竹街道逸翠园、翠拥华庭及金翠园小区，检查物业服务企业疫情防控、安全生产及创建文明城市工作。

　　2022年11月29日下午，深圳市住房和建设局党组成员、副局长宋延带队前往罗湖区东湖街道淘金山湖景花园、东湖豪庭及百仕达四期小区，检查物业服务企业疫情防控、安全生产及创建文明城市工作。

图片纪事

2022年12月16、17日，深圳市住房和建设局局领导朱文芳带队赴大鹏新区开展物业管理招标投标培训研讨会。

2022年9月26日，深圳物业管理行业协会举办2022智慧物业与数字化转型论坛。

2022年9月22日，第九届深圳物业好声音"绿清服务杯"总决赛圆满举办。

■ 图片纪事

2022年11月16日下午，由深圳住宅与房地产杂志社主办的"2022第三届中国幸福社区范例奖颁奖典礼暨第四届幸福社区超级演说家大会"在深圳深业上城文华东方酒店举行。深圳市住房和建设局局领导朱文芳、物业监管处处长张雁等领导出席了此次活动，并为获奖单位与个人颁奖。同期举行的活动还有"2022中国物业服务上市企业排行榜发布会""第二届中国幸福社区城市论坛（十城十人论坛）"以及"首届智慧物业创新技术应用精品展"。

C目 录
ontents

第一章

物业管理
发展概况

SHENZHEN
PROPERTY MANAGEMENT
YEARBOOK 2023

PROPERTY MANAGEMENT

第一节　全市物业管理发展概况

2022年，深圳市参与物业服务评价的物业服务企业1886家，在全国的从业人员约76万，其中深圳从业人员约24万。全市物业服务企业2022年度主营业务收入约1400亿元。2022年，深圳市住房和建设局持续做好物业管理相关工作，推动物业管理参与基层治理、融入城市管理，通过强化小区党支部引领作用，建立健全业主自治制度，科技赋能业主参与小区事务，不断完善多方参与小区治理的机制，努力提升小区居民的满意度、获得感和幸福感。

【协同发展，打造住宅小区基层治理新格局】　2022年，深圳市住房和建设局贯彻落实"支部建在小区上"的工作要求，深化党建引领业委会选举和运作机制，切实赋予小区居民党组织治理权责，建立"小区居民党组织＋业主委员会＋物业服务企业"治理模式。全面推进居民委员会环境和物业管理委员会建设，强化市、区、街道、社区四级联动，协调城管、水务、消防、公安等多部门共同参与，推动形成条块结合、上下联动、各负其责、齐抓共管的住宅小区治理新格局。出台《深圳市物业服务评价管理办法》，健全物业企业服务评价新机制，建立物业公司、物业项目经理人诚信档案，引导业主选聘物业服务企业将诚信作为重要参考，引导物业服务企业和从业人员良性竞争，有效填补后资质时代企业和项目负责人评价工作的空白，实现物业管理监管模式从"事前监管"向"事中、事后监管"，从"准入监管"向"信用监管"转变，不断推动物业管理行业高质量发展。主动担当，参与化解小区矛盾。组织各区住建部门开展信访案件清查和线索摸底，全力参与宝能城市公馆停车位纠纷等一系列信访案件的化解工作。同时，吸取教训、举一反三、以案促建，构建市、区联动纠纷处置机制，完善信访案件分类处理方式，出台《深圳市＿（小区）车位使用管理专项规约（示范文本）》等一系列规范文本，向规划和自然资源等部门的工作提出合理化建议。

【智慧发展，助力建设阳光和谐家园】　2022年，深圳市住房和建设局完善物业管理信息平台，以打造全市统一、可信、可视、可用的数据物业管理中心为抓手，全力推进"智慧物业"建设。编制形成《智慧物业服务和数据交换规范（征求意见稿）》，就深圳市智慧物业服务总体要求、功能要求、基础信息数据结构和拓展信息结构、数据交换方式、数据安全管理等内容进行约定。通过行政审批、年度统计等业务以及疫情补贴发放、物业服务评价等专项工作，多维度推进数据清洗工作并完成项目蓝图，实现项目数据唯一、可靠、所见即所得。截至2022年年底，物业平台已收录9833个物业项目，4047个住宅小区，分户数据约280.9万套。完善业主决策系统，提升决策效率和可信度，实现深圳业主物业管理全流程决策的链条化、电子化、公开化和移动化。截至2022年年底，已在平台完成身份绑定的业主达90.6万人。2022年全年，共有855个小区发起2007个业主大会会议，约68.17万名业主通过电子投票参与决策。加大信息公开力度，保障业主的知情权。面向业主公开小区物业合同备案、维修金使用、车位分配等信息，实时查看业主共有资金账号余额和流水，确保小区事务阳光透明，减少物业服务纠纷。2022年全年平台已收录5384个物业项目约181.6万个车位信息，2249个项目的共有资金账户信息；平台发布小区公示9531条，各类提醒和通知约35万条。

【绿色发展，促进产业升级，完善社区小区生态环境建设】 推进绿色（宜居）社区创建行动，助推社区协调发展、绿色发展。2022年，深圳市住房和建设局会同多部门联合印发了《深圳市绿色（宜居）社区创建行动实施方案》（深建物管〔2022〕5号），将绿色（宜居）社区创建与广东省宜居社区创建、完整社区试点以及"15分钟生活圈"等专项建设工作深度融合、统筹推进，出台了社区建设评价标准，构建了一星达标、二星级创优、三星级示范的三级创建模式，推行了主动培育、积极宣传、全面培训、动态回访、年度考核等具体工作举措，形成了"创建、巩固、提升"工作模式，搭建深圳市城市绿色发展的"神经末梢"。截至2022年年底，深圳市663个社区中，已有528个获评"绿色（宜居）社区"称号，创建比例达80%，超额完成年初计划。持续开展绿色物业星级评价和示范项目评定工作，为深圳市住房城乡绿色发展规划提供"最后一百米"的解决方案。2022年，共受理了34份申请并为符合条件的26个项目授予了绿色物业星级评价标识；在历年获得评价标识的项目中评定出24个示范项目，并在业内组织了示范项目现场观摩活动。对深圳市工程建设地方标准《绿色物业管理项目评价标准》SJG 50—2022进行了修订，修正了评价内容和标准。

【提神聚力，激发行业活力，提高行业的凝聚力】 严爱并举，以疫情防控为契机，唤醒企业的行业归属感、职业认同感和社会责任感。通过印发指引、开展培训、现场督导等方式，指导物业管理行业在疫情防控期间，积极嵌入基层政府应急响应体系，充分发挥贴近居民、服务居民的作用，切实做到"看好门、守好人、管好车、强服务"。面对疫情防控期间企业职责多、压力大、成本骤增等现象，全力为深圳市住宅小区的物业服务企业争取到了"物业服务企业疫情防控补贴"。2022年全年，共有1964家企业为其在管的5227个住宅项目提出了补贴申请，申请金额达到4.46亿元。最终通过社区、街道和区住建部门审核的有4953个项目，企业共获得补贴资金4.2亿元。表彰先进，激励企业勇当先锋，持续做好疫情防控工作。2022年，广大物业服务企业坚守疫情防控一线，筑牢群防群控防线，体现了"最后一百米"的专业服务价值，为广大人民群众的生命安全和身心健康筑起了坚实屏障，彰显了物业行业的责任和担当。深圳市住房和建设局对在2022年疫情防控工作中表现优秀的69家物业服务企业进行了通报表彰。成功举办"2022深圳国际智慧物业产业博览会"，为后疫情时代的物业管理市场吹响新时代高质量发展的号角。通过1个主会场、12个分会场，展会共举办了8场行业高端论坛、发布了5篇行业年度专题研究报告，4家头部企业联合签署了《住宅物业服务倡议书》。展会3天，线上线下观展人数达63万。组织了30余场展商路演，展会期间共实现招采入库86家，促成意向合作订单500多单，现场战略合作签约35组，预计合约金额达千万级。

第二节　各区物业管理发展概况

1.福田区

【概况】　根据深圳市物业管理统计年报统计，截至2022年12月31日，在福田区注册的物业服务企业309家，在管建筑面积9147.9万 m^2，从业人员39517人。

另据区内统计，截至2022年12月31日，福田区共有物业项目1340个。其中，有物业管理的物业项目1287个，有业主委员会的物业项目207个，成立住宅小区党组织的有806个，已实现住宅小区党组织全覆盖。

【工作亮点】

组织强化物业行业党建，深化基层党建引领基层治理，推进社区物业党建联建。 落实"支部建在小区上"工作要求，推进小区党支部应建尽建，已实现辖区住宅小区100%单独组建党支部；推进物业党员参与住宅小区党支部建设，物业党员担任小区党支部书记的46人，担任小区党支部委员的145人（不含担任书记人数）；在"包进联"行动中发挥党员先锋模范作用，有310名物业党员担任楼栋长，99个物业项目与社区签订了共建协议。成立福田区物业行业党委，健全完善党建摸排、组织建设、服务提升"三同步"长效机制。推动物业公司成立企业党组织111个，物业项目党组织78个。强化"小区党组织＋业主委员会＋物业服务企业"运行机制，试点设立社区物业管理委员会，探索社区物业党建联建和协调共治机制。

推进惠企发展，壮大培育物业市场主体。 聚焦企业发展诉求，强化行业扶持，实施惠企纾困发展政策，于2022年3月全市率先出台物业企业防疫消杀补助政策，发放物业企业防疫消杀补助资金1417.5万元；2022年8月，在福田区稳企惠民纾困物业消杀补贴政策的基础上，再推2022年度物业服务企业疫情防控服务财政补贴政策，惠及住宅物业项目800余个，拨付补助资金约4500万元（含首批已拨付金额）。发挥物业企业专业化、服务型优势，组建质量型"特种物业兵团"，为福田区常态化防疫和疫情处置提供有力支撑。各项惠企措施拉动2022年前三季度辖区物业企业从业人员工资总额实现23.7%的增长。

多措并举强化物业安全监管工作。 优化物业专项维修资金使用流程，制定维修资金支持政策，将安装高空抛物"技防"设备纳入"文明美好家园"创建成效指标，持续推动高空抛物技防设备安装，2022年已完成1200个防高坠技防监控设备的安装，提前完成全年工作目标；印制50000份防高坠（抛）安全宣传折页，通过物业服务企业发放至居民；制定高空坠物隐患排查指引，组织开展高空坠物隐患排查2332项次，整改风险隐患2046处，守护居民"头顶的安全"。长效推进小散工程安全管理全链条监管。将小散工程常见安全隐患整合形成标准化检查清单，促进检查工作规范化、高效化运作，并将小散工程施工单位纳入建筑市场信用管理体系，对于严重违法违规或发生安全事故的施工单位给予红黄牌警示，加大行政处罚力度。上半年所有备案施工人员100%观看警示教育视频，物业服务企业累计巡查18354次，各街道累计巡查53248次，发现安全隐患11919处，责令停工整改工程630项；对全区违规行为前十的施工单位，开展集中约谈警示，通报施工单位违法违规情况。开展物业领域安全督导警示。委托物业安全专家对辖区内的物业在管项目的消防安全、有限空间作业、设施设备安全、高坠防范等方面的管理工作进行抽检，累计对180个物业项目开展督导检查，通报12个项目，下发责令整改通知书15份，约谈2家物业企业；共印发各类安全提醒通知19份，并通过智慧住建、微信工作群等平台将要求传达各物业项目负责人。

打造福田区老旧小区"文明美好家"共建模式。开展老旧小区"文明美好家园创建"行动，广泛发动老旧小区党支部、党员业主、热心业主等力量参与创建工作，通过制定管理服务及测评标准，街道党（工）委按月开展测评打分，对党建强、服务好、群众满意度高的老旧小区物业服务企业予以评定公示、有偿激励，打造18个优秀典范小区及89个测评达标小区，核拨奖励资金1500万，形成先进示范效应，进一步激发物业服务费较低的老旧小区物业企业提升管理服务的积极性。

实施改革措施，推动物业服务高质量发展。探索全域治理"物业城市"改革模式。推进"物业城市"改革，会同区城管局等单位引入高水平物业企业，对城市公共空间、公共资源、公共项目实行全流程"管理+服务+运营"，初步形成福田区"专业服务+智慧平台+行政力量"的现代化城区治理模式。扩大物业管理覆盖范围。推进老旧小区综合治理及"三无小区"整治提升，加强社区党委及居民委员会对居民的引导，为"无物业管理单位、无业主委员会、无物业专项维修资金"的"三无小区"引入专业化物业服务并常态化纳管；提升城中村专业化物业服务水平，指导7个城中村物业综合服务中心规范运营，推动福田区印发《深圳市福田区支持股份合作公司发展的若干政策》，明确对城中村股份合作公司发展物管经济、引进专业物管人才、推进城中村城市化管理覆盖予以相应资金政策支持。

2.罗湖区

【概况】　根据深圳市物业管理统计年报统计，截至2022年12月31日，在罗湖区注册的物业服务企业283家，在管建筑面积21170.7万m²，从业人员92235人。

另据区内统计，截至2022年12月31日，罗湖区共有物业项目1105个（含商业写字楼），其中既有物业管理也有业主委员会的物业（住宅）项目254个，有物业管理但无业主委员会的（住宅）物业项目482个（目前正在走居代业），无物业管理但有业主委员会的物业项目个，既无物业管理也无业主委员会的物业项目51个。

【工作亮点】

社区小区及城中村物理围合。罗湖区成立物业区域围合管理行动领导小组，罗湖区住房和建设局负责牵头开展社区小区及城中村物理围合工作，物理围合区域共108个。

业主委员会和物业服务全覆盖。根据《2022年罗湖区攻坚克难任务》等7个市、区级文件要求，罗湖区住房和建设局建立罗湖区居民小全党组织、业主委员会和物业服务全覆盖工作专班，并印发《罗湖区住宅小区物业服务和业主委员会全覆盖专项行动方案》。

疫情防控。根据市、区政府工作安排及《深圳市2022年度物业服务企业疫情防控服务财政补助发放指引》要求，为罗湖区801个住宅小区的物业服务企业发放疫情防控财政补助34847973.76元。印发《关于构建罗湖区大口岸物业管理区域疫情防控街社联动工作方案》，由局领导挂点南湖、黄贝及莲塘街道，其他领导同志挂点27个具体社区，对片区物业项目、住宅小区督导检查，发现问题就地解决，并建立问题反馈机制。

绿色宜居社区创建。完成58个"广东省宜居社区"转换认定"绿色（宜居）社区"，创建率71.6%，完成1个二星绿色（宜居）社区创建。

安全生产。罗湖区住房和建设局印发《罗湖区2022年物业服务行业安全生产工作方案》；完成电动自行车、有限空间（化粪池）两场现场主题应急演练，共100余人参加；举办三场物业服务行业线上培训，3000余人参加；围绕物业管理区域内化粪池（有限空间）、电气火灾、消防安全、高空坠物、新能源充电桩、电动自行车、汛期三防及疫情防控等方面，累计出动工作人员1800人次，检查600余家次物业小区，对隐患问题现场督查整改。打通生命通道。罗湖区物业服务领域开展"消防车通道"集中攻坚行动，制定工作方案，对辖区942个住宅小区及270个商业项目开展消防通道整治工作，截至2022年12月31日，全部完成"消防车通道"集中攻坚任务。全区共392个区域存在"飞线"问题，其中363个住宅小区（全区共899个住宅小区），17个城中村（全区共43个城中村），截至2022年12月31日，住宅小区中已有356个进行整改，整改率为98.07%；城中村中已有17个进行整改，整改率为97.44%。

纠纷调处。罗湖区住房和建设局物业领域坚持依法依规处置矛盾纠纷，及时走访小区，了解矛盾纠纷原因，处置各类信访矛盾纠纷223个。编制了《罗湖区停车位涉稳风险专项整治行动方案》，成立工作专班，建立五个机制，化解停车位纠纷。

3.盐田区

【概况】 根据深圳市物业管理统计年报统计，截至2022年12月31日，在盐田区注册的物业服务企业34家，在管建筑面积3640.11万m²，从业人员9899人。

另据区内统计，截至2022年12月31日，盐田区共有物业项目170个，其中既有物业管理也有业主委员会的物业项目32个，有物业管理但无业主委员会的物业项目138个。

【工作亮点】

绿色（宜居）社区建设。印发《2022年盐田区绿色（宜居）社区创建工作实施方案》，完成13个一星级以上绿色（宜居）社区认定申报（含7个二星级），相比预定创建任务的11个一星级以上绿色（宜居）社区超额完成118%。推进绿色物业管理评价标识评审，协助深圳市住房和建设局完成1个项目的评审工作，中通半山半海项目获一星级评价标识。

安全检查与培训。2022年1—10月物业管理行业安全检查，检查物业小区301次，对设备设施、消防设施、有限空间、安全资料等方面进行综合检查，现场检查出不符合项1275条，复查整改率75.9%，已将复查和整改情况通报各主管单位，由各主管单位督促整改，形成闭环管理。共组织开展7场覆盖全辖区的安全培训，培训内容包括安全生产方面的法律法规、充电桩的安全管理、消防车通道施划与管理、有限空间和防风防汛等内容，物业管理从业人员累计910余人次参加。

疫情防控。2022年，盐田区住房和建设局成立疫情防控专项检查组，每天不间断开展物业小区防疫督导检查，累计出动1384人次，检查2750项次，督促物业卡口整改问题219项，组织辖区各物业服务企业召开疫情防控部署会议8场，进行物业行业通报8批次，全年没有发生物业从业人员疫情突发事件。印发《盐田区2022年度物业服务企业疫情防控服务财政补贴发放指引》，对符合要求的物业服务企业发放补贴。经社区、街道及盐田区住房和建设局的三级审核后，全区共审核通过172个项目，累计补贴金额6633118.66元。

专项整治与信访处理。2022年，盐田区住房和建设局印发了《关于开展2022年盐田区物业管理专项整治工作的通知》，组织开展辖区物业管理专项整治工作，重点对物业服务合同备案、物业管理区域安全防范应急预案备案、业主共有资金账户开设等事项进行整治，共发出13份责令限期整改通知书。督促物业服务企业完成整改。2022年全年共处理各类投诉案件63件，其中政数电投诉36件、社情民意17件、信访10件（含国满件1件，市局转办的重复件2件），均按照法定期限受理答复。信访件同比2021年答复处理65件（重复件48件），下降84.61%。

备案工作。受理业主大会和业主委员会备案、物业服务合同备案共计55宗。其中，业主大会和业主委员会备案通知书15份、物业服务合同备案通知书40份。

4.南山区

【概况】 根据深圳市物业管理统计年报统计，截至2022年12月31日，在南山区注册的物业服务企业224家，在管建筑面积56980.5万 m²，从业人员147826人。

另据区内统计，截至2022年12月31日，南山区共有物业项目1653个，其中既有物业管理也有业主委员会的物业项目385个，有物业管理但无业主委员会的物业项目1154个，既无物业管理也无业主委员会的物业项目114个。

【工作亮点】

各项防控举措全落实，严防严控筑牢防疫"安全线"。 开展督导检查，发布情况通报。2022年全年督导检查物业项2011项次，实现全区755个小区防疫检查督导全覆盖。对59个未做好卡口管理的物业项目的在管物业进行不良行为认定，数量居全市首位。先后组织各物业服务企业召7次南山区物业服务行业疫情防控工作部署视频会，并通过"创新南山"社交媒体账号发布9期通报，指导、督促各物业服务企业做好卡口查验、行业从业人员核酸一天一检等各项疫情防控工作。开展涉疫项目倒查。对38个涉疫项目进行倒查，通过政数局调取流调数据及小区电子哨兵、场所码的扫码率，核查现场监控，约谈项目负责人等措施，综合判断小区物业是否履职，对未能做好卡口管理工作26个项目进行不良行为认定。发放防疫补贴，支持企业共渡难关。印发《深圳市南山区2022年度物业服务企业疫情防控服务财政补贴发放指引》，对2022年1—3月期间为南山区住宅物业项目的在管物业服务企业按照在管项目总建筑面积1元/m²的标准发放补贴。共有737个项目申请，其中679个项目审核通过，共申请金额52390061.79元。

完善矛盾纠纷机制，建设和谐社区小区。 回应居民诉求，维护小区稳定。基层社会治理平台3180件工单，已办结2900件，未办结280件；受理国家满意度件46件，已评价16件；办理领导留言板16件。加强部门联动，化解矛盾纠纷。按照南山区小区停车位专题会议要求，梳理出39件风险案件，并要求相关部门定期馈推进情况，形成合力推动矛盾化解。排查违法线索，依法依规查处。结合日常巡查、居民投诉反馈物业服务企业、业主委员会违反《深圳经济特区物业管理条例》的线索，立案24件，其中18件已结案，6件正在依法办理。印发《关于开展物业管理区域违法加建改建扩建专项排查整治工作的通知》，组织各物业服务企业全面梳理物业管理区域内违法加建改建扩建的情况，并报送至辖区街道办事处或区规划土地监察部门。共搜集80个物业项目报送669条违建线索，已依法将相关违法线索移送至区规土监察局和辖区街道办事处处理。依法选聘物业，保障业主权益。2022年全年共17个业主大会通过深圳市南山区物业管理协会招标选聘物业服务企业并交接完毕。

开展督导检查，消除安全隐患。 多部门联动，开展专项整治。联合各街道办开展南山区物业管理区域电动自行车安全专项整治工作，严查电动自行车乱停放、违规充电等违规行为。对物业服务企业自查的161个项目检查情况进行抽查，对各街道办报送的有安全隐患的8个物业项目进行复查，督促38个物业项目规范电动自行车停放和充电行为，通过下发整改建议书督促29个物业项目限期完成整改，并将相关问题转区消防救援大队核处，与区消防救援大队、街道办形成合力，共同消除电动自行车安全问题。开展安全督导，压实企业责任。2022年全年共出动检查人员1018人次，对509个物业项目的安全生产工作进行督导，共发现安全问题1181处，对2个物业管理项目进行约谈，下发整改建议书193份，督促物业服务企业完成整改1101处，80处问题持续整改中。

做好小区卫生整治，提升城市环境品质。做好绿色（宜居）社区建设，提升社区环境品质。开展绿色（宜居）社区直接认定工作，共计完成63个绿色宜居社区的直接认定工作，通过开展绿色（宜居）社区创建、20个社区回访复查及2场政策宣讲活动，提升公共服务质量，优化社区人居环境。开展物业项目环境卫生专项整治。制定《南山区物业小区环境卫生专项整治工作方案》，结合全年环卫指数测评、信访投诉、日常检查和企业自查情况，对环境卫生较差的项目开展专项检查。共督导检查204个小区的环境卫生，发出整改通知书29份。同时加强联动，针对检查发现存在环境卫生管理问题，且经提醒后拒不整改的项目，将现场情况及佐证材料通报区城管局、街道办事处等部门作出行政处罚，并将处罚信息录入物业管理信息平台，在全行业警示通报。

5.宝安区

【概况】　根据深圳市物业管理统计年报统计，截至2022年12月31日，在宝安区注册的物业服务企业310家，在管建筑面积171177.6万 m²，从业人员375477人。

另据区内统计，截至2022年12月31日，宝安区共有物业项目1150个，其中商住小区448个，城中村458个，小产权房244个。其中既有物业管理也有业主委员会的物业项目120个，有物业管理但无业主委员会的物业项目1003个（因城中村、小产权房无法成立业委会），无物业管理但有业主委员会的物业项目1个，既无物业管理也无业主委员会的物业项目26个。

【工作亮点】

按要求落实小区疫情防控。强化工作部署，印发《深圳市宝安区住房和建设局关于加强住宅小区卡口管理的紧急通知》等通知31份、指引文件2份。2022年全年共出动4346人次，检查小区4925项次，制发通报、简报7份，下发整改通知书137份，约谈企业相关负责人62人，发出不良行为认定书13份。落实惠企撑企政策，按照《深圳市宝安区2022年度物业服务疫情防控服务财政补贴发放指引》组织各物业企业开展补贴申请工作，并指导街道、社区依流程审核企业申请。最终核定补助建筑面积为104827008.43m²，按照在管项目总建筑面积1元/m²的标准，共计发放补助金额共104827008.43元。

持续推动小区管理水平提升。修订印发《宝安区城中村物业管理等级评定方案（试行）》，并对商住小区和城中村开展2022年度检查评价工作。对街道办和物业服务企业组织开展培训3次，协助开展培训5次。2022年9月22日，印发《宝安区物业管理专项整治八项措施（试行）》。2022年12月5日，印发《深圳市宝安区业主委员会履职指引》。

深入开展小区安全隐患整治。逐项逐级压实主体责任，针对消防安全、电气火灾、高空抛坠物、有限空间、反诈禁毒、防风防汛、摩托车电动车管理等安全事项，专题印发部署文件及工作联系函件19份，督促街道、协会、企业全面开展安全隐患排查整治。持续开展安全督导检查，实施"区—街道及社区—物业服务企业"三级巡查，并组织物业服务企业开展物业管理区域安全常规检查。2022年全年共出动552人次，抽查物业小区221个，发现隐患53次（个），发出整改通知书70份，已全部整改完毕。

着力化解小区物业矛盾纠纷。加强信访苗头排查，会同各街道提前梳理各类矛盾纠纷和风险隐患，并督促各物业服务企业及时上报相关稳控情况。2022年全年共发生物业矛盾纠纷396起。加强信访纠纷处置，指定专人对接各个街道物业管理信访维稳工作，针对涉事较严重、人数众多的物业管理信访事件，积极召开协调会，推动纠纷化解。2022年全年共召开协调、联席会议146次。处理信访工单共计416宗，解决完成数412宗、完成率99%；其中局长信箱23宗，区舆情系统65宗，12345平台165宗（4宗未完成），局官网和信访系统134宗，来访来电29次；国满件数量30宗、完成率100%、满意度76.67%。对于重点案件，安排专人积极跟进、推进案件办理。

稳步推进既有住宅加装电梯。强化统筹推进，印发《深圳市宝安区既有住宅加装电梯联合审查流程》，简化加装电梯审批流程；印发《深圳市宝安区既有住宅加装电梯补贴发放操作细则》，为2025年12月31日前取得工程规划许可证且完成验收的宝安区加装电梯项目发放补贴。强化业务指导，2022年全年共参加街道办、规自局召开的协调会、听证会89次，已批复工程规划许可证的单元76个，其中已完成加装施工和特种设备登记的电梯26台，正在施工的电梯50台。处理加梯矛盾纠纷，受理相关上访49人次，处理加装电梯引发的上访函件26件，赴小区现场处理矛盾纠纷7次。

对标对表做好先进城区创建。开展宜居社区建设，制定并印发绿色宜居社区工作方案，已针对绿色（宜居）社区创建、回访、转认证工作进行技术咨询服务项目采购，保证工作开展顺利。已完成93个一星绿色（宜居）社区转认证工作，完成6个二星绿色（宜居）社区转认证工作，完成2个二星绿色（宜居）社区创建工作，完成10个绿色（宜居）社区回访工作并全部通过专家考评。推动文明城市、卫生城市创建，及时传达转发相关工作部署通知2份，积极配合爱卫办、文明办等部门抓好问题整改，以评促改，将文明城市创建工作列入住宅小区等级评价考核体系，并通过不定期随机抽查，压实企业主体责任，助力营造小区创文、创卫良好氛围。2022年全年共组织出动684人次，督查商住小区342个，共发现问题55个，均已现场要求物业企业进行整改。推进住宅小区垃圾分类投放管理，落实企业管理责任，及时印发《深圳市宝安区住房和建设局关于配合做好小区垃圾分类日常管理工作的通知》，督促物业服务企业全面落实定时定点督导、完善分类设施、开展入户宣传等工作，共计检查小区192项次，并对共性问题予以全区通告，配合城管部门对存在问题的小区进行整改"回头看"，压实整改。

6.龙岗区

【概况】 根据深圳市物业管理统计年报统计，截至2022年12月31日，在龙岗区注册的物业服务企业210家，在管建筑面积30275.1万 m^2，从业人员42814人。

另据区内统计，截至2022年12月31日，龙岗区共有物业项目476个，其中既有物业管理也有业主委员会的物业项目145个，有物业管理但无业主委员会的物业项目328个，无物业管理但有业主委员会的物业项目3个。

【工作亮点】

制定并实施业主委员会星级服务评价方案。 创新制定《龙岗区商品房住宅小区业主委员会星级服务评价工作方案》。通过业主满意度调查、小区党组织评价、社区党委评价及街道评价四个部分，规范业主委员会履职，共同推选"星级"业主委员会。2022年，龙岗区在全市范围率先针对业委会进行评价，启动了首届业委会星级服务评价工作，共评选出以千林山居第一届业委会、仁恒峦山美地第一届业委会为代表的五星级业主委员会5个，以中信高尔夫小区第二届业委会、金色半山第二届业委会为代表的五星级业主委员会11个。业委会星级评价服务方案为龙岗区业委会监管工作提供了有力的制度支撑。

制定区级物业管理协会评价方案。 制定《龙岗区物业管理协会考核工作方案》，通过创设"业务指导部门+协会会员"双评价机制，设置联席机制建设、协会内部管理、协会财务制度、安全生产、星级评价、廉政建设等考核项，对物业管理协会的内部管理和外部服务进行量化评价并定级。

推进既有住宅电梯加装工作。 通过采取试点先行，优化服务等举措，提速提效推进全区既有住宅加装电梯工作，截至2022年年底，累计已加装电梯164台，数量全市第一。率先出台配套政策，在全市率先出台《龙岗区既有住宅加装电梯实施方案》和建设、财政补贴两个工作指引，形成"一方案+两指引"的完整配套政策，对每台电梯补贴26万～35万元，并在"龙岗融媒""深圳大件事"等微信公众号和今日头条等社交媒体进行宣传，提高群众知晓率和参与度。建立便捷申报审批制度，可免于办理规划选址、建设用地规划许可等4项程序，细化沟通协商、前期报建、全面施工、竣工验收等4类16个步骤要点，提供加装电梯全过程全周期建设指导。实行"e服到家"模式，在街道和社区设立加装电梯咨询窗口进行业务指导，搭建"区—街—社"三位一体议事协商调解平台，妥善解决项目涉及意愿统一、加装方案、长效管理等难题，保障电梯加装规范高效推进。

7.龙华区

【概况】 根据深圳市物业管理统计年报统计，截至2022年12月31日，在龙华区注册的物业服务企业170家，在管建筑面积5140.8万㎡，从业人员29931人。

另据区内统计，截至2022年12月31日，龙华区共有物业项目231个，其中既有物业管理也有业主委员会的物业项目88个，有物业管理但无业主委员会的物业项目133个，无物业管理但有业主委员会的物业项目3个，既无物业管理也无业主委员会的物业项目7个。

【工作亮点】

建立物业纠纷调解工作机制。印发《关于建立龙华区物业纠纷调解工作机制的方案》，梳理区内20个行政部门化解物业纠纷的职责划分，建立龙华区物业纠纷调解工作"1+6+50+N"工作体系，推动建立职权划分清晰、各部门共同合作联动处置、上下层级明确的物业纠纷调解工作机制。

加强行业自律。推动成立龙华区物业管理行业协会和龙华区物业管理纠纷调解委员会，建立物业管理行业自律机制。

8.坪山区

【概况】 根据深圳市物业管理统计年报统计，截至2022年12月31日，在坪山区注册的物业服务企业28家，在管建筑面积352.2万㎡，从业人员2760人。

另据区内统计，截至2022年12月31日，坪山区共有物业项目50个，其中既有物业管理也有业主委员会的物业项目22个，有物业管理但无业主委员会的物业项目28个。

【工作亮点】

常态化巡查保安全生产零事故。开展物业服务项目巡察整改工作，共出动1115人次，检查物业服务项目561个次，实现50家物业小区安全生产检查月均全覆盖，检查内容涵盖有限空间、消防安全、高空坠物、新能源汽车充电设施、电动自行车等五大安全生产重点领域，确保物业小区安全生产平稳可控。运用第三方技术力量、街道办事处属地管理等多种督导方式督促物业服务企业进行安全隐患整改落实，督促物业服务企业完成安全隐患整改1600余项；共组织开展安全宣传培训会10余次。

党建引领物业小区治理模式落地见效。金地朗悦花园创新实施党建引领"业委会+物业服务企业"模式，研创"综合制"高效管理共有资金，创新机制约束业主行为及"党员特邀监事"机制监督业委会运作等，使小区面貌和居民生活焕然一新，连续4年信访案件和群体性事件零发生，获评为深圳市抗疫示范样板小区、深圳市物业管理优秀住宅小区，并于2022年1月成功申报住房和城乡建设部"美好家园"项目，获评广东省"红色物业"试点单位。

绿色（宜居）社区建设又创新高。印发《坪山区2022年绿色（宜居）社区创建工作方案》，明确目标任务、工作计划、责任分工及督查考核等内容，确保绿色（宜居）社区创建工作有效推进。已创建13个"一星级绿色（宜居）社区"，5个"二星级绿色（宜居）社区"，社区回访达标率和创建通过率实现双100%，考评成绩居全市前列，绿色宜居水平进一步提升。

物业管理行政审批服务提质。持续推进"互联网＋政务服务"提升工作，指导物业服务项目物业服务合同备案和业委会备案，2022年全年完成传承启元府、怡瑞达云秀府、和城里等物业管理服务合同备案8件，受理奥园翡翠东湾、亚迪三村等小区业主委员会备案10件；2022年新成立4个业主大会，成功换届5个业主委员会，指导万科金域东郡、深业御园等小区成功领取7个业主大会信用代码证，越来越多的业主党员或热心居民主动参与物业小区基层治理，小区业主法律权利意识得到有效提升。

9.光明区

【概况】 根据深圳市物业管理统计年报统计，截至2022年12月31日，在光明区注册的物业服务企业47家，在管建筑面积1940万 m^2，从业人员1147人。

另据区内统计，截至2022年12月31日，光明区共有物业项目156个，其中既有物业管理也有业主委员会的物业项目14个，有物业管理但无业主委员会的物业项目142个。

【工作亮点】

健全物业管理制度体系。基本形成"1+2+3+4N"物业管理工作制度体系。以1部法律法规——《深圳经济特区物业管理条例》为总指导，全力规范深圳经济特区物业管理活动，维护业主、物业服务企业以及其他当事人的合法权益；依托2份重要制度文件——《光明区物业服务星级评价管理办法》《光明区关于进一步加强物业管理领域矛盾纠纷源头防范的若干措施》，对物业服务企业履职情况、物业管理全流程监管进行系统性部署；建立3大物业监管"工具箱"——物业企业星级评定、"红黑名单"制度及激励警示机制，形成工作监管有力抓手；同时，指导四大物业管理参与主体——各级监管部门、建设单位、物业服务企业、业主委员会的物业管理活动，出台《光明区商品房小区物业服务企业交接指引》《深圳市光明区业主委员会履职指引》《深圳市光明区物业专项维修资金使用指引》等十余部指引性文件，构建起法治先行、措施全面、监管有力的制度体系。

优化物业行业监管机制。构建和完善与物业管理工作目标相匹配的体系机制，健全区、街道、社区三级"1+6+31"工作联动，推进各街道城建办组建"物业组"，依托市物业管理信息平台、"1+6+31"物业工作线上沟通群、月（季）度重点工作沟通会议等平台，形成智慧化、常态化、体系化的日常沟通机制。2022年，区街三级联动召开物业工作相关会议13场，联合检查15

次，系统解决业主自治、物业服务监管、安全生产、矛盾纠纷化解等方面重点问题20余项次，取得良好的沟通、协同效果。在2022年度深圳市平安深圳建设"住宅小区治理"指标的考核中，光明区排名全市第二。

10.大鹏新区

【概况】 根据深圳市物业管理统计年报统计，截至2022年12月31日，在大鹏新区注册的物业服务企业17家，在管建筑面积90.9万 m²，从业人员530人。

另据区内统计，截至2022年12月31日，大鹏新区共有商品房住宅小区30个，其中既有物业管理也有业主委员会的物业项目13个（3个已到期，1个因业委会成员人数不足一半已解散），有物业管理但无业主委员会的物业项目17个。

【工作亮点】

加强维修资金管理工作。做好首期专项维修金的追缴工作。新区41个物业区域完成了首期维修金的缴存，5个物业区域（御海湾山庄、德华花园、下沙滨海中心、千禧大厦和南澳湾花园）未缴存首期维修金。针对未缴存首期维修金的物业区域，委托律师团队协助开展追缴工作。做好日常专项维修资金的催缴工作。督促物业服务企业及时将日常缴交的专项维修资金存入专项维修资金专户：大鹏新区共有28个物业小区缴交日常维修金，已签订代收协议。指导物业服务企业做好维修金的使用工作。2022年，海语山林、亚迪村的物业服务企业分别申请专项维修资金维修海语山林电梯、改造亚迪村空调排水主管。大鹏区局根据申请事项分别进行业务指导并进行专项维修资金使用审批工作，申请单位已完成相关的维修、改造工程。对新区17个未开设共有资金共管账户的物业企业发送《责令改正违法行为通知书》，责令限期改正违法行为，并在数据共享银行开设共有资金共管账户。

强化物业行业安全生产。持续开展物业安全生产巡查检查，聚焦消防、高空坠物、有限空间、电动自行车、新能源汽车充电桩等方面，定期开展安全风险评估，排查风险隐患，督促落实整改。组织辖区内高层住宅小区开展"打通生命通道"消防安全专项整治行动，督促新区全部30个高层住宅小区施划消防通道标识标线；加强住宅小区电动自行车消防安全综合治理，广泛宣传电动自行车有序停放、安全充电等常识的重要意义。重点整治电动自行车"进楼入户""人车同屋""飞线充电"等突出问题。联合街道办事处、消防等部门，整治完成璞岸花园等住宅小区拆除地下停车场电动自行车充电桩。规范住宅小区新能源车充电桩设置和安全管理，聘请专业机构对商品住宅小区内的80台新能源汽车充电设施开展安全风险评估，加强新能源汽车充电桩巡查检查。开展极端天气下排水检查，及时预警台风、暴雨等极端天气信息，重点关注易涝小区的防汛措施，消除内涝隐患。跟进亚迪村消防管网维修，截至2022年11月8日，铺设的消防管道已全部完成对接，下一步维修漏水部位，确保消防管道完成通水测试。安全检查和培训宣传。每季度开展一轮住宅小区安全检查，累计出动检查人员683人次，检查物业项目289项次，发现安全隐患778处，下发安全隐患整改转办函43份；组织物业工作人员参加物业管理领域安全生产、新能源汽车充电桩、"应急第一响应人"、地面坍塌防治等培训。组织41家住宅小区物业服务企业签订"高空抛物、高空坠物风险管理承诺书"。

11. 深汕特别合作区

【概况】

根据深圳市物业管理统计年报统计，截至2022年12月31日，在深汕特别合作区注册的物业服务企业5家，在管建筑面积107.9万 m^2，从业人员139人。

另据区内统计，截至2022年12月31日，深汕特别合作区共有物业项目27个（已建成15个、在建12个），均为前期物业管理，未成立业委会的项目。

【工作亮点】

物业小区安全生产监管工作。 印发通知，压实物业服务企业安全生产主体责任。细化消防安全、高坠防范、有限空间作业及电动自行车充电停放设施管理等措施，指导企业做实做细物业管理区域安全生产管理工作。开展安全生产检查，保障小区持续安全稳定。联动应急、消防等部门和属地镇政府每月开展不少于两次物业小区物业安全生产管理工作现场检查，形成多部门监管合力，提高监管实效，2022年全年共派出检查人员81人次，检查物业小区项目72项次。建立问题清单闭环管理机制，督促物业企业限期整改，并抓实"回头看"，确保问题彻底整改到位。发放宣传海报，增强群众防灾减灾意识。为各住宅小区项目发放疫情防控、消防安全等宣传海报1000余张。开展学习培训，提高物业人员整体能力素质。以线上线下相结合的方式，组织各物业服务企业从业人员开展物业管理及安全生产工作培训。

物业小区疫情防控工作。 强化工作部署。印发《深圳市深汕特别合作区住房建设和水务局关于全面做好物业管理区域疫情防控工作的通知》《深圳市深汕特别合作区住房建设和水务局关于坚持不懈做好物业管理区域疫情防控工作的紧急通知》等多份通知，指导物业服务企业做好小区疫情防控工作。开展防控督查。联合小区属地镇政府常态化开展物业管理区域疫情防控检查，同时采用明察暗访的方式进行突击检查，对防疫工作落实不到位的企业发出整改通知，并进行约谈和通报，确保做到疫情防控不松懈、严落实、速整改。建立行业白名单。动态更新统计我区物业服务企业纳入白名单管理人员数据，开展白名单人员核酸检测和疫苗接种常态化督促工作。发放疫情防控补贴。组织各镇政府及各物业服务企业开展2022年度物业疫情防控服务财政补贴申请工作，对符合条件的两家企业发放补贴共44.4万元。

物业小区文明城市创建工作。 加强指导，协同推进住宅小区文明创建工作。明确镇政府和物业服务企业文明创建工作责任，推动镇政府与物业服务企业共同联动。加强监管，抓实抓细物业小区文明创建工作。重点检查物业小区文明宣传、环境卫生、管理秩序和设备设施维护管理等情况。开展相关检查共8次，累计派出约23人次，检查发现问题15项。加强宣传，呼吁居民参与住宅小区文明创建。组织各物业服务企业通过微信群、宣传栏、电子屏等媒介，加大公益广告宣传力度，呼吁业主自觉投身文明城市创建工作。

住宅小区矛盾纠纷化解工作。加强住宅小区物业综合管理工作，重视小区矛盾纠纷化解，坚持"一把手"总负责，压实分管领导、主办部门责任，强化共建共治共享意识，持续、深入开展住宅小区物业管理矛盾纠纷排查化解工作，确保化解工作落实到位。2022年全年共接到物业管理信访投诉件18宗，主要涉及小区环境卫生脏乱、电动自行车充电停放设施不足和电梯故障频繁等问题。认真听取信访人反映问题，通过采取约谈物业服务企业负责人、下发整改通知和加强检查督办等措施，妥善化解信访矛盾纠纷。

物业专项维修资金管理工作。首期维修金归集。截至2022年12月底，本年度已累计完成完成邻里中心一期、振业时代花园二期、纯水岸花园（一、二期）等5个项目约3761.6万元首期专项维修资金收缴。日常维修金缴存。2022年全年已完成10个项目的分户数据报送及录入，并对各项目维修金收缴情况进行梳理，指导各项目物业服务企业维修金开通交存申请业务办理，推进业务开展。

第二章

物业管理
行业管理

SHENZHEN
PROPERTY MANAGEMENT
YEARBOOK 2023

PROPERTY MANAGEMENT

第一节　物业管理行政管理体制与机构

1.行政管理体制

深圳的物业管理行业管理体制主要由两个密切配合的系统组成：一是行政管理系统，由深圳市住房和建设局、各区（新区）住房和建设局、街道办事处（社区工作站）组成，分别在各自行政职能范围内从事物业管理活动的指导、监督、管理等工作；二是行业自律系统，即深圳市物业管理行业协会、各区物业管理协会（联合会），负责制定区域内行业行为规范、组织从业人员培训、开展行业信息交流和沟通、调解行业内部争议、办理主管部门授权委托的工作等。

2.行政管理机构

深圳市住房和建设局是全市物业管理行业的主管部门，依法对物业管理行业进行指导、监督和管理。下设物业监管处，承担深圳全市物业管理行业管理工作，指导、监督、协调各区和相关单位开展物业管理各项具体工作；拟订物业管理行业发展规划、相关政策并监督实施；依法监管物业管理招标投标；指导和监督物业专项维修资金的管理。

各区住房和建设局在市主管部门的指导下负责本辖区内物业管理的监督管理和指导工作。

街道办事处在区主管部门指导下，负责组织、协调业主大会成立及业主委员会的选举工作，指导、监督业主大会和业主委员会的日常活动，调解物业管理纠纷，并配合住房和城乡建设部门对物业管理活动进行监督管理。

社区工作站协助街道办事处开展物业管理相关工作。

第二节　物业管理行业党建引领

1.深圳市物业管理行业党委

为坚持党对行业的领导，促进行业健康可持续发展，2018年11月，深圳市物业管理行业党委、纪委经深圳市社会组织党委正式批准成立。行业党委积极指导和推进会员单位开展党建工作，凡是没有成立党组织的企业和单位，符合条件的都要成立党组织，并统一纳入行业党委的管理，对深圳前百强物业企业和大中型物业企业的党建信息实行全面纳管，行业党委目前下辖2个党委、3个党总支、78个党支部，共有党员630名，统计收集216个物业行业党组织及7125名党员信息。同时，充分发挥党建工作对行业自律工作的政治引领作用，明确行业党委、纪委在行业廉洁建设工作中的主体责任，成立廉洁从业委员会，在市两新组织纪工委、市社会组织党委和深圳市住房和建设局的指导监督下开展行业执纪工作。

2.深圳市物业管理行业党委开展的主要工作

2022年，在深圳市社会组织党委的领导下，行业党委认真贯彻落实党的二十大精神，坚持以习近平新时代中国特色社会主义思想为指导，发挥党建引领作用，以实现"两个覆盖"为目标，以助力乡村振兴为己任，以培育基层党组织、规范党组织建设、提升战斗力为重点，全面推进党建工作，为推动深圳市物业管理行业健康有序发展提供了坚强组织保障。

推进"两个覆盖"，全面加强党建工作。深圳市物业管理行业党委以实现"两个覆盖"为目标，对整个物业管理行业的党员和党组织进行全面的摸底调查，完成了全部百强企业和大部分中型企业的党建信息采集工作，收集到党组织信息216个，党员信息7125名。行业党委正式运作4年多以来，在组织建设方面，取得了丰硕的成果：组建了78个党组织，党员人数583名。

提高新发展党员的素质，严把质量关。根据上级党委的通知要求，加强组织领导，做好发展党员工作，提升发展党员整体素质，落实发展党员工作措施，切实保证发展质量。经过基层党组织认真培养，2022年新增预备党员20名，转为正式党员38名。

指导37个党支部完成换届工作。2022年适逢全市基层党支部集中换届，行业党委严格按照上级党委的有关工作部署，全面加强对各党支部换届选举工作的统筹协调和督查指导，保证换届选举工作的规范性和严肃性，圆满完成37个党支部的换届工作，产生班子成员68名，党支部书记37名，其中新任党支部书记8名。

突出政治建设，推动学习贯彻党的二十大精神走深走实。 以落实"第一议题"学习制度为主要载体，组织各级党组织和广大党员参加宣讲会、专题党课等学习活动，深入学习党的二十大精神和习近平系列重要讲话、重要指示精神，坚持学原文、读原著、悟原理，确保用习近平新时代中国特色社会主义思想武装头脑、指导实践、推动工作。2022年共举行党的二十大精神宣讲活动37场次，参与党员860人，覆盖从业人员2030余人。

深入推进主题学习教育，扎实开展主题教育活动。 结合党史学习教育，通过"三会一课"、主题党日等载体，精心策划和组织系列庆祝活动，如开展参观汕尾红色场馆、广东革命历史博物馆、广州起义烈士陵园、遵义会议场馆，重温革命历程，重温入党誓词等活动，持续增强主题教育感染力，教育引导广大党员干部在传承红色基因中淬炼初心使命、汲取精神力量。

强化基层党组织规范化建设。 2022年年初，党委督促各党组织将组织生活会、民主评议党员、党员活动日、党员志愿服务等各项制度做实做细，确保常态化、规范化开展，全面推进基层党组织标准化建设。以规范化标准化为依托，规范行业党建工作台账，归类整理上级来文118份，其他呈批文195份。

红色物业调研。 2022年，由市委组织部、市住房和建设局、各区委组织部组建成调研工作小组，对物业管理企业成立党组织和基层党组织建在项目上的做法进行了全面调研。

践行为群众办实事活动，助力乡村振兴。 行业党委积极学习贯彻党的二十大关于乡村振兴重要论述精神，大力践行为群众办实事活动，积极动员广大物业企业充分发挥行业优势，通过捐款捐物、消费及就业帮扶各种形式助力乡村振兴。截至2022年12月份，为乡村及贫困地区捐款1215万元，捐物折合人民币225万元。

3.各区开展的党建工作

【福田区】

基层党建引领基层治理持续深化。在全市率先成立区级物业行业党委，完善四级联动的物业行业党建组织体系，推进社区物业党建联建，落实"支部建在小区上"工作要求，推进小区党支部应建尽建，推动辖区111家物业企业建立物业企业党组织，吸纳物业党员员工近3000人，初步实现头部物业企业党的组织和工作覆盖。物业企业联建共建不断强化。发动物业企业深度参与"包进联"行动，约有1575物业人员担任楼栋长，310名为物业党员，99个物业项目与社区签订了共建协议。培育一批党建优秀项目。辖区"长城二花园"入选住房和城乡建设部办公厅、中央文明办发布的"加强物业管理 共建美好家园"典型案例；6个物业项目被列为省级"红色物业"试点，占全市试点的40%。

【罗湖区】

根据《关于推进居民小区"三个全覆盖"构建"一体两翼三融合"党建引领小区治理新模式的专项行动方案》要求，立足基层治理最小单元，完善党组织领导下的业主委员会、物业服务企业良性互动机制，把居民小区切实建成组织健全、治理精细、邻里友善、共建共治共享的品质生活空间和幸福美好家园。截至2022年年底，罗湖区共有居民小区858个，已经实现党组织100%全覆盖，单独组建率46%。建立1个党建示范小区——中海鹿丹名苑，实现党支部、业委会、物业企业等"一核多元"模式，以党组织填补社区"真空"，党组织搭建多元参与协商平台，党员"双重身份"合理嵌入社区，服务增强社区党组织合法性等"耦合"方式，在当前城市社区营造中突出以"社区党建"为核心，鼓励多元参与是完善社区治理，实现居民对社区公共事务自我管理。

【盐田区】

全面推行"支部建在小区上"，截至2022年年底，已实现全区小区党组织100%全覆盖，会同区委组织部建立"小区党支部＋业委会＋物业服务企业"协调运行的小区治理机制。

【南山区】

推进党建引领社区治理改革落地实施，推动社区运行物业管理指导委员会，对《南山区社区物业管理指导委员会工作指导意见》进行了修订，新增指导委员会委员任期时间、业主委员会主任任期和离任经济责任审计、离任公示、报告等内容，对委员禁止情形中关于缴纳物业服务费及物业专项维修资金的表述进行规范，会同区委组织部、区民政局联合印发《南山区物业管理指导委员会工作指导意见》，有效保障业主委员会规范运行。2022年全年组织召开物业管理指导委员会促进会会议38次、指导委员会会议196次，驻点律师完成42个小区业委会任前谈话，并签订履职承诺书，约谈业委会及物业企业48次，组织调解物业纠纷147起，收到重大事项报备25次，指导业主大会会议83次，作出书面建议25次，走访小区260次，走访社区160次。南山区物业管理联合会党委组织开展南山区物业行业"匠心服务，争当最美物业人"评选活动。对评选出的30位最美物业人、29家抗疫优秀企业及92位抗疫之星、104个优秀项目和15家优秀企业予以通报表彰及授牌嘉奖，通过树立行业典型和标杆，提高南山物业服务行业的社会影响力。

【宝安区】

加强小区党组织建设，将小区党建常态化纳入季度督导检查。宝安区共有住宅小区1150个，通过成熟小区单独建立，就近小区连片组建，小区与居委会、居民小组、物业企业、社区股份合作公司等联合组建党组织等方式，成立党组织541个，实现了住宅小区党建全覆盖。提升小区党组织单独组建率，推动符合条件的小区单独成立党支部，规范并减少联建小区党组织的小区数（每个联建党组织覆盖的小区数不超过5个）。保障小区党组织的决策参与权、人选把关权和监督评价权。小区党组织可邀请小区居民列席"三会一课"，每月相对固定1天开展主题党日活动，每季度开展"党员做公益"或"党员先锋队"志愿活动。新成立业主委员会中党员占比一般不低于50%。推动小区党支部书记、小区党员依照法定程序担任业主委员会主任或委员。落实业委会定期向社区党委、小区党组织报告工作制度，涉及小区重大事项表决前，业委会应当提前3个工作日向社区党委、小区党组织报告。建立健全党组织引领下的业委会纠错和退出机制。健全"1+3+N"党建引领小区多元善治机制。"1"是指社区党委，"3"是指小区党支部、业委会、物业服务企业，"N"是指社会组织、志愿服务队伍、驻社区小区单位、业主等，优化以社区党委为核心、以小区党支部为桥梁、以居民公约为纽带、权责利对等的新型物业管理机制。推广社区党委领导下的社区党群联席会、居民议事会、党员群众共享会等基层协商共治机制，建立健全居民议事会、居委监督委员会、居民代表会议等基层协商共治平台。全面修订完善《居民公约》，促进自治、法治、德治"三治"融合，促进社区居民之间，住户之间，小区业主、物业服务企业之间共同遵守公共道德和社会良序，加强居民凝聚力。以"上寮模式"为试点示范。常态化组织开展邻里互帮互助互爱文体活动，建立社区"四点半课堂"、社区"家长学校"、未成年人活动服务场所，成立社区居民舞龙队、舞狮队、舞蹈队等各类社区居民团体组织，提高居民参与社区治理的积极性。

【龙岗区】

推动居民委员会环境和物业管理委员会机构的成立。充分发挥社区党组织的引领作用，健全基层群众自治制度，联合区委组织部、区民政局等多部门，共同推动居民委员会环境和物业管理委员会机构的成立和能力建设。建立社区党委统筹动员机制，社区党组织审核环境和物业管理委员会成立人数、产生方式，积极发动辖区单位、居民广泛参与，在摸底的基础上提出建议人选。协调辖区业委会、物业服务企业等共同参与社区环境和物业管理事务。协同推进新建小区党支部建设。推广"动工即谋划、入伙即展开"源头覆盖试点经验，建立新建小区"社区党委找党员"工作机制，充分发挥党组织战斗堡垒和党员先锋模范作用；赋能党组织小区治理权限，建立社区党委、小区党支部对业委会及物业企业评价机制，小区党支部定期听取业委会日常工作开展情况报告，积极参与纠纷调解、环境品质提升等小区管理事务。推广后新建小区业委会的党员人数提高16%。

【龙华区】

联合区委组织部制定印发《龙华区关于开展党建引领住宅物业小区治理试点工作方案》，形成党支部牵头，业委会、物业公司、业主共同参与的"一引领三参与"物业小区党建模式。目前，全区已成立物业小区党支部230个，覆盖率99%。

【坪山区】

全面推广党支部领导下的"业委会+物业服务企业"小区治理模式，截至2022年年底，我区在管物业小区党支部覆盖率达100%，业委会覆盖率达52.5%。辖区金地朗悦花园小区创新实施"综合制"高效管理共有资金、"党员特邀监事"机制监督业委会运作等改革措施，获评住房和城乡建设部"美好家园"项目、广东省"红色物业"试点单位。

【光明区】

构建党建引领物业小区治理体系，有序落实"支部建在小区上"，推进小区治理工作。对于各新建小区按照"动工即谋划、入伙即展开"的原则，积极推进小区党支部全覆盖，截至2022年年底，实现全区符合条件的139个物业项目成立小区党支部100个，覆盖居民小区135个，党组织覆盖率97.12%；积极探索发挥社区小区党组织和党员在小区事务中的引领、示范、监督和协调作用，推进党建引领下的业主自治组织建立和有序运行，合计成立小区业委会14个，占应成立业委会小区数的44%，同时在东明公寓、光谷苑、钟表基地等6个公共住房小区试点成立住户委员会，探索小区治理的新方式、新路径。通过小区党建工作，进一步提高了物业企业、业主参与小区治理的积极性、主动性。

【大鹏新区】

推动党建引领商品住宅小区治理。在商品住宅小区中建立党支部，完善业委会人选的推荐和组织把关机制，规范对业委会履职的监督机制，发挥基层党组织在基层治理中的先锋引领作用，确保业委会规范健康运行。同时，推动业主大会成立，业主委员选举、换届，充分发挥业主在小区治理中的主体作用。高质量扩大党的组织覆盖。推行"支部建在小区上"，对已入住小区，按照"因地制宜、分类指导、有序推进、应建尽建"的要求，在摸清小区党建情况的基础上，扩大党的组织和工作有效覆盖，扎实推进小区党支部规范化标准化建设。2022年，已成立党支部的小区42个，共有党员429人：其中2个搬迁安置小区由社区党委直接覆盖，其他40个小区为独立型、联合型、功能型党支部；12个小区党支部书记为党员业主，13个小区党支部书记为社区两委委员。高质量推进"红色业委会"建设。推动符合条件的小区成立业主大会，鼓励和支持符合条件的物业管理区域中国共产党基层组织委员会委员通过规定程序担任业主委员会委员，加强业主委员会人选把关。高质量发挥党组织对物业管理活动的指导监督作用。加强街道办事处、社区党委、小区党支部对业主大会、业主委员会履职过程的指导、监督。加强街道办事处、社区党委和小区党支部对业主大会会议、业主委员会会议过程的指导。社区党委派员列席业主大会会议，跟踪会议过程。

4."红色物业"试点

【概况】 为充分发挥"红色物业"的激励和导向作用，引领和推动全省物业服务企业积极投身"红色物业"品牌创建，按照党建引领好、班子队伍好、联建运行好、服务质量好、民主监督好的"五好"标准，2021年，广东省住房和城乡建设厅印发《关于在全省开展"红色物业"试点工作的通知》(粤建机党函〔2021〕653号，以下简称《通知》)，并确定了100家住宅小区物业服务企业参加"红色物业"试点工作，深圳18个小区上榜。根据《通知》精神，各地级以上市住房和建设主管部门和协会要加强对属地试点单位的指导督导，引导试点单位以"红色物业"建设为载体，积极探索发挥党的政治优势、组织优势破解物业管理难题的措施办法和工作制度。各试点单位同时要按照党建引领好、班子队伍好、联建运行好、服务质量好、民主监督好的"五好"标准，扎实推进党建引领物业管理服务工作走深走实，落地见效。各地级以上市住房和城乡建设主管部门和省、市物业管理行业协会要对"红色物业"试点工作及时跟踪问效，梳理总结可复制可推广的经验做法，推动示范引领。

附件一：

深圳"红色物业"试点单位名称

序号	党组织名称	组建方式	所在项目	试点单位
1	中共坪山区金地朗悦花园支部委员会	单独组建	金地朗悦花园	深圳市金地物业管理有限公司
2	中共海印长城小区总支部委员会	联合组建	海印长城一期	长城物业集团股份有限公司
3	中共深圳市龙华区民治街道圣莫丽斯支部委员会	联合组建	圣莫丽斯	深圳市家华永安物业管理有限公司圣莫里斯分公司
4	中共中海鹿丹名苑小区支部委员会	联合组建	中海鹿丹名苑	中海物业管理有限公司深圳分公司
5	中共深圳市天健城市服务有限公司支部委员会	联合组建	阳光天健城	深圳市天健城市服务有限公司
6	中共海滨社区蓝漪花园居民支部委员会	单独组建	蓝漪花园	深圳市北方物业管理有限公司
7	中共高新社区海怡东方花园支部委员会	单独组建	海怡东方花园	深圳市鸿威物业管理有限公司
8	中共深圳市福田区园岭街道长城二花园支部委员会	单独组建	长城二花园	长城物业集团股份有限公司长城二花园管理处
9	中共深业物业集团有限公司事业部第四支部委员会	单独组建	深业东晟时代	深业物业集团有限公司
10	中共深圳市抱朴物业服务有限公司支部委员会	单独组建	楼村花园	深圳市抱朴物业服务有限公司
11	中共深圳星河智善生活股份有限公司深圳分公司支部委员会	单独组建	星河时代	深圳星河智善生活股份有限公司深圳分公司
12	中共深圳市鸿荣源物业服务有限公司公园大地物业服务中心支部委员会	单独组建	公园大地	深圳市鸿荣源物业服务有限公司
13	中共深圳市中电物业管理有限公司第四支部委员会	单独组建	桑达苑	深圳市中电物业管理有限公司
14	中共深圳市赛格物业管理有限公司支部委员会	单独组建	群星广场	深圳市赛格物业管理有限公司
15	中共深圳市万科物业黄埔雅苑物业服务中心支部委员会	联合组建	黄埔雅苑	深圳市万科物业服务有限公司
16	中共中海物业管理有限公司中海华庭管理处支部委员会	联合组建	中海华庭	中海物业管理有限公司深圳分公司
17	中共深圳市福田区万厦社区公共服务中心支部委员会	单独组建	侨香村	深圳市万厦居业有限公司侨香村管理处
18	中共深圳市万厦居业有限公司梅林一村支部委员会	单独组建	梅林一村	深圳市万厦居业有限公司梅林一村管理处

附件二：深圳"红色物业"案例

【金地朗悦花园】

创建"红色物业"，积极树立新风

早在2018年，金地朗悦花园党支部就已设立，成为坪山区首个花园小区党支部，并于2021年7月获评"坪山区优秀基层党组织"荣誉称号——金地朗悦党建治理模式一度在全市范围内推广，金地朗悦花园党支部也与省内外的单位进行了多次交流。

在党建生活方面，金地朗悦花园建立并落实了"三会一课""主题党日"等支部工作制度，定期开展党建活动。在党建阵地的建设上，小区党支部设有安心驿站、妇女微家、调解室、初心服务社、图书室等功能室，丰富了广大业主的生活，把服务做到了居民的心坎里。

除了平时的党建活动与党建阵地建设外，金地朗悦花园的党员引领工作模式在日常管理中也发挥了巨大作用。党支部成立以来，支部党员们凝聚一心，坚持以为人民服务为己任，强化党建引领源头治理，勇于担当，积极组织自治力量，努力解决群众急难愁盼。金地朗悦花园党支部设有党支部书记一名，配备有专职宣传委员、纪检委员等，共计22名党员。2019年，金地朗悦花园党支部申报了民微项目"小区互助急救平台搭建"，在金地朗悦花园揭幕了社区第一台公共AED急救设备；"妇女微家"成立以来，调解住户家庭矛盾数十起，获"2020年度坪山区妇联系统先进集体"称号；疫情发生后，党支部成员更是以身作则，发挥党员带头作用，主动联系菜农为业主送菜，并联系社康为业主们接种疫苗，积极带领物业开展防疫管控工作，凭借积极出色管理使金地朗悦花园获得"深圳市抗疫示范样板小区"称号（图2-2-1）。

金地朗悦花园党支部和物业服务中心把提升业主居住满意度作为重要工作方向，积极争取街道和社区党组织的支持，广泛带动业主党员加入小区治理中来，建立了党员楼栋长服务机制。金地朗悦花园共有六栋楼，每栋楼都公示有党员楼栋长，他们密切联系本楼栋业主，为业主排忧解难；作为物业与业户之间的桥梁纽带，他们积极参与小区治理，把业主们反映的问题及时反馈给物业，跟进解决落地。对于协调内部矛盾及客户纠纷，党支部也发挥了积极正面的作用，做到上情下达、下情上报、信息畅通；在这种良性循环下，推动不同层级、不同行业、不同领域的资源在小区集聚，提升了小区的治理水平，为探索党支部领导下的"业委会+物业服务企业"物业小区治理模式作出了积极贡献，客户满意度也日益提升。

积极作为践行使命，创新模式勇闯新路

金地朗悦花园党支部对标深圳市建设中国特色社会主义先行示范区"城市文明典范""民生幸福标杆"两大体系，优化组织结构，创新管理手段，灵活工作载体，夯实诚信基础，以党组织

在小区群众中的执行力、影响力、感召力为先导，积极探索城市花园小区基层治理的新路子。牢固树立全周期管理意识，从居民群众普遍关注、反映强烈、反复出现的问题出发，把资源管理服务通过党支部下沉到社区，以党建引领源头治理，把环境、安全、教育、健康、市政等问题一个一个解决好，并探索形成长效管理机制。

党支部从影响小区治理的关键问题着手，从困扰业主的关键小事着手，精准组建党支部领导下的急救义工队、居民议事会、新闻发言人、调解委员会等多支队伍，发动80余名业主参与，常态化开展"党建+"急救、环卫、法律、心理咨询、邻里纠纷、子女教育等服务工作，顺畅民意表达收集处理渠道，累计收集解决居民各类问题300多个，做到哪里群众有需求，哪里就有党领导的队伍，把党的政治优势、组织优势转化为小区治理优势。

同时，党支部还建立OAO（线上线下）工作机制，党支部和党员线上线下言传身教，带头为业主办实事、做好事、解难题，时时刻刻弘扬正能量。小区党支部牵头发起业委会筹备工作，指导开展业主大会、成立业委会，7名业委会成员中5人为党员；党支部书记担任业委会主任，以支委、业委交叉任职实现党支部对业委会、物业公司的先进领导，消除过往"业主委员会＋物业公司"难以承担社会性、公益性、群众性事务的结构性缺陷，建立完善小区内在治理体系，让党的旗帜在基层阵地高高飘扬。金地朗悦花园小区居民生活和谐美好，4年内信访案件和群体性事件零发生。

图2-2-1　疫情期间，金地朗悦花园党员志愿者为业主运送生活物资

【深业物业】

一、发挥党建引领，赓续红色血液

深业物业集团党委积极发挥物业"最后一公里"优势，在全市率先提出了"社区＋物业"的党建共建共筑模式，与街道党工委、社区党委同向发力，多措并举，共同将党的组织建设和党员管理覆盖到区域内每个角落。

以党建共建为抓手，创红色"深业物业"党建品牌。深业东晟时代坚持创新发展，充分发挥党建引领，把社区、物业、居民以党组织为核心团结起来，探索"共事共议，共解难题"管理的新路子。面对物业与业主间存在的具体问题，深业东晟时代以"红色"为引领，多方联动、共同研究，通过充分讨论、集体表决、决议公示、居民满意度评估等方式，做到矛盾不出小区即得到妥善解决，打造"党旗引航，红色物业，至诚服务"的红色物业党建品牌。同时将服务事项进行优化整合，实现社区和企业党群活动室等活动场所、党建资料等服务信息、党课等活动载体互通共享。支部联合街道、社区党委创新发展党对物管企业的政治引领，同时积极发展党员，探索项目党员和业务骨干间的"双向培育"。深业东晟时代以红色物业为党建品牌，建立健全以街道、社区为主体的"红色物业"领导机制，推行"双向进入、交叉任职"，物业员工与社区组织交叉任职。

打造阵地鲜明、党味浓厚的"候鸟党员之家"。针对社区党员分布散、流动强、组织难等特点，深业物业集团党委积极落实市委号召，与街道社区党委紧密合作，同向发力，以三个重点在管项目为主体，建设"深业候鸟党员之家"功能型党建阵地，通过组建党员志愿服务队，结合学雷锋义工服务、义务巡查、扶贫帮困、老年文艺活动等载体，引导候鸟党员积极参与辖区和街道商圈公益性、社会性、群众性活动，亮身份、亮承诺、展形象、作示范，实现基层党建工作全覆盖。同时积极组织支部党员、候鸟党员不断深化志愿服务，大力开展"社区邻里节""相约春风里，奉献正当时"和"欢度元宵节，暖心送汤圆"等公益活动，在增进物业与业务和谐氛围的同时，收获街道和社区的高度评价（图2-2-2）。

二、双线融合，"党建＋业务"展现国企新作为

深业物业集团党委持续加强党建与业务深度融合，加强经营效益和政治责任感的联系，以党建工作促进业务工作为出发点，找准党建工作与业务工作的发力点，以党建工作融入日常业务工作为落脚点。

物业城市，实现社区治理精细化。2013年由香蜜湖街道主导对侨香片区进行基层管理服务体制改革，万厦公司成立万厦社区公共服务中心承接社区管理服务事项，成为物业企业积极参与社区治理的先行者。2019年，深业物业集团果断研判形势，走在全国"物业城市"探索队伍前列，坚持"党建引领＋城市管理"新理念，按照"管理一体化、服务标准化、监管信息化、作业机械化"的服务思路，为政府提供具有深业特色的"深享城"服务。同时制订了"深享城"所涉

的城市管家服务、市容环卫服务、市容巡查服务、绿化管养服务、公共安全服务等各业务板块的工作标准和规程，为"物业城市"标准化、精细化管理提供借鉴和指导。

开创"区域安全一体化"管理模式。侨香村管理处针对辖区内四个住宅小区消防应急能力强弱不一、日常联动环节薄弱等问题，通过社区党委搭台，充分发挥管理处在消防应急能力方面的优势，联合辖区学校、超市等单位创建"区域安全一体化"管理模式。通过每年组织开展一次社区范围内的消防大演练形式，实现"平安共建、隐患共治、资源共享"，全面落实辖区企业安全生产主体责任。

开展共建共驻，助推区域化党建。梅林一村管理处与周边单位开展共建共驻活动，如中国电信、社区党群等，与共建单位开展了学雷锋活动、党员交流活动、义工服务等党建活动，融洽相互之间的关系，扩大物业管理的影响力，助力推进区域化党建进程。

图2-2-2 深业梅林一村候鸟党员之家揭牌仪式

【星河时代】

2021年1月12日，深圳星河智善生活股份有限公司深正分公司党支部获批复正式成立，并在深圳星河时代社区揭牌落地，标志着星河时代党建工作取得新进展。

一、三联三共 创新党建形式

为发挥社区党组织的先锋堡垒作用，持续推动社区党建往深里走往实里抓，物业党支部在社区党委的领导下，通过广泛征询社区楼长居民的意见和建议，深圳星河时代建立起以"社区党支部—社区物业—社区楼长制"为特色的三方共管共建共享的服务机制，形成由星河时代花园党支部、物业服务中心、楼栋长、社区义工组成"多元共治、协商共治"的治理架构，共建"COPM33体系"即业主与物管之间建立三联三共（三联：组织联动、事务联议、业务联动。三共：社区共享、品质共管、资源共享）的社区综合管理体系。

星河时代物业党支部通过定期召开共商共建联席会议，研究解决社区治理过程中的难点、痛点，不断引导社区居民自我管理、自我监督，让党建工作有效下沉到社区治理，让城市治理"最后100米"更通畅，实现政府治理和社区调节、居民自治良性互动，推动星河时代社区治理迈上新台阶。

二、红色引擎 激发社区活力

以党建引领为抓手，星河时代物业党支部不定期开展便民活动，发挥物业党员、业主党员的先进性，带头为社区业主、群众提供志愿服务活动。开展"社区义剪、免费清洗地垫、派发四害消杀药品、免费血压测量"等便民活动，小举动彰显大关怀。同时，积极对社区环境进行"微"改造，如对绿化带井盖进行美化、绿化翻土补种、对老化脱落瓷砖进行修复等，让广大社区居民真正感受到身边实实在在的变化。

同时，为增进邻里和谐，共建温馨美好家园，深圳星河时代建设了党建共享空间，打造了集教育、管理、服务、展示于一体的开放式多功能专业化的党建工作综合体，包含共享客厅、多功能课室、共享儿童阅读空间、楼长接待室等。既展示了党建工作成果，又为业主提供学习、娱乐、交流的活动空间，丰富了社区文化活动场所。每逢节日，物业党支部联合社区物业开展系列文化、节庆活动，热热闹闹的气氛，将邻里关系越拧越紧，使社区充满活力（图2-2-3）。

物业党支部成立以来，陆续开展"银柳年宵花DIY""新春舞龙狮表演""为独居老人送上新春祝福"迎新春系列活动，"DIY创意手工袋"母亲节活动，"趣味乒乓球比赛""休闲瑜伽""共赏茶韵"等五一劳动节系列主题活动，"童心街市"儿童节主题活动，"DIY红色剪纸 感恩有党"

图2-2-3　星河时代党建共享空间

庆祝建党100周年，"旧衣捐赠"公益等诸多活动，吸引众多社区业主的积极参与。通过高频次、高质量、全龄段覆盖的社区文化建设，为社区业主提供交流、展示的平台，加强邻里之间的友好互动，传递着社区的人文美好。

红色引擎激发的社区文化活力，让星河时代社区业主真实感受到党建引领下的红色物业延伸的便利，社区环境变得更加美丽，邻里关系更加和睦，文化氛围更加浓郁。

【楼村花园】

由抱朴物业服务的楼村花园小区是深圳市最大村改居示范项目，区别于其他商品房小区，该小区居民大部分都是当地村民，管理服务难度也比一般小区要大。多年来，楼村花园充分发挥党建引领作用，进一步延展党组织覆盖脉络，激发基层"新活力"，有效提升基层治理服务水平，大大提高了居民满意度和社区治理精细化水平，实现了基层管理治理共建共治共赢。

2021年12月，抱朴物业服务的楼村花园被广东省住房和城乡建设厅列入"红色物业"试点单位名单。

一、党建引领，治在成效

以街道社区党组织为核心，整合服务资源、集聚服务力量、健全服务机制，可以有效解决居民群众反映突出的物业问题，使之既发挥物业服务功能，又发挥政治引领作用。楼村花园党支部在社区党委、抱朴物业党支部的支持和帮助下，切实深化党建工作，建立党员志愿者等公益组织，延伸便民服务，开展社区治理与文化活动。动员社区志愿者，鼓励单位退休老同志、老党员参与小区事务，发挥老党员的带头作用，激发老党员的服务热情，充分发挥基层党组织的战斗堡垒和党员先锋模范作用。定期开展座谈会加强沟通交流，了解业主代表中的老同志、老党员对小区管理的想法，使业主与物业能敞开心扉沟通，彼此更加亲近，这种模式也成为楼村花园共建和谐小区的重要推动力量。

二、联防联控，重在实效

居民小区作为疫情防控的第一道防线，作为联防联控、群防群治的前沿阵地，离群众最近、事关全局。在疫情防控中，楼村花园党支部与抱朴物业楼村花园快速响应社区党委号召，积极行动，第一时间召开防控会议部署各项工作，迅速调配人员及物资到楼村花园小区，与政府有关部门及街道、社区紧密协同，全力配合，迅速完成现场检测场地布置搭建等工作。为了解决现场服务人员短缺问题，党支部还积极发动小区业主中的党员同志加入到抗疫队伍中，和物业人员一道解决疫情防控期间小区业主的各项需求。

三、为民服务，情暖人心

为解决群众身边的"关键小事"，楼村花园党支部与物业服务中心联手，本着为民服务的宗旨，以群众的满意度作为出发点和落脚点，对业主们的急难愁盼问题共商解决办法。通过完善小区配套设施，对小区绿化、休闲设施、健身器材等进行改造升级，提升小区居住环境。针对环境脏乱差、空中飞线等"棘手"问题，抱朴物业积极探索，重新设计垃圾箱位置，让清洁人员不间断地进行全小区清扫，保证居民生活在一个干净、整洁的环境。

四、为群众办实事，关爱独居老人

充分发挥优秀党员的带头作用，带领小区党员、积极分子一起走进群众，关心群众生活，解决群众难题以及小区困难群众的实际问题。在老龄化日益严峻的今天，关爱独居老人已经成为抱朴物业服务的重要组成部分，为了让小区的老人老有所乐、老有所养，尤其是让独居老人感受到温度，小区党支部与物业服务中心定期组织上门慰问独居老人，陪老人聊天，为老人做一顿可口的饭菜、清理房屋卫生死角、清洗抽油烟机等，将关爱送到老人家中，发挥党员的先锋作用，也彰显物业企业的社会担当（图2-2-4）。

五、坚持党建引领，垃圾分类践行者

在深圳市垃圾分类条例还未广泛普及之时，抱朴物业就率先提出要进行垃圾分类，在小区内设置摆放分类垃圾桶，物业服务中心与党支部携手小区党员、志愿者入户进行垃圾分类的知识科普，告诉业主为什么要垃圾分类、垃圾到底该怎么分类，经历过无数次的艰难磨合，形成了住户感受由"烦"到"好"，从不理解逐渐变为大力支持的转变。为了使业主居民更快、更好地掌握垃圾分类，更是安排了小区义工队员、党员志愿者在垃圾分类点引导并协助居民按照要求将生活垃圾分类投放，用行动影响和推动居民有所作为。

六、共建共治，打造人文社区

党建引领，进一步夯实"红色物业"基础，弘扬传承红色文化精神，使"红色物业"真正发挥服务群众、服务小区的重要作用，抱朴物业党支部号召小区居住的在职党员亮身份，推动在职

图2-2-4 物业人员带着菜到留守老人家中，为他们做饭，并一起用餐

党员成为参与小区事务的中坚力量，展现党员形象，发挥好"一个党员、一面旗帜"的作用。目前，楼村花园不仅成立了志愿服务队、青年志愿者服务队，还成立了小区义工队，成员由以小区党员为代表的业主组成，共同参与小区建设及精神文化建设活动。

在小区党组织的带领下，楼村花园在社区文化建设方面也做出了极大的努力，不仅组建了舞蹈队、篮球队等文娱社团，让业主在闲余时间提升自己的文化素养；还开展了各种丰富多彩的社区活动和各类培训，例如春节联欢晚会、万人宴、元宵灯谜会等，丰富业主们的社区生活。物业服务中心还依托惠民物业特色服务项目、党建平台等载体提供理发、修理家电等各类便民服务，使居民不出小区就能将问题解决，满足了居民的需求。

在小区党组织的带领下，抱朴物业人员将关爱老人融入日常的物业服务工作中。

【圣莫丽斯】

一、牢记使命初心，加强政治建设

圣莫丽斯党支部成立于2019年4月，支部党员由小区物业服务中心、业主和社区党委班子成员组成。党支部成立以来，坚持运用"三步学习法"开展第一议题学习，积极开展党史学习教育，铭记历史，牢记使命，提升自己的思想高度和境界，为小区发展、居民服务提供有效的解决方案。

同时，根据"三会一课"的制度要求，定期召开党员大会、支委会、组织生活会，积极联动党委，打造"共享支委日"，召开联谊会议，共同解决社区小区棘手的问题。

二、党群携手创新，积极开展联建

圣莫丽斯党支部通过参加北站党委组织的联建活动，与其他支部形成资源共享，联建联动。小区物业服务中心主动与各党组织建立常态联系制度，工作注重落实，注重实效，注重结合实际。在为营造幸福物业、红色物业的天平上，增加了砝码。

小区党支部和物业服务中心通过开展丰富多彩的社区活动和便民服务，比如母亲节"爱在心中，感恩有您"主题活动、中秋节"相亲相爱一家人"活动，以及象棋比赛、乒乓球比赛、麻将比赛，"除尘辞旧岁，欢喜迎新年"便民服务活动等，强化党建引领，共建和谐社区，让温情围绕小区，红色文化浸润小区，健康幸福充满小区（图2-2-5）。

三、里子面子齐抓，共建美好家园

为了突出规范高效，提升物业服务管理效能，圣莫丽斯小区充分发挥党建引领作用，形成物业企业、党组织、业委会各方有机衔接、良性互动的局面。

一是加强规范管理，提升服务品质。服务信息公开化，及时公布小区各项服务信息，让居民更加清楚、理解小区物业服务工作；收支公开透明化，每季度公布收支信息到宣传栏，每个月将收支情况上传到深圳市住房和建设局官网，让广大业主共同监督管理。小区还建立完善考核评价机制，加大业主满意度、物业投诉率等指标考核力度，推动物业企业不断自我改进、自我提升。

二是发挥共建共治作用，共建美好家园。小区探索建立纠纷调处机制、业主急难愁盼问题快速反应机制。

改造可视对讲门禁系统。小区的配套设施是可视对讲门禁系统，经过十多年的使用，部分系统已经老化，个别楼栋门禁对讲老化故障，业主反映强烈。针对这一问题，在街道、社区党委的指导下，小区党支部、业委会与物业企业共同商议解决办法，解决资金等问题，在多方努力下，最终完成改造。积极完善智能高清监控系统，建立24小时值班巡逻制度，采取人防、物防、技防三防相结合的方式，对住宅区域实行了封闭式管理。

启动优质饮用水工程。小区水管投入使用已超过15年，大部分供水管已老化，严重影响居民生活质量。为了解决小区水管老化漏水问题，管理处工作人员携手党支部班子现场考察、了解原因，双方一起出谋划策，向政府相关部门提交申请，经过不懈努力，优质饮用水工程于2022年3月15日正式进驻小区施工，这项便民惠民工程，能够实现水质改善，达到直饮的效果。

此外，小区党支部，业委会与物业企业还共同解决了小区标识牌辨识度不高、不文明养犬等影响小区形象和邻里和谐的问题，得到了业主们的高度评价。

四、抗疫重任在肩，物业勇挑重担

在疫情防控工作中，圣莫丽斯物业服务中心在小区党支部的带领下，严格按照北站党委的要求，做好"三位一体"的防疫工作。在全员核酸检测中，小区党支部积极与社区党委协调，为小区老年人、小孩开通绿色通道，优化流程，错峰检测，减少排队时间，同时积极呼吁党员、党员

图2-2-5　圣莫丽斯党支部开展党日活动

家属及热心业主担任起志愿者工作，有效缓解了疫情防控期间，人手紧、任务重的难题。

为了打通与居民群众的最后一公里，小区党组织和物业服务中心积极关注困难特殊群体，用暖心服务感动业主。小区一位90多岁空巢老人，行动不便，无法独立去进行核酸检测。圣莫丽斯党支部志愿者携手物业工作人员，安排专车到老奶奶家里，专人陪同老人到核酸检测点检测，解决老人家的后顾之忧。一路上，老奶奶热泪盈眶，一个劲地感谢小区党支部为群众做实事，让她住在这里感觉特别踏实。老奶奶还说，从国外归来的女儿还有一个星期就解除隔离回家了，所以一定要趁女儿回家前测好核酸，健健康康、开开心心地迎接女儿回家。言语中，透露阿姨的想念和期盼，同时也体现了"红色物业"是落地开花，做在实处，真心实意地为居民排忧解难。

第三节　物业管理法制建设

1.深圳市物业管理法制建设进程

1988年，深圳市政府在颁布《深圳经济特区住房制度改革方案》时出台了《住宅区管理细则》，对住宅区的管理体制、维修养护、收费、招标投标等作了原则性规定，是深圳经济特区物业管理立法的雏形，标志着深圳物业管理法制建设开始。

1994年，深圳出台了国内第一部物业管理地方性法规——《深圳经济特区住宅区物业管理条例》，为建立特区物业管理法规体系奠定了良好的基础。此后，原深圳市住宅局会同有关部门制定了一系列配套规章和规范性文件，形成了一个以法规为龙头，以规章为主干，以规范性文件和技术规则为辅的相对独立完整的深圳经济特区物业管理法规政策体系。

2004年1月底，原深圳市住宅局向深圳市政府法制办报送了《深圳经济特区物业管理条例（送审稿）》。同年9月，原深圳市国土资源和房产管理局向市政府法制办报送了《深圳市业主大会和业主委员会指导规则（送审稿）》；12月30日，经市政府常务会议审议后原则通过。

2005年1月17日，深圳市政府颁布了《深圳市业主大会和业主委员会指导规则》。2007年9月25日，《深圳经济特区物业管理条例》在深圳市第四届人民代表大会常务委员会第十四次会议获得通过。

2009年，原深圳市国土资源和房产管理局制定了《深圳市物业管理统计报表制度》，并经原市统计局审核批复（深统法字〔2008〕12号），于2009年1月20日予以发布。同年，原深圳市国土资源和房产管理局根据深圳市人民政府办公厅《关于清理部分市政府部门规范性文件的通知》（深府办〔2007〕70号）的要求，对2001年12月31日前制定发布的规范性文件进行了清理，其中废止了8个关于物业管理的规范性文件。

2010年5月11日，《深圳市建筑物和公共设施清洗翻新管理规定》（以下简称《规定》）在深圳市政府四届161次常务会议审议通过，该《规定》自2010年7月1日起施行。2010年7月20日，深圳市人民政府五届六次常务会议审议通过了《深圳市物业专项维修资金管理规定》（深府〔2010〕121号）并于2010年9月10日印发施行，标志着深圳市物业专项维修资金监管工作进入了一个全新的阶段。

2013年11月27日，《深圳经济特区物业管理条例》实施若干规定发布，明确市主管部门应当建立市物业管理信用信息库，完善不良行为警示制度，将物业服务企业及相关从业人员、业主委员会委员和候补委员及执行秘书、承担机电设备维修养护或者清洁卫生等专项服务的专业机构等纳入信用信息档案管理。同时，倡导绿色物业管理，鼓励采用新技术、新方法，促进物业管理的集约化、信息化、低碳化，并提倡物业服务企业参与养老事业，业主大会倡导生活垃圾分类。

2016年12月14日，深圳市住房和建设局发布《深圳市物业管理微信投票规则（试行）》，规范了物业管理微信投票行为，有效破解业主大会召开难、表决难的老大难题。

2019年5月15日，深圳市住房和建设局发布《深圳市绿色物业管理专家管理办法》，绿色物业管理专家的监督和管理得到有效规范，专家的技术支撑作用得以充分发挥，进一步推进了深圳市绿色物业管理发展。

2019年9月4日，深圳市六届人大常委会发布公告：《深圳经济特区物业管理条例》经市第六届人民代表大会常务委员会第三十五次会议于2019年8月29日修订通过，自2020年3月1日施行。

2020年，为确保《深圳经济特区物业管理条例》（以下简称《条例》）中各相关条款得到有效落实，《深圳市业主共有资金监督管理办法》《深圳市业主大会和业委会备案管理办法》《深圳市物业管理电子投票规则（修订）》《深圳市物业专项维修资金管理规定（修订）》四个《条例》配套文件相继发布实施，从制度层面落实《条例》规定，规范业主委员会运作，加强物业服务企业监管，保障业主合法权益。

2021年，深圳市住房和建设局发布《深圳市物业管理服务评价和管理办法》，解决物业管理领域的空白，创新改革物业管理领域监管模式，推动物业管理监管模式从"事前监管"向"事中、事后监管"转变，从"准入监管"向"行为监管"转变，建立健全物业管理监管体系，规范物业管理市场秩序，提升物业服务水平。另外，推动出台《深圳市各类物业建筑安装工程总造价标准》和《深圳市使用物业专项维修资金工程造价服务工作规则（试行）》两部重要文件，调整更新各类物业建筑造价标准，有效规范造价服务工作，提高维修资金工程造价服务质量。

2022年，深圳市住房和建设局制定印发《深圳市＿＿小区车位使用管理专项规约（示范文本）》（深建物管〔2022〕35号），为公平、合理、有序地利用住宅小区停车位，进一步规范停车场管理活动提供参考指引。深圳市现行物业管理法规、规章、规范性文件见表2-3-1。

深圳市现行物业管理法规、规章、规范性文件一览表　　　　　　　　　　表2-3-1

序号	名称	发布单位及文号	发布时间	执行时间
1	《关于印发我市住宅物业服务收费指导标准的通知》	深价规〔2007〕1号	2007-10-16	2007-11-01
2	《关于印发〈深圳市绿色物业管理专家管理办法〉》的通知	深建规〔2019〕4号	2019-05-15	2019-06-01
3	《深圳经济特区物业管理条例》	深圳市第六届人民代表大会常务委员会公告第158号	2019-09-04	2020-03-01

续表

序号	名称	发布单位及文号	发布时间	执行时间
4	《关于印发〈深圳市业主共有资金监督管理办法〉的通知》	深建规〔2020〕8号	2020-05-26	2020-07-01
5	《关于印发〈深圳市业主大会和业主委员会备案管理办法〉的通知》	深建规〔2020〕13号	2020-07-23	2020-08-05
6	《关于印发〈深圳市业主共有资金会计核算指引〉的通知》	深建物管〔2020〕14号	2020-06-12	2020-06-12
7	《关于印发〈深圳市物业小区信息公开指引〉的通知》	深建物管〔2020〕16号	2020-06-12	2020-06-12
8	《关于印发〈深圳市业主大会和业主委员会议事规则（示范文本）〉的通知》	深建物管〔2020〕21号	2020-06-19	2020-06-19
9	《关于印发〈深圳市业主自行管理方案（示范文本）〉的通知》	深建物管〔2020〕24号	2020-06-22	2020-06-22
10	《关于印发物业管理区域应急预案示范文本的通知》	深建物管〔2020〕25号	2020-06-22	2020-06-22
11	《关于印发物业管理区域〈管理规约（示范文本）〉和〈临时管理规约（示范文本）〉的通知》	深建物管〔2020〕27号	2020-06-28	2020-06-28
12	《关于印发〈深圳市物业服务合同〉等示范文本的通知》	深建物管〔2020〕29号	2020-07-02	2020-07-02
13	《关于印发〈深圳市物业管理电子投票规则〉的通知》	深建规〔2020〕14号	2020-08-11	2020-09-01
14	《关于印发〈深圳市物业专项维修资金管理规定〉的通知》	深府规〔2020〕8号	2020-10-22	2020-11-01
15	《关于印发〈深圳市各类物业建筑安装工程总造价标准〉的通知》	深建物管〔2021〕7号	2021-03-10	2021-03-11
16	《关于印发〈《深圳经济特区物业管理条例》行政处罚自由裁量权基准〉的通知》	深建物管〔2021〕38号	2021-08-20	2021-08-20
17	《关于印发〈深圳市物业服务评价管理办法〉的通知》	深建规〔2021〕15号	2021-12-31	2022-01-01
18	关于印发《深圳市__（小区）车位使用管理专项规约（示范文本）》的通知	深建物管〔2022〕35号	2022-12-09	2022-12-10

2.2022年深圳市出台的物业管理相关政策、文件

（1）《深圳市住房和建设局等部门关于印发〈深圳市绿色（宜居）社区创建行动实施方案〉的通知》（深建物管〔2022〕5号）；

（2）《深圳市住房和建设局关于进一步贯彻落实推进"支部建在小区上"提升居民小区治理水平有关工作要求的通知》（深建物管〔2022〕11号）；

（3）《深圳市住房和建设局关于推进住宅小区业委会三年全覆盖的通知》（深建物管〔2022〕24号）；

（4）《深圳市住房和建设局关于持续加强物业管理区域疫情防控和安全管理的通知》；

（5）《深圳市住房建设领域2022年安全生产工作要点》；

（6）《深圳市住房和建设局关于加强今冬明春物业管理行业安全生产工作的通知》；

（7）《深圳市住房和建设局关于表彰疫情防控表现优秀物业服务企业的通报》。

3. 2022年深圳市各区出台的物业管理相关政策、文件（不完全统计）

（1）《深圳市福田区住房和建设局关于进一步加强福田区物业行业党建工作的若干措施》；

（2）《关于调整〈罗湖区住宅小区物业服务和业主委员会全覆盖专项行动方案〉相关事项的通知》；

（3）《关于进一步强化物业区域围合管控的通知》；

（4）《关于印发〈罗湖区物业服务领域"消防车通道"集中攻坚实施方案〉的通知》；

（5）《罗湖区推进生活垃圾分类工作指挥部办公室关于印发2022年罗湖区生活垃圾分类工作方案和年度工作计划分工表的通知》；

（6）《罗湖区住房和建设局关于开展物业行业创建全国文明城市行动的通知》；

（7）《罗湖区住房和建设局关于做好现阶段城中村、小区围合管理工作的通知》；

（8）《深圳市宝安区2022年度物业服务疫情防控服务财政补贴发放指引》；

（9）《宝安区城中村物业管理等级评定方案（试行）》；

（10）《宝安区物业管理专项整治八项措施（试行）》；

（11）《深圳市宝安区业主委员会履职指引》；

（12）《深圳市宝安区既有住宅加装电梯联合审查流程》；

（13）《深圳市宝安区既有住宅加装电梯补贴发放操作细则》；

（14）《深圳市龙华区住房和建设局关于印发〈龙华区城中村小区物业服务内容及成本指引〉的通知》；

（15）《深圳市龙华区住房和建设局关于印发〈龙华区城中村物业服务考核评分参考标准〉的通知》；

（16）《光明区关于进一步加强物业管理领域矛盾纠纷源头防范的若干措施（试行）》；

（17）《光明区物业服务星级评价管理办法（试行）》；

（18）《深圳市深汕特别合作区住房建设和水务局关于深入开展住宅小区文明城市创建工作的通知》；

（19）《深圳市深汕特别合作区住房建设和水务局关于做好住宅小区物业区域防风防汛工作的通知》；

（20）《深圳市深汕特别合作区住房建设和水务局关于全面做好物业管理区域疫情防控工作的通知》；

（21）《深圳市深汕特别合作区住房建设和水务局关于进一步加强物业管理区域疫情防控和安全生产工作的通知》；

（22）《深圳市深汕特别合作区住房建设和水务局关于坚持不懈做好物业管理区域疫情防控工作的紧急通知》。

附件一：深圳市宝安区物业管理专项整治八项措施（试行）

为有效提升我区物业管理服务水平，进一步整顿和规范物业管理行为，不断提升人民群众居住方面的幸福感、获得感，结合本区实际，制定本措施。

一、限期整改。对违反物业管理相关的政策规定，或因履职不到位造成业主合法权益受到损害的行为（详见附件1），由街道办事处或区住房和建设局予以物业服务企业限期责令整改建议书。

二、警示通报。对被要求限期整改后仍未整改到位的行为，由街道办事处、区住房和建设局分别约谈物业管理项目负责人、物业企业法定代表人等主要负责人，督促指导其履行"第一责任人"的职责，落实整改，并在全区物业行业内给予通报警示。

三、信用扣分。因物业管理不到位造成安全事故、公共卫生事件、产生不良社会影响的信访舆情等行为，由区住房和建设局依流程启动不良行为认定，同步至市物业行业信息信用管理平台扣分。

四、行政处罚。对涉嫌违反物业管理相关法律法规的行为，由区住房和建设局责令限期整改并给予面警告，拒不整改的，依法作出行政处罚；涉及其他违法事项的，及时移交相关职能部门进行查处（详见附件2）。

五、投标参考。对被约谈、被行业通告、被计入信用扣分、被行政处罚的物业服务企业，在评优评先、政府物业选聘、政策倾斜等方面予以考虑。同时将物业服务企业年内被采取措施情况、在管项目等级评定结果及企业信用水平提供给各住宅小区的业主大会或业主委员会作为续聘、选聘物业服务企业的参考依据。

六、公开曝光。对严重违法违规、侵犯业主和物业使用人权益的行为，进行公开曝光，在媒体上发布典型物业管理违法案例，并实名发布涉案企业。

七、挂牌督办。对年内被行业通告、被计入信用扣分、被行政处罚、物业管理等级评定为无等级的物业服务企业，由区住房和建设局会同街道办事处列入当年度"重点关注"项目名单并挂牌督办。

八、动态管理。依据物业服务企业年度履职水平，对物业管理项目实行分级分类差异化动态管理，对日常管理良好、评级优秀的物业服务企业在评优评先、日常督查方面开放绿色通道，对年内曾被采取措施的物业服务企业增加检查频次及力度。

本规定自发布之日起试行，有效期暂定一年。

附件：1.物业服务企业常见负面清单

2.物业服务企业违法违规处罚清单

附件：1.物业服务企业常见负面清单

一、日常管理

1.物业服务企业不及时、不配合处理业主合理合法投诉、不履行物业服务合同或履行不到位，导致业主频繁投诉、越级上访，或引发小区业主大规模拉横幅、围堵党政机关、堵路等情形造成不良社会影响。

2.物业服务企业未按规定将物业服务内容、服务标准、收费项目、收费标准、收费方式，上一年度物业服务合同履行以及物业服务项目收支情况，本年度物业服务项目收支预算等信息进行公示。

3.物业服务企业擅自侵占或违规使用小区车位，擅自利用业主共有道路、绿地或其他场地停放车辆。

4.物业服务企业擅自占用、挖掘小区内道路、场地；擅自利用物业共用部位、共用设施设备进行经营。

5.物业服务企业未按合同约定事项和标准提供服务，超出合同约定或公示标准收取费用，提高收费标准，直接或变相增加收费项目。

6.物业服务企业恶意干扰破坏业委会选举换届。

7.未经业主大会同意，人为拆分维修工程，规避专项维修资金使用程序和工程审价；违规将不应在维修资金中分摊的项目进行分摊。

8.物业服务人员没有基本的服务礼仪，物业行业服务特性缺失，引发业主不满。

9.在物业管理招标投标过程中以违法、违规等不正当手段谋取中标资格。

10.侵害业主合法权益的其他行为。

11.对业主满意度评价中的投诉和意见处理不及时、不到位，导致业主频繁投诉。

二、安全生产

1.消防通道不畅通，消防登高台等消防场地、设施被占用、损坏，消防设施不符合标准，存在严重的消防隐患。

2.存在外墙瓷砖脱落等高空坠物风险，无有效防范措施。

3.安全生产应急事故预案不完善且未定期演练。

4.有限空间安全防范措施不足。

5.电动自行车安全管理不善，有入室、入楼、飞线充电现象，对充电桩安全情况未进行定期排查。

6.电梯未及时进行年检并取得安全检验合格证，未与专业维修保养单位签订电梯维保合同，电梯内应急通讯存在故障。

7.对房中房出租住人未及时发现并报告有关部门。

8.防汛防台风物资准备与应急措施不充分。

9.居家用电用气安全宣传不到位。

10.玻璃幕墙存在安全隐患。

11.未按规定进行安全生产定期巡查，对安全隐患未及时采取劝阻、制止、报告、消除等措施进行有效处置。

三、疫情防控

1.未按要求严格实行围合管理，存在不通过卡口进入小区的漏洞。

2.未做到卡口24小时值守。

3.卡口未设置场所码、电子哨兵，测温枪、消毒酒精等硬件配置不足。

4."一问二测三查验四安置"的查验步骤执行不到位。

5.卡口工作"五到位"(提醒佩戴口罩到位、测量温度到位、查验健康码和行程码到位、问询到位、登记外来人员到位)执行有疏漏。

6.未做到对车辆及驾乘人逐一测温验码。

7.物业服务人员自身防护不足。

8.发现红、黄码人员及其他有关防疫要求的紧急事项行为不及时处置、报告。

四、"创文"工作

1.未在显著位置展示市民公约。

2.未运用多种形式宣传展示精神文明创建内容。

3.物业服务人员(特别是小区出入口工作人员)未能友善对待外来人员，不能耐心热情回答他人的询问。

4.2014年以后建成的小区无障碍设施不达标。

5.生活环境不达标：卫生状况差；有乱张贴乱涂写乱刻画现象；建筑物外立面有大面积破损污损；垃圾清运不及时、未分类收集，有积存垃圾、纸屑、烟蒂、污物现象。生活垃圾未定点投放、分类投放，无分类垃圾箱(桶)或垃圾分类投放点，垃圾房、箱(桶)未能保持完好、整洁。

6.各种空中缆线乱拉乱设。

7.精细化管理不达标：机动车、非机动车停放无序、占用绿化带、影响行人通行，有乱停乱放、堵塞小区道路和楼道现象；有乱搭乱建现象。

8.对没有上牌照的电动自行车业主，未劝导督促上牌。

9.对出入小区未戴佩戴头盔的业主未予以劝导。

附件：2.物业服务企业违法违规处罚清单

一、根据《深圳经济特区物业管理条例》第一百一十四条规定，物业服务企业有下列情形之一的，由区住房和建设局给予警告，并责令限期改正；逾期未改正的，处两万元以上五万元以下罚款：

（一）未设立业主共有资金共管账户，或者未将业主共有资金转入业主共有资金基本账户；

（二）未在物业管理区域设立独立核算的服务机构；

（三）未将物业服务合同副本报区住房和建设部门备案；

（四）未公示公共水电分摊费用情况、物业管理费与物业专项维修资金使用情况；

（五）未制订物业管理区域安全防范应急预案并报区住房和建设部门备案；

（六）未按照国家有关规定建立财务管理制度；

（七）未定期与数据共享银行核对本物业管理区域业主共有资金账目并按季度公示；

（八）未及时对违法行为予以劝阻、未及时报告街道办事处或者有关职能部门；

（九）未将车位、车库的使用情况按月予以公示。

二、根据《深圳经济特区物业管理条例》第一百一十五条规定，物业服务企业有下列情形之一的，由区住房和建设局责令立即改正，给予警告，并处两万元以上五万元以下罚款：

（一）无正当理由擅自对共有物业或者物业专有部分实施停水、停电、停气；

（二）未配合相关专营单位维修养护、改造物业管理区域相关设施设备或者设置管线；

（三）未立即采取应急处置措施、及时报告相关紧急情况和进行应急维修的。

三、根据《深圳经济特区物业管理条例》第一百一十六条规定，物业服务企业违反法律法规，拒不退出物业管理区域并移交相关资料、资金和物品的，由区住房和建设局责令限期三个月内退出、移交相关资料、资金和物品；逾期仍不退出、移交相关资料、资金和物品的，责令退还逾期所收取的物业服务费，按照逾期天数处以每日两千元罚款，并可以依法申请人民法院强制执行。

四、根据《深圳经济特区物业管理条例》第一百一十七条规定，物业服务企业逾期未将物业专项维修资金存入专户的，由区住房和建设局责令限期一个月内改正；逾期未改正的，按照逾期月数每月处一万元罚款。

五、根据《深圳经济特区物业管理条例》第一百一十八条规定，物业服务企业及其工作人员侵占、挪用业主共有资金的，由区住房和建设局依法追回，给予警告，并处被侵占或者挪用资金金额两倍的罚款；擅自改变物业管理用房等共有物业用途的，由区住房和建设局给予警告，并责令限期改正，逾期未改正的，对物业服务企业处五万元以上二十万元以下罚款；违规泄露业主信息的，由区住房和建设局对物业服务企业处一万元以上三万以下罚款；有违法所得的，没收违法所得。

六、根据《深圳经济特区物业管理条例》第一百一十九条规定，物业管理区域有下列行为之一的，由有关行政主管部门按照下列规定予以查处：

（一）损坏或者擅自变动房屋承重结构和主体结构的，由区住房和建设局责令限期改正，对违法行为人处五万元以上二十万元以下罚款；

（二）将房间或者阳台改为卫生间、厨房，或者将卫生间改在下层住户的卧室、起居室（厅）、书房和厨房的上方的，由区规划土地监察机构责令限期拆除，并对业主或者物业使用人处一万元以上三万元以下罚款；逾期未拆除的，由区规划土地监察机构依法申请人民法院强制执行；

（三）未经批准擅自改变房屋内部防火分隔，影响消防安全和疏散要求；破坏或者擅自改变房屋外观；违法建造建筑物、构筑物；上述违法行为由区规划土地监察机构依照有关法律、法规的规定查处；

（四）损坏或者擅自占用、改建共有物业的，由区住房和建设局给予警告，并责令限期改正；逾期不改正的，对实施违法行为的个人处一万元以上三万元以下罚款，对实施违法行为的单位处五万元以上二十万元以下罚款；

（五）从建筑物抛掷物品危害他人安全或者破坏环境卫生、损坏或者擅自占用及移装共用设施设备、擅自建设及接驳排水系统的，由相关行政主管部门依法查处。

七、违反《深圳经济特区物业管理条例》的其他需承担法律责任的行为；构成犯罪的，由公安机关依法追究刑事责任。

附件二：深圳市宝安区业主委员会履职指引

第一章 总则

第一条 【制定原则】为规范业主委员会活动，维护业主在物业管理中的合法权益，根据《中华人民共和国民法典》《深圳经济特区物业管理条例》等法律法规的规定，结合宝安区实际，制定本指引。

第二条 【监管指导】区住房和建设局负责物业管理的监督管理和指导工作。

街道办事处负责组织、协调业主大会成立以及业主委员会的选举工作，指导、监督业主大会和业主委员会的日常活动。

第三条 【党建引领】业主委员会在中国共产党社区委员会（以下简称社区党委）的领导下依法依规开展物业管理活动。

居民委员会应当对设立业主大会和选举业主委员会给予指导和协助，发挥对业主委员会的指导和监督作用。

第四条 【职责定位】业主委员会作为业主大会的执行机构，由业主大会依法选举产生，接受业主大会、业主的监督，并依法、依本物业管理区域管理规约及业主大会、业主委员会议事规则约定履行相应的工作职责。

第五条 【履职原则】业主委员会的决定应当符合法律、法规和管理规约、业主大会议事规则的规定，且不得作出与本物业管理区域物业管理无关的决定。业主委员会作出的决定违反法律、法规和管理规约、业主大会议事规则的规定，或者作出与本物业管理区域物业管理无关的决定，由签字同意该决定的业主委员会委员承担相应的法律责任。

业主大会、业主委员会作出的决定侵害业主合法权益的，受侵害的业主可以请求人民法院予以撤销；业主大会、业主委员会作出的决定侵害公共利益的，由街道办事处或者区住房和建设部门责令改正，拒不改正的，由街道办事处或者区住房和建设部门予以撤销并通告全体业主。

第二章 业主委员会职责

第六条 【业主委员会职责】业主委员会履行下列职责：

（一）召集业主大会会议，向业主大会报告工作；

（二）编制业主大会年度预算、决算方案；

（三）拟订共有物业、业主共有资金使用与管理办法；

（四）组织和监督物业专项维修资金的筹集和使用；

（五）拟订物业服务内容、标准以及收费方案或者需要由全体业主公摊费用的收取标准；

（六）制订档案和印章管理制度，制作和保管会议记录、共有物业档案、会计凭证、会计账簿、财务报表等有关文件及印鉴，并建立相关档案；

（七）督促业主、物业使用人遵守管理规约，催缴拖欠的物业管理费、物业专项维修资金；

（八）调解物业管理纠纷；

（九）根据业主的提议，拟订本物业管理区域的划分、调整方案，提交业主大会会议决定；

（十）根据业主的意见、建议和要求，拟订《业主大会议事规则》《管理规约》修改方案；

（十一）根据业主共同决定，选择并实施物业管理方式；

（十二）公示终止和中止业主委员会委员资格，向业主大会报告和提请业主大会决定；

（十三）终止委员职务后，从候补委员中按照得票顺序依次递补为委员并予以公示，在公示结束之日起十五日内向区住房和建设部门备案；全部候补委员递补为委员后，业主委员会委员人数低于原有人数百分之五十的，应当告知街道办事处，依照业主委员会换届选举的规定重新选举业主委员会；

（十四）配合业主委员会换届工作；

（十五）在物业管理交接时组织进行承接查验；

（十六）定期将工作情况通报全体业主，并每半年公示业主委员会委员、候补委员、监事缴纳物业专项维修资金、物业管理费、停车费情况以及停车位使用情况；

（十七）按照业主大会议事规则规定，邀请承租人代表列席业主委员会会议；

（十八）建立业主委员会接待制度，接受业主、物业使用人的咨询、投诉和监督；及时回复业主关于辖区内物业管理事项的询问；

（十九）积极配合政府部门、企事业单位做好相关工作；

（二十）建立房屋安全定期检测检验制度，委托专业机构对房屋安全定期进行检测检验，加强房屋使用安全管理；

（二十一）配合物业服务企业或其他管理人做好应急维修工作，及时履行相关职责，确保物业安全使用；

（二十二）做好或督促物业服务企业或其他管理人做好共有物业的安全检查、维护保养等工作，对发生在物业管理区域的禁止行为进行劝阻和报告；

（二十三）对租赁房屋进行擅自更改原设计、分割群租以及其他违规出租行为要求书面整改并督促整改落实，确保出租房屋的使用安全；

（二十四）对违反管理规约的行为，要求行为人停止侵害、消除危险、排除妨害、赔偿损失、恢复原状；

（二十五）审议物业服务企业或者其他管理人制订的年度管理与服务计划；监督、考核物业服务企业或者其他管理人履行物业服务合同，对违约行为进行处理，对因合同履行发生争议且协商不成的，申请仲裁或提起诉讼；

（二十六）业主委员会在提请业主大会审议业主大会年度预算、决算方案，组织使用业主共有资金和物业专项维修资金，选聘物业服务企业，划分与调整物业管理区域，调整物业服务收费标准等重大事项前，应当提前三个工作日向街道办事处、社区党委或物业管理区域党组织报告。

除法律法规及规范性文件明确规定必须由业主委员会自身履行的职责之外，其余职责可委托物业服务企业或其他专业机构代为行使。

第七条 【主任职责】业主委员会主任负责业主委员会的日常事务，履行以下职责：

（一）负责召集业主委员会会议，主持业主委员会工作；

（二）主持制订业主委员会工作计划和实施方案；

（三）主持制订业主大会、业主委员会印章使用管理、档案资料管理和财务管理等制度；

（四）代表业主委员会向业主大会汇报工作；

（五）组织、协调、解决本物业管理区域物业管理实施工作中的日常问题；

（六）组织研究、论证本物业管理区域物业管理实施工作中的问题；

（七）执行业主大会、业主委员会的决定；

（八）完成业主委员会交办的工作；

（九）接受各级政府、社区党委、社区居民委员会的指导与监督；

（十）其他法律法规规定的职责。

第八条 【委员职责】业主委员会委员依法履行以下职责：

（一）履行业主义务、遵守管理规约；

（二）参加业主委员会会议等有关活动，一年无故缺席业主委员会会议不超过两次或一年内请假缺席业委会会议不超过五次；

（三）参与业主委员会有关事项的决策；

（四）参与制订业主委员会工作计划和实施方案；

（五）参与制订业主大会、业主委员会印章使用管理、档案资料管理和财务管理等制度；

（六）参与组织、协调、解决、研究、论证物业管理实施工作中的日常问题；

（七）密切联系业主、业主代表，广泛了解本物业管理区域内物业管理动态、情况和问题，向业主委员会或者通过业主委员会向业主大会反映业主的意见和建议；

（八）调处业主与物业服务企业或者其他管理人之间的物业管理纠纷；

（九）承担业主委员会布置的专项工作；

（十）执行业主大会、业主委员会的决定，完成业主委员会交办的工作。

第九条 【禁止行为】业主委员会委员、候补委员、监事、执行秘书和财务人员不得有下列行为：

（一）阻挠、妨碍业主大会行使职权或者拒不执行业主大会决定；

（二）弄虚作假，隐瞒事实真相，转移、隐匿、篡改、毁弃或者拒绝、拖延提供物业管理有关文件、资料，或者擅自使用业主大会、业主委员会印章；

（三）违反业主大会议事规则或者未经业主大会授权与物业服务企业签订、修改物业服务合同；

（四）侵占、挪用业主共有资金，将业主共有资金借贷给他人或者以业主共有资金为他人提供担保；

（五）收受物业服务企业或者与其履行职务有利害关系的单位或者个人提供的红包礼金、减免收费、停车便利等各种形式的利益输送；

（六）违规泄露业主信息；

（七）与本业主大会订立合同或者进行交易；

（八）为在本物业管理区域提供服务的物业服务企业承揽、介绍相关业务或者推荐他人就业；

（九）拒不执行街道办事处、相关主管部门关于本物业管理区域的整改要求或者人民法院有关裁判；

（十）侵害业主合法权益的其他行为。

第三章　组织召开业主大会会议

第十条 【业主大会决定事项】下列事项由业主大会会议作出决定：

（一）制订或者修改管理规约、业主大会议事规则；

（二）选举或者更换业主委员会委员、选举业主委员会候补委员；

（三）审议业主大会年度计划和预算方案；

（四）审议业主委员会工作报告；

（五）制订共有物业和业主共有资金使用与管理办法；

（六）选聘、续聘、解聘物业服务企业；

（七）筹集、管理和使用物业专项维修资金；

（八）申请改建、重建建筑物及其附属设施，改变共有物业用途或者利用共有部分从事经营活动；

（九）确定或者变更物业管理方式、服务内容、服务标准和收费方案，确定需要由全体业主公摊费用的收取标准；

（十）决定物业管理区域其他有关事项。

前款第一至八项所列事项不得授权业主委员会决定。

第十一条 【定期会议】业主大会定期会议每年至少召开一次，由业主委员会组织召开。

业主大会定期会议应当审议以下内容：

（一）上一年度物业管理报告、业主委员会和业主监事会工作报告、业主大会收支报告；

（二）下一年度业主大会年度计划和预算方案；

（三）物业管理的其他事项。

第十二条 【临时会议】有下列情形之一时，业主委员会应当召集业主大会临时会议：

（一）经业主总人数百分之二十以上业主提议；

（二）经持投票权数百分之二十以上业主提议；

（三）发生重大紧急事件需要及时处理；

（四）业主大会议事规则规定的其他情形。

业主可采用书面形式或互联网方式提议召集业主大会临时会议。采用书面形式的，应当提供提议业主签名的书面提议资料，提议资料应有议题、业主本人的签名、联系电话、房号、投票权数，并附上房屋权属证明及身份证复印件；采用互联网方式的，应当通过市住房和建设部门建立的物业管理信息平台进行。

业主提议召集业主大会临时会议的，业主委员会应当在十五日内核实提议并公示核实结果。

业主采用互联网方式提议的，业主委员会应当通过市住房和建设部门建立的物业管理信息平台统计提议情况；业主以书面形式提议的，业主委员会应当核实提议人业主身份，并按照提议材料，核实提议的业主人数或投票权数是否达到法定条件。

业主委员会应当公示提议核实结果，核实结果应载明核实的提议业主人数与提议业主的投票权数，以及其占物业管理区域业主总人数、业主总投票权数的比例。经核实提议符合相关规定的，业主委员会应当自公示之日起五日内就提议议题召集业主大会临时会议；经核实提议不符合规定，但业主仍认为需要召开业主大会临时会议的，业主应当重新按照本条第一款、第二款规定提交提议。

业主委员会拒不进行核实、无法履行职责或者存在争议的，由街道办事处予以核实。

第十三条 【会议形式】召开业主大会会议可以采用集体讨论的方式，也可以采用书面形式或者互联网方式。采用互联网方式的，应当通过市住房和建设部门建立的物业管理信息平台进行。

第十四条 【会议召集】业主大会会议由业主委员会依法召集，业主委员会未按照规定召集业主大会会议的，业主可以请求物业所在地街道办事处责令限期召集；逾期仍未召集的，由物业所在地街道办事处组织召集。

业主委员会于会议召开十五日前将会议议题及其具体内容、时间、地点、方式等予以公示。业主大会会议不得就已公示议题以外的事项进行表决。

召开业主大会会议，应当提前三个工作日书面告知物业所在地社区居民委员会。

业主大会未能及时召开，或者会议未能形成相关决议决定，以及业主就会议议题内容存在重大意见分歧的，业主委员会应当及时向社区党委报告。

业主大会会议应当由业主委员会作出书面记录并存档。

第十五条 【参会人员确定】业主投票权数、业主人数和业主总人数按照下列方法确定：

（一）业主投票权数按照业主专有部分建筑面积计算，每平方米计算为一票，不足一平方米的按照四舍五入计算；

（二）业主人数按照专有部分的数量计算，一个专有部分按照一人计算；建设单位尚未出售和虽已出售但尚未交付，或者同一业主拥有两个以上专有部分的，均按照一人计算；

（三）业主总人数，按照本款第二项业主人数的总和计算。

一个专有部分有两个以上所有权人的，应当推选一人行使表决权，所代表的业主人数为一人。

业主可以自行投票，也可以委托他人投票。委托他人投票的，应当出具书面委托书，载明委托事项和投票权数。一个受托人最多可以接受三名业主的委托进行投票。

第十六条 【会议期限】业主大会会议投票截止后，参会业主人数或参会业主所持有的投票权未达到法律规定比例的，经街道办事处批准可延长业主投票时限，延长时限由街道办事处根据实际情况确定。

根据前款规定延长的投票期限届满仍无法达到召开业主大会会议条件的，业主大会终止该事项表决。终止表决的事项，自终止之日起一年内不得重新作为业主大会议题提出，但经物业管理区域占业主总人数百分之二十以上的业主或者占全体业主所持投票权数百分之二十以上的业主联名提议或经街道办事处同意的除外。

第十七条 【议事限制】业主大会对物业管理事项已作出决定的，业主委员会在一年内可以不再就同一物业管理事项组织召开业主大会会议，但以下的情形除外：

（一）住房和建设部门、街道办事处或人民法院依法撤销业主大会决定的；

（二）遇到紧急情况并经街道办事处同意的；

（三）经物业管理区域占业主总人数百分之二十以上的业主或者占全体业主所持投票权数百分之二十以上的业主联名提议，并经街道办事处同意的；

（四）发现有违法情形进行自纠的。

第十八条 【会议有效性】业主大会会议参会业主人数和参会业主所持投票权数，应当由专有部分面积占比三分之二以上的业主且人数占比三分之二以上的业主参与表决，业主大会会议方为有效。

决定下述事项的，应当经参与表决专有部分面积四分之三以上的业主且参与表决人数四分之三以上的业主同意。

（一）筹集建筑物及其附属设施的维修资金；

（二）改建、重建建筑物及其附属设施；

（三）改变共有部分的用途或者利用共有部分从事经营活动。

决定下述事项的，应当经参与表决专有部分面积过半数的业主且参与表决人数过半数的业主同意。

（一）制订和修改业主大会议事规则；

（二）制订和修改管理规约；

（三）选举业主委员会或者更换业主委员会成员；

（四）选聘和解聘物业服务企业或者其他管理人；

（五）使用建筑物及其附属设施的维修资金；

（六）有关共有和共同管理权利的其他重大事项。

第十九条 【结果公示】业主大会决定在作出之日起三日内以书面形式在物业管理区域显著位置公示不少于十日，并同时在深圳市物业管理信息平台予以公示。业主对公示结果有异议的，依据管理规约、业主大会议事规则的约定进行处理。

第二十条 【其他会务工作】业主大会定期会议和临时会议的会务准备、召开、表决等其他相关工作参照首次业主大会会议的相关规定执行。

首次业主大会会议召开及选举首届业主委员会，按照《深圳市业主大会和业主委员会指导规则》执行。

第四章 业主委员会会议

第二十一条 【会期】每季度至少召开一次业主委员会会议。

符合以下条件的，应当及时召开业主委员会会议：

（一）经三分之一以上委员提议召开会议的；

（二）业主委员会主任认为有必要召开会议的；

（三）业主监事会或监事认为有必要召开会议的；

（四）街道办事处认为有必要并要求召开会议的；

（五）社区党委或小区基层党组织认为有必要并要求召开会议的。

第二十二条 【会议召集】业主委员会会议由主任召集和主持。主任未能履行职责时，由副主任召集和主持。副主任未能履行职责时，由社区居民委员会或街道办事处指定一名委员召集和主持业主委员会会议。

第二十三条 【会议规则】业主委员会会议应当按照下列规则召开：

（一）会议由召集人负责召集，并决定会议召开的时间、地点等；

（二）委员因故不能参加会议的，提前一日向业主委员会召集人说明；

（三）提前三日将会议通知及有关材料送达每位委员；

（四）讨论、决定物业管理公共事项的，于会议召开三日前在物业管理区域内以书面形式公告会议议程，听取业主的意见和建议；

（五）会议应当有过半数委员出席，作出决定时应当经全体委员过半数同意；

（六）一名委员拥有一票。候补委员、社区党委与小区基层党组织代表、承租人代表、邀请与会的业主代表及物业服务企业人员等可以参加会议，但不具有表决权。

（七）业主委员会委员不得委托他人出席业主委员会会议。

（八）业主委员会应当制作会议记录，由出席会议的业主委员会委员签字，加盖业主委员会印章后存档。

（九）在作出会议决定之日起三日内，将会议情况及决定事项予以公示。

会议议题涉及解聘选聘物业服务企业、筹集使用物业专项维修资金、修改管理规约和议事规则、中止和终止业主委员会资格、改建扩建共有物业或改变共有物业用途、其他重大事项时，应邀请社区党委、小区基层党组织代表参会。

第五章 业主委员会日常运作

第二十四条 【委员分工】业主委员会第一次会议应当在选举结果公布后三日内召开，进行主任委员、副主任委员和法律、工程、环境、经济、管理、财务等专业委员的工作分配。

业主委员会应当将委员分工和联系方式、议事活动地址等情况向全体业主公示。

第二十五条 【聘请人员】业主委员会可以聘请执行秘书和财务人员，负责处理业主委员会日常事务和财务工作。

执行秘书和财务人员应当定期参加区、街道组织的物业管理专业培训。

第二十六条 【经费报酬】业主大会综合考虑物业管理区域规模、物业服务费标准、业主人数及业主委员会、执行秘书与财务人员的工作情况等因素，决定给予业主委员会委员津贴、执行秘书与财务人员薪酬及业主委员会活动经费的标准，候补委员不领取津贴。业主委员会委员每月津贴不应超过市最低工资标准。

前款所述费用从业主共有资金中列支，业主大会另有规定的除外。

第二十七条 【信息公开】业主委员会应当建立重大事项公开制度，及时向业主公布以下内容：

（一）建筑物及其附属设施的物业专项维修资金的筹集、使用情况；

（二）管理规约、业主大会议事规则，和业主大会或业主委员会的决定及会议记录；

（三）物业服务合同、共有部分的使用和收益情况；

（四）物业管理区域规划用于停放汽车的车位、车库的处分情况；

（五）其他应当向业主公开的情况和资料。

第二十八条 【服务监督】业主委员应当监督物业服务企业或者其他管理人履行物业服务合同，不定期检查物业服务企业或者其他管理人履约情况，并每半年对物业服务企业或者其他管理人的履约情况进行一次全面考核评定。

业主委员会对物业服务企业或者其他管理人履约情况的监督意见，作为业主委员会工作报告内容之一，向业主大会报告。

第二十九条 【接待制度】业主委员会应当建立接待制度，并轮流安排至少一名委员定期接待业主、物业使用人的咨询、投诉和监督。

业主有权就物业管理事项向业主委员会提出询问，业主委员会应当在接受询问之日起三日内予以答复。

对业主反映意见当场答复的应在登记簿上简要写下口头答复内容。当场不能答复的，当班接待委员应告知业主委员会主任，由主任指定由原接待人员或其他委员负责处理，并负责答复业主，答复完毕后应在接待簿上进行结案登记。一般情况下应在二十四小时内予以答复，需要业主委员会会议表决通过的，应在最近一次表决通过后立即予以答复。

第三十条 【会议记录】业主委员会应当做好业主大会会议、业主委员会会议的书面记录，并安排专人负责会议记录和会议资料的存档。

业主大会会议书面记录由会议主持人、记录人、全体出席会议的业主委员会委员签字，并加盖业主大会印章后存档。决定的议事文件由业主委员会发布或签署，并由出席会议的业主委员会委员签字并加盖业主大会印章后存档。

业主委员会会议书面记录由会议主持人和记录人签字，并加盖业主委员会印章后存档；涉及重要事项的会议由会议主持人、记录人和全体出席会议的业主委员会委员签字，并加盖业主委员会印章后存档。

业主可以查阅业主大会、业主委员会、监事会所有会议资料。

第三十一条 【调解纠纷】业主委员会应建立物业管理矛盾协调工作制度，协助调处业主之间、业主与物业服务企业之间、业主与业主委员会之间的矛盾和纠纷。

第三十二条 【社区治理】业主大会、业主委员会应当督促物业服务人按照公安部门、城市管理部门、消防救援机构、街道办事处、社区居民委员会等单位的要求做好本物业管理区域内的治安管理、小散工程、垃圾分类、养犬管理、消防安全等社区治理工作。

第三十三条 【解散交接与清算】因物业管理区域调整、旧住宅区改造等原因需解散业主大会、业主委员会的，在解散前，业主大会、业主委员会应当在所在地街道办事处的指导、监督下，做好业主共同财产清算及返还工作。完成清算及有关交接工作后，业主委员会应当在十五日内向区住房和建设部门办理业主大会及业主委员会的注销备案手续。

第三十四条 【物业管理移交】物业服务合同终止之日起五日内，业主委员会应当按照相关规定和物业服务合同约定，与原物业服务企业或者其他管理人办理物业管理移交手续。

物业服务合同终止时，业主大会依法选聘了新的物业服务企业或者其他管理人的，业主委员会应当按照相关规定和物业服务合同约定，会同新物业服务企业或者其他管理人与原物业服务企业或者其他管理人对物业共有部分及其相应档案进行查验，并办理物业服务用房和物业档案、物业服务档案、业主名册等资料的移交手续。

第三十五条 【信用信息】配合市、区住房和建设部门以及街道办事处，做好业主委员会信用信息工作；业主委员会应当按规定如实提供涉及物业管理的违法行为、行政处罚决定等信用信息。

第三十六条 【业务提升】业主委员会成员应积极参加由市、区住房和建设部门、街道办事处、社区党委等组织的物业管理培训和有关工作会议。

第六章 印章管理与档案管理

第三十七条 【印章管理规定】业主委员会应当制订业主大会、业主委员会印章使用管理规定，并按照该规定执行。尚未制订管理规定的，业主委员会主任对印章和档案负有保管和依法、正当使用的责任。

第三十八条 【印章使用】使用业主大会印章，由业主委员会根据业主大会议事规则的规定或者业主大会会议的决定使用，并做好相关记录。

（一）使用业主委员会印章，应当根据业主委员会会议的决定并由二分之一以上委员签字（其中必须有业主委员会主任或副主任），印章使用情况均应当进行登记存档。

（二）禁止在空白纸上加盖公章。

（三）未按规定使用印章，造成损失的，由使用人承担赔偿责任；未造成损失但违反相关规章制度的，根据相关规定给予相应惩处。

第三十九条 【印章遗失】业主大会印章、业主委员会印章不慎遗失，按照规定程序重新刻制。

第四十条 【用印核实】业主委员会主任、副主任每月应核对印章使用登记情况，确保印章使用登记记载的印章使用情况与印章实际使用相符。

第四十一条 【档案管理内容】业主委员会应当建立活动档案，并指定专人保管。档案管理委员要忠于职守，自觉遵守档案制度，做好档案收集、整理、归档等工作。

档案一般包括以下内容：

（一）各类会议记录、纪要；

（二）业主委员会、业主大会决议、决定等书面材料；

（三）各届业主委员会选举产生、备案的材料；

（四）业主清册；

（五）物业服务合同及其他专项服务合同；

（六）有关业务往来文件；

（七）业主和物业使用人的书面意见、建议书；

（八）业主共有资金收支情况、会计凭证、会计账簿、财务报表等财务资料；

（九）共有物业及其使用、管理相关档案；

（十）业主大会、业主委员会议事规则及业主监事会工作规则、管理规约、印章管理制度、停车场管理制度、共有资金财务管理制度等有关制度文件；

（十一）其他相关资料。

第四十二条 【管理责任】档案资料遗失的，由档案保管人承担责任；造成经济损失或不良影响的，依法追究档案保管人的相应责任。

第四十三条 【档案移交】保管档案资料的业主委员会委员资格终止的，应当自资格终止之日起五日内向本届业主委员会移交其保管的档案资料，并完成交接工作。

业主大会会议选举产生出新一届业主委员会的，前业主委员会委员应当自新一届业主委员会产生之日起五日内将其保管的档案资料移交给新一届业主委员会，并完成交接工作。

业主委员会任期届满未换届改选的或业主委员会委员集体辞职的，前业主委员会委员应当在任期届满之日起五日内或委员集体辞职之日起五日内，将其保管的档案资料交由物业所在地社区居民委员会代为保管。

第四十四条 【保管条件】档案柜必须有防盗、防火、防潮、防鼠等措施，文柜内的档案应排列有序，按照保管期限或类别、项目进行保管。

第四十五条 【档案查阅】业主可以查阅与自身直接相关的档案。档案借阅要进行登记，使用完毕后要及时归还，由于借阅人原因造成文件丢失或损毁的，借阅人承担相应责任。

第七章　共有资金管理

第四十六条 【共有资金范围】业主共有资金包括：

（一）共有物业收益；

（二）物业专项维修资金；

（三）物业管理费；

（四）业主依据管理规约或者业主大会决定分摊的费用；

（五）其他合法收入。

未经业主大会决定或者授权，任何单位和个人不得使用业主共有资金。

业主共有资金监督管理办法遵守市住房和建设部门制定的有关规定。

第四十七条 【共有资金支出】除物业专项维修资金外，业主共有资金用于下列支出：

（一）物业服务费；

（二）业主委员会委员津贴、业主大会聘用人员的费用；

（三）经业主大会会议决定的其他年度预算支出；

（四）业主大会会议决定或者依法应当支出的其他费用。

业主共有资金除银行储蓄或者依法购买国债外，不得用于其他投资，不得借贷给他人或者为他人提供担保。

第四十八条 【开设账户】业主大会可以在数据共享银行开设业主共有资金基本账户，也可以继续使用物业服务企业在数据共享银行开设的业主共有资金共管账户。

业主委员会应当按照国家有关规定建立健全财务管理制度，保证资金安全，并通过物业管理信息平台，向全体业主实时公开业主共有资金基本账户或者共管账户信息。

第四十九条 【财务信息公开】业主大会开设业主共有资金基本账户的，业主委员会应当按季度公示下列情况：

（一）业主共有资金缴存及结余情况；

（二）发生列支的项目、费用和分摊情况；

（三）业主拖欠物业管理费、物业专项维修资金和其他分摊费用的情况；

（四）其他有关业主共有资金使用和管理情况。

第五十条 【财务监督】业主委员会应当建立委员、候补委员、执行秘书、财务人员以及监事的经济台账，每半年公示业主委员会委员、候补委员、监事缴纳物业专项维修资金、物业管理费、停车费情况及其停车位使用情况。

实行业主委员会主任任期和离任经济责任审计，审计事项由业主大会决定，审计费用从业主共有资金中列支。业主委员会应当在届满六个月前，就业主委员会主任离任审计事项提交业主大会决议；业主委员会不向业主大会提交业主委员会主任离任审计事项的，由街道办事处责令限期整改，期满拒不改正者，由街道办事处组织召开业主大会决议业主委员会主任离任审计事项。

业主委员会应当配合审计工作，并提供审计所需资料，不得转移、隐匿、篡改、毁弃或者拒绝、拖延提供审计有关文件、资料。

业主监事会或者监事应当按季度对业主共有资金收支情况进行核查并公示核查情况。未设立业主监事会或者监事的，业主大会可以委托专业机构对业主共有资金收支情况进行核查并公示核查情况。

业主对业主共有资金收支情况有异议的，经物业管理区域占业主总人数百分之二十以上的业主或者占全体业主所持投票权数百分之二十以上的业主联名，可以提议业主大会进行审计。提议经业主大会会议表决通过后，由业主大会委托的会计师事务所进行审计并公示审计报告，审计费用从业主共有资金中列支。

业主对前款审计报告有异议的，经与前款相同比例的业主联名向物业所在地街道办事处提出书面要求后，由街道办事处组织重新审计。

第五十一条 【财务管理制度】业主委员会应当建立财务管理制度，包括财务审批权限、审批程序、支付程序、报销程序、审计程序、公开事项等。

业主委员会一切财务收支结算必须设立账目账册，由财务委员保管登记。

财务委员或业主大会聘用的财务人员，须做好现金收支日记账以及收支单据的填制、审核、财务公开的工作。支出票据必须注明发生事项、时间，由经办人、负责人签字，做到手续齐全。其他人员不得经手保管和干预财务账目管理工作。财务委员更换的，须经业主委员会过半数以上委员签名认可监督下进行交接，由三方签字确认。

业主大会以及业主委员会不得向任何单位及个人借款或为任何第三方提供担保，不得从事任何经营活动。

第五十二条 【物业专项维修资金】物业专项维修资金用于物业保修期满后共有物业的安全

检测鉴定、维修、更新、改造。除应急维修情形外，由业主大会根据物业专项维修资金管理的相关规定决定使用。

第八章 委员增补与换届

第五十三条 【委员辞职】业主委员会委员要求辞去职务的，应当以书面形式向业主大会或者业主委员会提出，其职务自提出辞职之日起一个月后终止，由业主委员会向全体业主公示，并向业主大会报告。

第五十四条 【职务终止】除任期届满外，业主委员会委员、候补委员有下列情形之一时，其职务自行终止，由业主委员会公示，并向业主大会报告：

（一）不再是本物业管理区域的业主；

（二）丧失民事行为能力；

（三）因犯罪被判处刑罚；

（四）存在本指引第九条所列禁止行为且受到行政处罚；

（五）以书面形式向业主大会或者业主委员会提出辞职之日起一个月后。

业主委员会委员、候补委员职务终止的，应当自终止之日起三日内将所保管的档案资料、印章及其他属于业主大会所有的资料、财物移交给业主委员会。拒不移交的，业主委员会、社区居民委员会可以请求辖区派出所协助移交。

第五十五条 【职务中止】业主委员会委员、候补委员有下列情形之一的，由业主委员会决定中止其职务并予以公示，提请下次业主大会会议决定终止或者恢复其职务：

（一）不履行业主义务、不遵守管理规约，经劝阻后拒不改正；

（二）一年内两次无故缺席或者一年内五次请假缺席业主委员会会议；

（三）本人、配偶及其直系亲属在为本物业管理区域提供物业服务的企业任职；

（四）因违法违纪接受调查且被采取相应强制措施；

（五）其他不适宜担任业主委员会委员、候补委员的情形。

业主委员会未依照前款规定作出中止职务决定的，由街道办事处责令限期作出；逾期未作出的，由街道办事处作出中止相应人员职务的决定并予以公示。

中止业主委员会委员、候补委员职务时，应当允许该委员、候补委员提出申辩并记录归档。

第五十六条 【缺员】业主委员会委员职务终止致使委员人数少于原有人数的，应从候补委员中按照得票顺序依次递补。全部候补委员递补后仍缺员百分之五十以上的，业主委员会终止履行职务，由街道办事处组织成立换届小组开展换届选举工作。

第五十七条 【增补】物业管理区域分期开发的，可以在分期开发期间成立业主大会，选举产生业主委员会，并为后期开发物业预留业主委员会委员名额。后期开发物业交付使用后，应当由筹备组增补业主委员会委员和候补委员。

筹备组业主代表以及增补的委员从新一期物业的业主中产生。鼓励和支持符合条件的物业管理区域中国共产党基层组织委员会委员通过规定程序担任业主委员会委员。增补委员的名额可根据新一期物业投票权数占前一期物业投票权数的比例计算，但增补后的业主委员会委员总人数不得超过十七人。物业管理区域还有后期未开发的物业的，应当为后期开发的物业预留相应名额。增补的委员确定候选人名单之前应当征得物业所在地社区党委同意。

第五十八条 【换届】业主委员会任期届满前六个月，业主委员会或物业服务企业应当报告街道办事处，街道办事处应当组织成立换届小组，由换届小组组织开展换届选举工作。

换届小组由七至九名成员组成，其中，街道办事处代表一名、社区党委或者物业管理区域基层党组织代表一名、业主代表三至五名、辖区公安派出所代表一名、社区居民委员会代表一名。换届小组组长由街道办事处代表担任。

换届小组的业主代表产生方式、议事规则、工作经费等参照筹备组的有关规定执行。换届小组业主代表不得担任新一届业主委员会成员。

选举程序及候选人的资格条件、产生办法等换届选举有关事宜参照首届业主委员会选举的有关规定执行。

业主委员会应当自换届小组成立后三个工作日内，将其保管的有关财务凭证、业主清册、会议纪要等档案资料、印章以及其他属于业主大会所有的财物移交换届小组。换届选举期间，换届小组可委托社区居民委员会接收业主大会及业主委员会有关资料并妥善保管。

换届小组应在业主委员会到期前组织完成换届选举工作，业主委员会到期时业主大会仍未达到召开会议有效条件，可延长业主投票时限，但最长不得超过三个月。

第九章 物业服务企业的选聘

第五十九条 【选聘程序】业主委员会依法办理选聘物业服务企业相关工作时，遵循以下程序：

（一）根据业主的意见、建议和要求，拟订解聘、选聘物业服务企业或者其他管理人的方案，提交业主大会会议决定。

（二）选聘物业服务企业时，依法进行公开招标。投标人少于三个的，应当依法重新招标；重新招标后投标人仍少于三个的，经业主大会决定可以协议选聘物业服务企业。

（三）与业主大会选聘的物业服务企业签订物业服务合同。

（四）业主大会决定解聘前期物业服务企业或不与前期物业服务企业签订物业服务合同时，要求前期物业服务企业在合理期限内退出物业管理区域。

（五）物业服务合同期满前，业主大会或者物业服务企业解除合同，或者物业服务合同期满后，业主大会未与物业服务企业续签合同且未另行选聘物业服务企业的，提请街道办事处选取物业服务企业提供物业服务。

（六）按照业主大会决定自行管理本物业管理区域，应当在区住房和建设部门指导下制定自行管理方案。电梯、消防、人民防空、技术安全防范等涉及人身财产安全以及其他有特定要求的设施设备的维修和养护，应当按照有关规定管理。

第六十条 【选聘准备】业主大会选聘物业服务企业的，业主委员会应当在组织召开业主大会会议前做好以下准备：

（一）查验物业共有部分档案与实际状况；

（二）根据建筑区划的物业类型及其附属设施设备配置和物业使用性质的不同，拟订供业主选择的物业服务事项及其质量、物业服务企业的资信、物业服务力量配备、服务期限等物业服务需求方案；

（三）根据物业服务需求方案和当前本地行业内平均人工、材料、能源等费用水平，拟订相应的物业服务费用标准；

（四）根据建筑区划的物业管理实际，拟订选聘方式及其费用数额等的建议方案；

（五）提出由代理机构或业主委员会作为具体实施者的建议方案；

（六）分别制作选聘方式、具体实施者、物业服务合同主要内容的表决票；

（七）与原物业服务企业依法办理物业服务用房和物业档案及物业服务档案、酬金制计费方式的财务档案等的交接手续和共有部分的查验手续，并制订原物业服务企业移交后新选聘物业服务企业进驻前的临时管理措施。

业主委员会可以委托代理机构做好前款工作。

第六十一条 【签订合同】业主委员会代表业主与业主大会选聘的物业服务企业签订书面物业服务合同，并依法办理物业服务的交接手续。

业主委员会应在物业服务合同订立之日起三十日内，将合同在物业管理区域公告栏、显著位置公示，并同时在物业管理信息平台公示。

第十章 附则

第六十二条 【业主大会及业主委员会名称】业主大会及业主委员会的名称须与在住房和建设部门备案的名称保持一致。

第六十三条 【业主大会及业主委员会备案】业主大会及业主委员会备案相关具体事宜按《深圳市业主大会和业主委员会备案管理办法》执行。

第六十四条 【业主监事会】业主监事会的工作职责及相关具体事宜按深圳市有关规定执行。

第六十五条 【冲突处理】本指引与市文件规定有冲突的，以市规定为准。

第六十六条 【解释权】本指引由宝安区住房和建设局负责解释。法律法规另有规定的，从其规定。

第四节　物业管理信息化建设

1.综述

深圳市住房和建设局坚持全市物业管理"一盘棋"，搭建深圳市物业管理信息平台，实现物业管理行业的统一和动态管理。截至2022年年底，物业平台已上线小区业主决策、信息公开、业主满意度评价、物业服务评价、物业事项备案、安全检查等多个物业监管子系统，破解业主大会表决难题，规范业委会运作，促进小区公共事务公开透明，充分保障业主参与权、知情权和监督权；各子系统数据将运用到物业服务企业和物业管理项目负责人的物业服务信息评价和管理中，进一步健全深圳市物业监管体系，不断优化市场竞争环境，促进行业向高质量高水平方向发展。

2.物业管理信息平台核心架构与子系统

核心架构：物业管理信息平台打造"两端"+"三类"+"N+1"核心架构。"两端"指PC端和微信端，"三类"指政府部门、物业服务企业和业主（组织）三类用户，"N+1"指N个子系统和一个基础数据库（图2-4-1）

3.物业管理信息平台部分子系统简介

权限管理：权限管理子系统可实现对平台内用户的管理与赋权，更好地进行组织机构管理及区分用户角色，可根据实际情况建立用户组织架构及划分不同的用户角色，并采用分级赋权的管理方式。由深圳市住房和建设局创建区局组织架构体系及用户角色体系，区局创建辖区内街道的组织管理架构，以此类推，管理创建全市的组织架构体系。

待办事项：待办事项子系统可实现精准定位最新任务，快速响应，提高行政办事效率，进而保障业务处理的完整性和及时性，是整个系统业务快速推进的基础。

物业服务评价：物业服务评价子系统将物业服务企业、项目负责人作为评价对象，通过对评

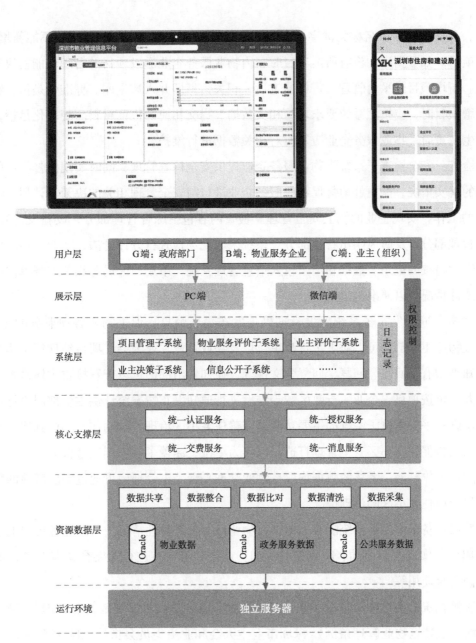

图 2-4-1 "两端" + "三类" + "N+1" 核心架构

价对象在开展物业服务日常管理工作中的基础信息计分、获得表彰及奖励的良好信息加分以及违反有关法律法规等造成不良影响的不良信息减分，进行综合评分，实现相关的结果应用，即对综合评分排名靠前的评价对象进行相应的激励，对综合评分排名靠后的评价对象加强监管，进而规范物业管理市场秩序，建立健全物业管理监管体系，营造诚实守信的物业管理市场环境。

项目管理：项目管理子系统是实现物业管理区域（以下简称物业项目）基本数据采集的子系统。物业项目是物业管理信息平台连接物业服务企业、业主大会、业主委员会和业主的关键性信息。为了保证物业项目信息管理的一致性、准确性，物业管理信息平台对于物业项目采用统一来源、标准化、规范化的管理模式。统一来源即指，各用户在各功能模块中办理涉及物业项目信息的业务时，只能通过项目名称关键字、宗地号等信息搜索并选择物业项目，而不能新增、修改、删除物业项目。如数据库中没有所需项目时，由物业服务企业通过项目的管理功能模块发起项目新增功能。新增项目经平台管理员审核通过后，相关信息即并入数据库。标准化是指，物业服务企业在新增项目时，应按照系统要求填写相关数据、提交相应的佐证材料。规范化是指，物业项目信息发生变更时，物业服务企业应及时对相关数据进行维护。

安全检查：安全检查子系统为物业服务企业提供安全检查管理，同时实现监督物业服务企业安全管理的落实情况，能更好地督促物业服务企业进行与安全管理相关的决策、计划、组织和控制等方面的工作，实现企业的线上安全管理。检查内容包括综合管理部分、设施设备管理部分、高空抛物管理部分以及防风防汛管理部分。系统采取现场检查打分评价法，物业公司的检查人员需将安全管理检查的记录、数据和结果录入信息管理系统，市局、区局等相关主管单位用户查看安全检查统计情况，以便准确决策。

通知发布：通知发布子系统能保障准确地发布最新消息，促进物业各项业务的顺利展开，市、区两级物业主管部门可以对下级行政单位以及物业企业、业委会、项目经理等主体发布消息通知，通知类型有不回复、回复、回复含文件等，通知发出部门可以查看接收主体是否已查看以及进行催办，可按项目、企业、行政区域等维度进行通知发布情况统计供主管部门进行查看。

平安建设：平安建设子系统的主要功能是完善住宅小区治理，推动住宅小区党建，推动业主组织建设以及督促住宅小区安全管理打造。以年为单位，涵盖了各项年度考核数据信息，并统计出行政区的评分排行榜。考核的数据均取自物业管理平台。主管部门可通过年度考核的数据信息清晰地了解全市住宅小区的治理情况。

备案情况：备案情况子系统能够掌握全市物业行业备案管理情况。备案业务可与上下游相关业务进行串联，实现业务协同、时点控制。如：业委会若没有进行业委会备案业务，则无法申请小区维修资金使用等。

业主决策情况：业主决策情况子系统是为维护业主合法权益，规范物业管理电子投票行为，根据《深圳经济特区物业管理条例》《深圳市业主大会和业主委员会指导规则》《深圳市物业管理电子投票规则》等法规开发的管理系统。系统功能主要是围绕小区公共事务表决，系统内产生的投票结果在确保民主、公平、公正和公开的前提下，经街道办和社区工作站审核确认后生效。业主大会会议召集人使用系统的发起议题功能，可组织业主进行电子投票；业主使用系统的业主决策功能，可参与小区的表决事项；市局、区局、街道办等相关主管单位用户使用系统的业主决策统计功能，可对电子投票进行监督管理。系统的主要功能为：投票议题新增、投票延期、投票提前截止、计票完成、投票中止、暂停投票、业主投票、投票补记、投票统计、微信绑定管理、委托投票、推选投票人等功能。

业主绑定情况：业主绑定情况子系统是业主行使权利和义务的前提条件，通过绑定身份进行决策和评价，该子系统能够保障业主身份的真实性和确定性。

业主评价情况：业主评价子系统是为小区业主提供的满意度测评工具，经过实人认证和绑定业主身份后，就可以对小区物业管理服务机构和业主委员会进行评价，评价结果按月排名，督促物业服务企业和业主委员会增强服务意识、提高服务水平，营造和谐优美的居住环境。

安全检查：安全检查子系统为物业服务企业提供在线安全检查功能，分为常规检查和专项检查。常规检查依据《物业服务行业安全管理检查评价规范》设定检查指标，每半年在全市开展一次；专项检查包含电动汽车充电桩、电动自行车、有限空间、游泳池、电梯、防风防汛、高空坠物等内容。通过定期常规检查和不定期专项检查，督促物业服务企业全面落实物业管理区域内安全管理责任，及时消除安全隐患，降低安全事故发生的概率。

信息公开：信息公开子系统以小区为单位，以物业服务企业、业主委员会等为信息公开主体，按照"谁公开谁负责"的原则，对小区的物业服务信息进行依法公开，包括小区基础信息、物业服务企业信息、业主委员会信息等，物业主管部门可以对信息公开情况进行监管，业主可以对信息公开内容进行质疑、投诉。

共有资金情况：共有资金管理子系统旨在通过信息化手段规范深圳市物业管理活动中业主共有资金的监督管理，维护业主的合法权益。通过该功能，物业主管部门可准确掌握全市共有资金开设情况，业主可以查看本小区共有资金账户的实时余额和流水，提升物业费等资金使用的透明度，保障业主知情权、监督权。

企业报表：企业报表子系统主要功能在于统计物业服务企业相关数据，统计周期一般为半年一次，企业报表包含8张表格，即企业基本信息、企业从业人员情况、企业在管物业情况、顾问及其他、企业财务状况、企业基本业务外包情况、业主满意度、其他指标数据。通过开展统计报表填报工作，物业主管部门可以掌握物业管理行业统计数据，为制定行业发展政策提供参考。

电子投票：电子投票子系统为业主提供用户注册、查询投票记录、委托投票人、电子投票等功能；为业主委员会提供用户注册、业主注册情况查询、投票使用申请、补计票和复核、投票结果查询等功能；为街道办事处提供投票使用申请审核、委托投票申请审核、投票结果及明细查询；为市、区物业主管部门提供统计决策分析等功能。

疫情补助：疫情补助子系统是物业企业向行政部门提交疫情补助的渠道，通过该系统，快速地申请疫情补助，提高物业防疫积极性，确保疫情补助正确快速地落实下发。

信用信息：信用信息子系统可以实现基础信息自动获取，良好信息自主申报和不良信息的手动登记，建立信用预警池及信用预警模型，同时，利用物业管理信息平台各业务模块的业务数据，自动推送信用预警信息至预警池，由市、区物业主管部门筛选登记不良信息，进而建立健全全市物业管理信用档案，营造诚实守信的物业管理市场环境。

专业能力测评：专业能力测评子系统通过"物业监管与公共服务平台"（"深圳市物业管理公众服务"公众号）公开全市业主委员会成员及候选人、业主大会聘用人员、物业管理项目负责人参加物业管理水平技能提升答题的相关数据，全市参加在线答题且成绩合格人数达21760人：系统使用面部识别采集面部数据，并能在答题过程中采用面部拍照等识别技术绑定用户身份，考试合格后生成电子版合格证书；日常维护"物业管理水平技能提升服务系统"，包含考生问题咨询、系统漏洞更新、系统升级、系统安全及数据安全维护、系统数据迁移、服务器安全维护、微信小程序、微信端基本的SEO优化等。

街道社区评价：社区（委员会）可通过街道社区评价子系统对辖区内的物业管理区域的物业管理情况作出评价，经街道审核后评价得分生效。街道社区评价得分可自动计入物业服务企业和项目负责人的物业服务评价基础信息得分。通过每年两次的评价，可提升物业服务企业及物业项目负责人服务行为评价的科学性和全面性，推动街道、社区（居民委员会）充分参与基层物业服务品质评价。

绿色物业信息：工作人员可通过绿色物业信息子系统登记获评深圳市级绿色物业管理评价标识的物业项目信息，登记后系统会自动将证书信息计入物业服务企业和项目负责人的物业服务评价良好信息得分。

宣传培训：开发上线宣传培训子系统，打造物业管理行业线上宣传培训平台，开设"深圳物业管理讲堂"。宣传培训栏目包含"行业标准""政策宣贯""安全生产""平台操作""综合课程"五大类。2022年全年共上线28个课程视频，累计使用用户数达27979人，访客数达70565人，浏览量达347771人次。

4.物业管理信息化平台数据

项目管理情况：深圳11个行政区域共计物业项目9833个。

平安建设数据（含各区）：平安深圳建设考核指标目前由推动业主自治、物业服务监管、强化安全管理、矛盾纠纷化解组成，各项指标总计5分。结合各项考核指标，各区综合得分排名情况如下：坪山区4.79分，盐田区3.97分，光明区3.96分，大鹏新区3.87分，龙华区3.85分，南山区3.66分，龙岗区3.58分，宝安区3.57分，福田区3.4分，罗湖区3.31分，其中深汕特别合作区不参与平安建设考核。

物业服务企业备案数据：深圳11个行政区域物业合同备案总数达1562个，其中罗湖区416，南山区301，福田区224个，龙华区127个，宝安区204个，光明区83个，盐田区82个，龙岗区98个，坪山区19个，大鹏新区8个，深汕特别合作区0个。

业委会备案数据：深圳行政区域内业委会备案数1631个。

业主决策情况：2022年全市共有855个物业小区利用物业管理信息平台组织召开2007次业主大会会议，共有68.17万名业主通过电子投票参与小区事务决策。

业主评价情况：被评价的物业项目2512个，其中参与排名的物业项目499个；被评价的业委会1206个，其中参与排名的业委会113个；被评价的物业服务企业868个，其中参与排名的物业服务企业292个。全市共有76275位业主参与了业主满意度评价。

业主身份绑定情况：深圳行政区域内业主身份绑定数总计905114个。

信息公开：物业项目总数9833个。2022年已公开信息的物业管理处1671个，已公开信息的业委会233个。

共有资金情况：深圳行政区域内共有物业项目9833个，已开户物业项目数2233个。

物业企业专业能力测评：2022年度专业能力测评考试通过总人数711人，其中项目经理694人，业委会委员11人，其他6人。

物业服务评价：2022年共完成良好信息认定295单（其中物业服务企业良好信息计分146单、项目负责人良好信息计分149单），完成物业服务企业不良信息认定199单。截至2022年12月31日，纳入物业服务评价的物业服务企业共1886家，其中AAA级189家、AA级377家、A级754家、B级377家、C级189家，未参与评价排名96家；项目负责人共5091人，其中AAA级445人、AA级889人、A级1788人、B级874人、C级444人、未参与评价排名651人。

附件：参与满意度评价排名的物业服务企业（截至2022年12月31日）

排名	物业服务企业	企业统一社会信用代码	满意度评价得分
1	深圳市君之安物业管理有限公司	9144030027927223XD	100.00
1	深圳市中电物业管理有限公司	91440300192206424E	100.00
1	深圳市金凤帆物业管理发展有限公司	914403001922725012	100.00
4	深圳市军茂物业管理有限公司	91440300MA5EH30G0E	99.26
5	深圳市华联物业集团有限公司	9144030019218590XA	99.13
6	深圳市和众物业顾问有限公司	91440300793886808 7	98.63
7	深圳市印力物业服务有限公司	91440300192433395R	98.46
8	深圳市仁恒物业管理有限公司	91440300056184873 9	97.64
9	深圳市鑫辉物业有限公司	91440300192387739P	97.20
10	深圳市中海商业服务有限公司中信海文花园物业管理处	9144030072618219XY	96.85
11	深圳市海岸物业管理集团有限公司	91440300728571519 7	96.21
12	深圳市新洲城物业管理有限公司景苑大厦管理处	91440300MA5F57X81G	95.71
13	深圳市森加物业管理有限公司	91440300MA5EUTDN28	94.90
14	碧桂园生活服务集团股份有限公司罗湖分公司	91440300MA5G6M2X6U	94.81
15	深圳市中海商业服务有限公司中信领航里程花园物业管理处	91440300306117180G	94.66
16	中海物业管理有限公司漾日湾畔管理处	91440300MA5GNG181Q	93.11
17	深圳市新东升物业管理有限公司	91440300192348094Y	92.92
18	深圳市润泽佳元物业管理有限公司	91440300MA5F52AJ1T	92.85
19	深圳市振华盛物业管理有限公司	91440300192279332F	92.78
20	深圳市澎柏物业管理有限公司大澎花园管理处	91440300790488783U	92.27
21	深圳市中海商业服务有限公司	91440300724714949L	92.24
22	深圳市卓源物业服务有限责任公司	91440300MA5DJWAD9R	91.70
23	深圳市鹏广达物业服务有限公司	91440300799218608R	91.14
24	深圳市合正物业服务有限公司	91440300708450170D	90.66
25	深圳市百利行物业发展有限公司	91440300766372641 5	90.53
26	深圳市前海物业发展有限公司	91440300734143473B	90.47
27	深圳市万彩汇物业管理有限公司香榭峰景苑分公司	91440300MA5GU0EJ9Q	90.15
28	深圳市骏科物业管理发展有限公司	9144030076347571 70	89.61
29	深圳市嘉诚物业管理有限公司	91440300755665879R	89.00
30	广东新粤物业有限公司	91442000714832650K	88.93
31	深圳市金禾田物业管理有限公司	91440300778770700X	88.77
32	深圳市宏发物业服务有限公司	9144030074519477 82	88.61
33	深圳市深福保物业发展有限公司	91440300192352376G	88.36
34	深圳市锦峰物业经营管理有限公司	91440300192371761Y	88.35
35	深圳市佳美佳物业管理有限公司	9144030079170435 35	88.20
36	中海物业管理有限公司	91440300618888347D	87.23

排名	物业服务企业	企业统一社会信用代码	满意度评价得分
37	深圳市中民物业管理有限公司	914403007904618125	87.08
38	深圳市卓越物业管理有限责任公司	914403007152422818	86.73
39	深圳市云管家物业服务有限公司	914403005930179235	85.70
40	深圳市宇康安物业管理有限公司	914403006785813042	85.52
41	远洋亿家物业服务股份有限公司深圳分公司	91440300MA5DE2E098	85.30
42	大悦城控股集团物业服务有限公司深圳分公司	914403000679548377	84.78
43	深圳市弘浩物业发展有限公司	91440300MA5F1X4N9R	84.51
44	中海物业管理有限公司深圳分公司	9144030006027998XC	84.34
45	深圳市泰源物业管理有限公司	914403006641555077	83.83
46	深圳市万科物业服务有限公司	91440300192204533K	83.58
47	深圳市怡盛华物业发展有限公司	9144030070848918XG	83.52
48	绿清生活服务深圳有限公司	9144030068759419OW	83.41
49	深圳市盛世嘉物业管理有限公司	91440300736259277E	83.28
50	深圳市乐景物业管理有限公司	914403007675997680	83.19
51	深圳市爱义物业管理有限公司	91440300552120502J	82.96
52	深圳市雅江物业服务有限公司	91440300697135799B	82.13
53	深圳市忠信利物业管理有限公司	91440300685392245W	81.96
54	泛海物业管理有限公司	9111010561886656XE	81.82
55	深圳市之平物业发展有限公司	91440300766372270E	81.36
56	深圳市北方物业管理有限公司	914403002793087067	81.29
57	深圳市金众物业管理有限公司	91440300279299045T	81.13
58	融创物业服务集团有限公司	911201167581044440	80.80
59	深圳市中熙物业管理有限公司	91440300779876910E	80.62
60	深圳华业物业管理有限公司	914403001924116393	80.44
61	深圳市金地物业管理有限公司	91440300192215507U	79.97
62	深圳市祥祺世纪物业管理有限公司	91440300MA5DD39Y2L	79.85
63	深圳碧桂园盛孚物业服务有限公司	91440300192369848A	79.05
64	碧桂园生活服务集团股份有限公司深圳坤祥花语岸分公司	91440300MA5GQFQ17Y	78.83
65	深圳市越众物业管理有限公司	91440300192212904K	78.68
66	深圳市滢水物业管理有限公司万家灯火分公司	91440300797969651W	78.55
67	深圳市德胜物业服务有限公司	9144030006271405XW	78.32
68	深圳市合顺物业管理有限公司	91440300MA5EEAUJ91	77.21
69	深圳市康腾物业管理有限公司	91440300349847490N	77.09
69	深圳市昱发物业管理有限公司	91440300748852465X	77.09
71	深圳市卓诚物业管理有限公司	914403001924563006	77.04
72	深圳市莱蒙物业服务有限公司	91440300693983547Q	76.92
73	深圳市国香物业管理有限公司	914403006820167979	76.74

续表

排名	物业服务企业	企业统一社会信用代码	满意度评价得分
74	深圳市鸿威物业管理有限公司	91440300708455473U	76.61
75	深圳市福浩物业管理有限公司	914403001922325692	76.53
76	深圳市建安物业服务有限公司	91440300683784050P	76.51
77	深圳市幸福当家物业管理有限公司	91440300MA5EYM0C27	76.47
78	深圳市金地物业管理有限公司半山溪谷物业管理服务中心	91440300MA5EHQFAXY	76.45
79	深圳市汉京物业服务有限公司	914403006911628762	76.43
80	深圳市岗宏城拓物业管理有限公司	914403007285542251	76.11
81	深圳市城铁物业服务股份有限公司深圳分公司	91440300084607079W	76.02
82	深圳市骏科物业管理发展有限公司优品艺墅分公司	91440300MA5DDD1C9J	75.67
83	碧桂园生活服务集团股份有限公司	914406067615683629	75.65
84	深圳市世居物业管理有限公司	91440300715241369D	75.60
85	福田物业发展有限公司	91440300192360923D	75.46
86	深圳市百年物业管理有限公司	914403005554368601	75.45
87	深圳多禾国际物业管理有限公司	914403003267130196	75.38
88	深圳市嘉宝田物业管理有限公司	91440300715280819C	75.23
89	深圳市新洲城物业管理有限公司	91440300192226134X	75.16
90	深圳市佳华物业服务有限责任公司	91440300577663503A	75.01
91	长城物业集团股份有限公司	914403001922197869	74.98
92	深圳市万厦居业有限公司	91440300192176245U	74.71
93	深圳星河智善生活股份有限公司深正分公司	91440300356420954E	74.66
94	深圳市永长润物业管理有限公司	91440300781393459F	74.64
95	深圳市莲花物业管理有限公司	914403001921973458	74.07
96	深圳市华佳宏物业投资集团有限公司	91440300279272520K	73.98
97	深圳市天健城市服务有限公司	91440300192203573G	73.63
97	深圳市同和物业管理服务有限公司	91440300311747195T	73.63
99	深圳市丰禾田物业管理有限公司	914403003059621398	73.48
100	深圳市颐安物业服务有限公司	914403005571955547	73.41
101	深圳招商物业管理有限公司	91440300192443673A	73.40
102	深圳市天地物业管理有限公司	91440300279295634U	73.17
103	长城物业集团股份有限公司祥韵苑管理处	91440300MA5H8R9G78	72.82
104	广东龙光集团物业管理有限公司深圳天悦龙庭物业管理处	914403005840818 6X3	72.38
105	深圳市恒基物业管理有限公司	91440300192206344T	72.17
106	深圳市保利物业管理集团有限公司	91440300732071947T	71.77
107	深圳市龙飞腾物业管理有限公司	914403007649819456	71.64
108	龙城城市运营服务集团有限公司	91440300279525516U	71.58
109	深圳市摩尔城物业管理有限公司	91440300715269951Y	71.22
109	深圳市半岛物业管理有限公司	91440300192423728T	71.22

排名	物业服务企业	企业统一社会信用代码	满意度评价得分
111	深圳市聚祥和物业管理有限公司	914403001923731507	71.05
112	深圳市集信物业管理有限公司	91440300192486024T	70.86
113	深圳市丽嘉酒店管理有限公司	91440300799239329L	70.73
114	深圳市城安佳园物业管理有限公司	91440300731118432E	70.68
115	深圳市文丰物业管理有限公司	914403006658995169	70.64
116	深圳外贸物业管理有限公司	91440300192208585U	70.54
117	深圳市勤诚达物业管理有限公司	91440300723043944W	70.46
118	深圳市核电物业有限公司	91440300708411171Q	70.31
119	深圳市潮粤物业管理有限公司	91440300192416675Y	70.30
120	深圳市建信物业服务有限公司	914403005586652630	70.25
121	华侨城物业（集团）有限公司	914403001924025138	70.14
122	深圳市龙房物业管理有限公司	91440300279347385D	70.12
123	深圳市国贸物业管理有限公司	91440300192174549T	70.09
124	深圳凯南东方盛世物业管理有限公司	91440300667063472J	70.04
125	深圳市澳瑞物业管理有限公司	91440300793873660U	69.85
126	深圳市联美新天地物业管理有限公司	914403003353420614	69.65
127	深圳蓝祥物业管理有限公司	914403000692698256	69.62
128	中航物业管理有限公司	91440300192205202K	69.56
129	普宁市嘉信物业管理有限公司深圳分公司	91440300MA5D9M1F67	69.47
130	深圳市上城物业管理有限公司	914403001922503459	69.11
131	深圳市东部物业管理有限公司	91440300708495360T	69.06
132	深圳市开元国际物业管理有限公司	91440300724719360W	68.99
133	深圳市宇宏物业服务有限公司	91440300708466957H	68.91
134	深圳市龙宇物业服务有限公司	91340100791878310C	68.68
135	润加物业服务（深圳）有限公司	91440300733073493U	68.66
136	深圳市科技园物业集团有限公司	91440300192217692R	68.28
136	深圳市海联物业管理有限公司	91440300727161729B	68.28
138	兴益（深圳）工业发展有限公司福永工业城管理公司	91440300X188566408	68.27
139	深圳市城建物业管理有限公司	914403001921932997	68.14
140	深圳市京地物业管理有限公司	91440300738834597R	68.10
141	奥园智慧生活服务（广州）集团有限公司深圳分公司	91440300MA5DLN7L1B	68.07
142	深圳市宝晨物业管理有限公司	914403001924869642	68.03
143	深圳市京地物业管理有限公司海世界管理处	91440300783904136G	67.97
144	深圳市鑫森磊物业管理有限公司中翠花园管理处	91440300MA5GP1XG08	67.96
145	深圳市普乐康物业管理有限公司澳城花园物业服务中心	91440300678593161R	67.84
146	深圳市亚太物业管理有限公司	91440300MA5DFR2496	67.77
147	深圳市城铁物业服务股份有限公司南山分公司	91440300311775305M	67.75

续表

排名	物业服务企业	企业统一社会信用代码	满意度评价得分
148	深圳市富春东方物业管理有限公司	914403007285898238	67.71
149	深圳市之平物业发展有限公司绿海名都分公司	91440300MA5FJU697N	67.64
150	深圳市榕尚汇物业管理有限公司	91440300MA5DN8QG12	67.60
151	碧桂园生活服务集团股份有限公司深圳福永分公司	91440300MA5ER0XE09	67.56
152	深圳市海华联物业管理有限公司	91440300723003547G	67.41
153	深圳市鸿盈物业管理有限公司	91440300734160012	67.35
154	深圳市君临天下物业服务有限公司	91440300570319761	67.22
155	深圳市百富东方物业管理有限公司	91440300724700616	67.21
156	深业物业运营集团股份有限公司	91440300618859546M	67.16
157	深圳泰华物业管理有限公司	91440300618908221P	67.14
158	深圳市信德行物业管理有限公司	91440300MA5FBTGN9M	66.85
159	深圳市城祥物业管理有限公司	91440300736281044	66.79
160	佳兆业物业管理（深圳）有限公司	91440300715240407	66.66
161	深圳市利丰物业服务有限公司	91440300708475837A	66.63
162	深圳市绿景物业管理有限公司	914403002793306476	66.50
163	深圳市富通物业管理有限公司	91440300724714121C	66.30
164	深圳市鹏基物业管理有限公司	91440300192452473F	66.21
164	深圳市益田物业集团有限公司	91440300279293057N	66.21
166	深圳市午越物业管理有限公司	91440300192219954B	66.19
167	福建世邦泰和物业管理有限公司深圳分公司	914403000775204185	66.01
168	深圳市滢水物业管理有限公司	91440300726170914G	65.96
169	深圳市特发服务股份有限公司	914403001922285356	65.90
170	深圳市新拓物业管理有限公司	91440300790462532D	65.87
171	深圳市深广军物业管理有限公司	9144030079171800X4	65.76
172	深圳市兴源物业发展有限公司	91440300708422655E	65.75
173	深圳市冠懋物业管理有限公司	91440300736253094G	65.74
174	深圳市昊岳物业管理有限公司	91440300192338179A	65.72
175	海南物管集团股份有限公司	91460000713864490B	65.60
176	深圳市家欣物业管理有限公司	914403005827155074	65.41
177	深圳市乐景物业服务发展有限公司	91440300319490187X	65.39
177	深圳市城投物业管理有限公司	91440300279260570J	65.39
179	深圳市亨盛物业管理有限公司	914403006700152876	65.32
180	深圳市华富源物业管理有限公司	91440300785265286B	65.31
181	深圳市恒立冠物业管理有限公司	914403007152323311	65.30
182	深圳市阳基物业管理有限公司	91440300748853601X	65.27
183	深圳市居佳物业管理有限公司	9144030072618980X0	65.21
184	深圳市泰业物业管理有限公司宝龙大厦管理处	914403005815690184	65.19

排名	物业服务企业	企业统一社会信用代码	满意度评价得分
185	深圳富霖物业管理有限公司名家富居管理处	914403006658733163	65.17
186	深圳吉祥服务集团有限公司	91440300192212533W	65.14
187	深圳市福城物业管理有限公司	91440300715257299X	65.11
188	深圳市德诚行物业服务有限公司	91440300792560670H	64.76
189	深圳市大众物业管理有限公司	914403001922251585	64.74
189	深圳市晨晖物业管理有限公司	91440300723039101M	64.74
191	深圳市君胜物业服务有限公司	914403006766523400	64.65
192	深圳市居欢颜物业管理有限公司	914403006837507584	64.62
193	深圳市悦丰物业管理有限公司	914403007827706583	64.51
193	深圳市德美物业管理有限公司	91440300731102078B	64.51
195	深圳地铁物业管理发展有限公司	91440300785254 78X0	64.49
196	深圳市金阳成物业管理有限公司	91440300708480142P	64.40
197	深圳市悦城物业管理有限公司	914403007271676029	64.39
198	深圳市常安物业服务有限公司	91440300192335066L	64.35
199	深圳市信勤物业服务有限公司	914403006729517650	64.28
200	深圳市德富信物业管理有限公司	914403007388074848	64.27
201	深圳市汇丰物业管理有限公司	914403007727105201	64.03
202	深圳市友盛物业管理有限公司	91440300778796644K	63.94
202	深圳市恒明珠物业管理有限公司	91440300750468243K	63.94
204	深圳市高发物业管理服务有限公司	914403001922481577	63.93
204	兴益（深圳）工业发展有限公司	91440300618840001W	63.93
206	深圳市晋大物业管理有限公司	91440300764994914D	63.89
207	深圳市永红源物业服务有限公司	91440300789200770A	63.86
207	深圳市鼎胜物业管理有限公司	91440300665853374K	63.86
209	深圳市鸿彩云实业发展有限公司	914403007388181165	63.85
210	深圳市凯乐物业服务有限公司	914403006990649475	63.70
210	深圳市金洲物业管理有限公司	91440300760487157M	63.70
212	深圳市光华物业管理有限公司	91440300715249897G	63.69
213	深圳市新世界物业管理有限公司	91440300279353451E	63.65
214	深圳市广业物业管理有限公司	91440300192221819Y	63.59
214	深圳市盐田港物业管理有限公司	91440300192293468Y	63.59
216	深圳市富益宁物业管理有限公司	914403007285778812	63.39
217	深圳市金顺置业投资发展有限公司	91440300764984126F	63.36
218	深圳市龙辉物业管理有限公司	914403005503488378	63.32
219	深圳市福物屋宇物业管理有限公司	914403001923799236	63.26
220	深圳市香榭里物业经营管理有限公司	914403007084671757	63.23
221	深圳市嘉意居物业管理有限公司	91440300726153399C	63.21

续表

排名	物业服务企业	企业统一社会信用代码	满意度评价得分
222	港铁（北京）房地产管理有限公司	91110105766755909Q	63.19
223	深圳市港新物业服务有限公司	914403007084598880	63.15
224	深圳市悦安居物业管理有限公司	914440300678553389	63.11
225	家利物业管理（深圳）有限公司	914440300726178638	63.06
226	深圳历思联行物业管理有限公司	91440300767554527A	62.97
227	深圳市新锦安物业管理有限公司	914403007451877707	62.71
227	深圳鸿基生活服务有限公司	91440300279334023J	62.71
229	深圳市琳珠物业服务有限公司	91440300MA5EWEEB0D	62.61
230	深圳市大地通物业管理有限公司	91440300738805059F	62.60
231	深圳市恒通富润物业管理有限公司	91440300MA5F6YXR6F	62.38
232	嘉发物业发展（深圳）有限公司	914440300618818891	62.35
233	深圳市安和园物业管理有限公司	9144030008079724XJ	62.31
233	深圳市彩生活物业管理有限公司	91440300726160011C	62.31
235	深圳海雅物业管理有限公司	91440300618921944P	62.29
236	深圳市三信物业管理有限公司	9144030074888810XK	62.27
237	深圳市赛格物业管理有限公司	91440300192217035T	62.12
238	深圳市福中福房地产开发有限公司物业管理分公司	91440300979540805K	62.06
239	深圳市广济物业管理有限公司	914440300763480292	62.05
240	深圳华铁物业管理有限公司	91440300783904902E	62.04
241	深圳市巨臣量行物业管理有限公司锦绣花园管理处	91440300772743234A	62.01
242	深圳市世外桃源物业管理有限公司	91440300618920976R	62.00
243	深圳广居物业服务有限公司	91440300618920167E	61.99
244	崇德物业管理（深圳）有限公司	914440300618861291	61.88
245	新锦安实业发展（深圳）有限公司	91440300618903332D	61.81
246	深圳市京基住宅物业管理有限公司	91440300MA5F6KNW58	61.77
247	深圳市众鑫居物业管理有限公司	91440300552147801J	61.74
248	深圳市鹏瑞达实业发展有限公司	91440300708461160B	61.56
249	深圳圆方物业管理有限公司	91440300MA5F4U6J7K	61.50
250	深圳市满京华物业管理有限公司	91440300738845528L	61.46
251	深圳市世纪开元物业服务有限公司	914440300192392343	61.37
251	深圳市麟发物业管理有限责任公司	91440300MA5F07N3XK	61.37
253	深圳市承翰物业管理有限公司	914440300764955245	61.27
254	深圳市彭成物业管理有限公司	9144030057766838XU	61.11
255	深圳嘉毅龙腾物业管理有限公司	914440300728588038	61.02
255	丽廷实业（深圳）有限公司	91440300618897681G	61.02
257	深圳正佳物业管理有限公司	91440300736257386K	61.00
258	深圳市物业管理有限公司	91440300192176034C	60.95

排名	物业服务企业	企业统一社会信用代码	满意度评价得分
259	深圳市伊代物业管理有限公司	91440300726190122D	60.88
260	深圳市永安物业管理有限公司	91440300743231897Q	60.86
261	深圳市锦新明物业管理有限公司	91440300764976986R	60.85
262	深圳市天幕物业管理有限责任公司	91440300MA5EE54M4X	60.84
263	深圳信和物业管理有限公司	91440300618931974J	60.78
264	深圳市陆港物业管理有限公司	91440300192346160N	60.70
265	深圳市名城物业管理有限公司	9144030070846963X8	60.61
266	北京诚智慧中物业管理有限公司	91110108801108855N	60.43
267	深圳市和谐家园物业管理有限公司	91440300MA5DR2TY3X	60.32
268	深圳市湾厦物业管理有限公司	9144030070849398XA	60.18
269	深圳市中建大康物业管理有限公司	91440300192210503B	60.17
270	深圳市莱英物业管理有限公司	91440300279389905L	60.09
271	深圳市置兴物业管理有限公司	91440300708447297M	60.04
271	深圳市联建物业管理有限公司	91440300678578869Y	60.04
273	深圳市佳富物业管理有限公司	91440300770313142H	60.01
274	深圳市荣超物业管理股份有限公司	91440300708435069 7	59.94
274	深圳市建艺物业管理有限公司	91440300192249440Q	59.94
276	广东龙光集团物业管理有限公司深圳分公司	91440300662651339Q	59.84
277	深圳市业兴物业管理有限公司	91440300743243054 4	59.51
278	深圳市昊海物业管理有限公司	91440300584084489 6	59.37
279	深圳市新银物业管理有限公司	91440300708403569X	59.21
280	深圳新港物业管理有限公司	91440300618924547 0	58.95
281	深圳市文雅物业管理有限公司	91440300782777999X	58.42
282	雄伟（深圳）物业管理有限公司	91440300081259363J	58.11
283	深圳市平日上物业管理有限公司	91440300668504356 3	58.09
284	深圳市瑞驰酒店管理有限公司	91440300326402245H	58.01
285	深圳市太阳时代物业服务有限公司	91440300589171813 7	57.83
286	深圳市嘉葆润物业管理有限公司	91440300326432874T	57.81
287	深圳市深创物业管理有限公司	91440300MA5F6R7T8M	57.69
288	深圳市厦联物业管理有限公司	91440300192468512Y	57.64
289	深圳市国野物业管理发展有限公司	91440300279244490C	56.99
290	深圳市刚丽物业管理有限公司	91440300562770648 7	56.49
291	深圳市真优美物业管理有限公司	91440300687563570 3	56.41
292	深圳市卓众物业管理有限公司	91440300708462120E	56.37

第五节　物业管理标准化管理

1.标准化工作思路

为推动深圳物业管理由传统优势行业向现代服务业转型升级，构建法制化、市场化、国际化以及专业化、集约化、智能化的现代物业管理服务业，深圳市住房和建设局大力推进物业管理标准建设，推动成立"深圳市物业管理标准化技术委员会"，统筹标准化工作。通过明确服务类、安全类的基础性标准，为物业服务企业划定物业管理行为的"底线"；通过制定写字楼和医院服务规范及绿色物业评价标准，为物业服务企业提升服务树立"标杆"。按照确保守住"底线"，鼓励追赶"先进"的思路，在深圳市推行"抓两头、带中间"的管理模式，促进物业管理行业的高质量发展。

【标委会基本情况】　2017年6月，经深圳市市场监督管理局批准，深圳市住房和建设局牵头成立深圳市物业管理标准化技术委员会。2021年3月，根据《市市场监管局关于同意深圳市物业管理标准化技术委员会换届的复函》，第二届深圳市物业管理标准化技术委员会顺利完成换届，新一届标委会由25名委员组成，秘书处设在深圳市物业管理服务促进中心。

2.标准化工作总体情况

物业管理标准化技术委员会按照统一规划、统一标准、资源整合、分工建设、数据共享的指导原则，全面统筹深圳市物业管理领域标准的制修订、技术审查、宣贯、培训、实施、复审、解释以及实施效果评估等工作。截至2022年12月31日，已发布实施《物业服务通用规范》SZDB/Z 42—2011）、《物业服务区域秩序维护规范》SZDB/Z 170—2016、《住宅物业服务内容与质量规范》SZDB/Z 203—2016、《新建物业项目承接查验规范》DB4403/T 188—2021、《物业服务要求医院》DB4403/T 194—2021等17个物业管理地方标准，物业管理标准体系基本建成。

3.物业管理地方标准索引

物业管理标准一览表（截至2022年12月31日）　　　　　表2-5-1

序号	标准名称	标准编号	主要起草单位（前三）	发布时间
1	物业服务通用规范	SZDB/Z 42—2011	深圳市物业管理行业协会、深圳市万科物业服务有限公司、中海物业管理有限公司	2011-07-27
2	物业服务区域秩序维护规范	SZDB/Z 170—2016	深圳市居佳物业管理有限公司、深圳市科技工业园物业管理有限公司、深圳市口岸物业管理有限公司	2016-01-27
3	物业服务人员管理规范	SZDB/Z 171—2016	北京世邦魏理仕物业管理服务有限公司深圳分公司、中海物业管理有限公司深圳分公司	2016-01-27
4	物业共用部位设施设备编码规范	SZDB/Z 172—2016	万科物业发展有限公司、长城物业集团股份有限公司、中航物业管理有限公司	2016-01-28
5	物业绿化养护管理规范	SZDB/Z 173—2016	中航物业管理有限公司、深圳市上城物业管理有限公司、深圳市特科物业管理有限公司	2016-01-28
6	住宅物业服务内容与质量规范	SZDB/Z 203—2016	深圳市万厦居业有限公司、深圳市万科物业服务有限公司、中海物业管理有限公司	2016-10-14
7	物业管理基础术语	SZDB/Z 287—2018	深圳市标准技术研究院、中航物业管理有限公司	2018-02-09
8	物业服务安全与应急管理导则	SZDB/Z 306—2018	深圳市科技工业园物业管理有限公司、中航物业管理有限公司、长城物业集团股份有限公司	2018-06-14
9	物业服务行业安全管理检查评价规范	SZDB/Z 307—2018	深圳市物业管理行业协会、深圳市住房和城市建设发展研究中心、深圳市诚则成第三方物业服务评估有限公司	2018-06-14
10	绿色物业管理导则	SZDB/Z 325—2018	深圳市可持续发展研究会、深圳市标准技术研究院、深圳市万厦居业有限公司	2018-10-10
11	物业服务要求 商务写字楼	DB4403/T 12—2019	中航物业管理有限公司、SGS通标标准技术服务有限公司	2019-03-26
12	住宅小区电动汽车充电设施安全管理规范	DB4403/T 56—2020	深圳市标准技术研究院、深圳市计量质量检测研究院、普天新能源（深圳）有限公司	2020-04-10
13	公安系统物业服务规范	DB4403/T 71—2020	深圳市公安局、深圳市住房和建设局、深圳市物业管理行业协会	2020-07-29
14	新建物业项目承接查验规范	DB4403/T 188—2021	深圳市万科物业服务有限公司、深圳市标准技术研究院、深圳市科技工业园物业管理有限公司	2021-09-22
15	物业服务要求 医院	DB4403/T 194—2021	中航物业管理有限公司、深圳市卓越绩效管理促进会（深圳标准认证联盟秘书处）、通标标准技术服务有限公司	2021-10-26
16	绿色物业管理项目评价标准	SJG 50—2022	深圳市建设科技促进中心、深圳市物业管理行业协会、深圳广物智酷咨询有限公司	2022-12-23
17	物业服务要求 产业园区	DB4403/T 303—2022	深圳市天安云谷物业服务有限公司、深圳市特发建设服务有限公司、深圳市标准技术研究院	2022-12-28

第六节　绿色物业管理、智慧物业、绿色（宜居）社区建设

1.绿色物业管理

【概述】 随着居民绿色低碳、健康环保理念的增强，广大业主及政府对节约资源、健康环境的需求越来越高，也对物业管理行业提出了更多节约资源和环境保护的要求。对此，深圳市部分物业服务企业积极开展绿色物业管理工作，通过科学管理、高效运维和行为引导，有效降低设备运行能耗、水耗，美化工作生活环境，为业主和物业使用人营造安全、舒适、文明、美好的环境。为了鼓励和引导更多的物业服务企业积极参与实施绿色物业管理，深圳市住房和建设局出台了一系列的政策措施和标准。并且自2016年7月起，受深圳市住房和建设局委托，深圳市建设科技促进中心作为专业机构开展绿色物业管理项目指导、评价认定、标准编制、宣传培训等工作。

【2022年工作开展情况】

标识获得情况：为推进鼓励物业服务企业积极实施绿色物业管理，申报"深圳市级绿色物业管理评价标识"，促进深圳市绿色物业管理的发展，深圳市住房和建设局于2022年3月印发了《关于印发2022年度绿色物业管理工作计划的通知》（深建物业〔2022〕19号），发布了新版的《深圳市绿色物业管理评价工作流程指引》，开展2022年度的绿色物业管理项目星级标识评价工作。

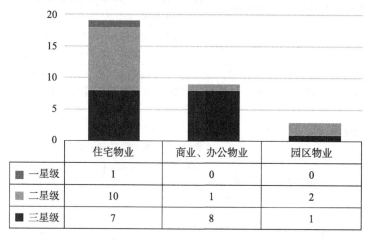

	住宅物业	商业、办公物业	园区物业
■ 一星级	1	0	0
■ 二星级	10	1	2
■ 三星级	7	8	1

图2-6-1　深圳市2022年度获得绿色物业管理标识项目统计图

截至2022年12月31日，深圳市共有114个项目获得绿色物业管理项目标识。按照星级划分，三星级项目37个，二星级项目42个，一星级项目35个；按照物业标识类型划分，全市住宅物业62个，商业、办公物业38个，园区物业14个。2022年，全市新增30个绿色物业管理项目评价标识，其中三星级项目16个，二星级项目13个，一星级项目1个；全市新增住宅物业18个，商业、办公物业9个，园区物业3个，如图2-6-1所示。随着绿色物业管理工作的不断推进，物业服务企业绿色物业管理的实施质量也越来越高，所获得的成效也获得广大业主和社会的不断认可（表2-6-1）。

2022年度深圳市绿色物业管理评价标识项目清单 　　　　　　　　表2-6-1

项目类型	项目名称	物业服务企业	评价等级
园区物业	深九科技创业园（深港国际科技园）	北京世邦魏理仕物业管理服务有限公司深圳分公司	★★★
	银星产业园（二期）	深圳市富上佳物业管理有限公司	★★
	深圳音乐厅	中海物业管理有限公司	★★
商业、办公物业	天健商务大厦	深圳市天健城市服务有限公司	★★★
	深圳中海油大厦	深圳市金地物业管理有限公司	★★★
	工勘大厦	深圳市和健物业管理有限公司	★★★
	融创智汇大厦	融创物业服务集团深圳分公司	★★★
	华润总部大厦（中国华润大厦）	润加物业服务（深圳）有限公司	★★★
	深福保大厦	深圳市深福保物业发展有限公司	★★★
	航天科技广场	深圳市航天高科物业管理有限公司	★★★
	中广核大厦	深圳市核电物业有限公司	★★★
	永新时代广场	永新汇（深圳）有限公司	★★
住宅物业	心海城一期	深圳市心海城物业管理有限公司	★★★
	全海花园	福田物业发展有限公司	★★★
	香山里五期	华侨城物业（集团）有限公司	★★★
	光谷苑	深圳市新洲城物业管理有限公司	★★★
	香山美墅	华侨城物业（集团）有限公司	★★★
	天鹅湖花园	华侨城物业（集团）有限公司	★★★
	深业上城（北区）公寓	深业置地（深圳）物业管理有限公司	★★★
	豪方天际花园	深圳市卓诚物业管理有限公司	★★
	名门华府	深圳市宝晨物业管理有限公司	★★
	爵悦公馆	深圳市嘉亿乐居物业管理有限公司	★★
	水榭春天花园	深圳市莱蒙物业服务有限公司	★★
	莱蒙春天花园	深圳市莱蒙物业服务有限公司	★★
	力高君御花园	深圳市御高物业管理有限公司	★★
	金域九悦花园	深圳市万科物业服务有限公司	★★
	万科麓城	深圳市万科物业服务有限公司	★★
	天汇时代花园一期	深圳市宏发物业服务有限公司	★★
	半山半海	深圳市抱朴物业服务有限公司	★

政策落实情况：《关于支持建筑领域绿色低碳发展若干措施》（深建规〔2022〕4号），该文件规定"鼓励物业服务企业开展绿色物业管理。引导物业服务企业实施技术改造，降低运行能耗，提高物业管理质量和服务水平。对获得深圳市级绿色物业管理评价标识，且具有良好的社会、环境效益及引领示范效应的物业项目，按照《绿色物业管理项目评价标准》SJG 50—2022，一星级资助10万元，二星级资助20万元，三星级资助40万元"。经过2022年的申报与审核，金地中心、上合花园等9个项目成为深圳市第三批的绿色物业示范项目。截至2022年12月31日，深圳市共有24个项目成为"绿色物业示范项目"，累计发放扶持资金445万元。

评价标准修订情况：为了让绿色物业管理的实施能够满足政府、社会、业主的要求，规范和引导物业服务企业开展绿色物业管理活动，深圳市住房和建设局委托深圳市建设科技促进中心总结近四年物业服务企业绿色物业管理的实施经验，针对《绿色物业管理项目评价标准》SJG 50—2022实施过程中产生的问题进行研究，完成了该标准的修订工作，构建了以"低碳运维、环境宜居、绿色设施、行为引导、持续改进"为核心的新绿色物业管理评价指标体系。2022年12月23日，《绿色物业管理项目评价标准》SJG 50—2022正式发布，并于2023年3月1日正式实施。2022年，深圳市住房和建设局组织专家开展《绿色物业管理项目评价标准技术细则》的编写工作。

绿色物业管理优秀项目观摩活动：深圳市建设科技促进中心印发《深圳市建设科技促进中心关于开展2022年绿色物业示范项目参观活动的通知》，2022年11月20日在南山智园崇文园区组织开展绿色物业示范项目参观活动。

附件：绿色物业管理优秀案例

【天鹅湖花园】

物业管理单位：华侨城物业（集团）有限公司华南分公司

项目地址：南山区沙河街道侨香路4261号

总用地面积：6.1万 m^2

总建筑面积：323857.66 m^2

建筑概况：天鹅湖花园项目总用地面积约6.1万 m^2（一期2.9万 m^2，二期3.2万 m^2），总计容建筑面积约23.39万 m^2（一期11.79万 m^2，二期11.6万 m^2），容积一期为3.97 m^2，二期为3.6 m^2，总户数797户（一期319户，二期478户）。小区配有1800个停车位（一期840辆，二期960辆），绿地率：≥40%，建筑覆盖率：12%，物业服务费标准为9.9元/ m^2（图2-6-2）。

使用情况：项目于2017年12月交付

获奖情况：节水型小区、安全文明标兵小区、深圳市优秀管理项目、深圳市巾帼文明岗、中

图2-6-2 天鹅湖花园项目

国物协标杆巡礼项目、绿色小区垃圾分类三星标识（图2-6-3）。

1.项目概况

天鹅湖花园项目位于深圳市南山区华侨城天鹅湖北部，与深圳著名景点欢乐谷隔湖相望。总户数797户，配有1800个车位，充电桩183个。项目用地面积约6.1万 m^2，总计容建筑面积约23.39万 m^2。开发时间跨度2015—2018年，产品为全玻璃幕墙超高层住宅。

2.企业绿色改造措施

1）制度建设

为贯彻物业管理中国家、广东省和深圳市的技术经济政策，节约资源，保护环境，规范绿色物业管理在项目的开展，推动绿色物业的管理发展；提升公司运营效率，改进现场品质，助力公司绿色物业管理发展，特制订绿色物业管理相关制度。

图2-6-3 绿色物业管理项目三星级标识证书

2）节电

项目对停车场照明灯具进行了节能升级改造，将原来的1750盏常规照明灯源更换为微波感应T8灯管，可根据现场实际需求自动调节灯光亮度，改造后的停车场用电量同比降低了73.2%。项目选用通力品牌电梯，电梯系统采用变频、群控等措施。同时也对机房进行了标准化建设，对地面进行了自流平养护，每个机房安装了监控系统与电梯云管家系统，可以对机房现场情况与电梯运行状态进行全程线上与线下相结合的全监控管理；项目所有楼梯间均采用智能控制开关，避免因人工管理不当出现资源浪费的情况（图2-6-4）。

图2-6-4　停车场智能照明

3）节水

项目利用雨水收集池回收地面雨水，并经过沉淀过滤、消毒净化等程序，最后将雨水用于景观水池循环使用和浇灌绿化带，目前整个雨水回用系统每月节水率可达到37.5%。同时还在每栋架空层安装了容量为1m³的冷凝水收集箱，夏季高峰期每月可回收冷凝水60m³，日常用于冲洗地面和景观水池补给。

项目还安装了地埋式自动喷灌系统，根据土壤湿度感应，可通过定时或手机APP操作手动开启的方式进行喷射及雾化灌溉，覆盖率达到绿化面积的61%以上，在节水前提下有效保证土壤中水、肥、气、热的良好状态。项目公共区域均采用节水型水龙头。工作人员会定期对供水设备进行维护保养巡查，避免跑、冒、漏的情况出现（图2-6-5）。

4）垃圾分类

为积极响应政府垃圾分类号召，实施垃圾分类工作，天鹅湖花园2018年先实现楼层撤桶工作，后设立垃圾分类点，由物业工作人员和业主成立义工志愿队引导业主和物业使用人积极开展

图2-6-5　地埋式自动喷灌系统及节水标识

垃圾分类管理工作，共建绿色小区。荣获南山区2022年度垃圾分类绿色小区（图2-6-6）。

图2-6-6　垃圾分类志愿者及绿色小区证书照片

5）绿化环境管理

对外包公司进行监管，使用的病虫害防治及消杀药品不含国家禁止使用的农药（图2-6-7）。

图2-6-7　病虫害防治照片

6）绿色出行

通过绿色出行宣传、展示、引导，有序规范对项目非机动车辆的管理；响应国家新能源号召，按要求在停车场配备10%的新能源充电桩，方便业主和物业使用人停放与充电，真正意义上让更多业主和物业使用人选择绿色出行，响应低碳环保（图2-6-8）。

7）物业管理现代化方式或信息化手段

项目引进了无人驾驶清洗作业机器人，实现24小时无死角全覆盖的循环清洗作业，极大提高保洁作业效率，提升作业规范化标准，降低人工成本。在园区作业时，工作人员可通过实时监控平台对其进行管控，超大的容量还能"一顶三"，做到"途经一处一片净"的效果，从而提高管理水平、提升物业服务体验（图2-6-9）。

图2-6-8　停车场绿色出行标识

图2-6-9　无人驾驶清洗作业机器人

项目内公共设施采用终端控制系统，只需在终端控制主机即可查看并调整设备运行状况，同时采用二维码巡更互联系统，通过手机即可完成设备保养记录及故障派单，节省人力物力（图2-6-10）。

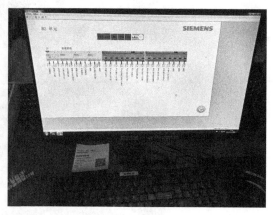

图2-6-10　项目智能照明控制系统

实现对小区设备设施，人员管控，安防消防，"状态可视、事件可控、业务可管"的管理。结合基础地理信息与社区三维模型，构建多维立体的大数据可视化监控，让数据展现更为直观和容易理解（图2-6-11）。

图2-6-11　大数据可视化监控

【天健商务大厦】

物业管理单位： 深圳市天健城市服务有限公司

项目地址： 深圳市福田区莲花街道红荔西路与新洲路交会处

总用地面积： 5497.32m²

总建筑面积： 36720.81m²

建筑概况： 绿化面积为1043.9m²，主体高度为89.8m，其中，地上20层，地下3层共235个车位，1至4层为商业，5至20层为写字楼，大厦为单一业权，只租不售（图2-6-12）。

使用情况： 2013年03月竣工，2013年08月正式交付使用。

获奖情况： 2022年03月获得深圳市绿色物业管理评价标识三星级认证（图2-6-13）。

1.项目概况

天健商务大厦是由深圳市天健房地产开发实业有限公司（现更名为：深圳市天健地产集团有限公司）开发的商业办公综合楼宇，项目位于深圳市福田区红荔西路7019号，社区配套成熟，周边有特色区报业大厦、商报大厦、第一世界广场，紧邻中心区CBD，交通便利。总建筑面积36720.81m²，绿化面积为1043.9m²，主体高度为89.8m，其中，地上20层，地下3层共235

图2-6-12　天健商务大厦项目

图2-6-13　绿色物业管理项目三星级标识证书

个车位，1至4层为商业，5至20层为写字楼。单层标准层面积1000～1290m²，裙楼层面积为970～2295m²。

2.企业绿色物业管理制度体系

1）制度建设

以《绿色物业管理评价标准》SJG 50—2022作为绿色物业管理的依据，从节能节水、垃圾分类、环境绿化、污染防治、宣传培训、现场管理及社区建设等方面，制订绿色物业管理制度、方案及各板块管理规章制度。

2）组织管理

成立绿色物业管理工作小组，规定职务及职位，明确岗位责权关系，使组织中成员互相协作配合、共同劳动，有效实现低碳降耗目标。

3）实施管理

制定培训计划，对绿色物业管理工作人员进行工作开展前的培训，便于员工顺利开展绿色物业管理工作，对培训后竞赛成绩优秀者或者年度工作完成情况优秀者及团队按照《绿色物业管理评价激励制度》进行奖励。

同时，辅以主题活动形式，持续保持与客户的互动性和参与感开展绿色物业的宣传活动，积极引导客户，将低碳降耗的环保意识灌输到日常工作及生活中。

4）评价管理

每年持续开展公众评价调查，充分了解大厦客户对绿色物业管理运营的了解程度与实际开展情况，并定期开展规定绿色物业管理自评机制内容。

3.绿色物业管理实施成效及亮点

1）创新及推广价值

（1）利用二维码对设备设施进行编码建立数据模型，且利用信息系统对物业共用设备设施进行管理，有效地提高了设备管理的准确度；智能型自动巡检设备、物业云平台提高工作效率，降低办公成本，节省人力，提升管理水平；无负压变频供水环保、节能、安全、使用寿命长、服务受众多，有效降低了水泵的能源消耗，节能效果显著（图2-6-14）。

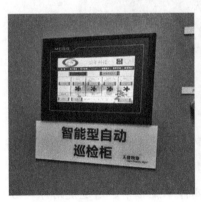

图2-6-14　项目创新设备照片

（2）微信公众号和电子屏宣传，传播及时、高效抵达，传播对象准确，能产生口碑效应，构建强交互氛围、促进互动，大大节省人力、财力等宣传成本。

2）节能改造与管理

项目采用分项计量方式计量，由工程部员工抄表并进行分析，计量器具符合国家相关标准要求。变压器选用SCB11型号干式变压器。各场所均采用LED光源灯具，照度及照明功率密度值满足规范要求。高效照明灯具的使用率达到100%以上。根据区域，分别采用不同的灯具控制方式：楼梯间采用红外感应控制，服务中心灯具采用就地开关控制，电梯厅采用就地开关控制。在运营期间采购的灯具均为LED灯具。电梯型号主要为通力KONE miniSpace，轿厢无人自动关灯，无人使用时驱动器休眠，达到节能目的。

（1）诱导风机

停车场送排风机全面改用诱导排风机，进行时序控制，有效控制停车场风机能源使用。根据大厦办公客户出入高峰（07:30—08:30、17:30—18:30），制定启停时间管理（07:30—08:30、12:00—13:00、17:30—18:30），降低能耗，同时保证大厦停车场日常通风及客户体验（图2-6-15）。

图2-6-15 停车场诱导风机

（2）停车场照明改造/车位引导系统引入

车库照明使用T5 12WLED灯具，虽已有节能收益，但能耗仍然较大，为此，企业投入7万余元改造智能灯具，无须人为干预，所需光线亮度可通过调节灯具功率按需进行调节。

同时，辅以车位引导系统，引导车主快速进入空闲车位，提高停车流转率。通过使用停车场车位引导系统，平均节约寻找车位时间15min，节约寻找车位里程数45%，从而也减少了汽车尾气排放，符合低碳节能的社会发展趋势（图2-6-16）。

3）节水改造与管理

定期对水泵、排污泵、给水管网等设备/系统进行巡检，记录水泵等设备运行参数。按要求对主要用水设备进行维护保养，水池、水箱定期清洗消毒，保证给水排水设备、系统正常运行。采用变频控制水泵进行二次供水，分为低区供水和高区供水，达到节能作用。雨水管道严禁与生活饮用水给水管道连接，雨水管道应按有关标准的规定涂色和标志——生活给水管涂蓝色，污

图2-6-16　停车场照明

废水管涂灰色，在雨水管道外贴"雨水"标识，避免误饮误用。

（1）冷凝水收集容器设计与应用

在外围绿化带内设空调冷凝水收集系统，将停车场入口车道清洁用水管道进行改接，加装计量器具，1F设立冷凝水回收水池，主要收集楼层空调机房AHU风柜机组冷凝排水，用作二次使用（浇灌、清洁）（图2-6-17）。

图2-6-17　空调冷凝水收集设备

（2）绿化浇灌设计与应用

将用水管道进行改接，加装专用滴灌管，用于外围绿化带浇灌，覆盖面积80%以上。

2.智慧物业建设试点

【概述】 根据《住房和城乡建设部关于开展新型城市基础设施建设试点工作的函》（建改发〔2020〕152号）、住房和城乡建设部等部门《关于推动物业服务企业加快发展线上线下生活服务的意见》（建房〔2020〕99号）、住房和城乡建设部等部门《关于加强和改进住宅物业管理工作的通知》（建房规〔2020〕10号）等文件要求，深圳市被选为智慧物业建设试点城市，要求稳步推进智慧物业建设试点工作。深圳以"互联网+"为创新引擎，以促进信息共享和资源整合为重点，按照"需求导向、市场主导、政府统筹协调"的原则引导市场主体参与智慧物业建设试点。政府通过完善物业监管平台，制定智慧物业标准体系，推动物业服务企业使用的智慧物业管理服务平台（以下简称智慧物业平台）与物业监管平台对接，实现房屋、住户、车位、设施设备等物业小区基础数据的重复利用，提升全行业整体信息服务水平。

【2022年工作开展情况】

建立周例会制度。每周召开信息化工作例会，讨论智慧物业顶层方案设计和系统实现事宜，分析物业监管平台建设过程中面临的困难，及时协调解决重难点问题，科学有序推进智慧物业建设试点。

深入企业广泛调研。深圳市住房和建设局领导带队分别赴深圳市四格互联信息技术有限公司、深圳市绿景物业管理有限公司、绿景中城天邑花园、深圳市侨城汇网络科技有限公司、长城物业集团股份有限公司、腾讯未来社区试点项目——高发西岸花园、中国建设银行深圳市分行、思源软件、千丁互联、极致科技等10余家企业调研智慧物业建设情况，重点了解了深圳市部分科技企业和物业服务企业开发的智慧物业管理服务平台功能设置、市场覆盖率、活跃度、可持续经营情况、发展中遇到的困难等，对分析总结深圳市智慧物业建设目前存在的问题，形成与深圳市实际相符的智慧物业建设工作方案起到积极作用。

落实战略合作内容。2020年年底，深圳市住房和建设局与中国建设银行股份有限公司深圳市分行签订了《深圳市智慧物业管理平台合作备忘录》，共同探索以"科技+服务"为特征的服务质量和管理质量"双提升"路径，助力深圳市智慧物业建设。2022年6月份，建行启动智慧物业建设试点项目采购工作并与成都鹏业股份有限公司签订合同，正式开启智慧物业服务平台的研发工作。

选取小区进行智慧物业试点。选取华侨城香山里等基础条件较好的小区进行智慧物业小区建设试点，指导试点小区按照智慧物业小区评价标准对设施设备进行数字化、信息化提档升级，提升服务质量水平，为业主打造一个"设施智能、服务便捷、管理精细、环境宜居"的智慧物业小区。

启动智慧物业相关标准编制。2022年，为规范智慧物业平台信息共享范围、共享方式和共享标准建设，为小区智能化改造、智能化管理以及信息共享提供标准支撑，根据智慧物业建设工作方案相关规划，编制完成《智慧物业服务和数据交换规范（征求意见稿）》。

完善物业监管平台。 坚持全市"一盘棋"，进一步完善物业监管平台，通过手机移动端实现物业管理行业的统一和动态管理。平台打造"两端"+"三类"+"N+1"核心架构，即微信端和桌面（PC）端两个入口，业主（组织）、政府和物业服务企业三类用户，N个子系统和一个基础数据库。截至2022年底，平台已上线权限管理、信用信息、项目管理、安全检查、通知发布、电子投票、业主满意度评价、信息公开、共有资金、车位信息、疫情补助、宣传培训等19个物业管理服务子系统，基本覆盖物业监管各个方面，有效破解业主大会表决难题，规范业委会运作，促进小区公共事务公开透明，充分保障业主参与权、知情权和监督权。

3.绿色（宜居）社区建设

【概述】 2022年，深圳市住房和建设局按照《广东省绿色社区创建行动实施方案》相关要求，本着衔接以往工作成果、减轻基层工作负担、持续完善社区建设的原则，认真研究把绿色社区创建与广东省宜居社区、完整居住社区等创建工作深度融合、统筹推进，创新性提出将深圳市创建工作命名为绿色（宜居）社区创建。截至2022年12月31日，已有528个社区被认定为"深圳市绿色（宜居）社区"，创建比例约80%。

【2022年工作开展情况】

出台创建行动实施方案。 深圳市住房和建设局、深圳市生态环境局等七部门联合印发《深圳市绿色（宜居）社区创建行动实施方案》（深建物管〔2022〕5号），将绿色（宜居）社区创建与广东省宜居社区、完整居住社区等创建工作深度融合、统筹推进，同时将绿色（宜居）社区建设纳入生态文明建设考核，通过绿色（宜居）社区"创建、巩固、提升"行动，推动各区进一步提升绿色（宜居）社区创建水平。

统筹部署全年创建工作。 制定《2022年深圳市绿色（宜居）社区创建工作计划》，对全年工作进行部署，要求我市75%的社区在2022年底前达到绿色（宜居）社区标准。

举办绿色（宜居）社区业务培训。 组织开展2022年绿色（宜居）社区建设线上培训活动，对各区、各街道办事处、各社区工作站相关负责人及2022年列入绿色（宜居）社区创建计划的社区工作人员等约450人进行培训，重点对2022年创建工作总体安排、生态文明建设考核指标以及《深圳市绿色（宜居）社区建设评价要求（试行）》进行了解读。

加强绿色（宜居）社区孵化培育。 选取2个基础条件相对薄弱社区进行培育，委托培育技术单位在社区驻点，深入开展摸底测评、亮点提炼、问题剖析等工作，客观评估社区创建绿色（宜居）社区现状，提出改进提升建议，帮助社区提高创建成功率。

开展绿色（宜居）社区回访复查。 按照"多层次均衡抽取、各分数段均匀取样"的原则，各区按10%的比例从已获评的519个社区中，抽取了52个社区进行回访复查，所抽查的社区均较好地维持了原创建标准。

完成两批次绿色（宜居）社区转认证工作。按照《深圳市绿色（宜居）社区创建行动实施方案》《2022年深圳市绿色（宜居）社区创建工作计划》相关要求，组织完成2批次的绿色（宜居）转认证工作，经过社区自评申报、各区初审、市级复审、征求意见、公示等程序，共有519个社区被直接认定为"深圳市绿色（宜居）社区"。

组织绿色（宜居）社区现场评审。根据各区申报一、二、三星级绿色（宜居）社区创建情况，深圳市住房和建设局牵头组织专家评审组按照《深圳市绿色（宜居）社区建设评价要求（试行）》对申报社区进行了现场评审，经专家组综合评定，通过现场评审的社区共19个，其中，一星级绿色（宜居）社区4个，二星级绿色（宜居）社区14个，三星级绿色（宜居）社区1个（表2-6-2）。

2022年深圳市绿色（宜居）社区现场评审通过名单　　　　　　表2-6-2

序号	行政区	街道	社区名称	评定星级
1	福田区	香蜜湖街道	侨香社区	三星级
2	罗湖区	翠竹街道	翠达社区	二星级
3	盐田区	海山街道	田东社区	二星级
4	南山区	南头街道	前海社区	一星级
5		粤海街道	铜鼓社区	二星级
6		蛇口街道	东角头社区	二星级
7	宝安区	西乡街道	福中福社区	二星级
8		沙井街道	后亭社区	二星级
9	龙岗区	南湾街道	樟树布社区	二星级
10	龙华区	观湖街道	观城社区	一星级
11		大浪街道	龙胜社区	一星级
12		大浪街道	高峰社区	一星级
13		福城街道	茜坑社区	二星级
14		民治街道	民泰社区	二星级
15	坪山区	碧岭街道	汤坑社区	二星级
16	光明区	玉塘街道	玉律社区	二星级
17		马田街道	石围社区	二星级
18		新湖街道	新羌社区	二星级
19	大鹏新区	南澳街道	南隆社区	二星级

【经验做法】

高标准，严要求。制定了与国家、广东省、深圳市社区建设相关要求衔接的评价标准，评价标准在国家创建标准16项指标、广东省创建标准42项指标的基础上，延伸细化成137项指标，标准更高、要求更严，且与城镇老旧小区改造工作、推动生活性服务业补短板上水平提高人民生活品质、开展"完整居住社区"创建、进行"美好环境与幸福生活共同缔造活动"、开展"城市一刻钟便民生活圈建设"等工作的要求进行衔接。

分等级，争先进。建立一星级达标、二星级创优、三星级示范的三级评价模式。其中，一星级与广东省绿色社区创建工作要求对接，二星级与广东省绿色社区、广东省五星级宜居社区的标准对接，三星级则在前两者的基础上，创建标准围绕党建引领、社区治理、绿色改造、绿色文化培育等方面有所提高。

重回访，防反弹。建立动态管理机制，每年对已达标社区抽取10%进行回访复查，对于回访抽查中连续两年未通过的社区，予以降级或摘牌。通过正向激励（向创建通过的社区发牌）和反向惩戒的做法，实现对创建行动的动态管理，巩固创建成效。

强考核，促提升。将绿色（宜居）社区"创建、巩固、提升"任务完成情况，纳入对各区政府（新区管委会）的生态文明建设考核，每年度进行考核和结果通报，推动各区建立健全社区人居环境建设和整治机制，推进社区基础设施绿色化，营造社区宜居环境，提高社区信息化智能化水平，培育社区绿色文化，为广大群众打造"空间舒适、环境适宜、生活便捷、安全稳定、文明和谐"的宜居生活环境。

附件：绿色（宜居）社区案例

以下选取的是2022年部分深圳市绿色（宜居）社区典型案例。

【福田区莲花街道福新社】

一、社区概况

深圳市福田区莲花街道福新社区位于福田中心区域，占地面积3.3km²，东起彩田路、西至新洲路，南临深南路、北达莲花路。辖区有1个居民小区——黄埔雅苑，常住人口约12000人（3209户），其中户籍人口约8000人，港澳台居民约472人；有商务楼宇11栋，纳税企业468家，三小门店30家，其中港澳台企业5家；辖区重点单位有莲花山公园、关山月美术馆、深交所、广电集团、儿童医院、福田交通枢纽中心等；有学校5所，维多利亚幼儿园、景鹏小学附属幼儿园、科技中学附属幼儿园、黄埔小学、黄埔中学。社区的特点是"四多"，即商务楼宇多、非公企业多、高素质人才多、港澳台居民多，工作的重点是做好企业服务、楼宇党建和统战工作。

二、创建特色

（一）多方携手、齐头并进，共建绿色宜居社区

福新社区坚持以社区党委为核心，融入聚合辖区内物业单位、驻区企业、"两新"企业、辖

区居民等多方力量，打造绿色社区创建工作阵地，不断促进绿色社区创建与加强基层党组织建设、居民自治机制建设、社区服务体系建设有机结合，共同营造宜居环境，缔造居民幸福生活。

福新社区秉持共建共治共享的社区建设理念，携手深交所、博时基金、南方基金等驻区单位及行业龙头企业，就深交所、基金大厦等具有代表性的绿色建筑与绿色社区的共建共享进行深入交流，并依托"互联网+"的线上手段，将沟通交流由线下延伸至线上，推动实时沟通，实时议事的精准交流，全力实现决策共谋、发展共建、建设共管、效果共评、成果共享。

（二）路园"融"建、齐抓共管，成就绿色公园社区

围绕莲花山公园这一深圳名片，福新社区在推动绿色社区建设时，高度重视维护、突出社区的公园属性，通过与莲花山公园管理处的深度合作共管，推动辖区道路建设与公园特色相融合，将福新社区打造成名副其实的公园社区。

一方面，通过加强辖区内各主次干道的自行车及行人专用绿道建设，与福田万里绿道相连，与公共交通接驳，与辖区道路绿化提升、地铁站点绿化恢复等工程相结合，不仅消除了路面坑洼破损等安全隐患，畅通了消防、救护等生命通道，更打造了沉浸式、互动式、参与式的公园绿化，既满足了社区居民日常出行要求，也符合居民及游客日常通勤、游憩、观光等功能需求，极大地提升社区"人车共享"的绿色公园属性。

另一方面，社区主要道路及莲花山公园设计融入海绵城市、低冲击开发理念，纳入透水砖铺装、生态草沟、间隔式路牙、雨水调蓄池等海绵设施。福中路海绵化改造项目中，建设下沉式绿化带约3400m²，透水混凝土自行车道约35950m²，环保型雨水口约2070座，在增加绿廊连通性的同时实现了减少路面径流系数和街道雨水资源再利用。此外，社区不断优化照明系统设计，合理改造节能型LED路灯，推广太阳能路灯，有效利用太阳能，在基础设施改造建设中贯彻低碳环保理念。

（三）节能减排、智慧安防，打造绿色科技社区

新时代的绿色社区建设，离不开绿色科技的大量应用。依托社区完善的道路建设以及公共交通站点500m100%覆盖的发达建设，福新社区在推动新能源交通基础设施建设上始终走在前列。社区不仅在物业小区及商务楼宇按充足的比例设置了电动车以及新能源汽车充电桩，还支持绿侠充电站、普天新能源充电站等公共充电设施在社区内运营，并设有安全区域，配备完善的消防设施，在社区内大力提倡节能减排、绿色出行的生活方式。此外，辖区居民小区已经实现物业管理100%覆盖，并通过"智慧福田"、社区微信群、"社区微生活"公众号等线上平台开展社区治理工作，结合物业小区使用的"住这儿"物业管理APP，为辖区居民提供更加智能化、便利化的服务。

在智慧安防方面，为进一步推进社区市政基础设施智能化改造和安防系统智能化建设，社区内配备有关于楼道、电梯、消防通道的相关设备的控制和综合管理，可以通过中控室直接或间接地控制楼道以及电梯的监控，监控人员定期值班；辖区深交所、广电集团、新世界中心、太平金融大厦等商务楼宇均已启用人脸识别门禁系统。

（四）文明生活、党群共建，打造绿色文明社区

绿色社区的创建，不仅要建设绿色的环境、配备绿色的设施，更为重要的是要宣传倡导绿色文明的生活，让更广大的人民群众参与到绿色社区的共建共治共享之中。

一方面，福新社区严格实施生活垃圾分类，完善分类投放、分类收集、分类运输设施，实现了垃圾分类居民小区全覆盖。垃圾分类桶罩、洗手池和雨棚均已完成建设并通过验收，并通过形式多样的宣传活动营造浓厚的垃圾分类环境氛围，居民小区黄埔雅苑厨余垃圾量100%达标，被评为垃圾分类红榜小区。

另一方面，社区常态化开展"大手拉小手"垃圾分类系列活动，把绿色、环保、健康的理念带入校园及小区，引导居民尤其是辖区青少年树立环保意识。社区还建立了环保志愿者队伍，固定每周五进行"环境清洁日"环保活动，并充分利用深圳智慧党建、深圳先锋微信小程序等线上平台，招募党员志愿者，定期举办垃圾分类、清理街道垃圾等志愿者活动。此外，每年以创建文明城市为契机，开展"文明城市，你我共建""文明健康，有你有我"等创文主题活动，倡导居民选择绿色生活方式，节约资源、开展绿色消费和绿色出行，形成富有特色的社区绿色文化。

【龙岗区南湾街道樟树布社区】

一、社区概况

樟树布社区位于深圳市龙岗区南湾街道东南部，辖区总面积0.6km²，辖区内总人口约3万人，其中常住人口24592人，户籍人员7269人。樟树布社区历年来获得了多项荣誉，曾获得中国幸福社区范例、深圳市二星级绿色（宜居）社区、深圳市健康社区、入选住房和城乡建设部《绿色社区创建行动案例摘编》等荣誉。

近年来，在龙岗区委区政府的正确领导下，在南湾街道的直接指导下，樟树布社区积极践行党的二十大绿色发展理念，推进绿色低碳宜居"五彩缤纷樟树布"建设，全力创建治理高效、空间适宜、环境优美、安全舒适、服务完善的绿色宜居社区，不断提升社区居民幸福感、归属感。

二、创建特色

（一）坚持党建引领，建立多方参与机制

樟树布社区坚持以社区党委为核心，下设5个党支部，现有党员105名，建设4个党群服务阵地，形成"五分钟党群服务圈"。社区党委牵头创建工作领导小组，由街道分管领导、社区第一书记担任组长，成员单位涵盖社区股份合作公司、辖区物业、社康中心、社区警务室等，做到责任落实到人、工作落实到位。工作领导小组积极谋划，以"党代表进社区"等活动为契机，与专业工程师、规划师建立定期联系工作机制，对社区绿色宜居氛围提升给予了专业的指导意见。

（二）立足生态优势，构建"5-10-20"绿色生活圈

樟树布社区牢固树立可持续发展理念，在辖区内保留大片原始生态林，铺就社区绿色宜居

生态发展底色。社区绿化面积近30万m²，绿化覆盖率超过50%，已建成绿道达5.5km，构建了"5分钟入社区公园，10分钟达城市公园，20分钟游自然郊野公园"的绿色生活圈。通过美化提升改造樟树布"时光供水隧道"，现已成为周边居民的"网红打卡点"，便捷共享7.3km淘金山绿道。沙湾河流经本社区，经过多年治理实现告别"墨水河"，重现水清岸绿，未来将沿河建设绿色河畔碧道。樟树布社区公园占地面积达25万m²，拥有"社区最美栈道"，四季风貌各有特色。毓秀百年荔枝公园占地面积3.5万m²，园内仍保留着300多棵荔枝树，其中一半以上树龄超过150年，公园连接樟树布广场，是社区居民休闲集聚的主要场所。社区花园小区、城中村、商务园区因地制宜、建设屋顶花园等，不断丰富升级环境绿量及层次。社区3万居民在青山绿水中共享自然之美、生活之美。

（三）完善基础设施，提升社区人居环境

社区内生活、就业、教育、医疗等配套成熟，有3所幼儿园、2个社康中心（站）、2个社区公园，建设有街心公园、篮球场、游泳池、儿童乐园、室外健身路径等室内外活动场所，极大满足了社区居民的文体生活的需求。

社区党委借由"民生微事实·大盆菜"、小型基建项目等积极推动各项硬件设施完善，完成了雨污分流改造、道路实施海绵化改造、燃气入户改造、优质饮用水改造等工程，实现社区居民生活垃圾分类设施全覆盖、社区智能安防设施全覆盖、社区物业管理全覆盖，建设了大型新能源充电站、太阳能路灯、声控提示杆等环保节能设施。社区内商务园区、工业区孵化多家绿色低碳小微企业，产业集群初具规模。

（四）举办环保活动，培育社区绿色文化

社区定期举办"香樟低碳生活""大手牵小手"等系列环保主题活动，形式包括环保徒步、涂白护树、采风绘画等，引导社区居民特别是青少年从小树立绿色环保意识。常态化培养环保义工，组建义工队伍，在社区内宣传绿色理念，培育社区绿色文化。

【龙华区民治街道龙塘社区】

一、社区概况

龙塘社区成立于2007年，辖区总面积约3.58km²，位于民治街道西北部，东至布龙路，南至留仙大道，西至福龙大道，北至与大浪街道分界处，社区总人口约5.98万人，其中户籍人口1.99万人，流动人口3.99万人。辖区设1个居委会，有长城里程家园、卓越皇后道、中海锦城、远景家园、御龙华庭、上丰花园、星河传奇、盛荟居、翔龙御庭、金茂府、龙塘居11个花园小区，有简上村、龙塘村、龙塘新村、隔圳新村4个城中村。有学校2所（未来小学、红山中学）、幼儿园6所（长城里程幼儿园、翔龙御庭幼儿园、中海锦城幼儿园、金茂府幼儿园、深圳市龙华区教科院附属实验学校皇后道幼儿园、深圳市龙华区第五幼儿园）。

龙塘社区党委共设有委员7名。社区党委下设八个支部，共202名党员，并设有1个两新组织联合党总支部，下辖7个党支部，共有两新党员27名。社区建有1个社区党群服务中心，位于新区大道卓越皇后道名苑小区商业街1~3层，内设新时代大讲堂、图书馆等16个功能室。

二、创建特色

（一）推动实施"四个一"，打造龙塘"聚善"品牌

1.一个空间——聚善空间·慈善超市

"聚善空间·慈善超市"是优化公共资源配置，为居民提供公益服务和信任链接的空间，是聚善家园项目落地实施的阵地。"聚善空间·慈善超市"在原慈善超市功能基础上整合了公益岗位、社会捐助、慈善救助、精准扶贫等项目，是聚集慈善资源、聚合公益服务、助推生态脱贫、传播公益理念的空间。空间的引入打通慈善服务"最后一公里"，让居民能就近参与公益活动、享受便民服务。

2.一支队伍——聚善义工

围绕"聚善有福大爱龙华助人自助"的队伍建设目标，鼓励党员、受助对象、残疾人、低保家庭、爱心人士等群体积极参与慈善义工服务，通过积分兑换"聚善空间·慈善超市"物资的激励机制，组建一支有温度、有力量的义工队伍。志愿者们活跃在社区的各个角落，为社区治理提供有力支撑。

3.一个日子——聚善日

龙华区将每月最后一个星期日定为龙华聚善日，社区党委将组织居委会、党支部、党群服务中心、社康中心、社会组织，开展融慈善文化与社区文化于一体的公益集市+活动，鼓励居民定期将闲置物资进行义卖、互换、捐赠，培养居民良好的公益习惯，同时开展便民服务、爱心关怀等活动，营造社区互助文化，促进社区大融合。

4.一支基金——社区基金

建立社区互助基金，实现精准相扶。在区民政局的指导下，社区党委统筹社区工作站、股份公司、爱心企业及热心居民联合在区慈善会设立社区基金，推动社区治理建设及公益慈善事业发展。

（二）倡导社区绿色环保，共创绿色宜居家园

1.垃圾分类夜间督导活动

党员志愿者、巾帼志愿者等各支志愿队伍在垃圾分类集中投放点开展分类监督指导工作，确保设施完好规范、分类标识清楚明晰、周边干净整洁，同时进一步提高居民垃圾分类投放的准确率。

2.垃圾分类宣传活动

龙塘社区积极开展知识讲座、政策宣传、答疑互动、入户走访等丰富多样的社区宣传活动，以促进居民养成自觉分类习惯为重点，不断提高居民参与率。

3.垃圾分类工作协商

定期通报垃圾分类工作进展情况，听取工作汇报，会商解决工作中的重点难点问题。

（三）坚持绿色生态理念，推进海绵城市建设

龙塘社区各类型绿地分布合理，社区积极推进社区海绵化建设，辖区内设有龙塘公园、蒲公英公园等生态环保公园。

1.生态公园——龙塘公园

龙塘公园设置创意攀爬墙、梅花桩等趣味性文体设施，关注新时代儿童游玩需求。从生态关怀的角度，建设雨水花园科普区，设置鸟笼雕塑，关注生物的迁徙动态和城市生态发展，让社区公园成为体验"大爱"的城市公共空间。

2.环保花园——蒲公英花园

蒲公英花园从启动之初，就已经把零废弃理念率先纳入设计理念中。根据Ghana堆肥箱原理，设定了合理的堆肥方法和堆肥周期，以达到改良土壤的目的。当中所需的生厨余原料来自周边的蔬果店的废弃厨余以及星巴克咖啡渣。成熟的肥料将应用于花园，形成零废弃闭环。在水循环方面，蒲公英花园有雨水收集系统，水来源于屋顶的雨水，其水质相对干净，杂质和污染物较少，经雨水收集桶的沉淀后，用于清洗堆肥场地和浇灌花草，以减少使用自来水达到节水目的。

（四）弘扬传统文化，发展绿色文化生活

龙塘社区居民文化生活丰富多彩，有龙旭戏曲协会、辉煌艺术协会、繁星志愿者协会及摄影队、舞蹈队、健身队、声乐队等，多年来，社区大力弘扬和传承中华传统文化，积极举办各种小型文艺晚会、邻里文化节、戏曲培训班、太极培训班、社区运动会等文体活动。并积极组织各类知识讲座和针对妇女、儿童、老人等群体的活动，大力打造志愿者队伍，极大丰富了社区居民的精神文化生活。

龙旭戏曲协会是社区培育的龙华区4A级社会组织，旨在传承中华民族优秀传统文化，培养戏曲人才。近年来，龙旭戏曲协会连续获龙华区慈善会突出贡献奖，组织大型戏曲慰问演出专场34场，各类戏曲培训60多场，荣获"鹏城金秋"铜奖2枚，区级戏迷大赛获银奖5枚，铜奖1枚。赴马来西亚、韩国参加文化交流，《梨花颂》获银奖，参加香港"百姓大舞台"会演，《花好月圆》获银奖，剧目《中国冲冲冲》获深圳市"鹏城金秋"大赛风尚奖。

【坪山区龙田街道老坑社区】

一、社区概况

老坑社区位于坪山区龙田街道东南面，面积约10.47km²。共有厂房64栋，宿舍62栋，集体面积387934.72m²。现有户籍人口419户1278人，常住人口17200人。社区党委成立于2004年，下辖34个党支部，共有党员157人。老坑社区周边各种配套设施齐全，除了超市、银行、药店等基本设施外，辖区内还有盘龙世居文化广场、盘龙印象广场和街心公园，5所学校（坑梓幼儿园、壮壮幼儿园、尚德幼儿园、坑梓中心小学、精致学校）以及图书室等硬件配套设施，能够满

足辖区内居民的日常文化需求；辖区范围内设有老坑社区健康服务中心、多家诊所等为居民提供医疗服务，此外还设有符合规定的停车场、配套充电设施和多个公交车站，为居民的出行提供便利。

二、创建特色

（一）整合生态人文资源，打造龙田文旅小镇

华侨城·坪山龙田文旅小镇位于老坑社区，总用地面积约 $6km^2$，拥有 2000 余亩都市农田，是坪山现代都市发展轴和现代都市农业观光带交会核心片区，被列为 2018 年广深科技创新走廊重点项目。该项目以新岭南、绿色、现代为形象定位。突出小镇的岭南文化风貌，达到视觉上的和谐；保留修复盘龙世居，保留小镇的文脉传承。同时响应深圳人文社区建设号召，利用现有开放空间，建设文化创意馆。一古一新，同时丰富小镇文化内涵，既弘扬小镇的历史，又创新居民和游客的生活；利用高架桥底部的空间，打造创意集市。补充城市公共可利用空间，完善区域配套，为市民创造丰富的休闲娱乐场所，进一步提升区域活力。与此同时，项目也对各个分区的功能进行了宏观定位。时尚创意商业区功能以时尚、创意类商业为主；文化特色商业区新建文化创意馆一栋，对原盘龙世居进行修复并重新启用；生态景观区充分利用一片空置无法建设的高压电缆塔林立的空地，打造区域核心景观——桃林花海，提升现状公共开放空间。

项目最大亮点当属盘龙路改造工程，该工程西起深汕大道，东至绿梓大道，全长1.4km。以岭南、鲜花、客家为形象定位；以山水田园风貌为依托，以客家风韵建筑和创意建筑为载体，打造美食休闲创意文化街区。在总体空间规划结构下，打造"一条"以盘龙路花漾街区为主轴线的公共空间走廊，连接老坑社区盘古登山道及街心花园、桃林花海，串联慢行系统与景观绿道，构建"大绿环"。建设内容包括绿化、园建、景观给水排水、景观电气、景观结构、道路附属设施、交通信号灯、建筑立面抹灰、建筑外立面装饰等景观提升工程，以及将高压走廊下农田改造成七彩花田。在提升片区景观环境品质的同时完善区域的使用功能，改善居民出行环境，提高居民生活水平。

（二）传承客家传统文化，开展特色文化服务

老坑社区以客家风情小镇以及创意文化产业为特色塑造沿街风貌。沿街改造现状居民住宅，植入客家文化符号，打造客家风貌一条街，村落内部环境整治，形成客家风情小镇。夹杂在居住组团之间的低效产业，对其进行特色改造，形成创意网文化工坊，同公共服务设施相结合进行改造设计。

针对保存完好的客家民居，将客家文化体验和展示作为其核心功能发展方向。以保护原真性为前提，通过翻修和改造，引入客家文化展示、客家文化研究、客家文化体验、客家人寻根访祖祭祀、文化创意产业等功能，将其作为传播和展示客家文化的核心基地，扩大客家文化影响力。同时，根据社区居民需求，老坑社区以党群服务中心为平台，结合社区实际，策划开展系列特色文化服务活动。

（三）以党建引领为核心，提供切实到位的综合性服务

老坑社区党群服务中心是坪山区23家社区服务中心之一，中心以社会建设暨督导机构——深圳慈善公益网为运营主体，派驻专业服务团队进驻社区。中心拥有个案工作室、儿童乐园、家庭关怀室、福德之家、残友之家、技能之家、四点半课堂、组织孵化室、多功能活动室、厨艺阁等活动场所，目前配备有1名督导和6名专业社工。中心将以老坑社区为平台，整合公共服务资源，创新社区服务模式，为社区全体居民，包括青少年、妇女儿童、残障人士、老年人、外来务工人员特别是困弱群体提供切实到位的综合性服务。

（四）以居民参与为基础，打造"共建共治共享"的宜居社区

为多维度多层次开展宜居社区建设工作，更大程度地吸引和发动社区居民参与，在疫情背景下，老坑社区多次组织开展宜居社区创建宣传活动，通过挂横幅、无接触式发放宣传手册等居民喜闻乐见的宣传形式，把宜居社区建设理念渗透到每一位社区居民心中，激发社区居民支持创建、参与创建、监督创建的热情，让更多社区居民了解社区创建宜居社区现状和建设目标，提高居民对创建工作的知晓率、支持力和参与度。

【盐田区海山街道海涛社区】

一、社区概况

海涛社区成立于1991年8月，隶属于深圳市盐田区海山街道，东起大鹏湾海域，西至海涛路，南临桥东街，北靠东和路，与中英街一河之隔，社区面积约1.7km²，总人口合计10352人，共4731户。辖区内有海涛花园、太平洋、鹏湾二村、海景花园、蓝郡广场、蓝郡西堤等11个住宅小区，辖区企事业单位有小学、幼儿园、工青妇、社康、医疗保健等18家机构。社区组织机构包括社区党委、社区工作站、社区居委会（海涛、海景）、民意表达工作室（海涛、海景）、海涛社区党群服务中心、老年人协会（海涛、海景）社区议事会等。社区内无工厂，无城中村，是纯居民住户的城市社区，居民入住率80%。辖区内交通便利，位于地铁8号线和360省道500m辐射半径内。社区内生活配套齐全、居民生活便利，海涛社区环境优美依山傍海，从金融路南行可直达盐田区海滨栈道。

二、创建特色

（一）厚植党建根基，凝心聚力搭建同心圆议事平台

海涛社区始终坚持党委领导，坚持群众主体地位，通过搭建"同心圆"议事平台，整合、协同多元力量如居民、社会组织、来深建设者、企业代表等参与共治，深入推进"五环"同心圆议事平台建设，真正把评判的"表决器"交到群众手中，让社区治理有魂、有序，更有力、有为。

1.丰富社会治理多元化主体

充分发挥民意表达工作室、人大代表联络站平台的凝聚力作用，将党员论坛、居民议事会、

人大代表联席会、社区党群联席议事会、社区班子联席议事会、儿童议事会等议事活动纳入"观海听涛"议事品牌，同时根据不同议事主题，将辖区主妇、青年、来盐建设者、物业管理、企事业单位、非公企业、个体工商户、业委会等代表纳入议事主体，推动辖区各类组织、居民间的交流、沟通、协商和合作，促进社区归属感的建立。

2.扩大基层社会治理覆盖面

建立事务清单，将议题分为民生类、法律类、党建类、城市建设类、教育类等，因时因地因事采用定期议事、一事一议、重大事项随时议等方式，或以集中议事、现场议事、走访议事等，社区搭建平台，让职能部门、驻站代表、党员群众代表、居民代表、业主代表、企业代表议事会等成员切身参与到社区公共事务中，合力讨论问题、解决问题，提升居民自治水平。

3.发挥社区法律顾问制度作用

充分发挥人大立法联系点作用，广泛听取基层人民群众意见建议，做到察民情、聚民智；引导居民有序参与法规草案意见征集等工作，充分发挥人大立法联系点在立法过程中的民主作用；在议事过程中提供专业法律支撑，确保过程公正、透明、规范，促进和引导参与主体珍惜民主权利，通过海涛社区议事会参与自治，以议事平台面对面答疑法律问题，及时提供社区纠纷法律意见。

4.实施党建引领"三社联动"

通过"红色领航 凝心聚力"海涛社区党建创建项目来提升党组织凝聚力从而进一步促进党员领导下的居民自助互助队伍的壮大为主要目标。通过已成立的12支党员志愿服务队，发挥党组织在小区区域内的治理核心作用，健全小区横向文化、安全、环保、邻里帮扶、儿童友好、文明创建、心理健康等方面的服务机制，将有条件的志愿者队伍发展成为社会组织，实现社区事务协调共商、资源共建共享，落实好"小区化党建、联动式服务"的民意收集、服务承诺、民愿圆梦等机制。

5.发挥德治教化作用

拟成立海涛社区德治人才工作室，整合社区"五老"讲师团及社区文明达人、环保达人等人才参与社区建设，推动社区有时间、有热情、有精力的老党员老干部老专家参与社区治理。通过挖掘、整合社区人才，为社区人才搭建交流参与平台；持续做好老少共建活动，充分利用社区教育学院及"五老"讲师团师资力量开展形式多样的活动。

(二)创新联动服务群众，搭建线上线下治理机制

海涛社区坚持用互联网思维走好网上群众路线，紧扣移动互联网信息实时传播快、互动性强、便捷度高的特点，建立"线上＋线下"民意诉求反映机制，切实提升居民群众参与基层治理的体验感和获得感。为党委、政府联系群众构建新平台、开拓新途径、畅通新渠道，发动全区群众成为基层治理的信息员、宣传员、安全员。

1.线上打造智能化"盐田民意通"小程序

社区将群众反映频次较高的建议诉求进行整合分类，大到疫情防控、征地拆迁，小到路灯

破损、井盖缺失,每个类别对应一个职能部门。群众发现问题后只需动动手指,通过"盐田民意通"小程序拍照、上传、选定类项、一键提交,系统即智能化"秒拨"到相应职能部门办理。线上平台将问题诉求由群众手中直接摆上相关职能部门和街道党工委、社区党委案头,打破时间空间限制,有效提升群众参与基层治理积极性。

2.线下组建社区民意表达工作室

社区建立民意表达工作室,以标准化建立品牌,用常态化考评强监管,凭制度化协同见实效,将"两代表一委员"编组挂点到民意室,定期进社区走访接访了解社情民意,由民意室将群众的建议诉求统一录入"盐田民意通"上报。

3.建立群众参与基层治理的激励机制

对群众通过"盐田民意通"参与基层治理、反映建议诉求实行积分奖励,根据积分分值可在线兑换党建书籍、深圳通公交充值红包等,并授予1～6星"民意达人"荣誉。每年召开座谈会对"民意达人"进行评优表彰,并就基层治理有关问题与"民意达人"代表共商共议。

(三)构建绿道慢行系统,打造低碳环保环境友好社区

1.以人为本的慢行系统

海涛社区结合自身得天独厚的地理优势,利用盐田区海滨岸线,通过城市绿道将社区内"口袋公园"、城市广场、住宅建筑、社区公园等多个公共休闲场所与居住小区连接在一起,以步行、自行车等慢速出行方式作为社区内交通的主体,不仅缓解了机动车出行造成的交通拥堵,还结合"口袋公园"、社区公园、休闲广场等游憩交往场所打造社区人文特色名片。社区的慢行交通系统选线在海滨栈道,利用现有公园和市政道路进行绿道标识统一和面层改造,以较为经济的方式、最快的速度实现滨海慢行系统贯通。

2.风景宜人的海滨栈道

海涛社区位于深圳之东,属亚热带气候,这里依山傍海,四季葱翠,日夜涛声。社区的海滨栈道属于盐田区绿道的一部分,其向南连接中英街、向北延伸至小梅沙海滨公园,途中设置多个驿站供人休息娱乐。盐田区绿道全长253km,其中海滨栈道19.5km,海滨栈道海岸线蜿蜒曲折,沙滩、岛屿错落,海积海蚀崖礁散布其间,被誉为深圳最美丽的"黄金海岸线",其依托的盐田海岸被评为中国最美的八大海岸之一,有"滨海玉带"之称。海涛社区绿道覆盖整个社区,并通过"绿动"与公交站点、海滨栈道接驳,实现完整的骑行与步行体系,提倡绿色出行,低碳环保。

第七节　物业专项维修资金管理

1.综述

1994年，深圳市出台《深圳经济特区住宅区物业管理条例》，建立了维修基金制度。经过多年的探索与实践，目前深圳市已构建起较为完善的物业专项维修资金制度体系，相关法制建设日趋完善，维修资金管理工作步入科学化、规范化的轨道。

2.物业专项维修资金管理法规制度

深圳自1994年通过特区条例立法，在全国首创房屋维修金制度。深圳市物业专项维修资金管理工作主要依据以下法律、法规、规章和规范性文件来开展：

国家层面的法律法规：《中华人民共和国民法典》《物业管理条例》。

深圳法规、文件：《深圳经济特区物业管理条例》（2020年3月1日实施，构建了深圳物业专项维修资金的总体框架）；《深圳市物业专项维修资金管理规定》（深府规〔2020〕8号，2020年11月1日实施，进一步规范了深圳维修资金管理的各个环节）；《深圳市各类物业建筑安装工程总造价标准》（深建物管〔2021〕7号）；《深圳市物业管理电子投票规则》（深建规〔2020〕14号）。

3.物业专项维修资金管理

【历年年末维修资金总额】（图2-7-1）

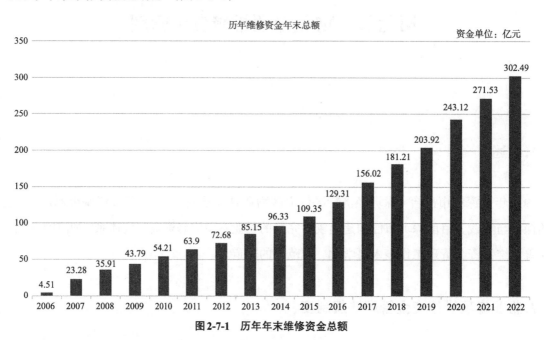

图2-7-1　历年年末维修资金总额

【物业专项维修资金归集模式】

　　深圳市维修资金包括首期归集的专项维修资金（首期维修资金）和日常收取的专项维修资金（日常维修资金）。首期维修资金由建设单位按照物业项目建筑安装工程总造价的百分之二，在办理该物业项目不动产首次登记前一次性划入指定的物业专项维修资金专户。日常维修资金是由业主自入住之日起，按月随缴纳物业管理费时一并缴纳，由业主大会或者物业服务企业按月存入物业专项维修资金专户，标准是0.25元/月·m²（带电梯）、0.15元/月·m²（不带电梯）（图2-7-2）。

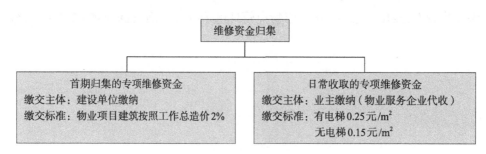

图2-7-2　维修资金归集

【物业专项维修资金使用模式】

　　维修资金的使用分为专项使用、日常使用和应急使用三种模式。其中专项使用适用于共有物业大、中修和专项更新、改造以及安全检测鉴定等项目，由业主大会决定实施；日常使用适用于共有物业日常小额维修项目，由业主大会决定并授权业主委员会组织实施；应急使用适用于紧急情形下的应急处置和维修项目，由物业服务企业依法组织实施（图2-7-3）。

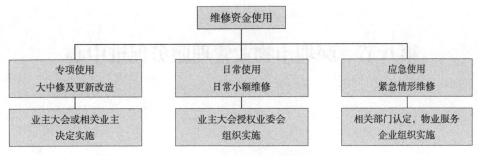

图2-7-3　维修资金使用模式

【2022年度，维修资金管理重点工作与创新性工作开展情况】

（1）探索开展维修资金购买保险业务。为落实《深圳经济特区物业管理条例》关于维修资金保险制度的要求，开展维修资金购买保险调研，印发了《深圳市使用物业专项维修资金购买维修保险业务操作指引（试行）》，并于2022年3月下旬开展全面线上受理维修资金购买保险业务。

（2）推广罗湖区旧小区电梯更新工作经验。赴罗湖虹桥星座小区实地调研和了解情况，并根据各区住房和建设局反馈情况总结经验，形成《深圳市住房和建设局关于推介罗湖区老旧小区电梯更新工作经验的通知》，印发各区政府供参考、借鉴。

（3）优化提升维修资金业务服务水平。完善维修资金相关业务事项业务流程环节设置，推动业务网上预审及收件材料的电子化，进一步减少业务退件及办事人员的跑动，进一步压缩业务办理时限，推动业务流程电子化、无纸化升级，实现申请人"零跑动"获取结果文件。

（4）强化维修资金造价审核管理。建立维修资金造价审核业务规则，通过信息系统受理维修资金造价审核业务申请，据统计，全年受理维修资金造价审核业务申请3590件，出具造价审核报告1472份，核减维修工程金额1.23亿元。

第八节　深圳市物业管理服务促进中心

1. 中心职能简介

深圳市物业管理服务促进中心承担全市物业管理信息平台的运行维护管理工作，组织开展全市物业管理培训宣传；承担全市物业专项维修资金的统筹管理工作；参与拟订物业管理有关政策法规，协助开展全市物业管理的监督协调、信用评价、业务指导及市本级物业管理投诉处理等工作；完成深圳市住房和建设局交办的其他任务。

2. 中心 2022 年度重点工作与创新性工作开展情况

【重点工作开展情况】

为健全物业管理监管体系，深圳市住房和建设局制定了《深圳市物业服务评价管理办法》并于 2022 年 1 月 1 日实施。中心重点落实《深圳市物业服务评价管理办法》。

优化调整《计分标准》和业务规则。结合疫情防控形势和物业监管工作需要，通过全面梳理各项指标的计算规则、统计口径和物业服务评价业务规则，经多轮模拟测算分析，2022 年分别于 3 月 14 日、12 月 19 日对《深圳市物业服务企业和物业管理项目负责人物业服务信息计分标准》进行了两次修订，不断优化物业服务评价体系。

规范业务规程，按时办理业务。编制《物业服务评价办法业务规程》和《物业服务评价工作指导意见和工作建议》，及时指导、督促区局和评价对象开展物业服务评价业务。截至 2022 年 12 月 31 日，共完成良好信息认定 295 单（其中物业服务企业良好信息计分 146 单、项目负责人良好信息计分 149 单），指导区局办理完成物业服务企业不良信息认定 199 单。

启动激励名单相关工作。梳理企业评价得分、排名、等级情况，模拟测算分析激励名单分布情况，明确激励名单业务流程，完成相关业务模块系统建设。

积极开展宣传培训。包括录制上线物业服务评价管理办法系列培训课程，录制并投放物业服务评价管理办法宣传视频。

【创新性工作开展情况】

2022年，中心在面对疫情时期不便开展线下宣传培训的实际情况，创新性打造物业管理线上课堂。依托物业管理信息平台开发上线宣传培训子系统，打造物业管理行业线上宣传培训平台。有序开展物业管理各项宣传工作。共完成物业服务评价、物业管理行业标准、疫情防控、物业管理信息平台等宣传培训工作任务，上线28个课程视频，累计用户数达27979人，访客数达70565人，浏览量达347771人次。

第九节　物业管理行业自律管理

1.深圳市物业管理行业协会开展的主要工作

发挥桥梁作用，当好参谋助手。 配合深圳市住房和建设局制定《电梯广告投放管理规范》（征求意见稿），组织行业企业结合日常管理提出了修改意见及建议。配合深圳市住房和建设局针对物业项目管理区域内特定场所之广告位使用和管理事宜制定了《物业管理区域内电梯广告位租赁合同》（示范文本）供企业参考。协助深圳市住房和建设局组织开展"物业管理区域安全管理、疫情防控和全国文明城市创建"为主题的物业管理业务培训。协助深圳市住房和建设局组织开展既有建筑幕墙相关标准宣贯培训。配合深圳市住房和建设局开展全市物业管理行业从业人员疫情防控培训工作。协助深圳市住房和建设局和市地铁运管办对地铁安全保护区范围内的物业小区施工影响地铁运营的安全管理，向物业企业下发《关于加强物业管理区域与地铁安全保护区重叠范围内施工作业管理的通知》，加强沿线物业项目内施工的安全管理和警示提醒。配合深圳市市场监督管理局组织物业电费补贴政策宣贯交流会。协助深圳市住房和建设局完成2021年度和2022年上半年深圳市物业管理统计报表填报咨询工作。

积极响应政府号召，组织志愿队加强疫情防控工作。 2022年3月14日，深圳市物业管理行业协会（以下简称协会）发布《关于招募疫情防控志愿服务队的紧急动员令》，仅一天时间就有约20家企业组织近300名志愿者报名，并被分派至福田区香密湖街道侨香社区、南园街道赤尾社区等近10个封控区域，支援一线防疫工作。该轮疫情，深圳物业企业累计派出支援政府管控区和封控区的志愿人员超过2200人。2022年3月31日，福田区委区政府发来感谢信，对深圳物业行业派出精锐力量驰援福田区委区政府抗击疫情的行为表示感谢，并对深圳物业行业参与抗疫的志愿者团队授予"青年文明号"称号。协会也发文对派出志愿队并出征的60家物业企业进行表扬，对积极响应组队待命的8家物业企业发出了《感谢信》。

加强深圳市物业管理行业自律工作。 2022年1月13日，协会印发《关于物业管理项目物业管理权交接中停车场经营管理交接的指导意见》，对物业服务领域在原、新物业管理单位之间就项目物业管理权交接中涉及的停车场经营管理交接中存在的五种问题进行明确和规范。为杜绝违法违规事件的发生，协会下发《关于加强我市物业管理行业自律惩戒工作的通知》，加大对违规行为及事件惩戒的力度。

强化企业评价，促进行业发展。2022年初，协会启动2021年度物业管理业主满意度深圳指数测评工作，该次调查发放问卷达7300多份。协会联合深圳中深南方物业管理研究院圆满完成2022年物业服务领先企业综合发展数据研究工作，并形成2022年度深圳物业管理行业发展报告。协会完善了"深圳市质量指数物业管理质量分指数指标体系"，并按照要求完成质量分指数测评工作。2022年，协会继续承接深圳市"绿色（宜居）社区评价工作"和市本级保障房小区的履约评价。

深入开展课题研究，为行业发展出谋划策。2022年，协会受深圳市住房和建设局委托，开展《2021年度和2022年上半年物业管理统计及数据研究》，并发布《2021年度深圳市物业管理统计报表分析报告》。新增《2022年深圳市物业管理行业从业人员市场薪酬分析报告》与《2022年深圳市物业服务领先企业综合发展情况及分析报告》。配合深圳市发展和改革委员会、深圳市住房和建设局制定前期住宅物业服务收费标准，研究成果顺利通过评审验收。2022年，协会承接完成中国物协《物业管理的产业定位和发展方向研究》年度课题，开展以"社区治理"为主题的"双月谈"活动；梳理34份纾困政策文件，向中国物协提交《纾困政策解读及建议报告》。2022年，协会针对企业个性化需求，提供专业化的咨询服务。

开展行业间交流考察，拓宽行业视野。2022年6月17日，协会组织主题为"科技赋能物业新时代—走进普渡科技"的交流考察活动，30家会员企业代表来到了普渡科技，共同探讨智能化科技为物业行业带来的新机遇，探索行业发展新路径。2022年9月26日，由协会主办，高仙机器人和蝴蝶派承办的"智慧物业与数字化转型"高峰论坛成功举办，300多名会员企业代表参加。2022年，协会全年共接待行业间交流考察14批次近260人。

加强人才队伍建设，提升从业人员专业技能。2022年，协会组织或通过与各院校等培训机构开展多种类型、多种形式的线上及线下相结合的主题培训、竞赛、学历提升等教育类培训共62场，累计参训人数约31万人。

加强行业文化建设，展示行业形象。2022年，协会开展第九届深圳物业好声音活动。该届好声音总决赛以视频评审形式开展，晋级总决赛的62个视频节目由47家物业企业选送，是从全市近百家物业企业报送的106个视频节目中层层筛选得出。各参赛企业根据幸福邻里、美好生活、抗疫先锋、最美物业人四个主题类别，以"讲述物业人的故事"为主线拍摄参赛作品，以"微视频"的形式讲述行业好故事传递行业"好声音"。

搭建宣传交流平台，展示行业社会形象。2022年，协会通过《深圳物业管理》会刊、深物协微信公众号、网站三大平台，为会员企业搭建交流互动平台；加强与各大主流媒体互动，向社会宣传物业行业良好形象。

2.深圳市福田区物业行业协会开展的主要工作

组织疫情防控工作。 协会响应福田区住房和建设局号召，组织万科物业、金地物业、中海物业等26家物业企业紧急召集几批共2600多名志愿者，支援福田区沙头街道抗疫一线。组织各物业企业捐赠水果、防疫物资慰问福田街道和沙头街道各社区工作站工作人员。组织各物业企业捐款物资慰问一线志愿者队伍，捐赠总价值近20万元的生活物资。组建中海物业"疫剪没"义剪队伍进驻疫区为广大志愿者现场服务。在疫区组织"三八"妇女节慰问及志愿者退出仪式。积极配合福田区住房和建设局开展志愿服务费用和表彰等工作。评选出福田区2家"疫情防控突击先锋单位"、24家"疫情防控贡献单位"、32家"疫情防控爱心企业"、10名"福田区物业行业十佳防疫志愿者"和100名"福田区物业行业优秀防疫志愿者"。

编制标准、指引与行业发展报告。 2022年，受福田区住房和建设局委托与指导，协会编制了《城中村物业综合服务中心标准化手册1.0》及《城中村楼栋托管服务事项及收费参考标准》。编制发布《物业服务企业停车纠纷先期处理指引》《物业保洁人员个人防护及管理指引》和《物业保安人员个人防护及管理指引》。参与《福田区老旧小区"文明美好家园"创建行动工作方案》的制定和创建工作。编制《2021年度深圳市福田区物业管理行业发展报告》。

配合做好"全域治理"与其他调研工作。 受福田区住房和建设局委托，协会组织专家于2022年11月7—8日对"全域治理"福田区改革中的6个城中村物业管理情况进行了为期两天的专项检查考核工作，采取现场资料审阅、现场抽查、询问等方式进行专项检查考核，对发现的问题和工作亮点进行汇总分析，助力政府全面提升辖区居民的居住体验，消除安全隐患。配合福田区住房和建设局完成87个物业服务收费标准不高于1元/m^2的老旧小区管理情况调研，根据调研情况形成调研报告，制定《福田区老旧小区基础物业服务标准》，为后续推进老旧小区物业服务费及居住品质提升提供措施建议。

开展头部企业经营发展情况座谈会。 受福田区住房和建设局委托，协会协助开展2022年福田区物业服务企业行业发展数据统计工作。通过收集到福田区各物业企业（规上企业）相关经济数据（总营业收入、全国人员工资总额等）情况，统计分析出各物业企业同比增长情况，助力政府更好地采取相应的产业政策为物业行业服务。

为行业、企业发声。 协会就行业难点痛点向人大代表汇报并提出议案为行业发声。夏舟代表提出的《关于加大对物业企业的政策扶持力度，提升物业服务企业参与社会基层治理工作能力的提案》列为福田区人大的重点提案，区人大办公室非常重视，两次要求协会组织相关领导调研听取汇报，推动加大对物业企业的帮扶政策；黎玉芳代表提出的《关于消防安全主体责任合理归位的提案》得到相关部门的重视和回复。协会致函福田区水务局为物业企业发声，希望"以培代罚"促进企业规范管理。区水务局委托协会组织开展了线上直播形式的《供排水普法宣传》讲座活动，全区共1250个项目300多家物业企业派员参与，培训人数6605人次点赞达1.64万次。

表彰先进，宣传典型。协会组织开展了2022年评优评选活动。最终评出了20个"高质量发展典范"、20个"物业服务质量奖"、10个"红色物业先进单位"、50个"最美物业人"、1家"第三方专业评估典范奖"和10家"优秀物业服务供应商"。

举办专题培训讲座。协会组建了中高级专业讲师师资库，定期举办专题培训讲座活动。2022年受疫情影响，协会搭建了线上培训直播平台，顺利开展《物业管理区域供排水普法宣传》《消防安全管理知识能力提升》和《物业企业的合规经营与发展》《福田区物业管理小散工程安全监管》等10场线上直播公开课，累计观看人数达13万多人次。

组织参观交流活动。协会组织福田辖区楼宇项目代表参观福田区标杆楼宇项目，交流学习。

3.深圳市宝安区物业管理协会开展的主要工作

规划行业发展，加强沟通交流。根据宝安区委区政府、区住房和建设局统一工作部署，协会领导班子认真研究工作方案，规划行业发展方向，健全协会工作机制。定期与会员单位开展走访调研活动，建立长效走访机制。协会着力于服务企业，对会员单位提出的问题做到"事事有着落，件件有回音"。大力推动各企业开阔视野，创新工作理念，密切与物业同行之间相互学习，精心组织和策划各会员单位点对点交流活动，通过与优秀项目管理人员现场座谈、观摩，促进物业服务企业互助共建。协会多次走访宝安区住房和建设局等相关职能部门、各街道办事处、社区工作站和社区股份合作公司，广泛听取意见，规划未来发展。

促进行业履职规范，积极开展培训工作。根据宝安区住房和建设局统一工作部署，努力推动物业小区交通安全劝导源头治理工作落实到位，协会面对全体会员单位发布《关于做好摩电出行劝导和宣传的工作通知》，各会员单位面对小区居民发布《安全出行文明相伴》倡议书。配合业务主管部门全面落实交通劝导和宣传，抽调工作人员配合主管部门开展物业管理现场督导工作，重点对疫情防控卡口和辖区驾驶电动车出行人员头盔佩戴情况进行现场督导。结合"深圳市全国文明城市创建工作"特点，联合区住房和建设局先后面对全区社区工作站物业专干、物业企业从业人员、各小区业委会委员分别开展"物业管理矛盾纠纷暨全国文明城市创建培训""宝安区业委会履职工作暨全国文明城市创建培训"活动。多次组织"消防设施操作员证培训班""物业管理项目经理班及管理员培训班"。先后与深圳市公共信用中心、深圳房地产和物业管理进修学院、全国智标委绿色智慧物业应用推广中心等专业机构进行合作。在宝安区域内结合实际特点开展物业服务领域专项培训工作，逐步开展了"'绿色物业'线上公益培训""'遵守安全生产法 当好第一责任人'线上公益培训""'信用中国'信用修复培训""城中村物业管理品质提升""《民法典》开启物业服务新时代"等主题活动。通过"线上+线下"相结合的方式，努力提高物业服务从业人员专业素养、法律意识。协会充分发挥专家资源库作用，在宝安区住房和建设局《业委会履职指引》条款征求意见工作中，广泛吸取各理事单位专家意见，共提出34条修改意见上报给区住房和建设局相关职能部门，其中被采纳10条建议，充分显示了专家库全员的集体智慧。在宝安区住房和建设局的指导下，以"119"消防宣传月为契机，联合福海街道办事处开展"练兵比武强技能，物业服务树新风"技能竞赛活动，倡议广大居民珍爱生命远离火患，通过物业知识线上竞赛理论答题和职业技能测试、消防应急业务测试及现场实战竞赛，进一步提升了各物业企业的专业技能和应急处置能力。

积极投身防疫防控，歌颂典型案例。协会通过各种宣传方式，发布《疫情防控倡议书》，广泛宣传各会员单位疫情防控先进事迹。南方日报对协会进行独家专访，并刊登《守护美好家园，我们有个共同的名字"物业人"》。公众号发布《齐心同战致 敬风雨同舟物业人》《战"疫"有我勇于担当的物业人》等文章，充分展现我区物业企业在抗疫工作中的先进事迹和物业企业的风采。对物业企业在抗击疫情工作中存在的困难和问题，及时向政府及主管部门反映诉求，力争为企业争取到最大帮助。

规范推进人民调解工作。协会人民调解工作人员向区司法局和新安街道司法所学习规范的人民调解方法和经验，推动建立协会人民调解组织框架和人民调解咨询专家库，完善落实物业协会人民调解室文化建设和人民调解制度，力求打造一支政治合格、熟悉业务、公道正派、秉持中立的人民调解员队伍。物业管理行业人民调解委员会2021—2022年度共参与调处纠纷104宗，其中成案卷95宗。解答法律咨询类150次，其中电话咨询80次，整理卷宗95宗。同时，调委会工作人员充分发挥人民调解功能，及时、有效化解物业服务行业矛盾纠纷，促进社会和谐发展。每周向深圳市宝安区司法局进行业务对接，填报"三调联动"统计表。

努力推动红色物业建设。坚持以党建引领为方向，促进物业服务行业党建工作创新。积极推动企业党务与业务融合发展，充分发挥基层党组织核心作用和党员先锋示范作用，推行组织联建、活动联办、工作联抓的管理新格局。支持宝晨物业党支部与华侨城物业滨海分公司党支部开展党建结对共建活动。积极参与各个区级物业服务行业协会举行的"重走红军路，体验红军艰辛，凝聚前进动力"主题党建活动。

4.深圳市龙岗区物业管理协会开展的主要工作

开展党建活动：2022年，龙岗区社会组织第一联合党支部顺利完成换届选举党员大会，组织召开2次党员大会和1次支部委员会，以线上和线下相结合的方式组织党员学习累计10次；疫情期间，党支部各党员积极响应号召，到一线参加抗疫志愿服务。

完成政府委托事项：2022年，协会完成了龙岗区住房和建设局委托的各项工作，分别为：关于领导班子党史学习教育专题民主生活会会前征求意见调查工作、龙岗区物业管理区域（含写字楼、商业综合体、住宅小区等）户外广告统计工作、《龙岗区开展行业协会商会乱收费专项清理整治工作情况统计表》填报工作、龙岗区2022年度绩效公众满意度填报工作。

积极指导和参与行业抗击疫情工作：协会先后撰写，转发省、市、区政府部门相关通知、通报文件50余份，积极宣传物业企业抗击疫情的先进事迹和经验做法。协会分批印制了《打好境外输入物品疫情防控阻击战》《疫情防控"一问二测三查验四安置"四步法》《预防病毒"个人防护如何做"》海报3000份，免费发放给会员单位；疫情期间，协会秘书处工作人员主动到一线参加抗疫志愿服务，累计服务时长60余小时。

开展评优评先活动。协会依据建设部《关于修订全国物业管理示范住宅小区（大厦、工业区）标准及有关考评验收工作的通知》（住建房物〔2000〕008号）及龙岗区优秀物业服务企业评选规则，开展"龙岗区物业管理优秀项目"评选活动，评选出优秀项目10个。

加强行业自律。协会2022年向全区物业服务企业及从业人员发起自律与诚信倡议。为了遏制行业发展中出现的一些违法违规行为，协会在优秀企业和项目评优等评优评先进时，对有重大安全事故或严重违规、违法、诚信扣分的项目和企业一律实行一票否决制。

努力做好双向服务：2022年，协会努力为会员提供咨询服务，为企业答疑解难。协会秘处为会员企业提供物业管理及相关领域行业信息、技术、法律咨询服务100多次，接待来访200余次，上门拜访了50多家会员单位及企业。协助会员企业申报"专精特新"和"国家高新"资金补贴，协助会员企业申请就业补贴、社保补贴、岗位补贴和税额扣减等。免费向会员单位赠送最新《物业管理法律法规文件汇编》书籍一批。协会努力开展维护行业利益方面的工作，对行业发展中遇到的困难和存在的问题，组织企业共同研究探讨解决对策，积极向政府有关部门反映行业存在的问题、企业诉求、行业建议2项。

搭建会员交流学习平台：2022年，协会先后组织会员单位参加各类论坛及交流活动6场，150余人；与本市同行业间交流10批次，60余人；结合物业服务企业发展需求，组织物业企业从业人员参加各类线上培训10场，累计参训人数达2.5万人；通过与专业机构和学校合作，开展"广东省物业管理项目经理执业技能培训"及"建（构）筑物消防员培训"，累计参训人员达50余人。2022年，协会公众号编发文章近1000篇，网站更新信息近100条。

支持公益事业，参与慈善活动：2022年，协会积极参与"广东扶贫济困日"公益活动，向深圳市龙岗区慈善会捐款，用于支持海丰县可塘镇新时代文明实践所图书项目；先后慰问看望龙岗区福利院的残疾孤儿、南联社区一家养老院的孤寡老人，疫情期间向深圳市龙岗区慈善会捐款10000元，助力防疫工作。

第三章

物业管理市场

SHENZHEN
PROPERTY MANAGEMENT
YEARBOOK 2023

第一节　物业服务企业总体情况

2022年物业管理行业迅速发展，国家基层治理政策加速落地，社区服务体系发展规划升级，完整的居住社区指南发布并开展试点工作，各地加速推进社区治理模式创新。物业服务企业作为基层治理"三驾马车"的重要力量之一，其作用和价值进一步得到政策重视，行业发展得到鼓励支持。行业在高速发展的同时，亦面临巨大的挑战，如资本化力量推动物企"合纵连横"加剧行业竞争，要求物业服务企业提升内功与外延扩张并举，一维增长向多维出击发力等。

2022年，中共中央、国务院发布《关于加强基层治理体系和治理能力现代化建设的意见》，推动国家基层治理政策加速落地，社区服务体系发展规划升级，完整的居住社区指南发布并开展试点工作，各地加速推进社区治理模式创新。物业服务企业作为基层治理"三驾马车"的重要力量之一，在政策红利之下，精准发力，强弱项、补短板，持续改进服务质量，全面促进行业发展。国家发展改革委等11部门印发《关于推动家政进社区的指导意见》（发改社会〔2022〕1786号），鼓励符合条件的物业服务企业开设家政服务机构，或与家政企业开展合作，积极拓展服务范围。民政部等9部门印发《关于深入推进智慧社区建设的意见》，推进智慧社区综合信息平台与城市运行管理服务平台、智慧物业管理服务平台、智能家庭终端互联互通和融合应用，提供一体化管理和服务。多项政策引领物业管理行业发展，为行业和企业发展提供了政策层面的指导、指明了未来发展的方向，物业企业线上线下服务机制更加融合，物业行业精准化、精细化、智能化水平持续提升。

2022年，住房和城乡建设部部长倪虹提出物业管理是落实"城市三分建七分管"理念的重要领域，表明物业管理行业已开始从注重管理面积增量向注重存量转变，从注重对物业的管理向注重对业主的服务转变，更加彰显出物业行业的社会价值，以及物业企业直接联系群众的优势。物业企业的专业管理和贴心服务，为居民打造出了舒心的居住环境，作为基层治理的重要力量，不断推进从好房子到好小区、从好小区到好社区，并进一步把城市建设好、治理好，打造宜居、韧性、智慧城市。

1.综述

2022年，深圳市物业管理行业发展总体呈上升态势。在纳入统计的1655家企业中，从业人员总数达75.67万人，同比增长3.03%，为助力深圳市"稳就业"各项政策落实、加速经济回暖复苏夯实了基础；在管物业项目共计24660个，其中本市项目5308个，外地项目19352个，外地在管物业服务项目占比78.48%；在管物业总建筑面积为33.87亿㎡，与2021年的28.80亿㎡相比，增加5.07亿㎡，同比增长17.58%。其中，在管外地物业总建筑面积为29.36亿㎡，占在管建筑总面积的86.68%，同比上涨21.95%，在管本市物业总建筑面积为4.51亿㎡，占在管建筑总面积的13.32%，同比下降4.68%；营业总收入达1605.86亿元，同比增长3.31%，其中主营业务收入达1397.68亿元，同比增长5.22%。深圳市物业管理行业总体状况对比详见表3-1-1。

深圳市物业管理行业总体状况对比　　　　　　表3-1-1

	2022年	2021年	同比
物业服务企业数量（个）	1655	1994	-17.00%
在管物业项目（个）	24660	25756	-4.26%
其中：在管本市物业项目	5308	5806	-8.58%
在管外地物业项目	19352	19950	-3.00%
在管物业总建筑面积（亿㎡）	33.87	28.80	17.58%
其中：在管本市物业总建筑面积	4.51	4.73	-4.68%
在管外地物业总建筑面积	29.36	24.07	21.95%
从业人员数（万人）	75.67	73.44	3.03%
其中：从业人员中本市户籍人数（人）	48248	55218	-12.62%
从业人员中在深圳工作的人员（人）	194764	170808	14.03%
营业总收入（亿元）	1605.86	1554.37	3.31%
其中：主营业务收入（亿元）	1397.68	1328.29	5.22%

注：表中同比增长部分均使用原始数据计算，报告数据存在四舍五入的偏差，特此说明，下同。

总体而言，2022年深圳市物业管理行业呈快速发展态势，物业管理行业智慧化、信息化之路已初见成效，政府多部门呼吁物业管理参与到基层治理、居民服务中去，行业未来管理面积的持续增长具有较强的连贯性，城市服务也将助推增量和存量市场的规模增长，因此行业整体仍处于稳中有进、蓄势待发的良好态势，具体表现为以下三个方面：

在管物业总面积增长势头迅猛，其中外地在管面积增长速度较快。与2021年相比，2022年深圳市外地物业总建筑面积快速增长，在管物业总建筑面积大幅增长。一方面，在城镇化持续推进、居民消费升级、鼓励性政策的推动下，物业行业叠加科技赋能与资本红利，迈入快速发展期，物业企业持续扩大管理规模。另一方面，目前物业管理行业整体发展趋于稳定，管理面积的持续增长和城市服务助推，将在较长时间内为行业带来利好。

行业营业总收入突破1600亿元。统计数据显示，2022年深圳市物业服务企业营业总收入达到1605.86亿元，首次突破1600亿元，同比增长3.31%。其中主营业务收入达1397.68亿元，自2021年突破1300亿元后，2022年保持并稳定增长到1397.68亿元，同比增长5.22%。一方面，管理面积上升带动了收入增长；另一方面，物业服务企业收入结构中增值服务收入占比持续优化，社区增值与协同服务呈现增长的趋势，与物业企业开展多种经营服务密切相关。如丰富网上购物平台、扩大智能服务应用场景，以及随着物业管理新交付项目的增加，快速提升家居美化服务收入等。

行业从业人员数持续增长。统计数据显示，2022年深圳市物业服务企业从业人员达75.67万人，较2021年增加了2.23万人，人员数量增长速度较快，在解决就业上发挥了积极作用。一方面，行业岗位数量的增长带动工作人员的增长。2022年物业管理行业开发"物业＋养老""物业＋托幼"、社区便民服务等多种增值服务，多措并举拓宽经营模式，推动了行业从业岗位增长以及从业人员的增长。另一方面，物业管理行业积极承担社会责任，增设工作岗位，吸纳社会劳动力，其中多数为秩序维护、保洁、绿化等基础服务岗位，一定程度上缓解了基层及应届生就业问题，在解决基层就业、促进社会和谐稳定方面发挥了重要作用。深圳市物业管理行业总体状况对比见表3-1-1。

2.在管项目情况

市场是物业企业的生存之本，进行市场拓展和规模化经营是物业企业发展的必由之路。统计数据显示，2022年在管物业总建筑面积为33.87亿 m^2，同比增长了17.58%。其中，在管本市物业总建筑面积下降了4.68%，而在管外市物业总建筑面积上升了21.95%。管理规模不断扩大的同时，也表明深圳市物业服务企业精细化管理水平得到提升，新拓更多优质项目，业务协同能力持续加强，融合更融效，企业管理质量效益进一步显现。综上所述，我国物业管理行业的市场规模较大，随着政府政策落地和城镇化的发展，物业管理行业的市场规模将进一步扩大。

2022年深圳市物业服务企业在管物业项目数量达24660个，与2021年的25756个相比，减少了1096个，同比减少4.26%。一方面，深圳市各物业服务企业在全国各地、各个领域的渗透率、市场竞争力均有较大提升空间；另一方面，行业也在一定程度上受房地产业供给影响，新增楼盘数量下降。同时，受疫情后续影响，人们对就业岗位及收入预期会有下降，从而抑制购房需求。总体看，物业接管的新增项目数量受到影响。从管理面积位居前列的企业数据来看，在管物业项目管理面积超过1亿 m^2 的物业服务企业共有7家，较去年数量增加1家。其中在管物业项目管理面积超过2亿 m^2 的物业服务企业有3家，较去年增加2家。在管面积最大的万科物业2022年在管外地物业总建筑面积超过6.62亿 m^2，较2021年6.62亿 m^2 保持稳定。深圳物业管理行业历年在管物业项目数量及增长率、建筑面积及增长率如图3-1-1、图3-1-2所示。

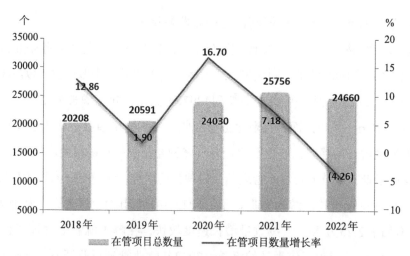

图 3-1-1　深圳物业管理行业历年在管物业项目数量及增长率

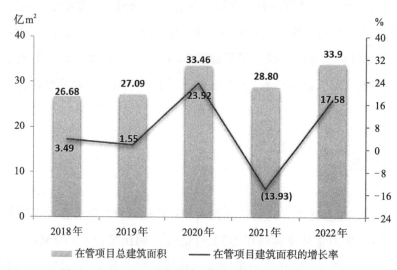

图 3-1-2　深圳物业管理行业历年在管项目建筑面积及增长率

（1）在管本市项目数量与建筑面积

统计数据显示，2022年在管本市物业项目的数量和面积均小幅度下降。2022年在管本市物业项目的数量为5308个，较2021年减少498个，同比下降8.58%；在管本市物业项目的建筑面积为4.51亿m²，较2021年减少0.22亿m²，同比下降4.68%。深圳市历年在管本市物业项目数量及建筑面积如图3-1-3所示。

从不同类型项目来看，在管本市项目主要以住宅类居多，项目数量高达3605个，占比为67.92%；其次为其他类型项目，项目数量占比为14.36%%，达762个。在管本市各类物业项目数量及建筑面积如图3-1-4所示。

（2）在管外地项目数量与建筑面积

统计数据显示，2022年在管外地物业项目的数量略微减少，而面积则有大幅上涨。2022年在管外地物业项目的数量为19352个，较2021年减少598个，同比减少3%；在管外地物业项目

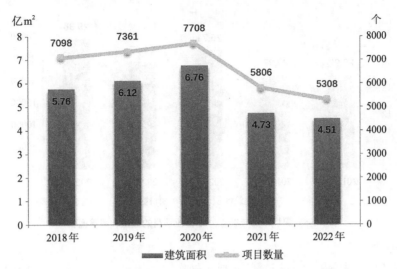

图3-1-3 深圳市历年在管本市物业项目数量及建筑面积

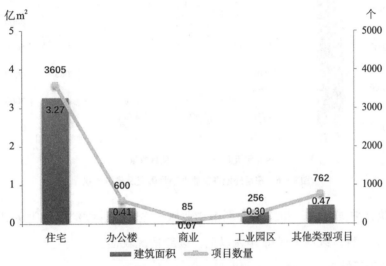

图3-1-4 在管本市各类物业项目数量及建筑面积

的建筑面积为29.36亿m²，同比上涨21.97%。在管外地项目数量和面积均远高于深圳市内，其服务面积接近6.51个深圳市内物业总建筑面积（4.51亿m²），说明深圳市物业服务企业在外地拓展势头较好，拓展能力进一步加强。深圳市历年在管外地物业项目的数量和建筑面积如图3-1-5所示。

从不同类型项目来看，在管外地项目主要以住宅类居多，占比达57%，其次为其他类型项目，占比为15.42%；办公楼物业项目数量占比达15.22%。在管外地各类物业项目数量及建筑面积如图3-1-6所示。

（3）项目续约率

项目续约是指在管物业项目业主对物业管理及物业服务企业提供的服务持肯定态度并同意继续由该公司提供物业服务，项目续约率是衡量物业服务企业项目稳定性、服务质量以及客户黏

图3-1-5　深圳市历年在管外地物业项目的数量和建筑面积

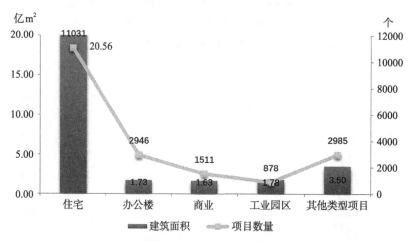

图3-1-6　在管外地各类物业项目数量及建筑面积

性的重要指标。统计数据显示，2022年深圳市物业服务企业整体续约率约为96.14%，与2021年（96.21%）基本持平，整体续约率保持90%以上，续约情况较佳。

（4）外包服务项目情况

近年来，部分物业服务企业通过实施外包管理模式寻求专业服务商承接其非核心、辅助性的业务，使其专注核心业务，以达到降本增效、提高企业核心竞争力和环境应变能力的目的，推动物业管理行业高质量发展。2022年深圳市物业服务企业外包项目数量19502个，较上一年增长981个；同时2022年外包项目总面积为102.21亿m²，2021年总面积为31.44亿m²，大幅度增长70.77亿m²，物业服务外包可以有效降低本身的经营成本，提高服务质量，同时可以有效规避风险，增强企业防范和抵御风险的能力，从而有效提高核心竞争力。但由于目前外包的服务仍存在一些不足，如外包服务质量难以控制及外包导致物业服务企业协调难度加大等，因此物业服务在发展外包服务时应进行全面且综合的考虑。

从不同类型服务来看，保洁服务项目占比最大，项目数量达9829个，涉及项目面积为165.40亿m²，涉及人员数量为149578人；其次为设备维修养护服务项目，数量为5983个，涉及项目面积为32.38亿m²，涉及人员数量为46456人。不同类型外包服务项目情况如图3-1-7所示。

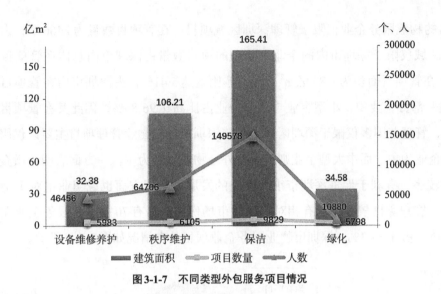

图 3-1-7　不同类型外包服务项目情况

（5）本市保障性住房、城中村情况

统计数据显示，本市保障性住房项目为 76 个，项目面积为 923.24 万 m²；本市城中村项目数量为 884 个，项目面积为 1.17 亿 m²（本年鉴中保障性住房、城中村等相关数据仅统计了物业服务企业上报统计报表的数据，由于深圳市城中村存在非物业公司管理的情况，该数据与深圳市实际城中村的数据存在偏差，仅供参考）。纳入统计的本市保障性住房、城中村情况如图 3-1-8 所示。

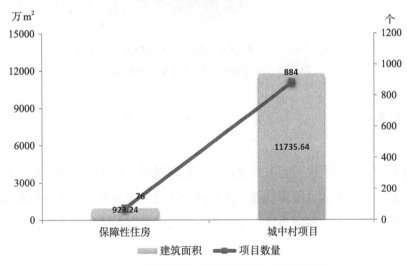

图 3-1-8　纳入统计的本市保障性住房、城中村情况

（6）企业项目分布情况

就各物业服务企业项目分布情况来看，15.74% 的物业服务企业在深圳市内与深圳市外区域均有在管项目，在管项目数量为 18272 个，占总体比重为 74.10%，在管项目面积达 25.04 亿 m²，占总体比重达 73.94%。数据显示，85% 的大型企业和近 60% 的中型企业在本市与外地均有项目，大型或中型企业规模远大于管理区域仅限于深圳市内的各小微企业，其项目运作和业务拓展能力较强，已有市场份额相对稳固。

78.84%的物业服务企业仅限于管理深圳区域项目，在管项目数量为2466个，占总体比重为10%，服务区域仅限于深圳市内的企业所管理的项目数量占深圳市内总体在管项目数量的比重为46.46%，在管项目面积为1.83亿 m^2，占总体比重达5.41%，占深圳市内在管项目面积比重为40.61%，这一部分企业中，小型企业与微型企业占比高达96.85%，因此其在管项目数量和面积体量均较小，管理范围多仅限于深圳区域。当前深圳市内的物业管理项目主要以仅服务于深圳市本地的小微企业为主，而中大型企业则主要以外地物业项目为主。一方面表明小微企业在深圳市的发展机会较多，有利于促进深圳市小微企业的发展；另一方面也说明业主对于小微企业的管理十分认可，客户黏性较高，已有相对稳定的市场份额；另有70家物业服务企业在管项目仅在深圳市外区域，占比5.43%。深圳市物业服务企业项目分布情况如图3-1-9所示。

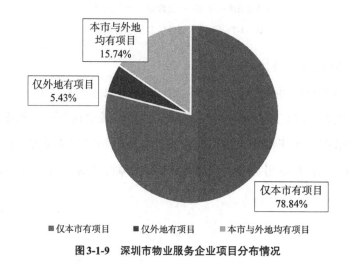

图3-1-9 深圳市物业服务企业项目分布情况

3.从业人员情况

物业管理作为一个充满生机和活力的现代住房管理模式，行业自身不断发展壮大，无论是企业数量、从业人数、人员素质、覆盖范围，还是经营能力、服务水平、服务内涵都在不断提高和增强，目前物业管理仍以人工作业为主，而且近两年大专及以上学历的员工占比逐渐提高，整体素质逐渐提升。

总体来看，深圳市物业管理行业对人力需求仍较大。一方面，目前物业管理行业主要以保洁、绿化、消杀等基础性工作为主，在管面积以及行业结构的转型均促进了基础业务以及增值业务的发展，带动了行业对于相关板块的人力需求；另一方面，物业管理行业结构及人才结构仍处于转型升级阶段，规模化、智能化发展仍需进一步加强，"互联网+""养老+"等社区服务板块的增加会带动行业对相关板块专业技术人员需求的上升。

（1）从业人员数量

统计数据显示，2022年深圳市物业服务企业从业人员数量为75.67万人，较2021年新增2.23

万个就业岗位，增速为3.04%，较2021年有小幅上升，整体从业人员数量增长仍属于稳定增长趋势。深圳市历年从业人员数量和增长率如图3-1-10所示。

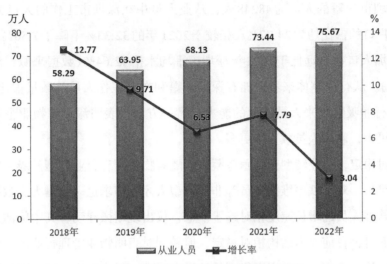

图3-1-10　深圳市历年从业人员数量和增长率

（2）从业人员薪资水平

统计数据显示，2022年深圳市物业服务企业从业人员月工资中位数为6769元。从不同岗位来看，经营管理人员整体工资水平较高，月工资中位数为10106元，其中企业高层管理人员工资水平相对较高，月工资中位数为16000元，管理处主任及其他管理人员月工资中位数分别为11235元和8805元；基层工作人员工资水平相对较低，其中维修养护人员月工资中位数为6776元，为各类基层人员中最高；保洁人员工资水平较低，月工资中位数仅为3578元。各类岗位从业人员薪资水平中位数与平均数如图3-1-11所示。

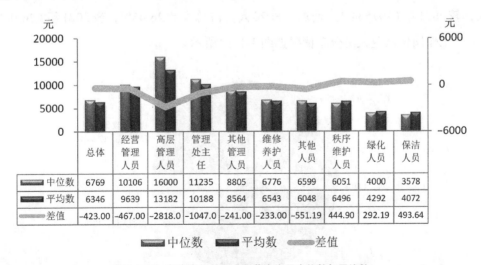

	总体	经营管理人员	高层管理人员	管理处主任	其他管理人员	维修养护人员	其他人员	秩序维护人员	绿化人员	保洁人员
中位数	6769	10106	16000	11235	8805	6776	6599	6051	4000	3578
平均数	6346	9639	13182	10188	8564	6543	6048	6496	4292	4072
差值	−423.00	−467.00	−2818.0	−1047.0	−241.00	−233.00	−551.19	444.90	292.19	493.64

图3-1-11　各类岗位从业人员薪资水平中位数与平均数

（3）人员结构分布分析

在深工作且拥有深户人员占比约为24.77%。统计数据显示，2022年深圳市物业服务企业从业人员中拥有深圳市户籍的人口为48248人，从业人员中在深圳市工作的人口为194764人，在深工作且有深圳户口的占比约为24.77%，相较于2021年的32.33%下降了7.56%，物业管理行业从业人员入籍深圳人口占比远低于2022年深圳市平均水平42.64%（数据来源：深圳市第七次全国人口普查公报）。从行业整体来看，拥有深圳户籍和在深工作人员的数量占比较低，一方面，展现出物业管理行业吸纳外来人员就业的能力；另一方面，表明深圳市物业企业在外地管理面积相较本市面积更大，雇用人员数量也更多。

人力结构相对稳定，行业转型升级亟待蓄力。随着物业管理行业转型升级，服务链条更多集中在社区秩序的维护，对于秩序维护人员等非专业型人才的需求进一步增大。数据显示，基层技术性人员与高层管理人员的增长速度相对趋于平稳，仅出现略微浮动，其中保洁人员数量较去年显著减少。整体而言，目前人力结构相对稳定，但是同时表明物业管理行业的一线操作人员占比过大，与发达国家物业管理行业知识密集型的发展方式存在很大差距。这说明我国物业服务企业的岗位结构设置还有进一步优化的空间，行业转型升级亟待蓄力。

统计数据显示，2022年深圳市物业服务企业从业人员中，经营管理人员90331人，较2021年（98451人）减少了8120人，占行业从业人员总数11.94%，相较2021年（13.41%）下降了1.47%；房屋及设备维护管理人员96840人，较2021年（90120人）增加了6720人，占总人数12.80%，较2021年（12.27%）上升0.53%；保洁人员96731人，较2021年（102120人）减少了5389人，占总人数12.78%，较2021年（13.90%）下降1.12%；秩序维护人员258970人，较2021年（239650人）增加了19320人，占总人数34.23%，略高于2021年（32.63%）；绿化人员13654人，较2021年（12549人）减少了1105人，占总人数1.80%，略高于2021年（1.71%）；其他人员200154人，较2021年（191534人）增加了8620人，占总人数26.45%，较2021年（26.08%）下降了0.37%。各工作岗位从业人员分布情况如图3-1-12所示。

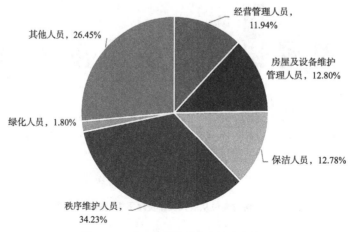

图3-1-12　各工作岗位从业人员分布情况

本科及以上学历占比增加，低学历人群仍占主体地位。目前来看，物业服务企业从业人员主要以中低学历群体为主，整体学历层次较低，将近七成群体为高中及以下学历，这与物业服务企业的工作内容与运作模式有较大关系。数据结果显示，2022年深圳市物业服务企业从业人员中，博士研究生总人数仅为50人，占比仅为0.01%，较2021年（52人）减少了2人；硕士研究生2886人，较2021年（2439人）增加了447人，占比为0.38%，较2021年（0.32%）上升了0.06%；本科学历人数为78272人，较2021年（70464人）增加了7808人，占比为10.34%，较2021年（9.59%）上升0.75%；大专学历人数为143983人，占比为19.03%，较2021年（18.50%）上升了0.53%；中专学历人数为129382人，占比为17.10%，较2021年（17.41%）下降0.31%；高中及以下学历人数为402103人，占比最大，为53.14%，较2021年（54.16%）下降了1.02%。

从统计数据总体来看，2022年深圳市物业服务企业从业人员中，本科及以上高学历人才占比超一成，为10.73%，较2021年（9.93%）增加了0.8%。物业行业属于劳动密集型行业，物业人才的支持对于企业的发展尤为重要，企业应该建立起有效的选人、育人机制，进一步优化人才结构，探索物业管理专业人才培养新模式，提升行业整体学识水平。从业人员学历分布情况如图3-1-13所示。

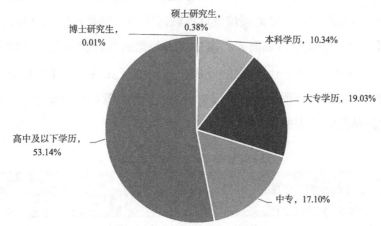

图3-1-13　从业人员学历分布情况

物业管理师人数增长迅猛，确定物业管理行业专业价值。物业服务企业从业人员中具有中级及以上职称人数8329人，占企业从业人员总数1.10%，较2021年（10273人）减少1944人，同比减少18.92%，在总人数中的占比相较2021年（1.27%）上升0.04%；物业管理师为3699人，较2020年（3652人）增加47人，占总人数0.49%，较2021年（0.50%）下降0.01%。在数量上，2022年深圳市物业服务企业从业人员中具有中级及以上职称人数有所下降而物业管理师人数有所上涨，然而两者占比相对去年持平。继2022年9月28日《中华人民共和国职业分类大典（2022年版）》正式发布"物业管理师"后，"物业管理员"正式更名为"物业管理师"，并建立了新的职业标准，这将进一步确立物业管理行业的社会价值和专业价值，提高从业人员的社会认可度和职业认同度，进一步带动"物业管理师"的发展。

积极落实国家政策，安置就业人数相对稳定。统计数据显示，2022年深圳市物业服务企业安置就业、再就业人数为154441人，占比达20.41%，较2021年（22.82%）下降2.41%。安置就业是国家为了进一步促进就业，缓解就业压力而颁布的支持性政策，物业管理行业积极响应该政策，承担相应的社会责任，促进就业。深圳市各物业服务企业在2022年继续深入落实国家政策、推进实施安置就业各项工作要求，在进一步促进企业发展的同时也为推动国家经济稳步增长、缓和社会就业压力贡献物业力量。

4.各行政区物业服务企业发展情况

统计数据显示，2022年福田区各物业服务企业发展仍处于较高位水平，除企业数量外，项目数量、总建筑面积以及从业人员数量等方面仍占据主导地位；其次是罗湖区、南山区、龙岗区、宝安区、和龙华区，发展处于中等水平，这些区域处在深圳市中心城区或快速发展区域，具备良好的交通便利优势、区位优势和资源优势，便于获取一手市场相关信息，及时监测并反馈市场动态；相对而言，光明区、盐田区、坪山区、大鹏新区和深汕特别合作区的物业管理行业规模和体量相对较小。究其原因，一是地理位置远离城区中心，交通欠佳，限制企业发展，但值得一提的是以上区域逐渐通相关地铁和高铁，通过交通线路的建设拉近与城区的距离，2022年服务企业及从业人员等方面也得到一定程度的发展；二是经济发展水平相对较低。以上区域的经济欠佳，物业管理需求较低，导致物业管理行业活跃度低，在管项目远低于中心区域。各行政区物业服务企业的发展情况详见表3-1-2。

各行政区物业服务企业的发展情况　　　　　　　　　　　　　　表3-1-2

注册所在区	服务企业		在管项目		在管建筑面积		从业人员	
	数量（个）	排名	数量（个）	排名	面积（万m²）	排名	总数（人）	排名
宝安区	310	1	11636	1	171177.6	1	375477	1
福田区	309	2	1238	5	9147.9	5	39517	5
罗湖区	283	3	2198	3	21170.7	4	92235	3
南山区	224	4	4793	2	56980.5	2	147826	2
龙岗区	210	5	2019	4	30275.1	3	42814	4
龙华区	170	6	392	6	5140.8	6	29931	6
光明区	47	7	159	9	1940	8	1147	9
盐田区	34	8	265	7	3640.1	7	9899	7
坪山区	28	9	34	10	352.2	9	2760	8
大鹏新区	17	10	173	8	90.9	11	530	10
深汕特别合作区	5	11	10	11	107.9	10	139	11

注：仅统计注册区为深圳区域的项目。

（1）各行政区物业服务企业数量

统计数据显示，2022年深圳市物业服务企业主要分布在宝安区、福田区、罗湖区、南山区、龙岗区和龙华区。其中，福田区的物业服务企业数量最多，占18.94%；其次是宝安区、罗湖区、南山区、龙岗区和龙华区，分别占18.88%、17.29%、13.68%、12.83%和10.38%；而光明区、盐田区、坪山区、大鹏新区和深汕特别合作区的物业服务企业数量相对较少，占比分别为2.87%、2.08%、1.71%、1.04%和0.31%。

近5年来各行政区物业服务企业数量存在略微的波动，与2021年相比，仅深汕特别合作区增加了2家，其余均为减少。宝安区波动范围较大，减少了77家企业，其次是罗湖区，减少55家企业；龙华区和南山区分别减少51家和41家企业；福田区、龙岗区、光明区各减少了38家、37家、17家、25家；盐田区、坪山区、大鹏新区减少范围较小，分别为7家、6家、2家。近5年来各行政区内物业服务企业的数量变化情况如图3-1-14所示。

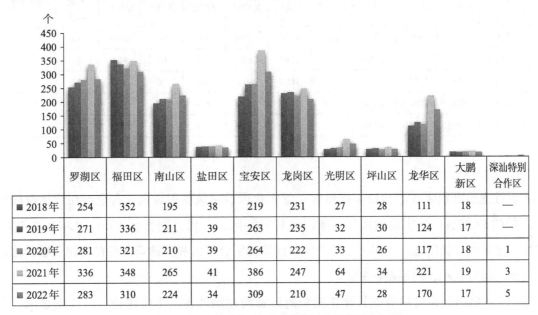

	罗湖区	福田区	南山区	盐田区	宝安区	龙岗区	光明区	坪山区	龙华区	大鹏新区	深汕特别合作区
■2018年	254	352	195	38	219	231	27	28	111	18	—
■2019年	271	336	211	39	263	235	32	30	124	17	—
■2020年	281	321	210	39	264	222	33	26	117	18	1
■2021年	336	348	265	41	386	247	64	34	221	19	3
■2022年	283	310	224	34	309	210	47	28	170	17	5

图3-1-14　近5年来各行政区物业服务企业的数量变化情况

（2）各行政区物业服务企业在管物业项目的数量和建筑面积

2022年，福田区的物业服务企业在管物业项目数量最多，数量为11636个，占50.77%；其次是南山区、罗湖区、龙岗区、宝安区、龙华区和盐田区，在管物业项目数量分别为4793个、2198个、2019个、1238个、392个和265个，分别占20.91%、9.59%、8.81%、5.02%、1.71%和1.16%；而大鹏新区、光明区、坪山区和深汕特别合作区的在管物业项目数量相对较少，占比均不超过1%。

近5年来，各行政区中福田区物业服务企业在管物业项目数量均是各区最多，2022年福田区在管物业项目数量为11636个，较2021年增加了1047个，盐田区、龙岗区、深汕特别合作区在管物业项目数量较2021年均有所增长，其中龙岗区增加项目数量最多，为340个；罗湖区、南山区、宝安区、龙岗区、坪山区、龙华区和大鹏新区在管物业项目数量较2021年均有不同程度减少，其中，光明区减少数量最多，1485个。近5年来各行政区企业在管物业项目的数量变化情况如图3-1-15所示。

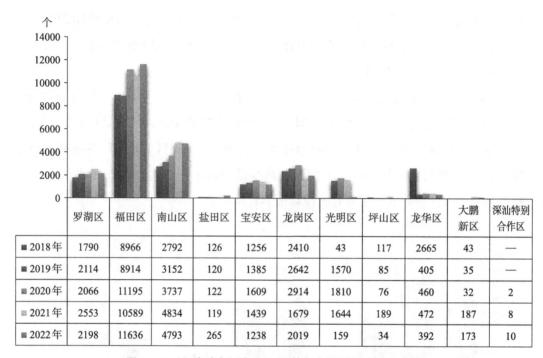

	罗湖区	福田区	南山区	盐田区	宝安区	龙岗区	光明区	坪山区	龙华区	大鹏新区	深汕特别合作区
■ 2018年	1790	8966	2792	126	1256	2410	43	117	2665	43	—
■ 2019年	2114	8914	3152	120	1385	2642	1570	85	405	35	—
■ 2020年	2066	11195	3737	122	1609	2914	1810	76	460	32	2
■ 2021年	2553	10589	4834	119	1439	1679	1644	189	472	187	8
■ 2022年	2198	11636	4793	265	1238	2019	159	34	392	173	10

图3-1-15　近5年来各行政区企业在管物业项目的数量变化情况

从项目建筑面积来看，2022年福田区在管物业项目建筑面积最大，占全市在管物业项目建筑总面积的57.05%；其次是南山区、龙岗区和罗湖区，占比分别为16.83%、8.94%和7.06%；宝安区、龙华区、盐田区、光明区、坪山区、深汕特别合作区和大鹏新区和在管物业项目建筑面积所占比例相对较小，均不超过3%。

近5年来福田区在管物业项目建筑面积的数量均在深圳各区中位居榜首。数据显示，罗湖区、福田区、南山区、盐田区、龙岗区和深汕特别合作区的在管项目建筑面积数量较2021年均呈现上升趋势，上升幅度分别为3627.90万m²、46096.52万m²、9823.56万m²、2888.70万m²、4615.11万m²、17.34万m²；而宝安区、光明区、坪山区、龙华区和大鹏新区呈现下降趋势，其中光明区下降趋势最为显著，下降达到19808.39万m²，总体发展态势良好。近五年来各行政区在管物业项目建筑面积的变化情况如图3-1-16所示。

（3）各行政区物业管理行业从业人员情况

在从业人员数量方面，福田区物业服务企业从业人员数量最多，超37万人，占总人数50.58%；其次是南山区和罗湖区，从业人员数量占比分别为19.92%和12.43%；龙岗区、宝安区、龙华区和盐田区从业人员占比分别为5.77%、5.32%和4.03%和1.33%；坪山区、光明区、大鹏新区和深汕特别合作区物业服务企业从业人员数量相对较少，占总人数的比例均不足1.00%。

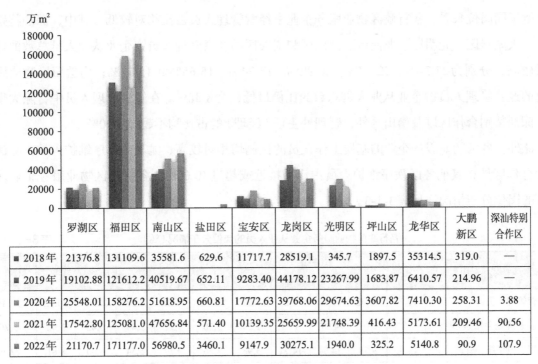

	罗湖区	福田区	南山区	盐田区	宝安区	龙岗区	光明区	坪山区	龙华区	大鹏新区	深汕特别合作区
■ 2018年	21376.8	131109.6	35581.6	629.6	11717.7	28519.1	345.7	1897.5	35314.5	319.0	—
■ 2019年	19102.88	121612.2	40519.67	652.11	9283.40	44178.12	23267.99	1683.87	6410.57	214.96	—
■ 2020年	25548.01	158276.2	51618.95	660.81	17772.63	39768.06	29674.63	3607.82	7410.30	258.31	3.88
■ 2021年	17542.80	125081.0	47656.84	571.40	10139.35	25659.99	21748.39	416.43	5173.61	209.46	90.56
■ 2022年	21170.7	171177.0	56980.5	3460.1	9147.9	30275.1	1940.0	325.2	5140.8	90.9	107.9

图3-1-16　各行政区在管物业项目建筑面积的变化情况

与2021年相比，福田区、南山区、盐田区和龙华区从业人员数量均有所上升；其他各行政区从业人员数量均有所下降，其中南山区和福田区增加人数较多，分别增加了44815人和13007人。近5年来各行政区物业服务企业从业人员的数量变化情况如图3-1-17所示。

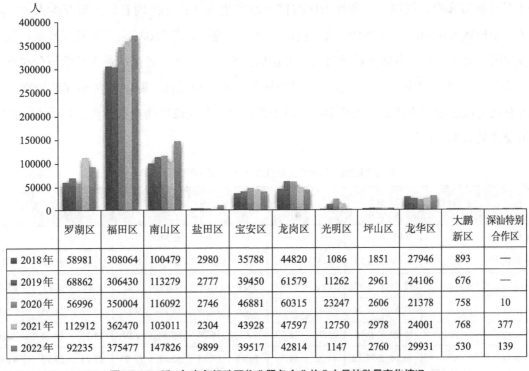

	罗湖区	福田区	南山区	盐田区	宝安区	龙岗区	光明区	坪山区	龙华区	大鹏新区	深汕特别合作区
■ 2018年	58981	308064	100479	2980	35788	44820	1086	1851	27946	893	—
■ 2019年	68862	306430	113279	2777	39450	61579	11262	2961	24106	676	—
■ 2020年	56996	350004	116092	2746	46881	60315	23247	2606	21378	758	10
■ 2021年	112912	362470	103011	2304	43928	47597	12750	2978	24001	768	377
■ 2022年	92235	375477	147826	9899	39517	42814	1147	2760	29931	530	139

图3-1-17　近5年来各行政区物业服务企业从业人员的数量变化情况

就不同岗位来看，各行政区物业服务企业中经营管理人员占比相对较低。其中，深汕特别合作区、大鹏新区、光明区、龙岗区、南山区和宝安区的经营管理人员占企业从业人员总数的比例相对较高，分别为27.34%、22.83%、20.92%、17.24%、15.65%和15.12%；而盐田区物业服务企业的经营管理人员占企业从业人员总数的比例最低，为8.38%。在经营管理人员中，除大鹏新区、深汕特别合作区以及南山区外，管理处主任（经理）的占比均不超过4.00%。

此外，各区物业服务企业的基层工作人员的比例均相对较高，尤其是秩序维护人员，除深汕特别合作区外，其他各区秩序维护人员占比均接近或超过30.00%。各行政区物业服务企业从业人员的岗位分布情况详见表3-1-3。

各行政区物业服务企业从业人员的岗位分布情况（%）　　　　表3-1-3

	福田区	罗湖区	南山区	龙岗区	龙华区	宝安区	坪山区	盐田区	大鹏新区	光明区	深汕特别合作区
1.经营管理人员	10.27	10.02	15.65	17.24	7.39	15.12	11.09	8.38	22.83	20.92	27.34
其中：管理处主任（经理）	1.77	2.07	4.27	3.63	1.59	3.20	3.12	2.49	6.42	3.92	5.76
2.房屋及设备维护管理人员	14.30	9.78	14.04	14.71	3.98	7.86	7.79	6.34	6.60	8.81	22.30
3.保洁人员	10.36	23.08	8.08	11.79	10.49	28.52	23.01	33.02	12.45	12.99	14.39
4.秩序维护人员	31.85	29.70	37.12	30.67	68.67	32.59	34.17	29.34	38.49	35.93	10.07
5.绿化人员	1.38	1.74	1.66	2.94	3.51	3.67	3.37	2.10	5.47	1.74	2.88
6.其他人员	14.28	25.68	23.46	22.66	5.96	12.24	20.58	20.81	14.15	19.70	23.02

就不同学历来看，仅福田区和坪山区有博士研究生人才；各区均有硕士研究生人才，其中南山区、福田区和盐田区占比相对较大，南山区硕士研究生人数为666人，为各区最多；除龙华区、宝安区、盐田区外，各区本科学历人才占比均在5.00%以上；各区从业人员学历分布在大专学历和中专学历较为集中。此外，各区大部分从业人员学历较低，除南山区和深汕特别合作区外，均有接近或超过五成的从业人员学历在高中及以下。各行政区物业服务企业从业人员的学历分布情况详见表3-1-4。

各行政区物业服务企业从业人员的学历分布情况（%）　　　　表3-1-4

	福田区	罗湖区	南山区	龙岗区	龙华区	宝安区	坪山区	盐田区	大鹏新区	光明区	深汕特别合作区
1.博士研究生	0.01	—	—	—	—	0.04	—	—	—	—	—
2.硕士研究生	0.44	0.23	0.45	0.38	0.09	0.09	0.43	0.06	0.38	0.09	0.72
3.本科学历	12.71	5.57	10.97	10.82	3.04	4.03	7.68	2.21	9.25	5.84	25.18
4.大专学历	21.69	12.26	20.47	20.79	7.27	12.48	18.26	9.77	16.98	14.65	27.34
5.中专学历	16.00	9.76	25.06	18.22	9.61	16.00	18.48	9.89	14.15	19.70	5.76
6.高中及以下学历	49.14	72.18	43.05	49.79	79.99	67.38	55.11	78.07	59.25	59.72	41.01

就物业服务从业人员所获技术职称来看，各行政区除了大鹏新区中级及以上职称的从业人员占从业人员总数的比率均不超过5.00%，大鹏新区中级及以上职称人员占从业人员总数的比率达到18.87%，比率为各区最高。同样除大鹏新区外，其他各行政区物业管理师人数占比相对较低，均在1.00%以下，其中福田区物业管理师人数为471人，为各区最高。

大鹏新区企业中持物业管理员上岗证的比例相对较高，占比为11.89%；坪山区持物业部门经理和物业企业经理证书上岗人员占比较高，均在3.00%以上；深汕特别合作区无持物业部门经理上岗证书的人员。除龙华区、盐田区和深汕特别合作区外，各行政区物业服务企业持有其他专业上岗证的从业人员也较多，均在10.00%以上。各行政区物业服务企业从业人员的技术职称分布情况详见表3-1-5。

各行政区物业服务企业从业人员的技术职称分布情况（%）　　　　　　　　表3-1-5

	福田区	罗湖区	南山区	龙岗区	龙华区	宝安区	坪山区	盐田区	大鹏新区	光明区	深汕特别合作区
一、中级及以上职称人数占比	0.71	1.45	1.05	1.77	1.78	2.40	2.14	1.27	18.87	4.10	1.44
二、物业管理师人数占比	0.36	0.40	0.72	0.68	0.21	0.79	0.98	0.41	17.74	0.87	—
三、持上岗证人数占比	15.80	21.30	18.82	22.35	8.75	27.61	46.56	12.45	44.34	32.96	9.35
1.持物业管理员上岗证人数占比	1.29	1.76	1.20	2.93	1.55	6.42	7.57	1.77	11.89	10.46	2.16
2.持物业部门经理上岗证人数占比	0.50	0.99	0.60	1.41	0.99	3.28	3.48	1.01	2.26	2.70	—
3.持物业企业经理上岗证人数占比	0.77	1.22	0.70	1.19	0.86	2.21	5.07	0.62	1.70	3.57	1.44
4.持其他专业上岗证人数占比	13.25	17.33	16.32	16.83	5.35	15.70	30.43	9.05	28.49	16.22	5.76

（4）企业办公地点分布

统计数据显示，存在企业注册地与实际办公地点不一致的情况。就各物业服务企业办公地点分布来看，企业更倾向于将办公地点设置在宝安区、福田区、罗湖区、南山区、龙岗区和龙华区，主要有以下原因：一是交通及地理位置因素。福田区、罗湖区、南山区拥有优良的投资环境、优越的地理位置及拥有信息汇聚优势，利于建设品牌，吸引优秀人才。二是经济因素。由于宝安区、龙岗区和龙华区具备租金优势，随着以上区域公共配套设施的逐渐完善，物业服务企业办公地点选择这些区域的性价比得到较大提升。

此外，少数企业选择将办公地点设置在光明区、盐田区、坪山区、大鹏新区以及深汕特别合作区，主要是因为地铁线路不断完善、交通便利程度低、配套设施不断完善及整体租金价格优势更加明显。深圳市物业服务企业办公地点分布情况如图3-1-18所示。

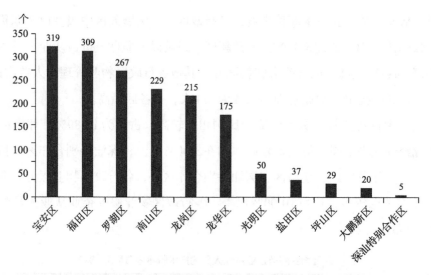

图3-1-18　深圳市物业服务企业办公地点分布情况

（资料来源：深圳市物业管理行业2022年度统计数据与分析报告）

第二节　物业管理市场经营

1.物业服务企业基本经营现状

随着深圳市物业服务企业管理规模的不断扩大，随之而来的行业整体经济收入水平的持续增长，2022年深圳市物业服务企业总收入达到1605.86亿元，突破1600亿元，同比增加3.31%；其中主营业务收入达1397.68亿元。2022年，受疫情冲击等超预期因素影响，经济下行的压力进一步加大，深圳市物业服务企业通过完善服务标准、扩展服务内容、更新管理手段、推进技术升级、创新品牌建设、赋能系统管理、提升从业人员素质等方式，不断拓宽服务领域和边界，拓展利润空间，实现营业总收入的稳步增长。数据显示，总营收在50亿元以上的企业有6家（其中有2家企业总营收超过100亿元），超30亿元但不足50亿元的企业有5家，超10亿元但不足30亿元的企业有15家（表3-2-1）。

深圳市物业服务企业总营收规模统计（个）　　　　表3-2-1

年度	总营收超过100亿元企业数量	总营收超过50亿元企业数量	总营收超过30亿元企业数量	总营收超过10亿元企业数量
2021	0	6	4	15
2022	2	6	11	26

此外，2022年各企业物业管理费稳步增长，达到1000.74亿元，首次突破千亿大关，较去年同期增长1.18%，占主营业务收入的71.60%，占比较去年上升7.97%。数据显示，从2018到2022年，管理费收入占主营业务收入的比重总体呈稳步上升趋势。深圳市物业服务企业历年管理费收入状况如图3-2-1所示。

从收入结构来看，深圳市物业服务企业营业收入情况仍维持以主营业务收入为主导，多种经营收入为辅的收入结构。主营业务收入的主要来源是管理费收入，其中住宅物业收入达501.29亿元，占比较大，为50.09%。数据显示，住宅物业管理费收入较去年相比增长较多，增长84.91亿元，发展势头较好，发展潜力大。深圳市物业服务企业管理费收入分类统计情况如图3-2-2所示。

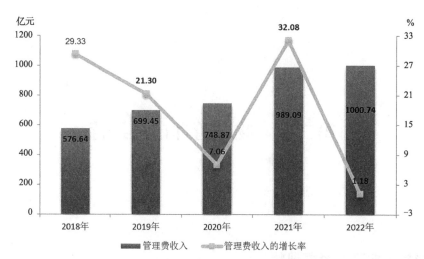

图3-2-1　深圳市物业服务企业历年管理费收入状况

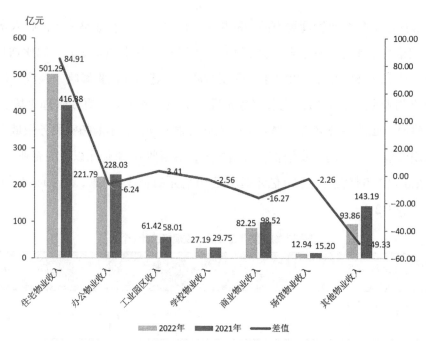

图3-2-2　深圳市物业服务企业管理费收入分类统计情况

　　近年来，各物业服务企业积极拓宽服务边界，从住宅不断延伸至商办、医院、学校等非住宅业态及城市服务等领域，在一定程度上推动了多种经营模式创收，规模进一步扩张，市场份额逐渐提升。2022年，各物业服务企业多种经营创收额达208.18亿元，占营业总收入的12.96%。从两年数据对比来看，社区服务收入较高，这与当前物业管理行业聚焦社区增值服务、参与基层治理的行业发展特点相吻合。深圳市物业服务企业多种经营收入分类统计情况如图3-2-3所示。

　　统计数据显示，2022年社区服务收入中，增长值最高的为工程服务收入，达到6.68亿元；其次为社区电商服务、案场服务、社区教育和社区养老服务，增长值为5.65亿元、0.43亿元、0.03亿元和0.01亿元；社区空间运营收入、社区房屋经纪和社区节能环保收入均有一定程度的

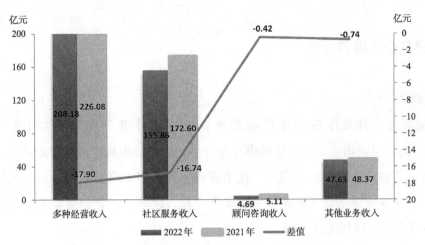

图3-2-3　深圳市物业服务企业多种经营收入分类统计情况

降低，分别降低了24.35亿元、3.84亿元和1.02亿元，其他服务收入降低幅度较小。究其原因，一方面，物业企业延伸服务触角，实施"物业服务＋生活服务"多业态经营，探索提供家政、养老、配餐等个性化特色增值服务，政府不断加大小微企业扶持力度，社区增值服务正在成为大多数物业企业发展的新收入增长点；另一方面，受疫情及房地产业发展下行等多种复杂因素的影响，社区空间运营、社区房屋经济收入出现一定下降。深圳市物业服务企业社区服务收入分类统计情况如图3-2-4所示。

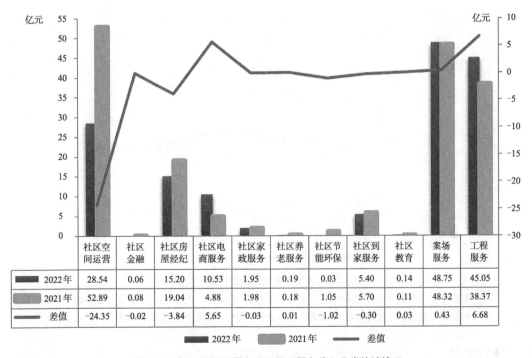

	社区空间运营	社区金融	社区房屋经纪	社区电商服务	社区家政服务	社区养老服务	社区节能环保	社区到家服务	社区教育	案场服务	工程服务
2022年	28.54	0.06	15.20	10.53	1.95	0.19	0.03	5.40	0.14	48.75	45.05
2021年	52.89	0.08	19.04	4.88	1.98	0.18	1.05	5.70	0.11	48.32	38.37
差值	−24.35	−0.02	−3.84	5.65	−0.03	0.01	−1.02	−0.30	0.03	0.43	6.68

■ 2022年　■ 2021年　—— 差值

图3-2-4　深圳市物业服务企业社区服务收入分类统计情况

2.物业服务企业经营能力

（1）盈利能力

统计数据显示，2022年深圳市物业服务企业主营业务利润率为7.91%，低于2021年（8.51%）。一方面，当前物业企业管理规模普遍较小，物业管理规模效益暂未形成，人工成本等持续上涨，增加了物业企业的经营成本，使主营业务利润率下降；另一方面，大部分物业服务项目较单一，基础物业服务收入仍是物企的业绩支撑，缺乏多元化创新业务，有限的物业服务费，难以支撑整个物业项目的高盈利。

2022年成本费用利润率为8.50%，较2021年（8.93%）下降了0.43%，表明每单位成本费用可获得的利润较2021年略有下降，成本费率下降主要来自成本增加过快或者利润增幅过慢，成本的增加主要来自于人工、材料、生产等方面，利润增幅的减少主要来自于服务、产品等利润的下降。一方面，不断上升的人工成本、逐年提高的最低工资标准和参保基数让物业企业的支出持续增大；承担的社会职能，如疫情防控、垃圾分类、社区文化建设、关爱留守儿童孤寡老人等职能工作也加大了物业企业的成本支出。另一方面，物业管理行业作为劳动密集型企业，利润空间相对较小，且物业服务价格缺乏弹性，稳定性过强，敏感性过弱，市场无法通过供求关系的变化及时有效地调节价格涨落。深圳市物业服务企业盈利状况如图3-2-5所示。

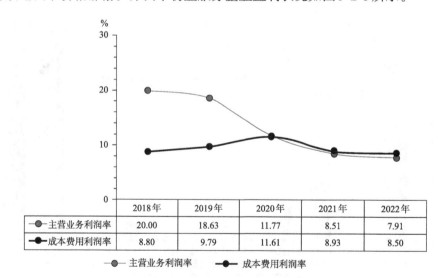

	2018年	2019年	2020年	2021年	2022年
主营业务利润率	20.00	18.63	11.77	8.51	7.91
成本费用利润率	8.80	9.79	11.61	8.93	8.50

—●— 主营业务利润率　　—●— 成本费用利润率

图3-2-5　深圳市物业服务企业盈利状况

注：主营业务利润率＝主营业务利润÷主营业务收入×100%，反映企业主营业务的获利能力
　　成本费用利润率＝利润总额÷成本费用总额×100%，体现了经营耗费所带来的经营成果

（2）运营能力

劳动效率是反映每单位劳动产出的重要指标，对衡量企业可持续发展以及运营能力具有重要作用。2022年深圳市物业服务企业劳动效率指标为184711.53元/人，较2021年上升了3850.26

元/人，主要归因于营业收入增幅与从业人员增幅适配性高，物业管理行业优化了人力成本与收入总额之间的平衡关系。同时，近年物业管理行业日渐以科技创新引领信息化、数字化、智能化建设，以数字化、智能化推动物业管理转型升级，智能化物业大力发展，技术迭代使智能化技术已成为众多物业服务企业的选择，物业服务企业由此提供更为智能、人性化、高效的物业服务，有效整合并分配了相关资源。

总资产周转率是综合评价企业全部资产经营质量和利用效率的重要指标，2022年达77.14%，较2021年（67.43%）上升了9.71%。受经济社会逐步恢复常态化运行，整体宏观经济和消费环境回暖的影响，各物业服务企业资金利用效率和资产投资效益得到一定的提高，企业营业收入增速逐渐提高，总资产周转率显著提升。深圳市物业服务企业的营运能力分析如图3-2-6所示。

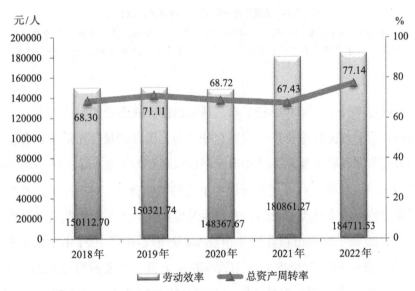

图3-2-6　深圳市物业服务企业的营运能力分析

注：劳动效率=主营业务收入÷职工人数，表示每单位劳动产出水平

总资产周转率=主营业务收入÷资产总额×100%，是评价企业全部资产的经营质量和利用效率的重要指标

（3）发展能力

物业管理承载了居民的居住服务，也是城市管理和基层治理的延伸，既是居民由"住有所居"向"住有宜居"方向迈进的重要保障，也是国家社会稳定、经济发展的重要支点。2022年，我国物业管理行业规模不断壮大，从业人员、管理面积均呈现增长态势。国务院办公厅颁布《"十四五"城乡社区服务体系建设规划》，为物业管理行业、物业服务企业的发展提供了政策层面的指导、指明了未来发展的方向，加快了物业管理行业转型升级。

统计数据显示，2022年深圳市物业服务企业的营业收入增长率为5.22%，较2021年增长速度下降，深圳市物业管理行业未来需进一步顶住经济下行压力，全面提高管理行业水平，促进市场竞争和服务质量提升。深圳市物业服务企业的经营情况分析如图3-2-7所示。

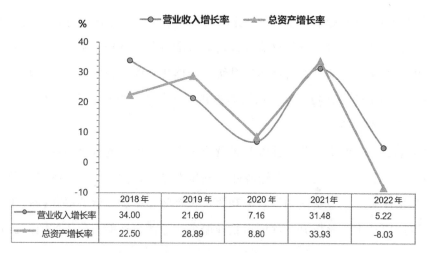

	2018年	2019年	2020年	2021年	2022年
营业收入增长率	34.00	21.60	7.16	31.48	5.22
总资产增长率	22.50	28.89	8.80	33.93	-8.03

图3-2-7　深圳市物业服务企业的经营情况分析

注：营业收入增长率＝本年营业增长额÷上年营业收入总额×100%，反映营业收入的增减变动情况
　　总资产增长率＝（本年度总资产－上年度总资产）/上年度总资产×100%，反映企业本期资产规模的增长情况

同时，净资产收益率、平均净利率和平均毛利率也能反映企业的资产经营规模变化情况。净资产收益率是公司税后利润除以净资产得到的百分比率，用以衡量公司运用自有资本的效率，指标值越高，说明投资带来的收益越高。平均净利率也可理解为企业竞争力的一种间接表现，分析该指标时可以参考平均毛利率，两者越接近说明企业的期间费用（期间费用是指企业日常活动中不能直接归属于某个特定成本核算对象的，在发生时应直接计入当期损益的各种费用）越低。

统计数据显示，2022年深圳市物业服务企业净资产收益率较2021年小幅上升了1.61%，表明2022年行业内各企业运用自有资本的使用效率有所上升，企业投资带来的收益进一步提高；此外，平均净利率较2021年下降0.55%，平均毛利率较2021年上升了1.36%，说明2022年深圳市物业服务企业的期间费用进一步增加。深圳市物业服务企业的净资产收益率、平均净利率和平均毛利率情况分析如图3-2-8所示。

（4）偿债能力

统计数据显示，2022年深圳市物业服务企业资产负债率为71.67%，资产负债率相对较高，与2021年（69.85%）相比提高1.82%。从物业管理行业自身特点分析，物业服务企业的负债基本上为无息负债，多与账期（结算期）和年报统计时间不完全一致有关，其流动性风险和杠杆风险均较低，不影响物业服务企业正常运作。

（5）社会贡献能力

社会贡献率是指企业对社会贡献总额（工资、福利费用、保险费、补贴、企业捐赠额等费用之和）与资产平均总额的比率，用以衡量企业运用全部资产为国家或社会创造或支付价值的能力，是评价企业经济效益的指标之一。社会积累率用于衡量企业社会贡献总额中多少用于上缴国家财政和支持社会公益事业，从而直接或间接反映企业的社会责任。纳入统计数据显示，2022

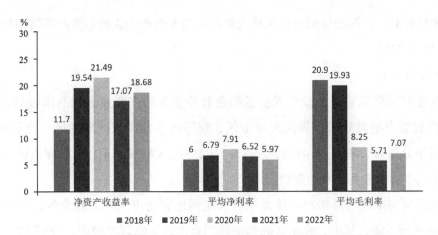

图3-2-8 深圳市物业服务企业的净资产收益率、平均净利率和平均毛利率情况分析

注：净资产收益率＝净利润总额÷净资产总额

平均净利率＝净利润总额÷营业收入总额

平均毛利率＝（营业收入总额－成本费用总额）÷营业收入总额

年深圳市物业服务企业社会贡献率为28.93%，社会积累率为23.63%，CR8企业的社会贡献总额占行业总体的26.28%，较2021年（13.41%）上升12.87%，主要原因是本年应付工资总额上升比例较大，2022年应付工资总额为448.30亿元，较2021年（35.81亿元）上涨幅度达412.49亿元。

注释：资产负债率＝负债总额÷资产总额×100%

社会贡献率＝企业社会贡献总额÷平均资产总额×100%

企业社会贡献总额＝工资＋福利支出＋各项税款＋附加及福利等

社会积累率＝上缴国家财政总额÷企业社会贡献总额×100%

上缴国家财政总额＝依法向财政缴纳的各项税款

在管项目总面积前8的企业为CR8

3.各行政区物业服务企业经营状况

从企业财务指标来看，各行政区物业服务企业的经营状况也有一定的差异。

（1）生产与营运能力分析

从劳动效率来看，2022年深汕特别合作区每单位劳动力创造出的产出水平最高，为92.95万元/人；光明区、龙岗区、南山区、罗湖区、宝安区、福田区、大鹏新区和坪山区每单位劳动力创造出的产出水平相对也较高，分别为62.73万元/人、23.29万元/人、21.85万元/人、18.63万元/人、17.69万元/人、15.81万元/人、11.42万元/人和12.68万元/人；盐田区和龙华区每单位劳动力创造的产出水平相对较低，分别为8.72万元/人和7.81万元/人。

从总资产周转率来看，2022年南山区、盐田区和福田区的总资产周转率相对较高，分别为98.93%、92.34%和82.55%，均高于深圳市总体水平（77.14%），表明这三个区企业资产的经营和利用效率相对较高。而深汕特别合作区和大鹏新区物业服务企业的总资产周转率相对较低，分别为15.24%和12.51%。

（2）盈利能力分析

从主营业务利润率来看，2022年光明区物业服务企业的主营业务利润率较高，为14.59%，主营业务的获利能力相对较强；其次为南山区、福田区、龙岗区、罗湖区、龙华区和宝安区，主营业务利润率分别为9.90%、8.41%、7.25%、6.25%、5.68%和4.18%；坪山区、大鹏新区和深汕特别合作区主营业务利润率为负数。

从成本费用利润率来看，2022年除龙华区、光明区和盐田区外，其余各行政区成本费用利润率较2021年有所下降，其中，光明区和深汕特别合作区下降幅度较大，分别下降了16.92%和15.10%。光明区的成本费用利润率最高，为14.76%；其次南山区、龙岗区、福田区、罗湖区、龙华区、宝安区和盐田区，分别为10.45%、9.98%、8.57%、6.62%、5.67%、4.99%和1.11%；此外，光明区、盐田区和坪山区成本费用利润率为负值。

（3）发展能力分析

从营业收入增长率来看，2022年盐田区物业服务企业的营业增长速度最快，增长率为109.68%；其次是坪山区、福田区和南山区物业服务企业的营业收入增长率均在10.00%以上；而罗湖区、龙岗区、龙华区、宝安区、光明区、大鹏新区以及深汕特别合作区物业服务企业的营业收入增长率有一定程度下降。

从总资产增长率来看，2022年深汕特别合作区物业服务企业的总资产增长率最高，为41.20%；其次是南山区和盐田区，总资产增长率分别为24.51%和11.04%；福田区、龙岗区和大鹏新区的总资产增长率均在1.00%以上；罗湖区、龙华区、坪山区、宝安区和光明区物业服务企业总资产增长率呈负值。

4.物业服务企业效能分析

（1）单位项目成本

单位项目成本是指运作一个项目、具体每一平方米面积的物业管理所需要用到的成本，包含人工费用、管理费用、营业费用、财务费用、保险费用等，是衡量企业经营管理绩效的重要指标。

从单个项目来看，2022年深圳市物业服务企业每个项目的运作成本为605.18万元，相比2021年（569.03万元）上升6.35%，平均每月运作成本为50.43万元，相比2021年（47.42万元）每月运作成本上升3.01万元；从单位面积成本来看，每单位面积运作成本为44.07元，相比2021年（50.88元）下降13.38%，平均每月每平方米的运作成本为3.67元。数据显示，2022年深圳市物业服务企业的项目运作成本与2021年相比仍有小幅度上升，究其原因，一方面，由于国内CPI持续攀升，中国经历了"高增长、低通胀"时期。从2003年起，中国CPI从零直升到2022年的

8.7%左右。物业服务所需的办公用和维修用的耗材价格显著提高，提高了物业服务成本。另一方面，"以人为本，和谐发展"的社会发展战略日益强化对劳动者权益的保护，改善民生的政策不断出台，最低工资标准得到显著提高。同时物业管理行业是典型的劳动密集型行业，员工的工资标准受到最低工资标准的影响，物业企业用人成本随之上升。

（2）单位项目产出

单位项目产出是指运作一个项目、具体每一平方米面积的物业管理所能得到的收入，包含主营业务收入和多种经营收入，是衡量企业经营业绩及发展能力的重要指标。

从单个项目来看，2022年物业服务企业每个项目的运作收入为651.20万元，较2021年（603.50万元）上升7.90%，平均每月运作收入为54.27万元；从单位面积收入来看，每单位面积运作收入为47.42元，较2020年（53.96元）下降6.54元，平均每月每平方米的运作收入为3.95元。单位项目收入上升主要是由于物业服务企业不断拓宽收入渠道，收入来源更加多元化，除物业管理服务收入之外，其他多项收入均实现较大的突破。

（3）单位项目利润

单位项目利润是指运作一个项目、具体每一平方米面积的物业管理最终得到的净利润，是衡量企业经营效益的最主要指标。

从单个项目来看，2022年物业服务企业每个项目的运作净利润（利润总额－企业缴纳的所得税）为38.88万元，相比2021年（39.36万元）下降了1.23%，平均每月利润为3.24万元；从单位面积利润来看，每单位面积运作净利润为2.83元，相比2021年（3.52元）下降了19.60%，平均每单位面积物业管理月利润为0.24元。

（4）项目续约率

项目续约是指在管物业项目业主对物业管理及物业服务企业提供的服务持肯定态度并同意继续由该公司提供物业服务，项目续约率是衡量物业服务企业项目稳定性、服务质量以及客户黏性的重要指标。统计数据显示，2022年深圳市物业服务企业整体续约率约为96.14%，与2021年（96.21%）基本持平，整体续约率保持90%以上，续约情况较佳。

（5）人均项目面积

人均项目面积是指平均每个从业人员管理运作的项目面积情况，可作为衡量人均效能的观察指标。统计数据显示，2022年深圳市物业服务企业人均管理面积为4475.60m²，较2021年（3921.94m²）上升了553.66m²/人，涨幅为14.12%；其中深圳市内人均管理面积为2315.80m²，较2021年（2661.17m²）下降了345.37m²/人，降幅为12.98%；深圳市外为5224.21m²，较2021年（4324.49m²）上升了899.72m²/人，涨幅为20.81%。从统计结果来看，深圳市外人均在管项目面积远大于深圳市内，较去年相比，深圳市物业服务企业人均管理面积和市外人均管理面积有一定幅度上涨，但市内人均管理面积却有一定幅度下降。究其原因，主要在于一方面是在管外地项目面积较去年大幅增加，但与此同时从业人员数增速相对缓慢，导致外地人均管理面积上涨；

另一方面，疫情多点出现、房地产行业风险进一步出清等因素放缓了物业服务企业在本地的物业管理面积的增速。

（6）人均成本

人均成本是指总成本与从业人员人数之比，是测算平均每个从业人员负担企业年度成本支出的情况，该指标有助于企业加强管理，减少成本开支，提高经济效益，是衡量企业经营管理水平的重要指标之一。统计数据显示，2022年深圳市物业服务企业每月人均成本为197228.56元，包含人员工资费用、福利费用、保险及公积金费用、项目运作费用、管理费用等，是企业年度总成本的均摊费用。

（7）人均产值情况

人均产值是指企业营业总收入与从业人员人数之比，是测算企业人均效能的重要指标。统计数据显示，2022年深圳市物业服务企业每月人均产值为17685.35元，较2021年每月人均成本高48.33元/人·月。

（8）人均利润情况

人均利润是指企业净利润（利润总额－企业缴纳的所得税）与从业人员人数之比，是衡量企业盈利能力和人均效能的最直观指标。统计数据显示，2022年深圳市物业服务企业每月人均利润为1055.87元，较2021年（1150.26元）下降94.39元/人·月。

注释：单位项目成本＝总成本÷项目总数

单位项目产出＝营业总收入÷项目总数

单位项目利润＝净利润总额÷项目总数

人均项目面积＝在管物业项目总建筑面积÷从业人员总数

人均成本＝总成本÷从业人员总数

人均产值＝营业总收入÷从业人员总数

人均利润＝净利润总额÷从业人员总数

5.物业管理行业集中度

行业集中度又称为行业集中率或市场集中度，是指某行业的相关市场内前n家规模最大的企业所占市场份额（产值、产量、销售额、销售量、职工人数、资产总额等）的总和，是对整个行业的市场结构集中程度的测量指标，用来衡量企业的数目和相对规模的差异，是市场实力的重要量化指标。在这里，我们n分别取8、20和50，"在管物业总建筑面积最大的前8家物业服务企业"即为CR8；"在管物业总建筑面积最大的前20家物业服务企业"即为CR20；"在管物业总建筑面积最大的前50家物业服务企业"即为CR50。其中，总建筑面积包括在管深圳市内和外地物业项目的总建筑面积。

近年来，物业管理行业整体市场竞争愈发激烈，由行业集中度可知当前整体市场结构仍以大型CR8企业为主心骨，CR20企业、CR50企业蓄势待发，各小微企业跻身物业管理行业、参与行业竞争。目前来看，扩张企业规模、延伸服务边界、提供增值服务、拓展多种经营收入，仍然是物业服务企业发展的主要方向。

（1）在管项目面积

以深圳市物业管理统计报表2018年至2022年五年的年报数据为基础，对深圳市物业管理行业的集中度进行分析，统计数据如图3-2-9、图3-2-10所示。

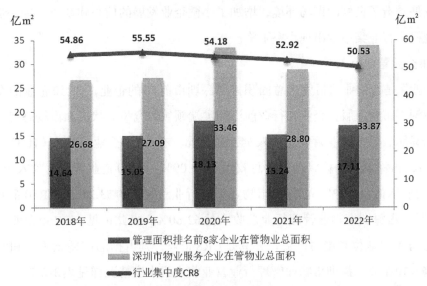

图3-2-9　2018—2022年深圳市物业管理行业集中度CR8

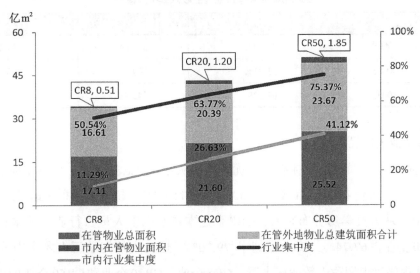

图3-2-10　2022年深圳市物业管理行业集中度CR8、CR20、CR50

如图3-2-10所示，2022年深圳物业管理行业CR8企业集中度达到50.54%，深圳市内的物业管理行业CR8集中度为11.29%；CR20企业的行业集中度与市内集中度分别为63.77%和26.63%；

CR50企业的集中度分别为75.37%和41.12%。从行业总体集中度来看，CR50企业超75%，可见行业整体超过75%的业务集中在CR50企业的管理，而进一步分析CR8企业和CR20企业，可以发现CR8企业占比超过50%，由此可见深圳市CR8企业的市场份额相对稳固且集中。从深圳市内集中度来看，CR8、CR20、CR50企业的占比均远低于行业总体，究其原因，一方面，深圳物业行业不断提高"走出去"的竞争力，由一马当先到万马奔腾，在全国一盘棋中充分发挥了经济特区的辐射带动作用，外地市场规模不断扩大；另一方面，深圳市从财税、金融、培育、服务等多方面频频发力，陆续采取若干措施，出台一揽子政策纾、促、扶，加大了对小微企业支持力度，为企业发展营造了良好的市场环境，增加了小微企业发展的信心和动力，进一步扩大了小微企业的经营规模，行业集中度出现小幅下降。

（2）CR50企业营业收入

"CR50企业"是指物业项目管理总面积排名深圳市前50的企业，CR50企业的发展能够在很大程度上体现深圳市物业服务企业在行业前沿和尖端领域的竞争力状况和市场态势。

统计数据显示，CR8企业营业总收入643.82亿元，在CR50企业总收入（1005.23亿元）中的占比为64.05%，占深圳市物业管理行业总收入的40.09%；CR20企业营业总收入为854.50亿元，占CR50企业总收入的85.01%，占深圳市物业管理行业总收入的53.21%；CR50企业营业总收入为1005.23亿元，占深圳市物业管理行业总收入的62.60%。由此可见，CR50企业在深圳市物业管理行业中占有重要地位和绝对优势，尤其是CR8企业，其占据的市场竞争力和发展规模远超CR20企业和CR50企业。深圳市物业管理行业营业收入集中度情况详见表3-2-2。

深圳市物业管理行业营业收入集中度情况　　　　　　　　　　　　　表3-2-2

行业集中度	营业总收入（亿元）	营业总收入占行业总体比重	主营业务收入（亿元）	主营业务收入占行业总体比重
CR8	643.82	40.09%	519.84	37.19%
CR20	854.50	53.21%	709.24	50.74%
CR50	1005.23	62.60%	845.48	60.49%

（3）CR50企业人员优势

CR50企业在从业人员方面也拥有巨大优势。从从业人员总数来看，CR8企业从业人员总数占总体41.59%，CR20企业占58.20%，CR50企业占71.97%，超过七成的从业人员集中在前50家CR50企业中；从人员学历分布来看，CR8企业本科及以上人员占行业总体本科及以上人员57.16%，CR20企业占67.74%，CR50企业占79.70%，近八成的高学历人才集中分布在前50家CR50企业；从中级以上职称人数情况来看，CR8企业、CR20企业和CR50企业的中级以上职称人数占行业总体持证上岗人数比重分别为13.88%、24.01%和35.15%。综上所述，深圳市CR50企业无论是在人员的数量、学历分布，还是中级以上职称人数方面，都拥有着行业优质资源，占据绝对人员优势，一方面，CR50在企业品牌知名度、福利待遇、人才培养等方面对专业人才吸引较大；另一方面，CR50对人才吸引也进一步促进了企业自身发展，进一步提升了企业发展规模和行业集中度。深圳市物业管理从业人员总体状况对比见表3-2-3。

深圳市物业管理行业总体状况对比   表3-2-3

行业集中度	从业人员总数	本科及以上	中级以上职称人数
CR8	41.59%	59.27%	13.88%
CR20	58.20%	70.19%	24.48%
CR50	71.97%	79.66%	35.15%

6.上市物业服务企业发展状况

2022年物企上市意愿下降，地产经济衰退和自身商业模式缺乏创新成为物业股估值下跌的重要原因，物业股价和估值超跌触底等低迷时期，物企采取多元措施提振资本市场信心，如回购、分红、股权激励等措施，最终在2022年11月份受融资政策"三支箭"等政策提振，物业股估值得到回温，开始逐步回归行业合理的估值范围。

7.中小微物业服务企业发展状况

依据《关于印发中小企业划型标准规定的通知》（工信部联企业〔2011〕300号）中第十四条规定的物业管理行业划分标准，物业管理行业中从业人员1000人以下或者营业收入5000万元以下的为中小微企业。其中，从业人员300人及以上，且营业收入1000万元及以上的为中型企业；从业人员100人及以上，且营业收入500万元及以上的为小型企业；从业人员100人以下或营业收入500万元以下的为微型企业。

（1）中小微物业服务企业所处行业地位

2022年深圳市物业管理行业中的中小微企业总数为1575个，在行业总体企业中占95.17%，较2021年（95.84%）下降了0.67%；从业人员总数为109048人，占总从业人员的14.41%，较2021年（17.87%）下降了3.46%；在管物业项目有6182个，占行业总体在管项目数的25.07%，较2021年（23.70%）上升了1.37%；在管物业总建筑面积7.39亿m²，占行业总体在管物业总面积的21.82%，与2021年（15.21%）相比上升了6.61%；主营业务收入达到401.04亿元，占行业总体的28.69%，较2021年（30.49%）下上升了1.80%。

另外，从经营情况来看，中小微物业服务企业成本费用利润率为6.48%，低于行业8.50%的成本费用利润率，但是较2021年（5.80%）上涨了0.68%，说明中小微物业服务企业耗费同样的成本带来的经济效益有所提升；总资产周转率为51.79%，远低于行业77.14%的总资产周转率，较2021年（39.83%）上涨了11.96%，说明在全部资产经营质量及利用效率方面，中小微企业远低于大型企业，中小微企业的营业收入渠道仍以基础服务为主。

总体来看，2022年中小微企业在在管项目物业项目、在管面积、主营业务收入等方面均有一定增长，但在企业数量、从业人员上有所减少。在成本费用利润率方面有所提高，表明中小微企业在成本和利润之间的平衡关系得到有效解决。

（2）中小微物业服务企业发展现状及经营情况

2022年深圳市物业管理行业中型企业有68家，企业从业人员有36532人，在管物业项目有2616个；小型企业有186家，从业人员有30247人，在管物业项目有1052个；微型企业有1321家，从业人员有42269人，在管物业项目有2514个。从统计数据中可以看出，深圳市物业管理行业微型企业数量众多，占总数的79.82%；在管物业项目数占行业总体的10.19%；从业人员总数占行业总体的5.59%。总体来看，在一系列中小微企业扶持政策下，中小微物业服务企业发展得到进一步突破，行业发展机会不断提升。同时，中小微企业为促进社会就业做出了一定贡献。深圳市中小微物业服务企业基本情况如图3-2-11所示。

%	企业总数	从业人员总数	在管物业项目数
■ 中型企业	4.11	4.83	10.61
■ 小型企业	11.23	4.00	4.27
▨ 微型企业	79.82	5.59	10.19

图3-2-11 深圳市中小微物业服务企业基本情况

统计数据显示，2022年小型、微型企业共实现主营业务收入249.61亿元，占中小微总体的比重为62.24%，而中型企业实现主营业务收入151.43亿元，占比为37.76%。首先，从成本费用利润率来看，中型企业最高，为6.84%；小型企业最低，为6.23%。在资产周转方面，小微型企业和中型企业之间存在明显的差距，中型企业资产周转率最高，达85.88%；其次是小型企业，为45.67%；微型企业最低，为40.10%。这说明综合评价企业全部资产经营质量和利用效率，三者之间中型企业营运能力最强，小型企业次之，微型企业最弱，但微型企业成本费用利润率高，发展潜力最强。深圳市中小微物业服务企业经营情况如图3-2-12所示。

8.物业管理招标投标

《深圳经济特区物业管理条例》经深圳市第六届人民代表大会常务委员会第三十五次会议于2019年8月29日修订通过，自2020年3月1日起施行。该条例第四十九条规定："物业管理区域

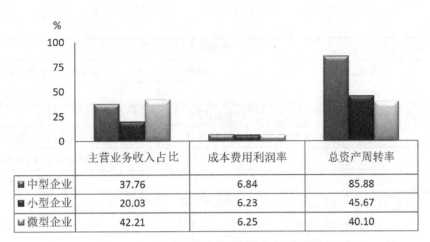

	主营业务收入占比	成本费用利润率	总资产周转率
中型企业	37.76	6.84	85.88
小型企业	20.03	6.23	45.67
微型企业	42.21	6.25	40.10

图 3-2-12　深圳市中小微物业服务企业经营情况

注：由于企业填报数据可能存在偏差，此数据仅供参考

（资料来源：深圳市物业管理行业 2022 年度统计数据与分析报告）

依法成立业主大会之前，建设单位应当选聘物业服务企业提供前期物业服务，并按照有关规定拟定临时管理规约。建设单位选聘物业服务企业提供前期物业服务，应当签订前期物业服务合同，前期物业服务合同期限由建设单位和物业服务企业约定，最长期限不超过两年。前期物业服务合同期满，尚未成立业主大会，物业服务企业继续按照原合同提供服务的，经物业管理区域占业主总人数百分之五十以上的业主或者占全体业主所持投票权数百分之五十以上的业主联名书面提出更换物业服务企业的，可以由街道办事处通过招标投标方式选取物业服务企业提供物业服务。"

第五十六条规定："一个物业管理区域应当由一个物业服务企业统一提供物业服务，但是业主自行管理的除外。除业主大会决定继续聘用原物业服务企业之外，住宅物业管理区域业主大会选聘物业服务企业应当公开招标。投标人少于三个的，应当依法重新招标；重新招标后投标人仍少于三个的，经业主大会决定可以协议选聘物业服务企业。鼓励业主大会通过住房和建设部门建立的招标投标平台选聘物业服务企业。"

2022 年，深圳各区前期招标投标活动备案的项目 5 个，业主大会组织招标投标活动备案的项目 36 个。2022 年度各区开发建设单位、业主委员会组织的物业管理招标投标活动情况详见表 3-2-4。

2022 年度各区开发建设单位、业主委员会组织的物业管理招标投标活动情况　　表 3-2-4

福田区			
序号	前期招标投标（0个）	序号	业主大会招标投标（5个）
	无	1	意馨居
		2	先科花园
		3	熙园
		4	荔树人家
		5	瑞达苑

续表

罗湖区			
序号	前期招标投标（0个）	序号	业主大会招标投标（0个）
	无		无
盐田区			
序号	前期招标投标（0个）	序号	业主大会招标投标（2个）
	无	1	绿色盐港家园（幸福海）
		2	海阔凌海公寓
南山区			
序号	前期招标投标（1个）	序号	业主大会招标投标（24个）
1	国际市长交流中心（街道招标）	1	万裕椰风海岸
		2	恒立听海
		3	缘来居
		4	春树里
		5	南国丽城
		6	华府假日大厦
		7	艺华花园
		8	恒立心海湾
		9	科苑学里
		10	香格名苑
		11	郁金香家园
		12	世纪村
		13	麒麟花园
		14	学子荔园
		15	常丰花园
		16	万豪御景苑
		17	四季丽晶
		18	方鼎华庭
		19	前海明珠
		20	常丰花园
		21	千叶苑
		22	丽乐美居
		23	银兴苑
		24	学府花园
宝安区			
序号	前期招标投标（0个）	序号	业主大会招标投标（1个）
	无	1	翠景居

	龙岗区		
序号	前期招标投标（0个）	序号	业主大会招标投标（0个）
	无		无
	龙华区		
序号	前期招标投标（0个）	序号	业主大会招标投标（0个）
	无		无
	坪山区		
序号	前期招标投标（0个）	序号	业主大会招标投标（3个）
	无	1	燕子岭保障房
		2	裕璟幸福家园
		3	锦绣华晟家园
	光明区		
序号	前期招标投标（0个）	序号	业主大会招标投标（0个）
	无		无
	大鹏新区		
序号	前期招标投标（3个）	序号	业主大会招标投标（1个）
1	安居东湾半岛	1	半山海花园
2	彭年善玥名都		
3	安居君兰湾府		
	深汕特别合作区		
序号	前期招标投标（1个）	序号	业主大会招标投标（0个）
1	创业家园一期		无

（资料来源：深圳各区或新区住房和建设局提供）

附件：物业管理市场典型案例

【福田区香雅园小区停车场矛盾纠纷问题】

基本情况：香雅园小区由深圳市桑泰房地产开发有限公司（以下简称"深圳桑泰"）投资建设，小区共289户，配有37个地上停车位和122个地下停车位。其中，32个车位系固定车位，由业主通过买卖、赠予或长租的方式取得，该部分固定车位经深圳桑泰确认，不存在争议；另有1个固定车位权属存在争议（核实中），合计33个固定车位。除此之外大多数车位为固定月卡车位，该部分固定月卡车位所涉业主通过每月租赁，长期使用同一车位，另有小部分为流动车位。近几年随着香雅园业主数量的增加，车位日益紧张，车位数量已远远不能满足小区业主的需求。

主要争议：2019年，香雅园第一届业主委员会（以下简称业委会）组织召开第五次业主大会，表决通过不再新办固定车位月卡。非固定车位业主与固定月卡车位业主之间的矛盾日益激烈，非固定车位业主多次对固定月卡业主车位组织摘牌行动，严重影响了香雅园的和谐生态。

处置进展：经香蜜湖街道办事处（以下简称街道办）、相关主管部门与香雅园业主多次协调，2022年9月，香雅园第二届业委会表决通过新《香雅园机动车停车管理办法》，将该地下车库除长租车位（即原32个固定车位，另有1个固定车位仍在核实中）外的其他车位定为公共车位，采取"一户一车、先到先停"的原则进行管理。2022年10月，街道办组织牵头，督促业委会和管理处根据执行方案落实新《香雅园机动车停车管理办法》，执行期间未发生冲突纠纷，实现了"3零目标"，即现场零冲突、人员零聚集、报警投诉零发生。

案例经验：一是充分发挥协调会、联席会议的作用；二是科学设置议题；三是对极端业主的诉求单独处理；四是车位权属、权利问题后置处理；五是监督和管理停车位管理办法的执行。

【罗湖区东门天地大厦裙楼用电问题】

基本情况：东门天地大厦位于深圳市罗湖区晒布路，由鹏运广场物业发展（深圳）有限公司于2005年开发建设完成，由深圳市广济物业管理有限公司（以下简称广济物业）提供物业服务，截至2022年11月，尚未成立业委会。

事情起因：东门天地大厦小区裙楼6楼部分房屋一直无法用电，居民联系社区、街道、供电局依旧迟迟无法解决。

处理经过：罗湖区住房和建设局先后于2022年1月11日、1月20日、2月18日、3月1日多次前往现场了解情况，并于3月3日对该小区物业服务企业广济物业进行询问。据广济物业反馈，东门天地大厦裙楼6层均为商业用途，配有4台变压器，该大厦裙楼1-4楼业主方向供电专营单位申请开通2台变压器，剩余两台变压器原供5-6楼使用且暂时未启用。现裙楼6楼大部分业主将房屋委托给禾花酒店经营管理，并向供电专营单位申请配置变压器，目前新配置的变压器也暂未启用。禾花酒店因经营需要，与裙楼1-4楼商场运营商协商借用电源，仅供委托给禾花酒店管理的房屋使用，暂未发现物业管理处擅自对裙楼6层停电的行为。

处理结果：关于东门天地大厦用电问题，罗湖区住房和建设局协调业主与供电专营单位沟通，申请开通裙楼共有其余2台变压器或与6楼其余业主协商共同使用已申请的新变压器。督促广济物业积极配合业主办理相关业务，已顺利解决用电问题，并收到东门天地大厦业主赠送的锦旗。

【南山区美年广场物业交接问题】

美年广场项目系深圳花样年商业管理有限公司投资建设的写字楼、商业建筑体，前期物业为深圳市莲塘物业管理有限公司（以下简称莲塘物业），总占地面积29546.4m²，总建筑面积85863.13m²，现已通过招商街道办事处公开招标物业管理服务，由中海物业管理有限公司（以下简称中海物业）中标后提供物业服务。

基本情况：2021—2022年，由于缺乏足额候选人、物业矛盾突出等原因，美年广场未能顺利选举产生首届业主委员会。业主认为莲塘物业存在未做好日常服务，未定期公示相关费用及违规收取水、电费等行为，并根据《深圳经济特区物业管理条例》（以下简称《条例》）第四十九条相关规定申请招商街道办事处通过公开招标投标方式更换前期物业服务企业。

处理经过：2022年10月，南山区住房和建设局两次对莲塘物业进行约谈，逐一与物业核对业主提出的问题，要求物业积极落实整改；同月，南山区住房和建设局会同招商街道办事处及相关部门与六名业主代表召开在区信访局就小区问题召开恳谈会，对业主提出的相关诉求作出回应。会上业主代表再次提出请求街道依据《条例》第四十九条规定选聘新物业，并再次启动业委会选举工作。2022年11月，招商街道办成立美年广场工作小组推进招标工作，南山区住房和建设局就招标事宜进行全程指导。2023年3月23日，中海物业中标美年广场物业服务项目。因新旧物业交接问题，莲塘物业多次提出协调园区大业主缴清欠缴物业费等相关费用的诉求，招商街道办多次会同我局搭建沟通平台，就莲塘物业与大业主的相关诉求进行协调。除涉诉费用外，目前大业主已将欠缴的水电费用进行结算。

处理亮点：①广泛征集业主意见和建议。在开展美年广场项目物业招标投标活动过程中，招商街道办事处充分征集业主对招标文件的意见和建议。在制定招标文件前，召开意见征询会，邀请业主代表参与会议，广泛收集业主对于物业招标投标活动和物业管理活动的意见和看法。而后，招商街道办事处就编写的招标文件向广大业主公开征求意见和建议，并进行合理调整。整个过程，充分尊重广大业主的合理诉求，也是招标投标活动顺利完成的基础。②全程指导，专业护航。由于《条例》及相关规定对于街道办事处作为招标人开展招标投标活动的流程并未有详细规定，南山区住房和建设局作为行业主管部门派专业人员全程指导街道办事处开展相关活动，并取得深圳市住房和建设局物业处大力支持，南山区物业管理协会设立的物业招标投标平台全程派专业人员提供服务，并且严控流程。街道办事处聘请专业的招标代理公司、律师事务所参与整个招标投标流程。最终，招标投标结果达到预期效果，广大业主表示满意。③提高保证金，签署承诺书。招标文件规定，本次物业招标投标的保证金金额为人民币五十万元，将围标的成本大大提高，一定程度上减少了围标行为。同时，在投标过程中，招标人在招标文件中要求投标人在投标前签订严格遵守招标法律法规的承诺书，承诺书中明确禁止挂靠、弃标等行为，加大对违法违规不良行为的威慑力，一定程度上规范了投标行为。④注重保密性，严控流程。街道办事处派工作人员参与整个评标定标过程，在选取工作人员和抽取专家过程中，全程注重保密性，评标开始的两个小时内，才产生评标专家名单，并严防信息对外泄露，避免名单泄露引发评标定标结果不公平的现象。全程对照招标投标活动流程制定计划，拟定工作时间表，严格把控整个招标投标流程。

处理结果：美年广场已由中海物业全面负责小区物业服务工作。后续南山区住房和建设局将继续会同桃花园社区物业管理指导委员会督促中海物业依据法律法规规定和物业服务合同约定，做好园区物业服务工作。

【宝安区壹方玖誉信访案件调处】

基本情况：2022年8—10月，宝安区新安街道壹方玖誉林女士（台湾籍）先后通过国家信访平台反映：房屋外墙、阳台渗漏水致墙面及地板受损，影响正常生活，要求开发商、物业服务企业解决渗漏水问题及对损坏部位进行复原。

处理经过：2022年9月1日，宝安区住房和建设局事务中心维修资金部到现场核查，经确认外墙渗漏水问题情况属实，属于物业专项维修资金使用范畴。宝安区住房和建设局督促物业服务企业按照相关规定和流程申请使用维修资金进行维修。开发商及物业服务企业不愿负责维修及赔偿事宜，林女士不满，再次通过国家信访平台反映。10月26日下午，宝安区住房和建设局二级调研员廖远滨率物业监管科到壹方玖誉，协同开发商、物业服务企业相关负责人到房屋查看漏水及房屋受损情况，随后在物业服务中心会议室组织召开调解会，搭建沟通平台。会议听取了林女士夫妇的有关诉求，并就外墙渗漏水维修、受损墙面、地板复原等事项进行了充分商讨。经协商，业主与开发商、物业服务物业就漏水致损的处理意向达成了初步共识，同意先行确定维修方案，阳台部位渗水维修及地板受损复原的费用分摊事宜再行商定。宝安区住房和建设局要求开发商、物业服务企业要切实担负起主体责任，积极、友好地与业主进行协商处理。11月3日，林女士邀请专业人员到房屋现场查看阳台处渗漏水情况，宝安区住房和建设局物业监管科工作人员参加。经专业人员初步排查未发现漏水源，提出了让林女士邀请此前装修房屋的施工队安排进行加压检测。后经该施工队进行加压检测，未发现异常。11月9日，根据局领导工作指示，物业监管科工作人员通过电话联系林女士，沟通漏水致损问题的处置意向，建议由林女士自行处理修复，物业服务企业按人工、材料等费用折合人民币进行补偿。11月10日，工作人员再次组织物业服务企业与林女士进行协商，经调解，双方达成一致意见。

处理结果：11月14日，林女士与物业服务企业签订协议书，由物业服务企业一次性补偿林女士6000元，漏水致损修复问题由林女士自行处理。林女士对宝安区住房和建设局处理情况给出满意评价。

【龙华区碧水龙庭物业交接问题】

基本情况：碧水龙庭小区位于龙华区民治街道办事处民新社区民康路，是深圳市榕江实业有限公司（以下简称榕江实业公司）开发建设的商品房小区，由深圳市榕尚汇物业管理有限公司（以下简称原物业公司，属于开发商旗下的物业公司）实施前期物业管理。2022年9月，小区业主大会公开招标选聘了深圳市莲花物业服务有限公司（以下简称新物业公司）作为小区的物业管理方。业委会确定于2022年10月27日上午9点在碧水龙庭小区办理新旧物业交接工作。

事件起因：在交接前，龙华区住房和建设局会同民治街道办、辖区派出所、民新社区工作站多次组织新老物业交接当事方就停车场权益争议问题进行协商，均因双方分歧较大，未能达成共识。2022年10月27日上午9时，新老物业公司涉及物业管理的岗位、物业办公用房、公共设施设备、物业管理资料等应当办理交接的均按照规定顺利完成交接，因开发商榕江实业公司主张地下停车场权益拒不退出停车场，仍安排人员管理停车场岗亭，未能完成交接。

纠纷处理经过：2022年10月27日上午，龙华区住房和建设局会同民治街道办、辖区派出所在民新社区工作站继续搭建沟通平台，双方分歧仍较大，现场未能达成共识。当天下午6点以后，小区开始出现人群聚集，龙华区住房和建设局分管领导郭军同志、民治街道分管领导袁军同志迅速带队到场进行处置，搭建沟通平台，现场劝说业主不要聚集，并与开发商榕江实业公司沟通，要求其退出小区停车场岗位。开发商榕江实业公司同意退出有争议区域（小区2-10栋）的停车场岗位，但对1栋停车场岗位坚称售房合同约定地下停车位为开发商所有，拒绝退出。10月28日上午，龙华区住房和建设局会同民治街道办、辖区派出所在民新民社区工作站联合约谈了榕江实业公司总经理伍文占，明确告知开发商榕江实业公司拒绝退出小区1栋停车场岗亭的行为违反《深圳经济特区物业管理条例》相关规定，现场责令在28日下午六点前必须退出。28日下午，龙华区住房和建设局研究出具指导意见，民治街道办、辖区派出所收到指导意见后，于当天下午6点将开发商留守1栋岗亭的工作人员依法清离，莲花物业工作人员正式接管，碧水龙庭新旧物业实现平稳交接。

处理结果：该项目物业交接存在利益关系复杂、维稳风险高等问题，经区住房和建设局、辖区街道办事处、辖区派出所通力合作，各部门开展联合约谈、法律宣讲等工作，积极与物业交接当事各方释法明理，通过情与法双管齐下，在28日下午6点，莲花物业公司工作人员正式接管，碧水龙庭新旧物业实现平稳交接。

第三节 专业化服务

1.综述

2022年，深圳市物业管理专业化服务不断向纵深发展，服务范围更加广泛，涉及物业专项服务，包括保安、清洁、家政、园林绿化等；物业管理配套设施设备供应，包括电梯、暖通空调、给水排水、电气照明、能源、通信、智能化、消防、安全防范、停车设施、环境保护等；物业营销服务，包括二手房交易、物业租赁、物业资产管理等。专业化服务机构中，除了致力于专业化服务的企业外，部分物业服务企业在自身发展过程中，根据业务开展需要，逐渐成立专业化机构，这部分专业化机构的市场份额不断加大，成为专业化服务市场的重要力量。

2.部分专业化服务机构发展状况

【特种设备及企业概况】

截至2022年12月31日，深圳市共有特种设备286894台，其中，电梯190841台（数量稳居全国大中城市第四位，上海27.5万台，北京23万台，重庆21.5万台）、起重机械15355台、场（厂）内机动车辆24487台、大型游乐设施243台、客运索道4条、锅炉2059台、压力容器51676台，压力管道2229条，另有登记气瓶约308万只。全市共有特种设备使用单位57194家，特种设备生产单位459家，无损检测、气瓶定期检验及"两工地"检验机构34家，移动式压力容器、气瓶充装单位53家，累计核发且在有效期内特种设备作业人员证22.2万张。特种设备定检率98.74%，安全生产形势平稳可控。

【深圳市特种设备行业协会】 深圳市特种设备行业协会是由特种设备行业从事设计、生产、销售、维修保养、安装、营运（使用）、检测检验、培训的单位自愿组成的深圳市特种设备行业的非营利性社会组织。

2022年11月13日，深圳市第七届电梯维修技能竞赛暨第四次维修技能测试决赛于深圳市质量安全检验检测研究院龙华清湖分部举行，理论考试排名前50名进入决赛，最终47人参加了决赛。我市电梯技能竞赛已连续举办七届，随着赛事的持续开展，越来越受到各电梯维保企业和社会各界的关注，获奖选手已成为各企业争相引进的技能人才。深圳市第七届电梯维修技能竞赛暨第四次维修技能测试成绩及获奖情况详见表3-3-1~表3-3-3。

深圳市第七届电梯维修技能竞赛暨第四次维修技能测试成绩及获奖情况　　　　表3-3-1

序号	姓名	单位名称	初赛成绩	决赛成绩	总分	排名/获奖情况
1	林来彬	深圳市中航南光电梯工程有限公司	87.5	90	88.75	第一名/一等奖
2	文志坚	深圳市华星电梯技术有限公司	87.5	85	86.25	第二名/二等奖
3	陈耀武	深圳市中航南光电梯工程有限公司	72	100	86.00	第三名/二等奖
4	邵丰太	深圳市中航南光电梯工程有限公司	82.5	83	82.75	第四名/三等奖
5	朱少灿	深圳市中航南光电梯工程有限公司	81.5	80	80.75	第五名/三等奖
6	罗俊豪	深圳市中航南光电梯工程有限公司	67.5	90	78.75	第六名/三等奖
7	肖耀威	深圳市华星电梯技术有限公司	73.5	80	76.75	第七名/三等奖
8	曾德鲤	深圳市中航南光电梯工程有限公司	74	75	74.50	第八名/三等奖
9	陈毓斌	深圳市利达旺电梯有限公司	63	85	74.00	第九名/优胜奖
10	严育超	深圳市华星电梯技术有限公司	66.5	80	73.25	第十名/优胜奖
11	黄家伟	深圳市中航南光电梯工程有限公司	66	80	73.00	第十一名/优胜奖
12	万大兵	深圳市华星电梯技术有限公司	71.5	70	70.75	第十二名/优胜奖
13	张鹏飞	深圳市中航南光电梯工程有限公司	74.5	67	70.75	第十三名/优胜奖
14	谢荣恒	深圳市中航南光电梯工程有限公司	62.5	75	68.75	第十四名/优胜奖
15	王祖林	深圳圣达电梯有限公司	69	65	67.00	第十五名/优胜奖
16	吴保壮	深圳市同创汇电梯有限公司	71	63	67.00	第十六名/优胜奖
17	徐锋棠	深圳市中航南光电梯工程有限公司	73.5	60	66.75	第十七名/优胜奖
18	刘明俊	深圳市华星电梯技术有限公司	83	50	66.50	第十八名/优胜奖
19	吴华盛	深圳市中航南光电梯工程有限公司	62.5	70	66.25	第十九名/优胜奖
20	张浩	深圳市劳特思机电工程有限公司	70.5	60	65.25	第二十名/优胜奖
21	田卫	深圳电梯空调装饰工程有限公司	73.5	57	65.25	决赛入围奖
22	熊光冉	日立电梯（中国）有限公司深圳分公司	67	62	64.50	决赛入围奖
23	李建洪	深圳市中航南光电梯工程有限公司	61.5	65	63.25	决赛入围奖
24	刘伟贤	深圳市深安电梯工程有限公司	65.5	60	62.75	决赛入围奖
25	刘发斌	广州申菱电梯工程有限公司	65	60	62.50	决赛入围奖
26	钟弥利	深圳市荣华机电工程有限公司	70	55	62.50	决赛入围奖
27	向颖	深圳市恒达电梯工程有限公司	64.5	60	62.25	决赛入围奖
28	马新清	深圳市中航南光电梯工程有限公司	69.5	55	62.25	决赛入围奖
29	曾军	深圳市三九电梯有限公司	64	60	62.00	决赛入围奖
30	曾鄂生	深圳市长城电梯工程有限公司	63.5	60	61.75	决赛入围奖
31	陈亮	深圳市同大机电设备安装有限公司	62.5	60	61.25	决赛入围奖
32	王富松	深圳市中航南光电梯工程有限公司	67.5	55	61.25	决赛入围奖

续表

序号	姓名	单位名称	初赛成绩	决赛成绩	总分	排名/获奖情况
33	陈云刚	深圳市长城电梯工程有限公司	66	55	60.50	决赛入围奖
34	朱政华	深圳市中航南光电梯工程有限公司	75	45	60.00	决赛入围奖
35	刘鑫	深圳市华星电梯技术有限公司	73	46	59.50	决赛入围奖
36	杨明	深圳市长城电梯工程有限公司	63.5	55	59.25	决赛入围奖
37	殷龙奇	日立电梯（中国）有限公司深圳分公司	61	56	58.50	决赛入围奖
38	张新文	深圳市泰诚机电设备有限公司	63	52	57.50	决赛入围奖
39	黄剑锋	深圳市福业电梯有限公司	64.5	50	57.25	决赛入围奖
40	何天松	深圳市新概念电梯有限公司	74.5	40	57.25	决赛入围奖
41	汤猛生	深圳市励科机电科技工程有限公司	65.5	45	55.25	决赛入围奖
42	胡攀锋	深圳市君顺达电梯有限公司	60	48	54.00	决赛入围奖
43	杨宗伟	深圳市南亚日星电梯有限公司	60	48	54.00	决赛入围奖
44	钟水龙	深圳市荣华机电工程有限公司	61	45	53.00	决赛入围奖
45	袁松	深圳市深安电梯工程有限公司	60	44	52.00	决赛入围奖
46	李志方	通力电梯有限公司深圳分公司	69.5	28	48.75	决赛入围奖
47	徐会良	深圳市深速电梯有限公司	60	30	45.00	决赛入围奖
48	王旭	华升富士达电梯有限公司深圳分公司	65	0	32.50	决赛入围奖
49	曹广庆	深圳市核电机电安装维修有限公司	64	0	32.00	决赛入围奖
50	张子银	深圳芝菱电梯有限公司	61	0	30.50	决赛入围奖

深圳市第七届电梯维修技能竞赛暨第四次维修技能测试优胜单位（共2家）　　表3-3-2

序号	单位名称	个人获奖名次	
1	深圳市中航南光电梯工程有限公司	第一名、第三名、第四名、第五名、第六名、第八名	获得前8名的组织单位
2	深圳市华星电梯技术有限公司	第二名、第七名	

深圳市第七届电梯维修技能竞赛暨第四次维修技能测试优秀组织单位（共2家）　　表3-3-3

序号	单位名称	初赛获得合格者数量	
1	深圳市中航南光电梯工程有限公司	15	初赛获得合格者数量超过3名的组织单位
2	深圳市华星电梯技术有限公司	6	

（资料来源：深圳市特种设备行业协会官网）

【深圳市环卫清洁行业协会】 深圳市环卫清洁行业协会于1989年9月成立，是全国城市中最早成立的环卫协会之一。协会会员不仅全面覆盖了深圳市所有的环卫清洁服务门类，而且汇聚了行业内绝大多数规模、规范的环卫清洁企业，在行业中享有较高的影响力。多年来，协会积极加强行业管理、倡导行业自律，主导建立的环卫清洁服务企业资格等级评定得到政府和社会的广泛认可；并在业内积极推广行业技术培训，举办学术讲座；做好上传下达与下情上达工作，较好担当了行业的"管家"与政府的"参谋"的角色，为推动深圳市环卫清洁行业健康发展和产业升级做出了应有贡献（表3-3-4、表3-3-5）。

2022年度深圳市环卫清洁服务行业"先进单位"名单（排名不分先后）　　　表3-3-4

序号	单位名称
1	深圳市先达威环境产业有限公司
2	深圳市升阳升人居环境服务有限公司
3	深圳市洁亚环保产业有限公司
4	深圳世路源环境有限公司
5	广东恒宝环境科技有限公司
6	深圳市碧雅丽清洁服务有限公司
7	深圳市华富环境有限公司
8	深圳市白莲和环境产业有限公司
9	深圳市保洁恒环境产业有限公司
10	深圳玉禾田智慧城市运营集团有限公司
11	深圳市玉龙环保产业有限公司
12	深圳市宏利德环境产业有限公司
13	深圳市金阳盛城市服务集团有限公司
14	中鑫航（深圳）实业环境集团有限公司
15	深圳市国民环境实业有限公司
16	深圳星玉城市管理集团有限公司
17	深圳市德盈利环保科技有限公司
18	深圳市合隆智慧城市服务有限公司
19	深圳市杨阳环境管理有限公司
20	深圳市金州城乡环境发展有限公司
21	深圳市利万家环境管理有限公司
22	深圳市日新清洁服务有限公司
23	深圳市川万环境科技有限公司
24	深圳市健爱美清洁服务有限责任公司
25	深圳市阳光三环生态环境股份有限公司
26	深圳市雄鹰环境产业有限公司
27	深圳佳尔优环境科技有限公司
28	深圳市双陇环保科技有限公司
29	深圳市城洁亮环境科技有限公司
30	深圳市晶采环境管理有限公司
31	深圳市宝政通环境有限公司
32	深圳市顺民实业发展有限公司
33	深圳市明浩达清洁服务有限公司
34	深圳市绿佳智慧环境发展有限公司

序号	单位名称
35	深圳顺意环境产业有限公司
36	深圳市安信美实业有限公司
37	深圳市双新环保科技有限公司
38	深圳市飞蜘蛛环境产业有限公司
39	深圳市福森环境科技有限公司
40	深圳市环亮环境工程有限公司
41	深圳市万洁环境产业有限公司
42	东晟服务（深圳）有限公司
43	深圳市黄金周物业清洁管理有限公司
44	深圳市良致环境工程有限公司
45	深圳市川渝环境科技有限公司
46	深圳市洁原物业管理有限公司
47	深圳市世安物业清洁管理有限公司
48	深圳市金鑫园林环境工程有限公司
49	深圳市鑫梓润智慧城市管家股份有限公司
50	深圳市三禾田清洁服务有限公司
51	深圳市博宝源实业有限公司
52	深圳市人人物业环境工程有限公司
53	深圳市东恒环境科技有限公司
54	深圳市瑞洁清洁服务有限公司
55	深圳市绿景环境产业有限公司
56	深圳市贝雷德物业管理有限公司
57	深圳市凯盛物业管理有限公司
58	深圳市特玛仕环境科技有限公司
59	深圳市开达园林实业有限公司
60	深圳市天源环境技术有限公司
61	深圳市优洁雅环境管理有限公司
62	深圳市名仕达环境事业发展有限公司
63	深圳市绿清集团有限公司
64	广东省润浩城市管理集团有限公司
65	深圳市宝晨物业管理有限公司
66	深圳市冉冉环境技术有限公司
67	深圳市豪风清洁洗涤服务有限公司
68	深圳市鸿飞物业管理有限公司
69	深圳市弘浩物业发展有限公司
70	深圳市海清阳清洁服务有限公司
71	深圳市国艺园林建设有限公司

序号	单位名称
72	深圳市华士元环境产业有限公司
73	大志保洁服务（深圳）有限公司
74	深圳市天运清洁服务有限公司
75	深圳市凯盛综合环境服务有限公司
76	深圳市天城环境服务有限公司
77	深圳市南装清洁服务有限公司
78	深圳市尚用来环保科技有限公司
79	深圳市绿城环境科技建设有限公司
80	深圳市美景龙物业服务有限公司
81	深圳市戴宏新清洁服务有限公司
82	深圳市元美环保科技有限公司
83	深圳市捷美实业有限公司
84	深圳市上源环境科技有限公司
85	深圳市正立达物业清洁服务有限公司
86	深圳市德意物业管理有限公司
87	瀚蓝城市环境服务有限公司
88	宏远达环境工程高科（深圳）集团有限公司
89	深圳市历思环境服务有限公司
90	深圳市昆仑环境事业发展有限公司
91	深圳市方益城市服务发展有限公司
92	深圳市深水水务咨询有限公司
93	深圳市广汇源环境水务有限公司
94	深圳松安实业集团有限公司
95	深圳市万民洁环境产业有限公司
96	深圳市辰达市政服务有限公司
97	深圳市宜政智能环境科技有限公司
98	深圳合创卫生环保有限公司

2022年度深圳市环卫清洁服务行业"优秀合作伙伴"名单　　　　　表3-3-5

序号	单位名称
1	长沙中联重科环境产业有限公司深圳分公司
2	深圳市方圳清环管理咨询服务有限公司
3	郑州宇通重工有限公司驻深办事处
4	福建龙马环卫装备股份有限公司驻深办事处
5	深圳市支氏环保科技有限公司
6	中国人寿财产保险股份有限公司深圳市分公司

（资料来源：深圳市环卫清洁行业协会官网）

【深圳市智慧安防行业协会】 深圳市智慧安防行业协会（以下简称智安协）是2012年12月27日经深圳市公安局和政府相关职能部门的指导下在市民政局注册登记，具有法人资格的社会团体。2022年获得深圳市民政局授予的"深圳5A级社会组织"称号，是深圳市第一批具有承接政府职能转移资格的行业协会。

智安协成立以来，已发展会员企业及中小微企业近千家，通过高层对话、项目对接、展会论坛、行业培训等形式促进产业链合作，为安防企业提供标准、人才、市场、法律法规、知识产权、国际交流与合作、政策、财税等公益性综合信息服务；为企业开拓市场、促成技术与资本精准对接、人才培育与引进、知识产权保护等方面提供实质性帮助。经过多年发展，智安协已建成集创业孵化、资讯交流、技术合作、供需对接、服务集成于一体的全方位资源整合信息服务平台，为全市安防行业中小微企业提供企业家培育、战略、融资、市场、创新创业、知识、法律等专业化精细化服务。

2022年6月，深圳市智慧安防行业协会党委（以下简称智安协党委）经过两年多的筹备工作正式成立。智安协党委充分发挥党组织的战斗堡垒作用和党员先锋模范作用，坚持党建引领带动行业发展，丰富协会工作内涵，提高协会工作实效，积极发挥协会党组织的桥梁纽带作用，发挥协会党员的资源优势、专家优势，不断提升智慧安防行业的研发创造力、产品竞争力、品牌影响力。2022年，协会主导和参与制定了《公共安全视频监控建设联网共享技术规范》《停车库（场）预约共享数据接口规范》《住宅小区高空抛物安全防范要求》《反恐怖防范管理规范 机场》4项地方标准，发布了《保安任务风险等级评定规范》《城市群协同业务数字化构建指南》《出入口人员健康信息核验设备技术规范》《智慧城市 综合智能数据仓管控系统技术要求》《无人值守停车库（场）系统技术规范》《停车库（场）交通设施图纸绘制规范》《企业质量文化建设与评估指南》《共享交流充电桩+车位锁系统技术规范》共8项团体标准，涵盖了安防、停车、保安、物联网、人工智能等领域。组织各类标准宣贯、培训、研讨会等30余场。2022年，走访企业400余次，先后开展党委联建活动、交流座谈会、沙龙会、考察活动等30余场。先后组织召开"媒体交流会""'同力协契·互享共赢'走进企业系列交流活动"。先后与广东省公共安全技术防范协会联合开展了5场"广东省安防从业人员继续教育培训"，参与学习培训人数达1000人。在深圳市人力资源和社会保障局和深圳市总工会的支持和指导下，协会举办"深圳市第十二届职工技术创新运动会暨2022年深圳技能大赛——安全防范系统安装维护员技能竞赛"等，展现了安防从业人员的专业形象和精神风貌，锻炼了队伍，涌现出一批技术拔尖人才，对于促进各单位进一步做好职工培训工作和调动职工的学习积极性，起到良好作用，也提高了广大职工的职业技能和整体素质，对推动行业整体竞争力具有十分重要的意义。

（资料来源：深圳市智慧安防行业协会）

第四章

业主自治

SHENZHEN
PROPERTY MANAGEMENT
YEARBOOK 2023

PROPERTY MANAGEMENT

第一节　业主大会、业主委员会发展概况

【综述】　截至2022年12月31日，根据深圳市物业管理信息平台统计，全市成立业主委员会的小区共有1631个。其中，福田区334个，罗湖区278个，盐田区70个，南山区365个，宝安区193个，龙华区95个，龙岗区230个，光明区14个，大鹏新区30个，坪山区22个。总体来看，深圳业主委员会成立率仍然偏低。部分住宅小区业主委员会成立难、运作难、生存难的问题依然存在。业主委员会成员素质有所提高，业主大会、业主委员会运作越来越规范。表4-1-1～表4-1-10为各区统计的业主委员会备案情况。

福田区　　　　　　　　　　　　　　　　　　　　　　　　表4-1-1

序号	项目名称	业委会名称	业委会届数	任期开始时间	任期截止时间	所属街道
1	宝瑞轩	深圳市福田区宝瑞轩第六届业主委员会	六	2022-06-27	2027-06-26	福保
2	宝田苑	深圳市福田区宝田苑第三届业主委员会	三	2016-09-11	2019-09-10	福保
3	碧馨苑	深圳市福田区碧馨苑第二届业主委员会	二	2022-05-23	2027-05-22	福保
4	城市3米6公寓	深圳市福田区城市三米六公寓第一届业主委员会	一	2020-10-28	2025-10-27	福保
5	缔馨园小区	深圳市福田区缔馨园小区第二届业主委员会	二	2022-07-04	2027-07-03	福保
6	东方欣悦居	深圳市福田区东方欣悦居第三届业主委员会	三	2019-11-05	2022-11-04	福保
7	福保桂花苑	深圳市福田区桂花苑第二届业主委员会	二	2014-06-16	2017-06-15	福保
8	福田花园	深圳市福田区福田花园第七届业主委员会	七	2021-06-25	2026-06-24	福保
9	福源花园	深圳市福田区福源花园第六届业主委员会	六	2019-08-05	2022-08-04	福保
10	高发佳苑	深圳市福田区高发佳苑第七届业主委员会	七	2022-06-28	2027-06-27	福保
11	高发住宅楼	深圳市福田区高发小区第三届业主委员会	三	2019-09-18	2024-09-17	福保
12	恒冠豪园	深圳市福田区恒冠豪园第五届业主委员会	五	2018-11-14	2021-11-13	福保
13	金地翠园	深圳市福田区金地翠园第六届业主委员会	六	2022-05-12	2027-05-11	福保
14	京隆苑	深圳市福田区京隆苑第六届业主委员会	六	2018-12-13	2021-12-12	福保
15	骏皇名居	深圳市福田区骏皇名居第四届业主委员会	四	2016-01-06	2021-01-05	福保

序号	项目名称	业委会名称	业委会届数	任期开始时间	任期截止时间	所属街道
16	蓝色海云居	深圳市福田区蓝色海云居第四届业主委员会	四	2021-12-06	2026-12-05	福保
17	朗庭豪园	深圳市福田区朗庭豪园第三届业主委员会	三	2019-05-06	2022-05-05	福保
18	绿洲丰和家园	深圳市福田区绿洲丰和家园第二届业主委员会	二	2022-12-22	2027-12-21	福保
19	明月花园	深圳市福田区明月花园第八届业主委员会	八	2021-08-18	2026-08-17	福保
20	南方国际广场	深圳市福田区南方国际广场第四届业主委员会	四	2018-03-23	2021-03-22	福保
21	南光名仕苑	深圳市福田区中航物业管理有限公司南光名仕苑管理处第二届业主委员会	二	2018-11-29	2021-11-28	福保
22	南光紫荆苑	深圳市福田区南光紫荆苑第三届业主委员会	三	2017-11-09	2020-11-08	福保
23	瑞和园	深圳市福田区瑞和园第一届业主委员会	一	2021-08-27	2026-08-26	福保
24	泰美园	深圳市福田区泰美园第一届业主委员会	一	2017-07-31	2020-07-30	福保
25	物业时代新居	深圳市福田区物业时代新居第六届业主委员会	六	2021-10-14	2026-10-15	福保
26	祥韵苑	深圳市福田区祥韵苑第一届业主委员会	一	2021-07-16	2026-07-16	福保
27	新新家园	深圳市福田区建鑫苑第五届业主委员会	五	2019-12-24	2022-12-23	福保
28	信托花园	深圳市福田区信托花园第七届业委会	七	2019-12-28	2022-12-27	福保
29	星河明居	深圳市福田区星河明居第七届业委会	七	2022-08-11	2027-08-10	福保
30	雅云轩	深圳市福田区雅云轩第三届业委会	三	2019-10-24	2022-10-23	福保
31	阳光华苑	深圳市福田区天健阳光华苑第七届业主委员会	七	2021-01-16	2026-01-15	福保
32	阳光四季	深圳市福田区阳光四季第二届业主委员会	二	2017-06-20	2020-06-20	福保
33	益田村	深圳市福田区益田村第八届业主委员会	八	2021-11-20	2026-11-19	福保
34	益田豪园居	深圳市福田区益田豪园居第六届业主委员会	六	2019-07-14	2022-07-13	福保
35	益田合正佳园	深圳市福田区益田合正佳园第四届业主委员会	四	2014-07-08	2019-07-08	福保
36	益田花园DEF区小区	深圳市福田区益田花园DEF区小区第四届业主委员会	四	2022-06-18	2027-06-17	福保
37	银泰苑	深圳市福田区银泰苑小区第六届业主委员会	六	2022-08-1	2027-07-31	福保
38	英达利科技数码园	深圳市福田区英达利科技数码园第六届业主委员会	六	2021-11-09	2026-11-08	福保
39	裕康时尚名居	深圳市福田区裕康时尚名居第三届业主委员会	三	2016-12-10	2019-12-09	福保
40	中央花园	深圳市福田区中央花园第一届业主委员会	一	2013-11-11	2016-11-10	福保
41	爱地大厦	深圳市福田区爱地大厦第五届业主委员会	五	2021-07-26	2026-07-25	福田
42	朝恒大厦	深圳市福田区朝恒大厦第三届业主委员会	三	2022-09-26	2027-09-25	福田
43	城中雅苑	深圳市福田区城中雅苑第五届业主委员会	五	2019-04-01	2022-03-31	福田
44	东怡大厦	深圳市福田区东怡大厦第三届业主委员会	三	2019-05-27	2022-05-26	福田
45	福建大厦	深圳市福田区福建大厦第二届业主委员会	二	2018-01-27	2021-01-26	福田
46	福民新村35-39栋	深圳市福田区福民新村第六届业主委员会	六	2018-05-09	2021-05-08	福田

序号	项目名称	业委会名称	业委会届数	任期开始时间	任期截止时间	所属街道
47	福泉花园	深圳市福田区福泉花园第三届业主委员会	三	2018-05-15	2021-05-14	福田
48	福盛大厦	深圳市福田区福盛大厦第二届业委会	二	2019-12-26	2022-12-25	福田
49	福涛东园	深圳市福田区福涛东园第五届业主委员会	五	2018-08-30	2021-08-29	福田
50	福业大厦	深圳市福田区福业大厦第一届业主委员会	一	2018-12-05	2021-12-04	福田
51	岗厦变电住宅综合楼	深圳市福田区岗厦变电住宅综合楼第一届业主委员会	一	2017-09-04	2020-09-03	福田
52	港丽豪园	深圳市福田区港丽豪园小区第六届业主委员会	六	2021-08-16	2026-08-15	福田
53	高科利花园大厦	深圳市福田区高科利花园大厦第五届业主委员会	五	2016-12-14	2019-12-13	福田
54	共和世家	深圳市福田区共和世家第七届业主委员会	七	2022-01-18	2027-01-17	福田
55	海悦华城	深圳市福田区海悦华城第一届业委会	一	2018-01-16	2021-01-15	福田
56	恒福花园	深圳市福田区恒福花园第三届业主委员会	三	2017-11-26	2020-11-25	福田
57	华明楼	深圳市福田区华明楼第二届业主委员会	二	2019-07-08	2022-07-07	福田
58	华融大厦	深圳市福田区华融大厦第六届业主委员会	六	2021-11-07	2026-11-06	福田
59	皇城广场	深圳市福田区皇城广场第七届业主委员会	七	2019-09-05	2022-09-04	福田
60	皇达东方雅苑	深圳市福田区皇达东方雅苑第六届业主委员会	六	2019-06-15	2022-06-14	福田
61	皇庭彩园	深圳市福田区皇庭彩园第五届业主委员会	五	2018-09-24	2021-09-23	福田
62	皇庭居	深圳市福田区皇庭居第六届业主委员会	六	2018-12-15	2021-12-14	福田
63	嘉麟豪庭	深圳市福田区嘉麟豪庭第五届业主委员会	五	2016-10-27	2019-10-26	福田
64	金港豪庭	深圳市福田区金港豪庭第二届业主委员会	二	2019-07-16	2022-07-15	福田
65	京海花园	深圳市福田区京海花园第五届业主委员会	五	2016-12-27	2019-12-26	福田
66	景源华庭	深圳市福田区景源华庭第一届业主委员会	一	2017-10-16	2020-10-15	福田
67	廊桥花园	深圳市福田区廊桥花园第一届业委会	一	2020-09-21	2025-09-20	福田
68	联合广场	深圳市福田区联合广场第七届业委会	七	2021-10-11	2026-10-10	福田
69	南光捷佳大厦	深圳市福田区南光捷佳大厦第一届业主委员会	一	2018-08-02	2021-08-01	福田
70	庆典大厦	深圳市福田区庆典大厦第一届业主委员会	一	2017-07-16	2020-07-15	福田
71	瑞昌大厦	深圳市福田区瑞昌大厦第一届业主委员会	一	2019-09-02	2022-09-01	福田
72	赛格绿茵阁小区	深圳市福田区赛格绿茵阁小区第一届业主委员会	一	2013-08-26	2016-08-25	福田
73	深华运输住宅楼	深圳市福田区深华运输住宅楼第二届业主委员会	二	2017-10-25	2020-10-24	福田
74	时代星居	深圳市福田区时代星居第二届业委会	二	2019-09-14	2022-09-13	福田
75	天泽花园	深圳市福田区天泽花园第二届业委会	二	2019-04-10	2022-04-09	福田
76	桐林公寓	深圳市福田区桐林公寓第二届业委会	二	2022-01-25	2027-01-24	福田
77	万景花园	深圳市福田区万景花园第八届业主委员会	八	2019-05-24	2022-05-23	福田
78	伟柏花园	深圳市福田区伟柏花园第四届业主委员会	四	2019-06-22	2021-06-21	福田

续表

序号	项目名称	业委会名称	业委会届数	任期开始时间	任期截止时间	所属街道
79	显锐大厦	深圳市福田区显锐大厦第二届业主委员会	二	2018-06-21	2021-06-20	福田
80	星河国际花园	深圳市福田区星河国际花园第四届业主委员会	四	2017-06-01	2019-05-31	福田
81	阳光城市家园	深圳市福田区阳光城市家园第一届业主委员会	一	2021-08-17	2026-08-16	福田
82	银庄大厦	深圳市福田区银庄大厦第七届业主委员会	七	2018-09-03	2021-09-02	福田
83	御庭园	深圳市福田区御庭园第三届业主委员会	三	2022-04-13	2027-04-12	福田
84	云顶翠峰三期	深圳市福田区云顶翠峰三期第三届业主委员会	三	2022-08-08	2027-08-07	福田
85	中心商务大厦	深圳市福田区中心商务大厦第四届业主委员会	四	2017-03-10	2020-03-09	福田
86	卓越大厦	深圳市福田区卓越大厦第三届业主委员会	三	2018-08-21	2021-08-20	福田
87	城市绿洲花园	深圳市福田区城市绿洲花园第三届业主委员会	三	2021-09-28	2021-09-27	华富
88	福景大厦	深圳市福田区福景大厦第七届业主委员会	七	2019-09-20	2022-09-19	华富
89	福莲花园	深圳市福田区福莲花园第五届业主委员会	五	2018-03-17	2021-03-16	华富
90	海连大厦	深圳市福田区海连大厦第六届业主委员会	六	2017-05-27	2020-05-26	华富
91	皇家翠苑	深圳市福田区皇家翠苑第六届业主委员会	六	2021-11-03	2026-11-2	华富
92	莲花二村	深圳市福田区莲花二村第九届业主委员会	九	2018-08-27	2021-08-26	华富
93	莲花一村	深圳市福田区莲花一村第五届业主委员会	五	2017-06-13	2020-06-12	华富
94	梅岗园林小区	深圳市福田区梅岗园林小区第一届业主委员会	一	2019-01-30	2022-01-29	华富
95	神彩苑	深圳市福田区彩电总公司职工宿舍第二届业主委员会	二	2017-05-25	2020-05-24	华富
96	现代苑	深圳市福田区现代苑第六届业主委员会	六	2019-06-29	2022-06-28	华富
97	信苑花园	深圳市福田区信苑花园第四届业主委员会	四	2019-06-20	2022-06-19	华富
98	雪虹花园	深圳市福田区雪虹花园第五届业主委员会	五	2022-07-11	2027-07-10	华富
99	依山居	深圳市福田区依山居第五届业主委员会	五	2019-10-17	2022-10-16	华富
100	长福花园	深圳市福田区长福花园第五届业主委员会	五	2016-12-26	2019-12-25	华富
101	振业花园	深圳市福田区振业花园第六届业主委员会	六	2018-01-04	2021-01-03	华富
102	紫玉花园	深圳市福田区紫玉花园第六届业主委员会	六	2018-03-01	2021-02-28	华富
103	都会100大厦	深圳市福田区都会100大厦第五届业主委员会	五	2019-12-28	2022-12-27	华强北
104	阁林网苑	深圳市福田区阁林网苑第一届业主委员会	一	2021-03-09	2026-03-08	华强北
105	工会大厦	深圳市福田区工会小区第七届业主委员会	七	2022-02-05	2027-02-04	华强北
106	海馨苑	深圳市福田区海馨苑第四届业主委员会	四	2021-12-28	2026-12-27	华强北
107	航空、南光大厦	深圳市福田区航空大厦、南光大厦第四届业主委员会	四	2022-12-16	2027-12-15	华强北
108	航天立业华庭	深圳市福田区航天立业华庭第二届业主委员会	二	2018-01-14	2021-01-13	华强北
109	航苑大厦	深圳市福田区航苑大厦第三届业主委员会	三	2021-06-01	2026-05-31	华强北
110	佳和华强大厦	深圳市福田区佳和华强大厦第一届业主委员会	一	2017-10-16	2019-10-15	华强北

序号	项目名称	业委会名称	业委会届数	任期开始时间	任期截止时间	所属街道
111	建艺大厦	深圳市福田区建艺大厦第四届业主委员会	四	2021-01-26	2026-01-25	华强北
112	金茂礼都	深圳市福田区金茂礼都小区第六届业主委员会	六	2021-12-21	2026-12-20	华强北
113	鹏基上步工业区	深圳市福田区上步工业区第八届业主委员会	八	2022-06-06	2027-06-05	华强北
114	群星广场	深圳市福田区群星广场第六届业主委员会	六	2020-01-05	2023-01-04	华强北
115	赛格科技园	深圳市福田区赛格科技园第七届业委会	七	2019-10-31	2022-10-30	华强北
116	桑达雅苑	深圳市福田区桑达雅苑第二届业委员会	二	2019-01-25	2022-01-24	华强北
117	玮鹏花园1、2、3栋	深圳市福田区玮鹏花园1、2、3栋第三届业主委员会	三	2021-09-07	2026-09-06	华强北
118	玮鹏花园5、6、7栋	深圳市福田区玮鹏花园5、6、7栋第五届业主委员会	五	2021-07-05	2026-07-04	华强北
119	云尚公馆	深圳市福田区云尚公馆第一届业主委员会	一	2022-07-03	2027-07-02	华强北
120	中泰燕南名庭	深圳市福田区中泰燕南名庭第三届业主委员会	三	2015-12-15	2018-12-14	华强北
121	安柏丽晶园	深圳市福田区安柏丽晶园第一届业主委员会	一	2018-09-13	2021-09-12	莲花
122	安通花园	深圳市福田区安通花园第一届业主委员会	一	2018-06-04	2021-06-03	莲花
123	彩田村	深圳市福田区彩田村第六届业主委员会	六	2021-05-08	2026-05-07	莲花
124	城市花园	深圳市福田区城市花园第六届业主委员会	六	2016-08-14	2019-08-13	莲花
125	翠景园	深圳市福田区翠景园第三届业主委员会	三	2017-07-10	2020-07-09	莲花
126	东方玫瑰花园	深圳市福田区东方玫瑰花园第二届业主委员会	二	2017-12-15	2020-12-14	莲花
127	翡翠名园	深圳市福田区翡翠名园第六届业主委员会	六	2020-03-30	2025-03-29	莲花
128	富霖花园	深圳市福田区富霖花园第一届业主委员会	一	2016-11-07	2019-11-06	莲花
129	合正名园	深圳市福田区合正名园第四届业主委员会	四	2014-07-09	2019-07-08	莲花
130	宏浩花园	深圳市福田区宏浩花园第六届业主委员会	六	2020-06-08	2025-06-07	莲花
131	华茂欣园小区	深圳市福田区华茂欣园第五届业主委员会	五	2020-12-03	2025-12-2	莲花
132	华泰香逸名园	深圳市福田区华泰香逸名园第四届业主委员会	四	2015-12-05	2020-12-04	莲花
133	江苏大厦	深圳市福田区江苏大厦第七届业主委员会	七	2020-08-14	2025-08-13	莲花
134	金色假日名苑	深圳市福田区金色假日名苑第一届业主委员会	一	2022-01-19	2027-01-18	莲花
135	景桦花园	深圳市福田区景桦花园业主大会第二届业主委员会	二	2022-01-16	2027-01-15	莲花
136	景龙大厦	深圳市福田区景龙大厦第二届业主委员会	二	2021-06-17	2026-06-16	莲花
137	景梅新村	深圳市福田区景梅新村第六届业主委员会	六	2021-09-13	2026-09-12	莲花
138	景蜜村	深圳市福田区景蜜村第二届业委会	二	2019-06-28	2022-06-27	莲花
139	景茗苑住宅小区	深圳市福田区景茗苑第二届业主委员会	二	2021-08-11	2026-08-10	莲花
140	景鹏大厦	深圳市福田区景鹏大厦第二届业主委员会	二	2021-09-30	2026-09-29	莲花
141	景田南小区	深圳市福田区景田南小区第二届业主委员会	二	2021-12-30	2026-12-29	莲花
142	景新花园	深圳市福田区景新花园第二届业主委员会	二	2019-11-01	2022-10-31	莲花

续表

序号	项目名称	业委会名称	业委会届数	任期开始时间	任期截止时间	所属街道
143	景苑大厦	深圳市福田区景苑大厦第四届业主委员会	四	2022-12-22	2027-12-21	莲花
144	康欣园	深圳市福田区康欣园第四届业主委员会	四	2017-01-24	2020-01-23	莲花
145	莲花北住宅区	深圳市福田区莲花北村第七届业主委员会	七	2021-12-21	2026-12-20	莲花
146	莲兴苑	深圳市福田区莲兴苑第五届业委	五	2020-12-16	2025-12-15	莲花
147	鲁班大厦	深圳市福田区鲁班大厦第六届业主委员会	六	2019-03-12	2022-03-11	莲花
148	茂恒园	深圳市福田区茂恒园第七届业主委员会	七	2021-07-23	2026-07-22	莲花
149	民华大厦	深圳市福田区民华大厦第五届业主委员会	五	2022-06-02	2027-06-01	莲花
150	民宁园	深圳市福田区民宁园第七届业主委员会	七	2022-05-20	2027-05-19	莲花
151	侨福大厦	深圳市福田区侨福大厦第六届业主委员会	六	2022-11-10	2027-11-09	莲花
152	青海大厦	深圳市福田区青海大厦第四届业主委员会	四	2022-12-13	2027-12-12	莲花
153	擎天华庭	深圳市福田区擎天华庭第二届业主委员会	二	2019-12-10	2022-12-09	莲花
154	瑞达苑	深圳市福田区瑞达苑第一届业主委员会	一	2020-11-23	2025-11-22	莲花
155	润丰园	深圳市福田区润丰园第一届业主委员会	一	2021-11-26	2026-11-25	莲花
156	赛格景苑	深圳市福田区赛格景苑第一届业主委员会	一	2018-11-03	2021-11-02	莲花
157	商报大厦	深圳市福田区商报广场第七届业主委员会	七	2022-05-18	2027-05-17	莲花
158	深茂商业中心	深圳市福田区深茂商业中心第六届业主委员会	六	2020-12-04	2025-12-03	莲花
159	深业花园	深圳市福田区深业花园第四届业主委员会	四	2022-11-21	2027-11-20	莲花
160	深业岭秀名苑	深圳市福田区深业岭秀名苑第四届业主委员会	四	2021-09-29	2026-09-28	莲花
161	深圳市福田区第壹世界广场	深圳市福田区第壹世界广场第二届业主委员会	二	2022-05-25	2027-05-24	莲花
162	时代华庭	深圳市福田区时代华庭第五届业主委员会	五	2020-10-27	2025-10-26	莲花
163	时尚新天地名苑主.附楼	深圳市福田区时尚新天地名苑第二届业主委员会	二	2021-06-30	2026-06-29	莲花
164	世纪花园	深圳市福田区天健世纪花园第五届业主委员会	五	2021-03-29	2026-03-28	莲花
165	市政生活区	深圳市福田区市政生活区第七届业主委员会	七	2021-01-25	2026-01-24	莲花
166	特区报社住宅大厦大院	深圳市福田区特区报业大厦第八届业主委员会	八	2021-05-19	2026-05-18	莲花
167	缇香名苑一期	深圳市福田区缇香名苑一期第五届业主委员会	五	2019-12-23	2022-12-22	莲花
168	天明居	深圳市福田区天明居第六届业主委员会	六	2021-11-30	2026-11-29	莲花
169	天然居	深圳市福田区天然居第六届业主委员会	六	2019-01-08	2022-01-07	莲花
170	天威花园	深圳市福田区天威花园第五届业主委员会	五	2021-12-28	2026-12-27	莲花
171	万托家园	深圳市福田区万托家园第一届业主委员会	一	2022-12-2	2027-12-01	莲花
172	香景大厦	深圳市福田区香景大厦第六届业主委员会	六	2022-06-28	2027-06-27	莲花

序号	项目名称	业委会名称	业委会届数	任期开始时间	任期截止时间	所属街道
173	香丽大厦	深圳市福田区香丽大厦第一届业主委员会	一	2019-12-30	2022-12-29	莲花
174	香荔新村	深圳市福田区香荔新村第一届业委员会	一	2015-07-20	2018-07-19	莲花
175	香蜜二村(1-16栋)	深圳市福田区香蜜二村第五届业委员会	五	2018-01-27	2021-01-26	莲花
176	香蜜三村	深圳市福田区香蜜三村第六届业委员会	六	2020-12-01	2025-11-30	莲花
177	翔名苑	深圳市福田区翔名苑第五届业主委员会	五	2019-07-25	2022-07-24	莲花
178	馨庭苑	深圳市福田区馨庭苑第一届业委会	一	2016-12-23	2021-12-22	莲花
179	幸福家园	深圳市福田区幸福家园第五届业主委员会	五	2022-06-21	2027-06-20	莲花
180	雅颂居	深圳市福田区雅颂居第二届业主委员会	二	2019-05-13	2022-05-12	莲花
181	业城大厦长景阁	深圳市福田区长景阁第六届业委员会	六	2021-06-29	2026-06-28	莲花
182	业城阁	深圳市福田区业城阁第六届业委员会	六	2021-06-08	2026-06-07	莲花
183	怡枫园小区	深圳市福田区怡枫园小区第六届业主委员会	六	2018-09-28	2021-09-27	莲花
184	长城盛世家园二期	深圳市福田区盛世家园二期第六届业主委员会	六	2021-09-26	2026-09-25	莲花
185	长城盛世家园一期	深圳市福田区长城盛世家园一期第二届业委员会	二	2021-05-11	2026-05-10	莲花
186	振业景洲大厦	深圳市福田区振业景洲大厦第七届业主委员会	七	2019-12-09	2022-12-08	莲花
187	中银花园	深圳市福田区中银花园第四届业主委员会	四	2021-12-27	2026-12-26	莲花
188	紫荆苑一、二期	深圳市福田区紫荆苑第一届业主委员会	一	2020-08-03	2025-08-02	莲花
189	紫薇阁	深圳市福田区紫薇阁第四届业主委员会	四	2017-05-14	2020-05-13	莲花
190	百兴苑	深圳市福田区百兴苑第一届业主委员会	一	2019-11-04	2022-11-03	梅林
191	碧华庭居	深圳市福田区碧华庭居第六届业主委员会	六	2019-10-29	2022-10-28	梅林
192	碧荔花园	深圳市福田区碧荔花园第二届业主委员会	二	2019-08-30	2022-08-29	梅林
193	碧云天	深圳市福田区碧云天第六届业主委员会	六	2019-01-22	2022-01-21	梅林
194	雕塑家园、雕塑院	深圳市福田区雕塑家园第二届业主委员会	二	2016-07-01	2019-06-30	梅林
195	东方富苑	深圳市福田区东方富苑第二届业主委员会	二	2021-06-20	2026-06-19	梅林
196	翰岭花园	深圳市福田区翰岭花园第一届业主委员会	一	2021-06-21	2026-06-20	梅林
197	合正逸园	深圳市福田区申汇基合正逸园第四届业主委员会	四	2019-02-02	2022-02-01	梅林
198	合正园(合正花园)	深圳市福田区合正园第四届业主委员会	四	2021-06-22	2026-06-21	梅林
199	鸿浩阁	深圳市福田区润裕山景豪苑鸿浩阁第五届业主委员会	五	2017-11-07	2020-11-06	梅林
200	花里林居	深圳市福田区花里林居第一届业主委员会	一	2021-05-10	2026-05-09	梅林
201	华茂苑	深圳市福田区华茂苑第四届业主委员会	四	2019-09-12	2022-09-11	梅林
202	汇龙花园	深圳市福田区汇龙花园第五届业主委员会	五	2022-09-01	2027-08-31	梅林
203	金燕园	深圳市福田区金燕园第五届业主委员会	五	2019-07-15	2022-07-14	梅林
204	锦林新居	深圳市福田区锦林新居第一届业主委员会	一	2019-04-29	2022-04-28	梅林

续表

序号	项目名称	业委会名称	业委会届数	任期开始时间	任期截止时间	所属街道
205	兰江山第花园	深圳市福田区兰江山第花园第一届业主委员会	一	2020-12-24	2025-12-23	梅林
206	蓝宝石名庭	深圳市福田区蓝宝石名庭第一届业主委员会	一	2018-02-02	2021-02-01	梅林
207	梅林二村	深圳市福田区梅林二村第七届业主委员会	七	2017-11-07	2020-11-06	梅林
208	梅林一村	深圳市福田区梅林一村第五届业主委员会	五	2022-10-08	2027-10-07	梅林
209	梅林苑	深圳市福田区梅林苑小区第一届业主委员会	一	2021-08-17	2026-08-16	梅林
210	梅林住宅楼	深圳市福田区梅林住宅楼第一届业主委员会	一	2017-06-21	2020-06-20	梅林
211	栖棠映山花园	深圳市福田区栖棠映山花园第一届业主委员会	一	2020-12-24	2025-12-23	梅林
212	润华苑	深圳市福田区润华苑第四届业主委员会	四	2014-01-14	2019-01-15	梅林
213	润裕苑	深圳市福田区润裕苑第三届业主委员会	三	2017-12-18	2020-12-17	梅林
214	绅宝花园	深圳市福田区绅宝花园第五届业主委员会	五	2018-11-29	2021-11-28	梅林
215	深圳市蓝宝石家园	深圳市福田区深圳市蓝宝石家园第三届业主委员会	三	2019-08-25	2022-08-24	梅林
216	四季山水花园	深圳市福田区四季山水花园第一届业主委员会	一	2021-09-15	2026-09-14	梅林
217	天居水木澜山居	深圳市福田区水木澜山第二届业主委员会	二	2021-03-14	2026-03-13	梅林
218	通业大厦	深圳市福田区通业大厦第五届业主委员会	五	2021-01-18	2026-01-17	梅林
219	先科花园一、二栋	深圳市福田区先科花园第一届业主委员会	一	2021-06-02	2026-06-01	梅林
220	艺丰花园A区	深圳市福田区艺丰花园A区第一届业主委员会	一	2021-04-14	2026-04-13	梅林
221	艺丰花园B区	深圳市福田区艺丰花园B区第二届业主委员会	二	2021-01-19	2026-01-18	梅林
222	艺丰花园C区	深圳市福田区艺丰花园C区第三届业主委员会	三	2021-09-07	2026-09-06	梅林
223	爱华住宅小区	深圳市福田区爱华住宅小区第三届业主委员会	三	2020-07-29	2025-07-28	南园
224	东园新村	深圳市福田区东园新村第三届业主委员会	三	2019-01-15	2022-01-14	南园
225	飞扬时代大厦	深圳市福田区飞扬时代大厦第二届业主委员会	二	2018-05-28	2021-05-27	南园
226	光华园	深圳市福田区光华园第四届业委员会	四	2022-01-14	2027-01-13	南园
227	红岭大厦	深圳市福田区红岭大厦第八届业主委员会	八	2019-09-05	2022-09-04	南园
228	汇港名苑	深圳市福田区汇港名苑第四届业主委员会	四	2017-03-10	2020-03-09	南园
229	锦峰大厦	深圳市福田区锦峰大厦第三届业主委员会	三	2018-08-15	2021-08-14	南园
230	南园新村	深圳市福田区南园新村第三届业主委员会	三	2020-06-11	2023-06-10	南园
231	鹏丽大厦	深圳市福田区鹏丽大厦第四届业主委员会	四	2022-01-14	2027-01-13	南园
232	赛格苑	深圳市福田区赛格苑第七届业主委员会	七	2017-05-16	2020-05-15	南园
233	上步大厦	深圳市福田区上步大厦第五届业主委员会	五	2019-2-04	2022-2-03	南园
234	统建办公楼	深圳市福田区统建办公楼第六届业主委员会	六	2016-12-29	2019-12-28	南园
235	统建商住楼	深圳市福田区统建商住楼第五届业主委员会	五	2019-09-28	2022-09-27	南园
236	万德居	深圳市福田区万德居第五届业主委员会	五	2019-10-25	2022-10-24	南园

序号	项目名称	业委会名称	业委会届数	任期开始时间	任期截止时间	所属街道
237	玉福楼	深圳市福田区玉福楼第二届业主委员会	二	2021-06-08	2026-06-07	南园
238	中电小区	深圳市福田区中电小区第五届业主委员会	五	2019-09-12	2022-09-11	南园
239	宝鸿苑	深圳市福田区宝鸿苑第四届业主委员会	四	2019-03-26	2022-03-25	沙头
240	碧海云天	深圳市福田区碧海云天第四届业主委员会	四	2015-11-06	2018-11-05	沙头
241	都市阳光名苑	深圳市福田区都市阳光名苑第五届业主委员会	五	2019-12-11	2022-12-10	沙头
242	福昌苑	深圳市福田区福昌苑第六届业主委员会	六	2018-01-10	2021-01-09	沙头
243	国都高尔夫花园（二期）	深圳市福田区国都高尔夫花园二期第三届业主委员会	三	2019-12-30	2022-12-29	沙头
244	杭钢富春商务大厦	深圳市福田区杭钢富春商务大厦第三届业主委员会	三	2015-07-05	2018-07-04	沙头
245	好景豪园	深圳市福田区好景豪园第三届业主委员会	三	2018-10-19	2020-10-18	沙头
246	鸿景湾名苑	深圳市福田区鸿景湾名苑第六届业主委员会	六	2017-10-26	2020-10-25	沙头
247	金地花园	深圳市福田区金地花园第四届业主委员会	四	2012-11-30	2015-11-29	沙头
248	金福苑	深圳市福田区金福苑第四届业主委员会	四	2017-03-31	2020-03-30	沙头
249	金海丽名居	深圳市福田区金海丽名居第一届业主委员会	一	2021-11-04	2026-11-03	沙头
250	金海燕花园	深圳市福田区金海燕花园第五届业主委员会	五	2021-12-27	2026-12-26	沙头
251	蓝湾半岛社区一期	深圳市福田区蓝湾半岛社区一期第六届业主委员会	六	2022-11-13	2027-11-12	沙头
252	荔树人家	深圳市福田区荔树人家第四届业主委员会	四	2020-1-22	2025-1-21	沙头
253	蜜园	深圳市福田区蜜园第四届业主委员会	四	2022-11-02	2027-11-01	沙头
254	南溪新苑	深圳市福田区南溪新苑第二届业主委员会	二	2019-06-13	2022-06-12	沙头
255	全海花园	深圳市福田区全海花园第五届业主委员会	五	2018-09-01	2021-08-31	沙头
256	万基商务大厦	深圳市福田区万基商务大厦第三届业主委员会	三	2019-08-20	2022-08-19	沙头
257	万科金域蓝湾	深圳市福田区万科金域蓝湾第一届业主委员会	一	2021-12-13	2026-12-12	沙头
258	香江东苑	深圳市福田区香江东苑第一届业主委员会	一	2021-07-13	2026-07-12	沙头
259	新浩城	深圳市福田区新浩城花园第五届业主委员会	五	2019-12-08	2022-12-07	沙头
260	新中苑	深圳市福田区新中苑第二届业主委员会	二	2017-12-15	2020-12-14	沙头
261	新洲骏皇嘉园	深圳市福田区骏皇嘉园第一届业主委员会	一	2020-07-21	2025-07-20	沙头
262	星河雅居	深圳市福田区星河雅居第一届业主委员会	一	2021-10-22	2026-10-21	沙头
263	椰树花园	深圳市福田区椰树花园第五届业主委员会	五	2014-07-25	2017-07-24	沙头
264	元盛兴苑	深圳市福田区元盛兴苑第三届业主委员会	三	2016-12-06	2019-12-05	沙头
265	中城天邑花园	深圳市福田区绿景中城天邑第四届业主委员会	四	2020-06-15	2023-06-14	沙头
266	安托山花园	深圳市福田区安托山花园第一届业主委员会	一	2021-04-02	2026-04-01	香蜜湖
267	东海花园福禄居	深圳市福田区东海花园福禄居第五届业主委员会	五	2021-09-02	2026-09-01	香蜜湖

序号	项目名称	业委会名称	业委会届数	任期开始时间	任期截止时间	所属街道
268	东海花园一期	深圳市福田区东海花园一期第六届业主委员会	六	2020-04-18	2025-04-17	香蜜湖
269	东海十八居	深圳市福田区东海十八居第一届业主委员会	一	2020-12-10	2025-12-09	香蜜湖
270	风临左岸名苑	深圳市福田区风临左岸第一届业主委员会	一	2021-06-01	2026-05-31	香蜜湖
271	瀚盛花园（原香蜜奕翠园）	深圳市福田区瀚盛花园第四届业主委员会	四	2020-02-17	2025-02-16	香蜜湖
272	豪峰园	深圳市福田区豪峰园第二届业主委员会	二	2018-11-05	2021-11-04	香蜜湖
273	浩铭财富广场	深圳市福田区浩铭财富广场第一届业主委员会	一	2020-12-30	2025-12-29	香蜜湖
274	恒星园	深圳市福田区恒星园第五届业主委员会	五	2021-09-27	2026-09-26	香蜜湖
275	蝴蝶谷名苑	深圳市福田区蝴蝶谷名苑第四届业主委员会	四	2022-02-22	2027-02-21	香蜜湖
276	嘉园小区	深圳市福田区嘉园第六届业主委员会	六	2022-05-23	2027-05-22	香蜜湖
277	建业大厦	深圳市福田区建业大厦第一届业主大会	一	2021-11-03	2026-11-02	香蜜湖
278	建业小区（北区）	深圳市福田区建业小区（北区）第一届业主委员会	一	2021-10-25	2026-10-24	香蜜湖
279	建业小区（南区）	深圳市福田区建业小区（南区）第一届业主委员会	一	2021-05-26	2026-05-25	香蜜湖
280	金众小区	深圳市福田区金众小区第五届业主委员会	五	2022-01-18	2027-01-17	香蜜湖
281	金竹花园	深圳市福田区金竹花园第五届业主委员会	五	2019-07-04	2022-07-03	香蜜湖
282	锦庐花园	深圳市福田区锦庐花园第一届业主大会	一	2021-04-12	2026-04-11	香蜜湖
283	俊安苑	深圳市福田区俊安苑第四届业主委员会	四	2019-03-05	2021-03-04	香蜜湖
284	荔林苑	深圳市福田区荔林苑第七届业主委员会	七	2021-05-19	2026-05-18	香蜜湖
285	侨香村	深圳市福田区侨香村第三届业主委员会	三	2021-11-15	2026-11-14	香蜜湖
286	水榭花都	深圳市福田区水榭花都第三届业主委员会	三	2020-02-28	2025-02-27	香蜜湖
287	天健公馆	深圳市福田区天健公馆第一届业主委员会	一	2021-06-04	2026-06-03	香蜜湖
288	天御香山花园	深圳市福田区天御香山第二届业主委员会	二	2022-02-09	2027-02-08	香蜜湖
289	听泉居	深圳市福田区听泉居第二届业主委员会	二	2022-09-14	2027-09-13	香蜜湖
290	温馨家园	深圳市福田区温馨家园第七届业主委员会	七	2021-06-05	2026-06-04	香蜜湖
291	熙园	深圳市福田区熙园小区第六届业主委员会	六	2021-08-27	2026-08-26	香蜜湖
292	香格丽苑	深圳市福田区香格丽苑第四届业主委员会	四	2021-06-21	2026-06-20	香蜜湖
293	香荟雅苑	深圳市福田区香荟雅苑第一届业主委员会	一	2019-01-20	2022-01-19	香蜜湖
294	香蜜湖第一生态苑	深圳市福田区香蜜湖生态苑第三届业主委员会	三	2020-05-18	2023-05-17	香蜜湖
295	香蜜湖豪庭	深圳市福田区香蜜湖豪庭第二届业主委员会	二	2022-06-07	2027-05-06	香蜜湖
296	香蜜湖商住楼	深圳市福田区香蜜湖商住楼第二届业主委员会	二	2018-10-15	2021-10-14	香蜜湖
297	香蜜天宝物华家园	深圳市福田区香蜜天宝物华家园第二届业主委员会	二	2018-06-10	2020-06-09	香蜜湖
298	香山美树苑	深圳市福田区香山美树苑第三届业主委员会	三	2019-10-22	2022-10-21	香蜜湖

序号	项目名称	业委会名称	业委会届数	任期开始时间	任期截止时间	所属街道
299	香诗美林	深圳市福田区金众香诗美林第四届业主委员会	四	2021-12-17	2026-12-16	香蜜湖
300	香榭茗园	深圳市福田区香榭茗园第四届业主委员会	四	2021-04-01	2026-03-31	香蜜湖
301	香雅园	深圳市福田区香雅园第二届业主委员会	二	2017-07-04	2020-07-03	香蜜湖
302	香珠花园	深圳市福田区香珠花园第一届业主委员会	一	2020-12-28	2025-12-27	香蜜湖
303	新天国际名苑	深圳市福田区新天国际名苑第五届业主委员会	五	2022-11-16	2027-11-15	香蜜湖
304	星逸居	深圳市福田区星逸居第一届业主委员会	一	2021-06-02	2026-06-01	香蜜湖
305	雍祥居	深圳市福田区雍祥居小区第五届业主委员会	五	2022-12-26	2027-12-25	香蜜湖
306	越众小区	深圳市福田区越众小区第六届业主委员会	六	2022-10-11	2027-10-10	香蜜湖
307	越众越海家园	深圳市福田区越海家园第一届业主委员会	一	2021-07-07	2026-07-06	香蜜湖
308	振业翠海花园	深圳市福田区振业翠海花园第六届业主委员会	六	2021-06-17	2026-06-16	香蜜湖
309	竹盛花园	深圳市福田区竹盛花园第二届业主委员会	二	2021-12-22	2026-12-21	香蜜湖
310	竹园小区	深圳市福田区竹园小区第一届业主委员会	一	2022-01-27	2027-01-26	香蜜湖
311	八卦岭五区工业区	深圳市福田区八卦岭五区工业区第七届业主委员会	七	2020-11-16	2025-11-15	园岭
312	八卦岭宿舍区	深圳市福田区八卦岭宿舍区第七届业主委员会	七	2018-08-09	2021-08-08	园岭
313	百花公寓1、2号楼	深圳市福田区百花公寓1、2栋第六届业主委员会	六	2019-07-18	2022-07-17	园岭
314	百花公寓4栋、5栋	深圳市福田区百花公寓4、5栋第七届业主委员会	七	2021-06-21	2026-06-20	园岭
315	百花园	深圳市福田区百花园第六届业主委员会	六	2021-08-23	2026-08-22	园岭
316	城市主场公寓	深圳市福田区城市主场第二届业委会	二	2019-10-24	2022-10-23	园岭
317	国城花园	深圳市福田区国城花园第七届业委会	七	2019-04-21	2022-04-20	园岭
318	合正瑞园	深圳市福田区合正瑞园第四届业主委员会	四	2022-03-14	2027-03-13	园岭
319	核电花园	深圳市福田区核电花园第七届业主委员会	七	2019-06-03	2022-06-2	园岭
320	南天二花园	深圳市福田区南天二花园第七届业主委员会	七	2019-04-17	2022-04-16	园岭
321	南天一花园	深圳市福田区南天一花园第七届业主委员会	七	2022-06-27	2027-06-26	园岭
322	庆安航空大厦	深圳市福田区庆安航空大厦第七届业主委员会	七	2021-09-27	2026-09-26	园岭
323	先科机电大厦	深圳市福田区先科机电大厦第六届业主委员会	六	2022-01-07	2027-01-06	园岭
324	意馨居	深圳市福田区意馨居第二届业主委员会	二	2022-12-12	2027-12-11	园岭
325	园东花园	深圳市福田区园东花园第八届业主委员会	八	2021-07-29	2026-07-28	园岭
326	园中花园	深圳市福田区园中花园第一届业主委员会	一	2022-01-28	2027-01-27	园岭
327	长安花园	深圳市福田区长安花园第六届业主委员会	六	2021-06-04	2026-06-03	园岭
328	长城二花园	深圳市福田区长城二花园第六届业主委员会	六	2020-12-21	2025-12-20	园岭
329	长城七号楼	深圳市福田区长城大厦七号楼第六届业主委员会	六	2019-06-10	2022-06-09	园岭
330	长城一花园	深圳市福田区长城花园第三届业主委员会	三	2017-09-04	2020-09-03	园岭

续表

序号	项目名称	业委会名称	业委会届数	任期开始时间	任期截止时间	所属街道
331	长乐花园	深圳市福田区长乐花园第六届业主委员会	六	2018-11-24	2021-11-23	园岭
332	长泰花园	深圳市福田区长泰花园第七届业主委员会	七	2022-12-30	2027-12-29	园岭
333	长怡花园	深圳市福田区长怡花园第七届业主委员会	七	2021-04-08	2026-04-07	园岭
334	中浩大厦	深圳市福田区中浩大厦第四届业主委员会	四	2018-12-14	2021-12-13	园岭

罗湖区 表4-1-2

序号	项目名称	业主委员会名称	业委会届数	任期时间	到期时间	所属街道
1	百仕达花园一期	深圳市罗湖区百仕达花园一期第七届业主委员会	七	2020-08-22	2023-08-21	翠竹
2	柏丽花园	深圳市罗湖区柏丽花园第六届业主委员会	六	2020-03-15	2023-03-14	翠竹
3	泊林花园	深圳市罗湖区泊林花园第一届业主委员会	一	2019-06-06	2022-06-05	翠竹
4	翠拥华庭	深圳市罗湖区翠拥华庭第五届业主委员会	五	2022-11-22	2027-11-21	翠竹
5	翠苑小区	深圳市罗湖区翠苑小区第二届业主委员会	二	2014-07-01	2017-06-30	翠竹
6	翠珠小区	深圳市罗湖区翠珠小区第三届业主委员会	三	2015-07-20	2020-07-19	翠竹
7	东湖丽苑	深圳市罗湖区东湖丽苑第五届业主委员会	五	2021-12-31	2026-12-30	翠竹
8	供电局水贝大院	深圳市罗湖区供电局水贝大院第三届业主委员会	三	2019-11-28	2022-11-27	翠竹
9	洪湖东岸家园	深圳市罗湖区洪湖东岸第三届业主委员会	三	2019-12-29	2022-12-28	翠竹
10	鸿业苑	深圳市罗湖区鸿业苑小区第二届业主委员会	二	2015-04-08	2018-04-07	翠竹
11	鸿园居	深圳市罗湖区鸿园居第六届业主委员会	六	2018-06-29	2021-06-28	翠竹
12	华丽园	深圳市罗湖区华丽园小区第六届业主委员会	六	2021-06-29	2026-06-28	翠竹
13	化工大院	深圳市罗湖区化工大院第一届业主委员会	一	2021-12-16	2026-12-15	翠竹
14	环卫大院	深圳市罗湖区环卫小区第二届业主委员会	二	2021-10-15	2026-10-14	翠竹
15	嘉多利花园（南、北）	深圳市罗湖区嘉多利花园第六届业主委员会	六	2019-04-13	2022-04-12	翠竹
16	金贝苑	深圳市罗湖区金贝苑第二届业主委员会	二	2020-12-30	2023-12-29	翠竹
17	金丽豪苑	深圳市罗湖区金丽豪苑第六届业主委员会	六	2020-08-07	2023-08-06	翠竹
18	俊园	深圳市罗湖区俊园小区第三届业主委员会	三	2022-11-26	2027-11-25	翠竹
19	龙屋小区	深圳市罗湖区龙屋小区第五届业主委员会	五	2019-08-28	2022-08-27	翠竹
20	马古岭住宅区	深圳市罗湖区马古岭住宅区第二届业主委员会	二	2014-10-24	2019-10-23	翠竹
21	美思苑大厦	深圳市罗湖区美思苑大厦第三届业主委员会	三	2017-10-30	2020-10-29	翠竹
22	鹏城合正星园	深圳市罗湖区合正星园第四届业主委员会	四	2016-10-15	2021-10-14	翠竹
23	深宝小区	深圳市罗湖区深宝小区第一届业主委员会	一	2019-01-27	2022-01-26	翠竹
24	深华丽园商住综合楼、单身宿舍	深圳市罗湖区深华丽园第四届业主委员会	四	2020-12-01	2023-11-30	翠竹

序号	项目名称	业主委员会名称	业委会届数	任期时间	到期时间	所属街道
25	市人民医院住宅楼	深圳市罗湖区人民医院住宅小区第一届业主委员会	一	2017-12-08	2020-12-07	翠竹
26	田贝东3号大院	深圳市罗湖区田贝东3号大院第三届业主委员会	三	2021-11-15	2026-11-14	翠竹
27	田贝四路83号大院（米面厂）	深圳市罗湖区田贝四路83号大院第三届业主委员会	三	2015-07-13	2018-07-12	翠竹
28	田苑小区	深圳市罗湖区田苑小区第一届业主委员会	一	2019-05-21	2022-05-20	翠竹
29	文锦广场	深圳市罗湖区文锦广场第六届业主委员会	六	2018-09-20	2023-09-19	翠竹
30	新丰大厦	深圳市罗湖区新丰大厦第五届业主委员会	五	2017-06-01	2022-05-31	翠竹
31	阳光绿地家园	深圳市罗湖区阳光绿地家园第一届业主委员会	一	2022-01-24	2027-01-23	翠竹
32	怡泰大厦	深圳市罗湖区怡泰大厦第一届业主委员会	一	2020-01-21	2023-01-20	翠竹
33	逸翠园	深圳市罗湖区逸翠园第六届业主委员会	六	2020-08-31	2023-08-30	翠竹
34	愉天小区	深圳市罗湖区愉天小区第二届业主委员会	二	2022-09-26	2027-09-25	翠竹
35	百仕达东郡广场	深圳市罗湖区百仕达花园五期第四届业主委员会	四	2019-09-12	2022-09-11	东湖
36	宝湖名园	深圳市罗湖区宝湖名园第三届业主委员会	三	2019-12-23	2022-12-22	东湖
37	布心花园四区	深圳市罗湖区布心花园四区第四届业主委员会	四	2018-10-16	2021-10-15	东湖
38	彩世界家园	深圳市罗湖区彩世界家园第六届业主委员会	六	2022-07-04	2027-07-03	东湖
39	东安花园	深圳市罗湖区东安花园第三届业主委员会	三	2017-12-23	2020-12-22	东湖
40	翡翠园	深圳市罗湖区翡翠园第二届业主委员会	二	2021-09-04	2026-09-03	东湖
41	翡翠园山湖居	深圳市罗湖区翡翠园山湖居第四届业主委员会	四	2020-11-30	2023-11-29	东湖
42	金泰名苑	深圳市罗湖区金泰名苑第三届业主委员会	三	2021-03-09	2026-03-08	东湖
43	金洲花园	深圳市罗湖区金洲花园第三届业主委员会	三	2016-09-12	2019-09-11	东湖
44	绿映居	深圳市罗湖区绿映居第四届业主委员会	四	2018-06-22	2021-06-21	东湖
45	鹏城花园二期	深圳市罗湖区鹏城花园二期第二届业主委员会	二	2021-08-26	2026-08-25	东湖
46	谱心苑	深圳市罗湖区谱心苑第五届业主委员会	五	2021-06-16	2026-06-15	东湖
47	太白居	深圳市罗湖区太白居第四届业主委员会	四	2022-04-15	2027-04-14	东湖
48	淘金山湖景花园	深圳市罗湖区淘金山湖景花园第四届业主委员会	四	2019-09-18	2022-09-17	东湖
49	心怡花园（布心G小区）	深圳市罗湖区心怡花园第三届业主委员会	三	2018-06-25	2021-06-24	东湖
50	八达商城	深圳市罗湖区八达商城第五届业主委员会	五	2019-10-26	2024-10-25	东门
51	缤纷时代家园	深圳市罗湖区缤纷时代家园第四届业主委员会	四	2019-07-06	2022-07-05	东门
52	彩园	深圳市罗湖区彩园第六届业主委员会	六	2021-05-26	2026-05-25	东门
53	东方华都大厦	深圳市罗湖区东方华都大厦第三届业主委员会	三	2018-06-22	2021-06-21	东门
54	东门广场大厦	深圳市罗湖区东门广场大厦第三届业主委员会	三	2017-05-21	2022-05-20	东门
55	方海商苑	深圳市罗湖区方海商苑第六届业主委员会	六	2019-08-27	2022-08-26	东门

续表

序号	项目名称	业主委员会名称	业委会届数	任期时间	到期时间	所属街道
56	公园上苑	深圳市罗湖区公园上苑（天玺一号）第一届业主委员会	一	2019-06-17	2022-06-17	东门
57	嘉年华名苑	深圳市罗湖区嘉年华名苑第五届业主委员会	五	2017-04-15	2022-04-14	东门
58	金泰地铁商场	深圳市罗湖区金泰地铁商场第二届业主委员会	二	2017-01-09	2022-01-08	东门
59	聚龙大厦	深圳市罗湖区聚龙大厦第五届业主委员会	五	2021-04-27	2026-04-26	东门
60	凉果街多层住宅小区	深圳市罗湖区凉果街多层住宅区第三届业主委员会	三	2014-03-31	2017-03-30	东门
61	培森大厦	深圳市罗湖区培森大厦第四届业主委员会	四	2021-08-31	2026-08-30	东门
62	深圳戏院中海商城	深圳市罗湖区深圳戏院中海商城第五届业主委员会	五	2021-04-1	2026-03-31	东门
63	世濠大厦	深圳市罗湖区世濠大厦第一届业主委员会	一	2021-11-10	2026-11-09	东门
64	同乐大厦	深圳市罗湖区同乐大厦第五届业主委员会	五	2019-08-24	2022-08-23	东门
65	同乐大厦同庆阁	深圳市罗湖区同乐大厦同庆阁第七届业主委员会	七	2019-06-18	2024-06-17	东门
66	外贸集团大厦	深圳市罗湖区外贸集团大厦第六届业主委员会	六	2020-09-17	2023-09-16	东门
67	万达丰大厦	深圳市罗湖区万达丰大厦第六届业主委员会	六	2020-09-30	2023-09-29	东门
68	旺业豪苑	深圳市罗湖区旺业豪苑第一届业主委员会	一	2019-03-05	2022-03-04	东门
69	新风花园	深圳市罗湖区新风花园第三届业主委员会	三	2014-05-20	2017-05-19	东门
70	一品东门雅园	深圳市罗湖区一品东门雅园第一届业主委员会	一	2021-04-23	2026-04-22	东门
71	越港商业中心	深圳市罗湖区越港商业中心第三届业主委员会	三	2021-06-18	2026-06-17	东门
72	中信星光名庭	深圳市罗湖区中信星光名庭第四届业主委员会	四	2021-08-06	2026-08-05	东门
73	百仕达花园三期	深圳市罗湖区百仕达花园三期第五届业主委员会	五	2019-04-18	2022-04-17	东晓
74	比华利山庄	深圳市罗湖区比华利山庄第一届业主委员会	一	2021-03-22	2024-03-21	东晓
75	碧岭华庭	深圳市罗湖区碧岭华庭第五届业主委员会	五	2021-10-20	2026-10-19	东晓
76	布心阳光明居	深圳市罗湖区阳光明居第三届业主委员会	三	2018-03-12	2021-03-11	东晓
77	翠山花半里雅筑	深圳市罗湖区翠山花半里雅筑第一届业主委员会	一	2021-11-01	2026-10-31	东晓
78	大地花园	深圳市罗湖区大地花园第六届业主委员会	六	2018-05-16	2021-05-15	东晓
79	东晓花园	深圳市罗湖区东晓花园第一届业主委员会	一	2013-11-22	2016-11-21	东晓
80	东兴大院	深圳市罗湖区东兴大院第二届业主委员会	二	2014-07-12	2017-07-11	东晓
81	丰湖大厦	深圳市罗湖区丰湖大厦第三届业主委员会	三	2020-11-19	2023-11-18	东晓
82	鸿翠苑	深圳市罗湖区鸿翠苑第二届业主委员会	二	2018-09-21	2021-09-20	东晓
83	鹿鸣园	深圳市罗湖区鹿鸣园第一届业主委员会	一	2021-02-01	2024-01-31	东晓
84	松泉阁	深圳市罗湖区松泉阁第二届业主委员会	二	2019-12-23	2022-12-22	东晓
85	松泉公寓	深圳市罗湖区松泉公寓第一届业主委员会	一	2016-08-24	2022-04-25	东晓
86	太阳新城	深圳市罗湖区太阳新城第四届业主委员会	四	2015-01-08	2018-01-07	东晓
87	泰和花园	深圳市罗湖区泰和花园第二届业主委员会	二	2014-10-19	2017-10-18	东晓

序号	项目名称	业主委员会名称	业委会届数	任期时间	到期时间	所属街道
88	英达花园	深圳市罗湖区英达花园第四届业主委员会	四	2015-08-28	2018-08-27	东晓
89	长富花园	深圳市罗湖区长富花园第二届业主委员会	二	2018-08-19	2021-08-18	东晓
90	紫荆花园	深圳市罗湖区紫荆花园第五届业主委员会	五	2019-09-23	2022-09-22	东晓
91	宝丽大厦	深圳市罗湖区宝丽大厦第六届业主委员会	六	2021-10-15	2026-10-14	桂园
92	宝泉庄	深圳市罗湖区宝泉庄第六届业主委员会	六	2019-06-19	2024-06-18	桂园
93	大信大厦	深圳市罗湖区大信大厦第二届业主委员会	二	2019-07-11	2024-07-10	桂园
94	电影大厦	深圳市罗湖区电影大厦第五届业主委员会	五	2019-06-07	2024-06-06	桂园
95	都市名园	深圳市罗湖区都市名园第三届业主委员会	三	2014-08-26	2017-08-25	桂园
96	供电南苑	深圳市罗湖区供电南苑第三届业主委员会	三	2021-3-30	2026-3-29	桂园
97	广场北街小区	深圳市罗湖区广场北街第五届业主委员会	五	2015-11-26	2020-11-25	桂园
98	桂花大厦	深圳市罗湖区桂花大厦第六届业主委员会	六	2017-08-29	2022-08-28	桂园
99	国都花园	深圳市罗湖区国都花园第六届业主委员会	六	2019-04-22	2024-04-21	桂园
100	海关生活区鹿丹村生活区	深圳市罗湖区鹿丹村海关住宅楼第一届业主委员会	一	2017-12-21	2020-12-20	桂园
101	河南外贸大院小区	深圳市罗湖区河南外贸大院第一届业主委员会	一	2015-09-15	2018-09-14	桂园
102	红岭集团小区	深圳市罗湖区红岭集团南小区第一届业主委员会	一	2019-05-06	2024-05-05	桂园
103	鸿翔花园	深圳市罗湖区鸿翔花园第四届业主委员会	四	2021-12-07	2026-12-06	桂园
104	华瑞大厦	深圳市罗湖区华瑞大厦第二届业主委员会	二	2018-3-09	2021-3-08	桂园
105	嘉宾花园	深圳市罗湖区嘉宾花园第六届业主委员会	六	2019-07-16	2022-07-15	桂园
106	金丰城大厦	深圳市罗湖区金丰城大厦第七届业主委员会	七	2019-08-28	2024-08-27	桂园
107	金园	深圳市罗湖区金园花园第一届业主委员会	一	2020-01-13	2023-01-12	桂园
108	金众经典家园	深圳市罗湖区金众经典家园第六届业主委员会	六	2019-12-12	2022-12-11	桂园
109	骏庭名园	深圳市罗湖区骏庭名园第五届业主委员会	五	2019-07-26	2024-07-25	桂园
110	荔景大厦	深圳市罗湖区荔景大厦第二届业主委员会	二	2017-12-21	2020-12-20	桂园
111	岭南小区	深圳市罗湖区岭南小区第二届业主委员会	二	2019-06-27	2024-06-26	桂园
112	龙园创展	深圳市罗湖区龙园创展第一届业主委员会	一	2019-07-08	2022-07-07	桂园
113	鹿丹铁路新村	深圳市罗湖区鹿丹铁路新村第一届业主委员会	一	2018-01-24	2021-01-23	桂园
114	美荔园大厦	深圳市罗湖区美荔园第五届业主委员会	五	2019-08-22	2022-08-21	桂园
115	名仕阁	深圳市罗湖区名仕阁第四届业主委员会	四	2022-08-23	2027-08-22	桂园
116	深南东路沿河西2号院1、2、3栋	深圳市罗湖区深南东路沿河西2号院1、2、3栋第三届业主委员会	三	2021-03-30	2026-03-29	桂园
117	深业中心大厦	深圳市罗湖区深业中心第一届业主委员会	一	2018-12-20	2023-12-19	桂园
118	天地大厦	深圳市罗湖区天地大厦第七届业主委员会	七	2016-09-19	2021-08-18	桂园

续表

序号	项目名称	业主委员会名称	业委会届数	任期时间	到期时间	所属街道
119	天元大厦	深圳市罗湖区天元大厦第五届业主委员会	五	2018-06-20	2021-06-19	桂园
120	外运小区	深圳市罗湖区外运小区第六届业主委员会	六	2021-11-05	2026-11-04	桂园
121	万科桂苑	深圳市罗湖区桂苑城市花园第七届业主委员会	七	2019-05-15	2022-05-14	桂园
122	威登别墅	深圳市罗湖区威登别墅第七届业主委员会	七	2019-09-22	2022-09-21	桂园
123	西湖花园	深圳市罗湖区西湖花园第二届业主委员会	二	2022-10-13	2027-10-12	桂园
124	雅馨居	深圳市罗湖区雅馨居第一届业主委员会	一	2018-11-16	2023-11-15	桂园
125	中航凯特公寓	深圳市罗湖区中航凯特公寓第二届业主委员会	二	2015-3-25	2020-3-24	桂园
126	安业馨园	深圳市罗湖区安业馨园第四届业主委员会	四	2021-05-15	2026-05-14	黄贝
127	碧中园	深圳市罗湖区碧中园第五届业主委员会	五	2022-04-25	2027-04-24	黄贝
128	大澎花园	深圳市罗湖区大澎花园第七届业主委员会	七	2022-05-30	2027-05-29	黄贝
129	丹枫白露苑	深圳市罗湖区丹枫白露苑第一届业主委员会	一	2019-07-02	2022-07-01	黄贝
130	电视台宿舍小区	深圳市罗湖区电视台宿舍小区第一届业主委员会	一	2019-06-21	2022-06-20	黄贝
131	东方都会大厦	深圳市罗湖区东方都会大厦第四届业主委员会	四	2021-12-20	2026-12-19	黄贝
132	东湖大厦	深圳市罗湖区东湖大厦第五届业主委员会	五	2015-05-15	2018-05-14	黄贝
133	海丽大厦	深圳市罗湖区海丽大厦第五届业主委员会	五	2015-12-08	2018-12-07	黄贝
134	海珑华苑	深圳市罗湖区海珑华苑第四届业主委员会	四	2017-04-30	2022-04-09	黄贝
135	华丽花园	深圳市罗湖区华丽花园第五届业主委员会	五	2022-07-19	2027-07-18	黄贝
136	华丽西村	深圳市罗湖区华丽西村第二届业主委员会	二	2017-10-16	2020-10-15	黄贝
137	华裕花园	深圳市罗湖区华裕花园第一届业主委员会	一	2018-08-31	2021-08-30	黄贝
138	环岛丽园	深圳市罗湖区环岛丽园第五届业主委员会	五	2020-09-20	2022-09-20	黄贝
139	集浩花园	深圳市罗湖区集浩花园第二届业主委员会	二	2022-11-1	2027-10-31	黄贝
140	金城华庭	深圳市罗湖区金城华庭第四届业主委员会	四	2020-12-24	2025-12-23	黄贝
141	锦缘里嘉园	深圳市罗湖区锦缘里嘉园第一届业主委员会	一	2020-12-21	2025-12-20	黄贝
142	景贝北	深圳市罗湖区景贝北第二届业主委员会	二	2013-12-30	2016-12-29	黄贝
143	景贝南小区	深圳市罗湖区景贝南小区第二届业主委员会	二	2022-01-28	2027-01-27	黄贝
144	九洲公司住宅楼	深圳市罗湖区新较寮小区第一届业主委员会	一	2020-11-26	2025-11-25	黄贝
145	朗钜御风庭	深圳市罗湖区朗钜御风庭第三届业主委员会	三	2015-04-01	2018-3-31	黄贝
146	庐峰翠苑	深圳市罗湖区庐峰翠苑第六届业主委员会	六	2019-07-03	2022-07-02	黄贝
147	罗湖区委统建楼	深圳市罗湖区统建楼第六届业主委员会	六	2020-11-26	2025-11-25	黄贝
148	罗湖区怡景花园	深圳市罗湖区怡景花园第三届业主委员会	三	2019-08-05	2022-08-04	黄贝
149	名泰轩	深圳市罗湖区名泰轩第五届业主委员会	五	2021-01-10	2023-01-09	黄贝
150	宁水花园	深圳市罗湖区宁水花园小区第三届业主委员会	三	2015-09-29	2018-09-28	黄贝

序号	项目名称	业主委员会名称	业委会届数	任期时间	到期时间	所属街道
151	深港新村	深圳市罗湖区深港新村第二届业主委员会	二	2022-06-20	2027-06-19	黄贝
152	食品公司宿舍	深圳市罗湖区食品公司宿舍第一届业主委员会	一	2014-12-22	2017-12-21	黄贝
153	天景花园	深圳市罗湖区天景花园第八届业主委员会	八	2013-12-27	2016-12-26	黄贝
154	通发花园	深圳市罗湖区通发花园第一届业主委员会	一	2015-11-09	2018-11-08	黄贝
155	外贸大院	深圳市罗湖区外贸大院第一届业主委员会	一	2015-09-15	2018-09-14	黄贝
156	文华大厦	深圳市罗湖区文华大厦第五届业主委员会	五	2017-03-28	2022-03-27	黄贝
157	文华花园（多层、文华文富楼）	深圳市罗湖区文华花园第三届（多层、文华文富楼），文华大厦业主委员会	三	2014-10-10	2017-10-09	黄贝
158	文锦渡海关三院生活区	深圳市罗湖区海关三院第一届业主委员会	一	2017-10-16	2020-10-15	黄贝
159	曦龙山庄	深圳市罗湖区曦龙山庄第一届业主委员会	一	2021-09-18	2026-09-17	黄贝
160	新天地名居	深圳市罗湖区新天地名居第四届业主委员会	四	2022-08-23	2027-08-22	黄贝
161	新秀村	深圳市罗湖区新秀村住宅区第三届业主委员会	三	2017-07-12	2022-07-11	黄贝
162	中山花园	深圳市罗湖区中山花园大厦第二届业主委员会	二	2014-11-17	2017-11-16	黄贝
163	萃峰阁花园	深圳市罗湖区萃峰阁第五届业主委员会	五	2020-07-06	2023-07-05	莲塘
164	翠榕花园	深圳市罗湖区翠榕花园第三届业主委员会	三	2015-07-31	2018-07-30	莲塘
165	东方凤雅台	深圳市罗湖区区东方凤雅台第六届业主委员会	六	2022-01-29	2027-01-28	莲塘
166	东方尊峪花园	深圳市罗湖区东方尊峪花园第三届业主委员会	三	2021-06-08	2026-06-07	莲塘
167	富达花园	深圳市罗湖区富达花园第二届业主委员会	二	2014-12-06	2017-12-05	莲塘
168	港莲村	深圳市罗湖区港莲村第四届业主委员会	四	2021-09-14	2026-09-13	莲塘
169	高新技术产业第一园区	深圳市罗湖区高新技术产业第一园区第四届业主委员会	四	2022-06-29	2027-06-28	莲塘
170	广岭家园	深圳市罗湖区广岭家园第四届业主委员会	四	2022-05-23	2027-05-22	莲塘
171	航天晴山月名园	深圳市罗湖区航天晴山月名园第二届业主委员会	二	2021-10-29	2026-10-28	莲塘
172	合正锦园	深圳市罗湖区合正锦园第五届业主委员会	五	2019-11-09	2022-11-08	莲塘
173	鸿景翠峰花园	深圳市罗湖区鸿景翠峰花园第四届业主委员会	四	2021-01-22	2026-01-21	莲塘
174	华景园	深圳市罗湖区华景园小区第一届业主委员会	一	2017-06-17	2020-06-16	莲塘
175	惠名花园	深圳市罗湖区惠名花园第三届业主委员会	三	2018-06-20	2023-06-19	莲塘
176	蕙兰雅居	深圳市罗湖区蕙兰雅居第三届业主委员会	三	2015-09-21	2018-09-20	莲塘
177	聚宝花园	深圳市罗湖区聚宝花园第七届业主委员会	七	2019-08-10	2022-08-09	莲塘
178	聚福花园	深圳市罗湖区聚福花园高层第五届业主委员会	五	2019-08-06	2022-08-05	莲塘
179	莲泉阁	深圳市罗湖区莲泉阁小区第二届业主委员会	二	2017-03-30	2020-03-29	莲塘
180	莲塘工业区	深圳市罗湖区莲塘工业区第六届业主委员会	六	2018-08-20	2021-08-19	莲塘

序号	项目名称	业主委员会名称	业委会届数	任期时间	到期时间	所属街道
181	莲塘供水住宅楼	深圳市罗湖区莲塘供水住宅楼第二届业主委员会	二	2018-07-24	2021-07-23	莲塘
182	鹿茵翠地	深圳市罗湖区鹿茵翠地第二届业主委员会	二	2016-01-30	2021-01-29	莲塘
183	名骏豪庭	深圳市罗湖区名骏豪庭第五届业主委员会	五	2019-09-08	2022-09-07	莲塘
184	畔山花园	深圳市罗湖区畔山花园第五届业主委员会	五	2020-09-13	2023-09-12	莲塘
185	鹏莲花园	深圳市罗湖区鹏莲花园第三届业主委员会	三	2015-12-22	2018-12-21	莲塘
186	鹏兴花园二期	深圳市罗湖区鹏兴花园二期第六届业委员会	六	2022-08-13	2027-08-12	莲塘
187	鹏兴花园六期	深圳市罗湖区鹏兴花园六期第六届业主委员会	六	2021-04-09	2026-04-08	莲塘
188	鹏兴花园三期	深圳市罗湖区鹏兴花园三期第五届业委员会	五	2018-08-28	2021-08-27	莲塘
189	鹏兴花园五期	深圳市罗湖区鹏兴花园五期第六届业主委员会	六	2019-11-20	2024-11-19	莲塘
190	鹏兴花园一期	深圳市罗湖区鹏兴花园一期第六届业主委员会	六	2019-10-15	2022-10-14	莲塘
191	桐景花园	深圳市罗湖区桐景花园第五届业主委员会	五	2017-03-28	2020-03-27	莲塘
192	梧桐山新居	深圳市罗湖区梧桐山新居第二届业主委员会	二	2019-09-18	2022-09-17	莲塘
193	仙湖枫景家园	深圳市罗湖区仙湖枫景家园第二届业主委员会	二	2015-12-28	2020-12-27	莲塘
194	仙湖明居	深圳市罗湖区仙湖公馆第三届业主委员会	三	2021-09-07	2026-09-06	莲塘
195	仙湖山庄	深圳市罗湖区仙湖山庄第三届业主委员会	三	2018-05-25	2021-05-24	莲塘
196	仙泉山庄	深圳市罗湖区仙泉山庄第二届业主委员会	二	2018-11-26	2021-12-25	莲塘
197	仙桐雅轩	深圳市罗湖区仙桐雅轩第四届业主委员会	四	2020-06-29	2025-06-28	莲塘
198	仙桐御景家园	深圳市罗湖区仙桐御景家园第三届业主委员会	三	2017-07-28	2020-07-27	莲塘
199	祥和花园一期	深圳市罗湖区祥和花园一期第五届业主委员会	五	2015-05-13	2018-05-12	莲塘
200	雅翠轩	深圳市罗湖区雅翠轩第一届业主委员会	一	2021-05-10	2026-05-09	莲塘
201	雍翠豪园	深圳市罗湖区雍翠豪园第五届业主委员会	五	2015-11-15	2018-11-14	莲塘
202	玉雅居	深圳市罗湖区玉雅居第五届业主委员会	五	2017-11-08	2022-11-07	莲塘
203	云景梧桐花园	深圳市罗湖区云景梧桐第一届业主委员会	一	2019-11-30	2022-11-29	莲塘
204	宝平街住宅楼	深圳市罗湖区宝平街第五届业主委员会	五	2019-12-30	2022-12-29	南湖
205	寸金大厦	深圳市罗湖区寸金大厦第一届业主委员会	一	2016-02-26	2019-02-25	南湖
206	东方广场	深圳市罗湖区东方广场第五届业主委员会	五	2018-04-02	2021-04-01	南湖
207	东乐宿舍	深圳市罗湖区南极路8号东乐宿舍楼第一届业主委员会	一	2016-12-22	2021-12-21	南湖
208	港逸豪庭	深圳市罗湖区港逸豪庭第二届业主委员会	二	2022-07-18	2027-07-17	南湖
209	高嘉花园	深圳市罗湖区高嘉花园第五届业主委员会	五	2016-12-16	2021-12-15	南湖
210	广西外贸一号楼	深圳市罗湖区广西外贸1号楼第一届业主委员会	一	2017-08-31	2020-08-30	南湖
211	国际贸易中心大厦	深圳市罗湖区国际贸易中心大厦第七届业主委员会	七	2022-12-27	2027-12-26	南湖
212	国贸商业大厦	深圳市罗湖区国贸商业大厦第五届业主委员会	五	2021-08-20	2026-08-19	南湖

序号	项目名称	业主委员会名称	业委会届数	任期时间	到期时间	所属街道
213	国贸商住大厦	深圳市罗湖区国贸商住大厦第四届业主委员会	四	2017-11-17	2022-11-16	南湖
214	宏丰大厦	深圳市罗湖区宏丰大厦第一届业主委员会	一	2017-01-20	2021-12-30	南湖
215	佳宁娜友谊广场	深圳市罗湖区佳宁娜友谊广场第五届业主委员会	五	2022-10-17	2027-10-16	南湖
216	金鼎大厦	深圳市罗湖区金鼎大厦第二届业主委员会	二	2021-03-22	2024-03-21	南湖
217	金龙大厦	深圳市罗湖区金龙大厦第二届业主委员会	二	2016-03-07	2019-03-06	南湖
218	金田大厦	深圳市罗湖区金田大厦第五届业主委员会	五	2017-03-27	2022-03-26	南湖
219	金源大厦	深圳市罗湖区金源大厦第三届业主委员会	三	2021-08-20	2021-08-19	南湖
220	凯悦华庭	深圳市罗湖区凯悦华庭第六届业主委员会	六	2021-09-09	2026-09-08	南湖
221	口岸公安大院	深圳市罗湖区口岸公安大院第一届业主委员会	一	2014-07-04	2017-07-03	南湖
222	联城美园	深圳市罗湖区联城美园第二届业主委员会	二	2015-06-09	2018-06-08	南湖
223	罗湖金岸	深圳市罗湖区罗湖金岸第二届业主委员会	二	2021-04-13	2026-04-12	南湖
224	罗湖商业城	深圳市罗湖商业城第四届业主委员会	四	2016-11-11	2021-11-10	南湖
225	南华大厦	深圳市罗湖区南华大厦主楼第一届业主委员会	一	2017-01-05	2022-01-04	南湖
226	南华大厦附楼	深圳市罗湖区南华大厦附楼第三届业主委员会	三	2021-12-09	2026-12-08	南湖
227	深圳嘉里中心	深圳市罗湖区深圳嘉里中心（原名鹏源广场）第六届业主委员会	六	2018-11-04	2023-11-3	南湖
228	天安国际大厦	深圳市罗湖区天安国际大厦第二届业主委员会	二	2015-08-12	2020-08-11	南湖
229	太阳岛大厦	深圳市罗湖区太阳岛大厦第五届业主委员会	五	2021-06-16	2026-06-15	南湖
230	天俊大厦	深圳市罗湖区天俊大厦第一届业主委员会	一	2019-08-01	2022-07-31	南湖
231	向西大厦	深圳市罗湖区向西大厦第四届业主委员会	四	2019-12-28	2022-12-29	南湖
232	向西花园	深圳市罗湖区向西花园第三届业主委员会	三	2019-01-18	2022-01-17	南湖
233	沿河路外运小区	深圳市罗湖区沿河路外运小区第四届业主委员会	四	2022-09-27	2027-09-26	南湖
234	渔民村	深圳市罗湖区渔民村第三届业主委员会	三	2022-09-27	2027-09-26	南湖
235	粤海花园	深圳市罗湖区粤海花园第一届业主委员会	一	2020-12-02	2023-12-01	南湖
236	粤华小区	深圳市罗湖区粤华小区第一届业主委员会	一	2018-12-15	2021-12-14	南湖
237	云峰花园	深圳市罗湖区云峰花园第一届业主委员会	一	2020-01-20	2023-01-19	南湖
238	长丰苑	深圳市罗湖区长丰苑第三届业主委员会	三	2021-09-30	2026-09-29	南湖
239	置地逸轩	深圳市罗湖区置地逸轩第四届业主委员会	四	2018-12-29	2021-12-28	南湖
240	中怡大厦	深圳市罗湖区中怡大厦第一届业主委员会	一	2015-05-13	2020-05-12	南湖
241	钻石购物中心	深圳市罗湖区钻石购物中心第三届业主委员会	三	2018-02-05	2019-08-27	南湖
242	碧清园	深圳市罗湖区碧清园第四届业主委员会	四	2019-07-08	2022-07-07	清水河
243	大地苑	深圳市罗湖区大地苑第一届业主委员会	一	2021-08-16	2026-08-15	清水河

续表

序号	项目名称	业主委员会名称	业委会届数	任期时间	到期时间	所属街道
244	东翠花园	深圳市罗湖区东翠花园第二届业主委员会	二	2021-11-16	2026-11-15	清水河
245	红岗东村	深圳市罗湖区红岗东村小区第四届业主委员会	四	2021-10-15	2026-10-14	清水河
246	金碧苑	深圳市罗湖区金碧苑住宅区第四届业主委员会	四	2014-06-13	2017-06-12	清水河
247	金湖山庄	深圳市罗湖区金湖山庄第六届业主委员会	六	2019-07-13	2022-07-12	清水河
248	金银园	深圳市罗湖区金银园第七届业主委员会	七	2021-10-18	2026-10-17	清水河
249	路桥大厦	深圳市罗湖区路桥大厦第四届业主委员会	四	2021-11-12	2026-11-11	清水河
250	鸣翠谷	深圳市罗湖区鸣翠谷第七届业主委员会	七	2022-03-30	2027-03-29	清水河
251	齐明别墅	深圳市罗湖区齐明别墅第五届业主委员会	五	2017-07-09	2020-07-08	清水河
252	青湖山庄2栋、3栋、4栋	深圳市罗湖区青湖山庄第一届业主委员会	一	2022-02-16	2027-02-15	清水河
253	润唐山庄	深圳市罗湖区润唐山庄第三届业主委员会	三	2021-11-29	2026-11-28	清水河
254	田园居	深圳市罗湖区田园居第六届业主委员会	六	2021-10-21	2026-10-20	清水河
255	星湖花园	深圳市罗湖区星湖花园第一届业主委员会	一	2021-12-07	2026-12-06	清水河
256	雅仕居	深圳市罗湖区雅仕居第七届业主委员会	七	2017-11-13	2022-11-12	清水河
257	颐园别墅	深圳市罗湖区颐园小区第三届业主委员会	三	2021-12-14	2026-12-13	清水河
258	银湖国际会议中心（银谷别墅）	深圳市罗湖区银谷别墅第一届业主委员会	一	2016-03-01	2019-02-28	清水河
259	银湖蓝山润园	深圳市罗湖区银湖蓝山润园第一届业主委员会	一	2021-12-09	2026-12-08	清水河
260	银湖旅游中心宿舍区	深圳市罗湖区银湖旅游中心宿舍区第二届业主委员会	二	2018-04-21	2020-04-20	清水河
261	银田花园	深圳市罗湖区银田花园第一届业主委员会	一	2014-08-19	2017-08-18	清水河
262	宝安广场	深圳市罗湖区宝安广场第四届业主委员会	四	2019-12-13	2022-12-12	笋岗
263	碧湖花园	深圳市罗湖区碧湖花园第一届业主委员会	一	2017-08-21	2020-08-20	笋岗
264	碧水园	深圳市罗湖区碧水园第三届业主委员会	三	2020-07-11	2023-07-10	笋岗
265	翠盈嘉园	深圳市罗湖区翠盈嘉园第五届业主委员会	五	2016-05-31	2021-05-30	笋岗
266	合正锦湖逸园	深圳市罗湖区合正锦湖逸园第四届业主委员会	四	2022-03-04	2027-03-03	笋岗
267	虹桥星座大厦	深圳市罗湖区虹桥星座第四届业主委员会	四	2019-11-29	2022-11-28	笋岗
268	洪湖二街二、四号大院	深圳市罗湖区洪湖二街二、四号大院第四届业主委员会	四	2022-12-21	2027-12-20	笋岗
269	洪湖花园	深圳市罗湖区洪湖花园第五届业主委员会	五	2020-04-07	2022-04-06	笋岗
270	湖景花园	深圳市罗湖区湖景花园第五届业主委员会	五	2021-09-15	2026-09-14	笋岗
271	嘉宝田花园	深圳市罗湖区嘉宝田花园第五届业主委员会	五	2020-07-03	2023-07-02	笋岗
272	嘉景苑	深圳市罗湖区嘉景苑第五届业主委员会	五	2016-09-30	2021-11-25	笋岗
273	田心庆云花园	深圳市罗湖区田心庆云花园第六届业主委员会	六	2021-03-22	2026-03-21	笋岗

序号	项目名称	业主委员会名称	业委会届数	任期时间	到期时间	所属街道
274	祥福雅居	深圳市罗湖区祥福雅居第四届业主委员会	四	2017-01-17	2020-01-16	笋岗
275	兴华花园	深圳市罗湖区兴华花园第一届业主委员会	一	2021-02-07	2026-02-06	笋岗
276	邮电大院	深圳市罗湖区洪湖一街十号邮电大院第二届业主委员会	二	2018-04-19	2021-04-18	笋岗
277	源兴居	深圳市罗湖区源兴居第五届业主委员会	五	2019-07-27	2022-07-27	笋岗
278	中贸大厦	深圳市罗湖区中贸大厦第三届业主委员会	三	2019-04-04	2022-04-03	笋岗

盐田区 表4-1-3

序号	项目名称	业委会名称	业委会届数	任期开始时间	任期截止时间	所属街道
1	保税区工人第二生活区	深圳市盐田区沙头角保税区配套生活区第四届业主委员会	四	2021-05-27	2026-05-26	海山
2	碧海蓝天明苑	深圳市盐田区碧海蓝天明苑第七届业主委员会	七	2022-10-14	2027-10-13	海山
3	碧桐海苑	深圳市盐田区碧桐海苑第二届业主委员会	二	2017-08-10	2020-08-09	海山
4	翠堤雅居	深圳市盐田区翠堤雅居第四届业主委员会	四	2019-01-27	2022-01-26	海山
5	东部翠海轩	深圳市盐田区东部翠海轩第二届业主委员会	二	2015-12-18	2018-12-17	海山
6	东部山海家园	深圳市盐田区东部山海家园第三届业主委员会	三	2016-04-21	2019-04-20	海山
7	东部阳光花园	深圳市盐田区东部阳光花园第六届业主委员会	六	2022-02-18	2027-02-17	海山
8	东和大厦	深圳市盐田区东和大厦第六届业主委员会	六	2022-01-20	2027-01-19	海山
9	东埔海景花园B区	深圳市盐田区东埔海景花园B区第六届业主委员会	六	2022-05-18	2027-05-17	海山
10	海鹏苑	深圳市盐田区海鹏苑第四届业主委员会	四	2022-12-06	2027-12-05	海山
11	海荣居	深圳市盐田区海荣居第三届业主委员会	三	2018-05-11	2021-05-10	海山
12	海山居	深圳市盐田区海山居第三届业主委员会	三	2019-11-27	2021-11-26	海山
13	海天一色雅居	深圳市盐田区海天一色雅居第五届业主委员会	五	2017-04-25	2020-04-24	海山
14	进出口公司宿舍	深圳市盐田区进出口宿舍第三届业主委员会	三	2019-09-04	2022-09-3	海山
15	蓝郡广场	深圳市盐田区蓝郡广场第二届业主委员会	二	2017-07-23	2020-07-22	海山
16	蓝色海月居	深圳市盐田区蓝色海月居第六届业主委员会	六	2022-04-02	2027-04-01	海山
17	鹏湾花园一村	深圳市盐田区鹏湾一村第五届业主委员会	五	2015-10-26	2018-10-25	海山
18	瑞林苑、翠景花园	深圳市盐田区翠景花园瑞林苑第四届业主委员会	四	2021-06-29	2026-06-28	海山
19	沙头角保税区	深圳市盐田区沙头角保税区第四届业主委员会	四	2021-03-04	2026-03-03	海山
20	沙头角保税区第一生活区	深圳市盐田区沙头角保税区配套生活区第四届业主委员会	四	2021-05-27	2026-05-26	海山
21	桐林花园	深圳市盐田区桐林花园第二届业主委员会	二	2021-08-27	2026-08-26	海山
22	新世界倚山花园	深圳市盐田区新世界倚山花园第三届业主委员会	三	2021-12-07	2026-12-06	海山

续表

序号	项目名称	业委会名称	业委会届数	任期开始时间	任期截止时间	所属街道
23	棕榈湾	深圳市盐田区棕榈湾花园第六届业主委员会	六	2019-07-09	2022-07-08	海山
24	海阔·凌海公寓	深圳市盐田区海阔·凌海公寓第五届业主委员会	五	2021-04-18	2026-04-17	梅沙
25	海语东园	深圳市盐田区海语东园第一届业主委员会	一	2020-09-08	2023-09-07	梅沙
26	心海伽蓝雅居	深圳市盐田区心海伽蓝雅居第二届业主委员会	二	2022-12-23	2027-12-22	梅沙
27	倚天阁	深圳市盐田区倚天阁第一届业主委员会	一	2019-03-15	2022-03-14	梅沙
28	优品艺墅雅居	深圳市盐田区优品艺墅雅居第一届业主委员会	一	2021-01-13	2027-01-12	梅沙
29	碧桐湾	深圳市盐田区碧桐湾大厦第四届业主委员会	四	2021-07-29	2026-07-28	沙头角
30	东埔福苑	深圳市盐田区东埔福苑第三届业主委员会	三	2017-12-18	2019-12-17	沙头角
31	瀚海翠庭	深圳市盐田区瀚海翠庭第四届业主委员会	四	2019-07-20	2022-07-19	沙头角
32	瀚海东岸	深圳市盐田区瀚海东岸第四届业主委员会	四	2020-07-01	2023-06-30	沙头角
33	嘉信蓝海华府	深圳市盐田区嘉信蓝海华府第一届业主委员会	一	2018-11-05	2021-11-04	沙头角
34	蓝田壹站华苑	深圳市盐田区蓝田壹站华苑第二届业主委员会	二	2020-01-18	2023-01-17	沙头角
35	山泉小区	深圳市盐田区山泉小区第四届业主委员会	四	2019-12-31	2022-12-30	沙头角
36	诗宁大厦	深圳市盐田区诗宁大厦第五届业主委员会	五	2022-04-16	2027-04-15	沙头角
37	天富花园	深圳市盐田区天富花园第六届业主委员会	六	2018-08-16	2021-08-15	沙头角
38	桐辉居	深圳市盐田区桐辉居第一届业主委员会	一	2012-11-22	2015-11-21	沙头角
39	梧桐山花园	深圳市盐田区梧桐山花园第五届业主委员会	五	2021-04-09	2026-04-08	沙头角
40	云深处别墅区	深圳市盐田区云深处别墅第六届业主委员会	六	2022-11-19	2027-11-18	沙头角
41	中信海滨花园	深圳市盐田区海滨花园第七届业主委员会	七	2016-12-13	2019-12-12	沙头角
42	八佰麓居	深圳市盐田区八佰麓居第一届业主委员会	一	2018-11-29	2021-11-28	盐田
43	东港印象家园	深圳市盐田区东港印象家园第二届业主委员会	二	2020-08-05	2023-08-04	盐田
44	东海丽景花园	深圳市盐田区东海丽景花园第五届业主委员会	五	2019-04-23	2022-04-22	盐田
45	港城蓝山雅园	深圳市盐田区港城蓝山雅园第一届业主委员会	一	2019-12-13	2022-12-12	盐田
46	和亨家家园	深圳市盐田区和亨家家园第二届业主委员会	二	2022-11-1	2027-10-31	盐田
47	和亨中心广场	深圳市盐田区和亨中心广场第一届业主委员会	一	2021-02-09	2026-02-08	盐田
48	花样年花港家园	深圳市盐田区花样年花港家园第一届业主委员会	一	2022-11-22	2027-11-21	盐田
49	金港盛世华庭	深圳市盐田区金港盛世华庭第四届业主委员	四	2019-09-12	2022-09-11	盐田
50	金海雅居	深圳市盐田区金海雅居第五届业主委员会	五	2022-07-04	2027-07-03	盐田
51	金山碧海花园	深圳市盐田区金山碧海花园第二届业主委员会	二	2019-04-11	2022-04-10	盐田
52	金水湾御园	深圳市盐田区金水湾御园第二届业主委员会	二	2017-09-30	2020-09-29	盐田
53	九号小区	深圳市盐田区九号小区第七届业主委员会	七	2019-05-14	2022-05-13	盐田
54	绿色盐港家园	深圳市盐田区绿色盐港家园第一届业主委员会	一	2019-07-05	2022-07-04	盐田

序号	项目名称	业委会名称	业委会届数	任期开始时间	任期截止时间	所属街道
55	南方明珠花园	深圳市盐田区南方明珠花园小区第五届业主委员会	五	2013-08-1	2016-07-31	盐田
56	深大书香文苑	深圳市盐田区深大书香文苑第三届业主委员会	三	2019-03-12	2022-03-11	盐田
57	四季水岸雅居	深圳市盐田区四季水岸雅居第一届业主委员会	一	2021-05-11	2026-05-10	盐田
58	天利明园	深圳市盐田区天利明园第一届业主委员会	一	2015-04-28	2018-04-27	盐田
59	蔚蓝假日雅苑	深圳市盐田区蔚蓝假日雅苑第二届业主委员会	二	2021-08-09	2026-08-08	盐田
60	星港名苑	深圳市盐田区星港名苑第三届业主委员会	三	2016-01-09	2019-01-08	盐田
61	盐田黄必围住宅楼	深圳市盐田区黄必围南北栋综合小区第二届业主委员会	二	2013-07-29	2016-07-28	盐田
62	盐田区海港大厦	深圳市盐田区海港大厦第七届业主委员会	七	2019-03-27	2022-03-26	盐田
63	倚山时代雅居	深圳市盐田区倚山时代雅居第三届业主委员会	三	2019-01-31	2022-01-30	盐田
64	御景台雅园	深圳市盐田区御景台雅园第一届业主委员会	一	2019-05-13	2022-05-12	盐田
65	裕达华庭	深圳市盐田区裕达华庭第二届业主委员会	二	2017-11-07	2020-11-06	盐田
66	裕宏花园	深圳市盐田区裕宏园第三届业主委员会	三	2019-08-23	2022-08-22	盐田
67	裕鹏阁	深圳市盐田区裕鹏阁小区第二届业主委员会	二	2018-06-14	2021-06-13	盐田
68	中海半山溪谷	深圳市盐田区中海半山溪谷第二届业主委员会	二	2018-10-26	2021-10-25	盐田
69	中铁大厦	深圳市盐田区中铁大厦第二届业主委员会	二	2018-08-07	2021-08-06	盐田
70	沙头角创意大厦	深圳市盐田区创意大厦第四届业主委员会	四	2019-11-09	2022-11-08	中英街管

南山区　　　　　　　　　　　　　　　　　　　　表4-1-4

序号	项目名称	业委会名称	业委会届数	任期时间	到期时间	所属街道
1	百富大厦	深圳市南山区南油百富大厦第四届业主委员会	四	2017-07-20	2020-07-19	南山
2	仓前锦福苑	深圳市南山区仓前锦福苑第四届业主委员会	四	2017-09-02	2019-09-01	南山
3	常桂苑	深圳市南山区常桂苑第三届业主委员会	三	2019-10-11	2022-10-10	南山
4	大陆庄园	深圳市南山区大陆庄园第四届业主委员会	四	2019-11-29	2022-11-28	南山
5	登良花园	深圳市南山区登良花园第七届业主委员会	七	2019-06-17	2022-06-16	南山
6	鼎太风华	深圳市南山区鼎太风华第六届业主委员会	六	2018-04-17	2021-04-16	南山
7	东方海雅居	深圳市南山区东方海雅居第五届业主委员会	五	2022-09-13	2027-09-12	南山
8	丰泽园	深圳市南山区丰泽园第一届业主委员会	一	2019-12-01	2021-11-30	南山
9	福海苑小区	深圳市南山区福海苑第四届业主委员会	四	2021-12-03	2026-12-02	南山
10	富嘉名阁	深圳市南山区富嘉名阁第一届业主委员会	一	2021-10-08	2026-10-07	南山
11	光彩新世纪家园	深圳市南山区光彩新世纪家园第二届业主委员会	二	2020-04-22	2023-04-21	南山
12	汉京半山公馆	深圳市南山区汉京半山公馆第一届业主委员会	一	2020-12-31	2025-12-30	南山

续表

序号	项目名称	业委会名称	业委会届数	任期时间	到期时间	所属街道
13	汉京大厦	深圳市南山区汉京大厦第一届业主委员会	一	2016-03-01	2019-02-28	南山
14	汉京峰景苑	深圳市南山区汉京峰景苑第三届业主委员会	三	2022-06-20	2027-06-19	南山
15	汉京湾雅居	深圳市南山区汉京湾雅居第一届业主委员会	一	2018-05-03	2021-05-02	南山
16	恒立心海湾花园	深圳市南山区恒立心海湾花园第二届业主委员会	二	2020-02-23	2023-02-22	南山
17	鸿瑞花园	深圳市南山区鸿瑞花园第五届业主委员会	五	2022-11-15	2027-11-14	南山
18	华联城市山林花园	深圳市南山区华联城市山林花园（一期、二期）第四届业主委员会	四	2019-10-12	2022-10-11	南山
19	华联花园	深圳市南山区华联花园第六届业主委员会	六	2020-01-17	2023-01-16	南山
20	汇宾广场	深圳市南山区汇宾广场第四届业主委员会	四	2018-08-09	2020-08-08	南山
21	惠中名苑	深圳市南山区惠中名苑第四届业主委员会	四	2019-01-17	2022-01-16	南山
22	金田花园	深圳市南山区金田花园第五届业主委员会	五	2022-01-13	2027-01-12	南山
23	康乐村	深圳市南山区康乐村第四届业主委员会	四	2017-04-28	2020-04-27	南山
24	康乐大厦	深圳市南山区康乐大厦第四届业主委员会	四	2021-12-29	2026-12-28	南山
25	雷圳碧榕湾名苑	深圳市南山区雷圳碧榕湾第二届业主委员会	二	2019-04-25	2022-04-24	南山
26	荔芳村A栋	深圳市南山区荔芳村A栋第一届业主委员会	一	2017-10-30	2019-10-29	南山
27	荔庭园	深圳市南山区荔庭园第七届业主委员会	七	2019-07-02	2022-07-01	南山
28	荔雅居	深圳市南山区荔雅居第五届业主委员会	五	2022-01-20	2027-01-19	南山
29	龙城新苑	深圳市南山区龙城新苑第四届业主委员会	四	2016-09-02	2019-09-01	南山
30	龙坤居天安工业村宿舍	深圳市南山区龙坤居天安工业村宿舍第一届业主委员会	一	2019-07-09	2022-07-08	南山
31	龙泰轩	深圳市南山区龙泰轩第六届业主委员会	六	2022-09-16	2027-09-15	南山
32	美丽湾商住楼	深圳市南山区美丽湾商住楼第二届业主委员会	二	2022-09-13	2027-09-12	南山
33	铭筑荔苑	深圳市南山区铭筑荔苑第二届业主委员会	二	2021-09-27	2026-09-26	南山
34	南光城市花园	深圳市南山区南光城市花园第一届业主委员会	一	2016-09-24	2018-09-23	南山
35	南海城中心	深圳市南山区南海城中心第六届业主委员会	六	2022-05-23	2027-05-22	南山
36	南海大厦	深圳市南山区南海大厦第三届业主委员会	三	2019-06-27	2022-06-26	南山
37	南海明珠	深圳市南山区南海明珠第五届业主委员会	五	2022-12-31	2027-12-30	南山
38	南荔苑	深圳市南山区南荔苑第三届业主委员会	三	2020-1-04	2023-01-03	南山
39	南山花园	深圳市南山区南山花园第六届业主委员会	六	2018-05-09	2021-05-08	南山
40	南兴公寓	深圳市南山区南兴公寓第一届业主委员会	一	2022-03-28	2027-3-27	南山
41	南油福临苑	深圳市南山区南油福临苑第二届业主委员会	二	2022-01-11	2027-01-10	南山
42	南油天安工业村	深圳市南山区南油天安工业村第六届业主委员会	六	2019-07-02	2022-07-01	南山
43	南园枫叶公寓	深圳市南山区南园枫叶公寓第二届业主委员会	二	2021-08-30	2026-08-29	南山

序号	项目名称	业委会名称	业委会届数	任期时间	到期时间	所属街道
44	南粤山庄	深圳市南山区南粤山庄第七届业主委员会	七	2021-12-28	2026-12-27	南山
45	诺德假日花园	深圳市南山区诺德假日花园第二届业主委员会	二	2020-01-14	2023-01-13	南山
46	前海明珠	深圳市南山区前海明珠第四届业主委员会	四	2021-12-09	2026-12-08	南山
47	青青山庄	深圳市南山区青青山庄第五届业主委员会	五	2017-06-11	2020-06-10	南山
48	瑞景华庭	深圳市南山区瑞景华庭第四届业主委员会	四	2020-04-26	2022-04-26	南山
49	山水情家园	深圳市南山区山水情家园第五届业主委员会	五	2020-08-06	2025-08-05	南山
50	深华园	深圳市南山区深华园第四届业主委员会	四	2014-10-26	2017-10-25	南山
51	世纪广场	深圳市南山区世纪广场第七届业主委员会	七	2020-02-27	2023-02-26	南山
52	天源大厦	深圳市南山区天源大厦第三届业主委员会	三	2017-11-08	2020-11-07	南山
53	万豪御景苑	深圳市南山区万豪御景苑第二届业主委员会	二	2021-12-21	2026-12-20	南山
54	万象新园	深圳市南山区万象新园第四届业主委员会	四	2021-12-28	2026-12-27	南山
55	现代城华庭	深圳市南山区现代城华庭第二届业主委员会	二	2020-01-07	2023-01-06	南山
56	香格名苑	深圳市南山区香格名苑第一届业主委员会	一	2017-07-06	2020-07-05	南山
57	向南西海花园	深圳市南山区向南西海花园第四届业主委员会	四	2022-06-27	2027-06-26	南山
58	心语家园	深圳市南山区心语家园第二届业主委员会	二	2021-07-05	2026-07-04	南山
59	心语雅园	深圳市南山区心语雅园第二届业主委员会	二	2022-02-23	2027-02-22	南山
60	新保辉大厦	深圳市南山区新保辉大厦第七届业主委员会	七	2021-10-21	2026-10-20	南山
61	新街口大楼	深圳市南山区新街口大楼第二届业主委员会	二	2019-10-16	2022-10-15	南山
62	新绿岛大厦	深圳市南山区新绿岛大厦第三届业主委员会	三	2012-03-19	2015-03-18	南山
63	学府花园	深圳市南山区学府花园第五届业主委员会	五	2021-11-02	2026-11-01	南山
64	阳光棕榈园	深圳市南山区阳光棕榈园第四届业主委员会	四	2019-07-24	2022-07-23	南山
65	银兴苑	深圳市南山区银兴苑第二届业主委员会	二	2021-11-29	2026-11-28	南山
66	月亮湾花园	深圳市南山区月亮湾花园第四届业主委员会	四	2019-12-13	2022-12-12	南山
67	月亮湾山庄	深圳市南山区月亮湾山庄第七届业主委员会	七	2022-03-10	2027-03-09	南山
68	中海丽苑	深圳市南山区中海丽苑第三届业主委员会	三	2017-08-30	2019-08-29	南山
69	中润大厦	深圳市南山区中润大厦第二届业委会	二	2019-12-30	2022-12-29	南山
70	中泰艺术名庭	深圳市南山区中泰艺术名庭第一届业主委员会	一	2020-12-29	2025-12-28	南山
71	中熙香山美林苑	深圳市南山区中熙香山美林苑第一届业主委员会	一	2018-12-25	2021-12-24	南山
72	缤纷年华家园	深圳市南山区缤纷年华家园第二届业主委员会	二	2021-08-12	2026-08-11	南头
73	常丰花园	深圳市南山区常丰花园第一届业主委员会	一	2021-07-27	2026-07-26	南头
74	常兴广场	深圳市南山区常兴广场第六届业主委员会	六	2021-01-01	2025-12-31	南头
75	方鼎华庭	深圳市南山区方鼎华庭第四届业主委员会	四	2019-10-25	2022-10-24	南头

续表

序号	项目名称	业委会名称	业委会届数	任期时间	到期时间	所属街道
76	港湾丽都花园	深圳市南山区港湾丽都花园第五届业主委员会	五	2019-05-26	2022-05-25	南头
77	国兴大厦	深圳市南山区国兴大厦第七届业主委员会	七	2022-01-20	2027-01-19	南头
78	海岸时代公寓	深圳市南山区海岸时代公寓第一届业主委员会	一	2019-12-31	2022-12-31	南头
79	豪园	深圳市南山区豪园第一届业主委员会	一	2017-11-12	2020-11-12	南头
80	鸿洲新都	深圳市南山区鸿洲新都第五届业主委员会	五	2018-02-09	2021-02-08	南头
81	汇金家园	深圳市南山区汇金家园第六届业主委员会	六	2021-11-09	2026-11-08	南头
82	荟芳园	深圳市南山区荟芳园第四届业委会	四	2020-01-08	2023-01-07	南头
83	嘉庭苑	深圳市南山区嘉庭苑第二届业主委员会	二	2021-06-22	2026-06-21	南头
84	兰丽花园	深圳市南山区兰丽花园第七届业主委员会	七	2021-08-10	2026-08-09	南头
85	丽乐美居	深圳市南山区丽乐美居第二届业主委员会	二	2021-12-15	2026-12-14	南头
86	荔林春晓	深圳市南山区荔林春晓小区第二届业主委员会	二	2017-08-12	2019-08-11	南头
87	荔苑小区	深圳市南山区荔苑小区第四届业主委员会	四	2014-04-21	2017-04-20	南头
88	绿海名都	深圳市南山区绿海名都第六届业主委员会	六	2021-06-17	2026-06-16	南头
89	绿茵丰和家园	深圳市南山区绿茵丰和家园第五届业主委员会	五	2022-03-25	2027-03-24	南头
90	马家龙小区	深圳市南山区马家龙小区第三届业主委员会	三	2021-06-1	2026-05-31	南头
91	明舍御园	深圳市南山区明舍御园第四届业主委员会	四	2018-05-17	2021-05-16	南头
92	南景苑	深圳市南山区南景苑第二届业主委员会	二	2018-09-15	2021-09-14	南头
93	南侨花园	深圳市南山区南侨花园第一届业主委员会	一	2022-09-02	2027-09-01	南头
94	麒麟花园	深圳市南山区麒麟花园第六届业主委员会	六	2020-12-31	2025-12-30	南头
95	前海花园	深圳市南山区前海花园第七届业主委员会	七	2019-10-19	2022-10-18	南头
96	前海金岸大厦	深圳市南山区前海金岸第二届业主委员会	二	2013-09-15	2016-09-14	南头
97	前海天朗风清家园	深圳市南山区前海天朗风清家园第四届业主委员会	四	2018-12-15	2021-12-14	南头
98	如意家园	深圳市南山区如意家园第五届业主委员会	五	2022-05-30	2027-05-29	南头
99	时代骄子大厦	深圳市南山区时代骄子大厦第二届业主委员会	二	2018-09-20	2021-09-19	南头
100	水木一方大厦	深圳市南山区水木一方大厦第一届业主委员会	一	2022-10-08	2027-10-07	南头
101	四季丽晶公寓	深圳市南山区四季丽晶公寓第一届业主委员会	一	2021-04-27	2026-04-26	南头
102	苏豪名厦	深圳市南山区苏豪名厦第四届业主委员会	四	2018-01-19	2021-01-18	南头
103	桃花园	深圳市南山区桃花园第三届业主委员会	三	2019-10-17	2022-10-16	南头
104	田厦翡翠明珠花园	深圳市南山区田厦翡翠明珠花园第四届业主委员会	四	2022-05-24	2027-05-23	南头
105	田厦金牛广场	深圳市南山区田厦金牛广场第一届业主委员会	一	2019-07-29	2022-07-28	南头
106	万裕椰风海岸家园	深圳市南山区万裕椰风海岸家园第六届业主委员会	六	2020-12-10	2025-12-09	南头
107	旺海怡苑	深圳市南山区旺海怡苑第五届业主委员会	五	2022-11-30	2027-11-29	南头

序号	项目名称	业委会名称	业委会届数	任期时间	到期时间	所属街道
108	物资大院	深圳市南山区物资大院第二届业主委员会	二	2020-11-27	2025-11-26	南头
109	西海明珠花园	深圳市南山区西海明珠花园第五届业主委员会	五	2021-10-20	2026-10-19	南头
110	新海大厦	深圳市南山区新海大厦第四届业主委员会	四	2018-04-03	2021-04-02	南头
111	新豪方大厦	深圳市南山区假日湾华庭第三届业主委员会	三	2020-02-21	2023-02-20	南头
112	馨荔苑	深圳市南山区馨荔苑第五届业主委员会	五	2018-10-26	2020-10-25	南头
113	星海名城	深圳市南山区星海名城第七届业主委员会	七	2021-11-17	2026-11-16	南头
114	秀林新居	深圳市南山区秀林新居第三届业主委员会	三	2018-10-26	2020-10-25	南头
115	阳光荔景	深圳市南山区阳光荔景第六届业主委员会	六	2021-01-26	2026-01-25	南头
116	艺华花园	深圳市南山区艺华花园业主大会第二届业主委员会	二	2021-08-13	2026-08-12	南头
117	英达·钰龙园	深圳市南山区英达·钰龙园第二届业主委员会	二	2021-01-18	2026-01-17	南头
118	悠然天地家园	深圳市南山区悠然天地家园第四届业主委员会	四	2022-01-10	2027-01-09	南头
119	友邻公寓	深圳市南山区友邻公寓第二届业委会	二	2019-12-05	2022-12-04	南头
120	愉康大厦	深圳市南山区愉康大厦第七届业委会	七	2016-12-28	2019-12-27	南头
121	愉康花园	深圳市南山区愉康花园第六届业主委员会	六	2014-06-15	2017-06-14	南头
122	御林华府	深圳市南山区御林华府第二届业委会	二	2022-11-23	2027-11-22	南头
123	云栖西岸阁	深圳市南山区云栖西岸阁第二届业主委员会	二	2019-3-31	2022-03-30	南头
124	中山颐景花园	深圳市南山区中山颐景花园第五届业主委员会	五	2021-11-16	2021-11-15	南头
125	东方花园	深圳市南山区东方花园第三届业主委员会	三	2022-07-05	2027-07-04	沙河
126	光华街	深圳市南山区光华街第一届业主委员会	一	2021-08-09	2026-08-08	沙河
127	光侨街	深圳市南山区光侨街第一届业主委员会	一	2021-08-17	2026-08-16	沙河
128	桂苑小区	深圳市南山区桂苑小区第六届业主委员会	六	2018-01-22	2021-01-21	沙河
129	国际市长交流中心	深圳市南山区国际市长交流中心第一届业主委员会	一	2020-12-19	2025-12-18	沙河
130	海景花园	深圳市南山区海景花园业主大会第二届业主委员会	二	2022-05-23	2027-05-22	沙河
131	红树西岸花园	深圳市南山区红树西岸花园第四届业主委员会	四	2020-12-30	2025-12-29	沙河
132	湖滨花园	深圳市南山区湖滨花园第三届业主委员会	三	2020-10-20	2025-10-19	沙河
133	华侨城锦绣花园一、二、三期	深圳市南山区锦绣花园第二届业主委员会	二	2014-08-05	2017-08-04	沙河
134	汇雅苑	深圳市南山区汇雅苑第六届业主委员会	六	2018-11-23	2021-11-22	沙河
135	假日湾华庭	深圳市南山区中润大厦第二届业委会	二	2019-12-30	2022-12-29	沙河
136	锦绣花园四期	深圳市南山区锦绣花园四期第二届业主委员会	二	2020-01-12	2023-01-11	沙河
137	美加广场	深圳市南山区美加广场第六届业主委员会	六	2019-11-28	2021-11-27	沙河
138	美庐锦园	深圳市南山区美庐锦园第三届业主委员会	三	2019-01-02	2022-01-01	沙河

续表

序号	项目名称	业委会名称	业委会届数	任期时间	到期时间	所属街道
139	侨城豪苑二期	深圳市南山区侨城豪苑二期第二届业主委员会	二	2019-10-31	2022-10-30	沙河
140	侨城馨苑	深圳市南山区侨城馨苑第一届业主委员会	一	2019-11-29	2022-11-28	沙河
141	侨香诺园	深圳市南山区侨香诺园第一届业主委员会	一	2019-01-23	2022-01-22	沙河
142	侨苑	深圳市南山区侨苑第三届业主委员会	三	2022-11-01	2027-10-31	沙河
143	侨洲花园	深圳市南山区侨洲花园第五届业主委员会	五	2019-04-10	2022-04-09	沙河
144	深云村	深圳市南山区深云村第一届业主委员会	一	2018-09-22	2021-09-21	沙河
145	深圳湾花园	深圳市南山区深圳湾花园第一届业主委员会	一	2021-11-16	2026-11-15	沙河
146	世纪村	深圳市南山区世纪村第五届业主委员会	五	2020-12-19	2025-12-18	沙河
147	世界花园聚龙居	深圳市南山区世界花园聚龙居第三届业主委员会	三	2019-05-30	2022-05-29	沙河
148	世界花园米兰居	深圳市南山区世界花园米兰居第二届业主委员会	二	2021-01-08	2026-01-07	沙河
149	天鹅湖花园	深圳市南山区天鹅湖花园第一届业主委员会	一	2022-09-06	2027-09-05	沙河
150	香山里花园	深圳市南山区香山里花园第二届业主委员会	二	2019-12-02	2022-12-01	沙河
151	香山里花园五期	深圳市南山区香山里花园五期第一届业主委员会	一	2021-01-13	2026-01-12	沙河
152	香山美墅花园	深圳市南山区香山美墅花园第一届业主委员会	一	2022-02-14	2027-02-13	沙河
153	祥祺苑	深圳市南山区祥祺苑第四届业主委员会	四	2019-07-24	2022-07-23	沙河
154	中旅广场	深圳市南山区假日湾华庭第三届业主委员会	三	2020-02-21	2023-02-20	沙河
155	中信红树湾花城	深圳市南山区中信红树湾花城第一届业主委员会	一	2018-05-21	2021-05-20	沙河
156	澳城花园（北区）	深圳市南山区澳城花园第二届业主委员会	二	2018-08-18	2020-08-17	蛇口
157	澳城花园（南区）	深圳市南山区澳城花园（南区）第三届业主委员会	三	2021-06-16	2026-06-15	蛇口
158	春树里小区	深圳市南山区春树里小区第三届业主委员会	三	2021-04-25	2025-04-24	蛇口
159	东帝海景家园	深圳市南山区东帝海景家园第三届业主委员会	三	2018-10-09	2021-10-08	蛇口
160	东角头港湾花园	深圳市南山区东角头港湾花园第一届业主委员会	一	2021-08-04	2026-08-03	蛇口
161	广博星海华庭	深圳市南山区广博星海华庭第四届业主委员会	四	2021-06-02	2021-06-01	蛇口
162	广物花园	深圳市南山区广物花园第五届业主委员会	五	2021-11-03	2026-11-02	蛇口
163	海伴雅居	深圳市南山区海伴雅居第四届业主委员会	四	2022-12-19	2027-12-18	蛇口
164	海昌大厦	深圳市南山区海昌大厦第一届业主委员会	一	2021-01-22	2026-01-21	蛇口
165	海境界家园一期（1-05栋）	深圳市南山区海境界家园一期第一届业主委员会	一	2017-08-05	2020-08-04	蛇口
166	海湾广场	深圳市南山区海湾广场第四届业主委员会	四	2019-05-22	2022-05-21	蛇口
167	海湾花园	深圳市南山区海湾花园第六届业主委员会	六	2022-09-27	2027-09-26	蛇口
168	海韵嘉园	深圳市南山区海韵嘉园第一届业主委员会	一	2019-10-31	2022-10-30	蛇口
169	弘都世纪	深圳市南山区弘都世纪公寓第一届业主委员会	一	2022-04-21	2027-04-20	蛇口

序号	项目名称	业委会名称	业委会届数	任期时间	到期时间	所属街道
170	宏宝花园	深圳市南山区宏宝花园第一届业主委员会	一	2017-08-11	2020-08-10	蛇口
171	皇庭港湾花园	深圳市南山区皇庭港湾花园第一届业主委员会	一	2020-12-29	2025-12-28	蛇口
172	金色海琴苑小区	深圳市南山区金色海琴苑第三届业主委员会	三	2017-10-25	2020-10-24	蛇口
173	蓝天苑	深圳市南山区蓝天苑第一届业主委员会	一	2021-1-26	2026-01-25	蛇口
174	蓝漪花园	深圳市南山区蓝漪花园第五届业主委员会	五	2020-12-15	2025-12-14	蛇口
175	雷公岭医院机关楼	深圳市南山区雷公岭医院机关楼第二届业主委员会	二	2017-12-08	2020-12-07	蛇口
176	绿海湾花园	深圳市南山区绿海湾花园第二届业主委员会	二	2021-11-08	2026-11-07	蛇口
177	米兰第二季公寓	深圳市南山区米兰第二季公寓第三届业主委员会	三	2022-02-17	2027-02-16	蛇口
178	米兰公寓	深圳市南山区米兰公寓第二届业主委员会	二	2017-12-26	2020-12-25	蛇口
179	南海玫瑰花园三期	深圳市南山区南海玫瑰花园三期第一届业主委员会	一	2017-09-20	2020-09-19	蛇口
180	南海玫瑰花园一期	深圳市南山区南海玫瑰花园一期第三届业主委员会	三	2022-03-11	2027-03-10	蛇口
181	南水小区	深圳市南山区南水小区第一届业主委员会	一	2021-08-25	2026-08-24	蛇口
182	栖游家园	深圳市南山区栖游家园第一届业主委员会	一	2018-01-23	2021-01-22	蛇口
183	千叶苑商住小区	深圳市南山区千叶苑商住小区第六届业主委员会	六	2021-08-17	2026-08-16	蛇口
184	蛇口雷公岭	深圳市南山区蛇口雷公岭第四届业主委员会	四	2019-04-16	2022-04-15	蛇口
185	石云村	深圳市南山区石云村第一届业主委员会	一	2020-10-22	2025-10-21	蛇口
186	四海公寓	深圳市南山区四海公寓第二届业主委员会	二	2020-03-16	2023-03-15	蛇口
187	湾厦福园	深圳市南山区湾厦福园第一届业主委员会	一	2015-08-15	2018-08-14	蛇口
188	湾厦花园	深圳市南山区湾厦花园第二届业主委员会	二	2018-01-29	2021-01-28	蛇口
189	湾厦泰福苑	深圳市南山区湾厦泰福苑第一届业委会	一	2019-08-30	2022-08-29	蛇口
190	望海汇景苑	深圳市南山区望海汇景苑第三届业主委员会	三	2018-04-26	2021-04-25	蛇口
191	维园大厦	深圳市南山区维园大厦第三届业主委员会	三	2022-01-26	2027-01-25	蛇口
192	颐安阅海台	深圳市南山区颐安阅海台第二届业主委员会	二	2020-11-30	2025-11-29	蛇口
193	倚园大厦	深圳市南山区倚园大厦第一届业主委员会	一	2018-12-24	2021-12-23	蛇口
194	映月湾	深圳市南山区映月湾花园第二届业主委员会	二	2017-06-30	2019-06-29	蛇口
195	雍景轩	深圳市南山区雍景轩第二届业主委员会	二	2019-05-15	2022-05-14	蛇口
196	永乐新村	深圳市南山区永乐新村第四届业主委员会	四	2020-11-11	2025-11-10	蛇口
197	园景园名苑	深圳市南山区园景园名苑第二届业主委员会	二	2019-08-07	2022-08-06	蛇口
198	招南小区	深圳市南山区招商路南商业住宅楼第一届业主委员会	一	2014-01-17	2017-01-16	蛇口
199	卓越维港名苑	深圳市南山区卓越维港名苑第一届业主委员会	一	2020-12-31	2025-12-30	蛇口
200	紫藤苑（致远大厦）	深圳市南山区紫藤苑第一届业主委员会	一	2018-01-31	2021-01-30	蛇口
201	半山翠林花园、半山语林公寓	深圳市南山区半山翠林花园、半山语林公寓第一届业主委员会	一	2020-11-12	2025-11-11	桃源

续表

序号	项目名称	业委会名称	业委会届数	任期时间	到期时间	所属街道
202	宝珠花园	深圳市南山区宝珠花园第五届业主委员会	五	2022-09-13	2027-09-12	桃源
203	城市假日花园	深圳市南山区城市假日花园第三届业主委员会	三	2022-12-09	2027-12-08	桃源
204	德意名居	深圳市南山区德意名居第三届业委会	三	2019-12-19	2022-12-18	桃源
205	鼎胜林栖园	深圳市南山区鼎胜林栖园第一届业主委员会	一	2013-02-23	2016-02-22	桃源
206	鼎胜山邻居	深圳市南山区鼎胜山邻居第二届业主委员会	二	2020-12-11	2025-12-10	桃源
207	海龙苑	深圳市南山区海龙苑第三届业主委员会	三	2018-10-26	2020-10-25	桃源
208	京基御领公馆	深圳市南山区京基御领公馆第一届业主委员会	一	2021-04-30	2026-04-29	桃源
209	俊峰丽舍	深圳市南山区俊峰丽舍花园第四届业主委员会	四	2018-05-21	2021-05-20	桃源
210	科大雅苑	深圳市南山区科大雅苑第一届业主委员会	一	2019-04-30	2022-04-29	桃源
211	龙都花园	深圳市南山区龙都花园第三届业主委员会	三	2020-11-16	2025-11-15	桃源
212	龙都名园	深圳市南山区龙都名园第七届业主委员会	七	2022-12-29	2027-12-28	桃源
213	龙辉花园	深圳市南山区龙辉花园第四届业主委员会	四	2018-10-27	2021-10-26	桃源
214	龙联花园，朗苑	深圳市南山区龙联花园第四届业主委员会	四	2013-04-08	2016-04-07	桃源
215	欧陆经典花园	深圳市南山区欧陆经典花园第六届业主委员会	六	2022-08-10	2027-08-09	桃源
216	润城花园	深圳市南山区润城花园第六届业主委员	六	2021-04-30	2026-04-29	桃源
217	桑泰丹华园二、三、四期	深圳市南山区桑泰丹华园（二、三、四期）第四届业主委员会	四	2022-07-02	2027-07-01	桃源
218	桑泰丹华园一期	深圳市南山区桑泰丹华园一期第三届业主委员会	三	2020-03-05	2023-03-04	桃源
219	十五峯花园	深圳市南山区十五峯花园第三届业主委员会	三	2022-09-08	2027-09-07	桃源
220	水木丹华园	深圳市南山区水木丹华园第二届业主委员会	二	2022-01-25	2027-01-24	桃源
221	水木华庭	深圳市南山区水木华庭第五届业主委员会	五	2021-09-30	2026-09-29	桃源
222	桃源村一二期	深圳市南山区桃源村第六届业主委员会	六	2018-05-21	2021-05-20	桃源
223	天地峰景园	深圳市南山区天地峰景园第四届业主委员会	四	2022-03-25	2027-03-24	桃源
224	西湖林语名苑	深圳市南山区西湖林语名苑第二届业主委员会	二	2019-10-24	2022-10-23	桃源
225	香榭峰景苑	深圳市南山区香榭峰景苑第二届业主委员会	二	2022-12-19	2027-12-18	桃源
226	怡然天地居	深圳市南山区怡然天地居第四届业主委员会	四	2018-11-05	2021-11-04	桃源
227	郁金香家园	深圳市南山区郁金香家园第四届业主委员会	四	2021-06-21	2026-06-20	桃源
228	中爱花园	深圳市南山区中爱花园第五届业主委员会	五	2018-05-21	2021-05-20	桃源
229	宝能华府	深圳市南山区宝能华府第二届业主委员会	二	2022-02-14	2027-02-13	西丽
230	鼎胜金域世家豪园	深圳市南山区鼎胜金域世家豪园第二届业主委员会	二	2020-12-29	2025-12-28	西丽
231	鹤祥苑	深圳市南山区鹤祥苑第一届业主委员会	一	2022-05-16	2027-05-15	西丽
232	丽雅苑	深圳市南山区丽雅苑第二届业主委员会	二	2021-12-24	2026-12-23	西丽

序号	项目名称	业委会名称	业委会届数	任期时间	到期时间	所属街道
233	南国丽城花园	深圳市南山区南国丽城花园第六届业主委员会	六	2021-06-11	2026-06-10	西丽
234	松坪村三期	深圳市南山区松坪村三期第一届业主委员会	一	2022-12-06	2027-12-05	西丽
235	西丽山庄	深圳市南山区西丽山庄第一届业主委员会	一	2021-02-21	2026-02-20	西丽
236	学子荔园	深圳市南山区学子荔园第一届业主委员会	一	2021-10-18	2026-10-17	西丽
237	众冠花园	深圳市南山区众冠花园第四届业主委员会	四	2017-07-04	2020-07-03	西丽
238	岸芷汀兰花园	深圳市南山区岸芷汀兰第二届业主委员会	二	2019-04-11	2022-04-10	粤海
239	碧海天家园	深圳市南山区碧海天家园第四届业主委员会	四	2022-12-14	2027-12-13	粤海
240	滨海之窗花园	深圳市南山区滨海之窗花园第六届业主委员会	六	2022-04-19	2027-04-18	粤海
241	博海名苑	深圳市南山区博海名苑第二届业主委员会	二	2017-03-21	2020-03-20	粤海
242	城市印象家园	深圳市南山区城市印象家园第六届业主委员会	六	2022-12-06	2027-12-05	粤海
243	创世纪滨海花园	深圳市南山区创世纪滨海花园第二届业主委员会	二	2018-07-25	2021-07-24	粤海
244	纯海岸雅居	深圳市南山区纯海岸雅居第二届业主委员会	二	2019-07-22	2022-07-21	粤海
245	帝景园	深圳市南山区帝景园第五届业主委员会	五	2017-06-27	2020-06-26	粤海
246	东滨华苑	深圳市南山区东滨华苑第三届业主委员会	三	2022-06-16	2027-06-15	粤海
247	高新技术工业村	深圳市南山区高新技术工业村第八届业主委员会	八	2021-12-20	2026-12-19	粤海
248	观海台花园	深圳市南山区观海台花园第三届业主委员会	三	2021-03-19	2026-03-18	粤海
249	海岸明珠	深圳市南山区海岸明珠园第五届业主委员会	五	2018-07-12	2021-07-11	粤海
250	海阔天空雅居	深圳市南山区海阔天空雅居第六届业主委员会	六	2021-11-23	2024-11-22	粤海
251	海文花园	深圳市南山区海文花园第六届业主委员会	六	2018-10-21	2021-10-20	粤海
252	海怡东方花园	深圳市南山区海怡东方花园第五届业主委员会	五	2019-12-23	2022-12-22	粤海
253	海逸苑	深圳市南山区海逸苑第二届业主委员会	二	2022-05-11	2027-05-10	粤海
254	海印长城二期	深圳市南山区海印长城二期第五届业主委员会	五	2021-06-1	2026-05-31	粤海
255	海印长城一期	深圳市南山区海印长城一期第五届业主委员会	五	2021-08-31	2026-08-30	粤海
256	海映山庄	深圳市南山区海映山庄第一届业主委员会	一	2020-09-29	2025-09-28	粤海
257	海珠城	深圳市南山区海珠城第四届业主委员会	四	2021-04-30	2026-04-29	粤海
258	豪方花园	深圳市南山区豪方花园第五届业主委员会	五	2022-12-20	2027-12-19	粤海
259	豪方现代豪园	深圳市南山区豪方现代豪园第七届业主委员会	七	2022-03-22	2027-03-21	粤海
260	恒立听海花园	深圳市南山区恒立听海花园第一届业主委员会	一	2020-09-14	2025-09-13	粤海
261	后海名苑居	深圳市南山区后海名苑居第二届业主委员会	二	2019-05-21	2022-05-20	粤海
262	厚德品园	深圳市南山区厚德品园第一届业主委员会	一	2021-04-03	2026-04-02	粤海
263	华彩天成居	深圳市南山区华彩天成居第一届业主委员会	一	2019-07-24	2022-07-23	粤海
264	汇景花园	深圳市南山区汇景花园第一届业主委员会	一	2020-11-19	2025-11-18	粤海

续表

序号	项目名称	业委会名称	业委会届数	任期时间	到期时间	所属街道
265	汇园雅居	深圳市南山区汇园雅居第五届业主委员会	五	2021-12-31	2026-12-30	粤海
266	佳嘉豪苑	深圳市南山区佳嘉豪苑第六届业主委员会	六	2020-11-13	2025-11-12	粤海
267	金海岸大厦	深圳市南山区金海岸大厦第六届业主委员会	六	2021-12-10	2026-12-09	粤海
268	金钟大厦	深圳市南山区金钟大厦第一届业委会	一	2019-09-11	2022-09-10	粤海
269	锦隆花园	深圳市南山区锦隆花园第四届业主委员会	四	2020-10-16	2025-10-15	粤海
270	京光海景花园	深圳市南山区京光海景花园第二届业主委员会	二	2020-03-12	2023-03-11	粤海
271	晶品居	深圳市南山区晶品居第三届业主委员会	三	2022-07-29	2027-07-28	粤海
272	科技园48区	深圳市南山区科技园48区第二届业主委员会	二	2019-04-18	2022-04-17	粤海
273	科技园58区	深圳市南山区科技园58区第一届业主委员会	一	2021-07-06	2026-07-05	粤海
274	科苑花园（南区）	深圳市南山区科苑花园（南区）第三届业主委员会	三	2021-05-20	2026-05-19	粤海
275	科苑西	深圳市南山区科苑西第一届业主委员会	一	2020-12-31	2025-12-30	粤海
276	科苑学里揽翠居	深圳市南山区科苑学里揽翠居第一届业主委员会	一	2021-08-10	2026-08-09	粤海
277	莱英花园	深圳市南山区莱英花园第五届业主委员会	五	2016-10-15	2019-10-14	粤海
278	朗景园	深圳市南山区朗景园第四届业主委员会	四	2021-12-13	2026-12-12	粤海
279	浪琴屿花园	深圳市南山区浪琴屿花园第六届业主委员会	六	2019-08-02	2022-08-01	粤海
280	龙城花园	深圳市南山区龙城花园第六届业主委员会	六	2021-07-08	2026-07-07	粤海
281	龙城花园大厦	深圳市南山区龙城花园大厦第五届业主委员会	五	2021-09-23	2026-09-22	粤海
282	珑御府	深圳市南山区珑御府第一届业主委员会	一	2018-01-22	2021-01-21	粤海
283	南油生活区	深圳市南山区粤海街道南油南油A区1-15栋第二届业主委员会	二	2022-06-01	2027-05-31	粤海
284	南粤明珠	深圳市南山区南粤明珠第五届业主委员会	五	2021-11-04	2026-11-03	粤海
285	浅水湾花园	深圳市南山区浅水湾花园第一届业主委员会	一	2017-02-28	2020-02-27	粤海
286	青春家园	深圳市南山区青春家园第七届业主委员会	七	2022-07-06	2027-07-05	粤海
287	瑞铧苑	深圳市南山区瑞铧苑第五届业主委员会	五	2019-12-04	2022-12-03	粤海
288	桑达苑	深圳市南山区桑达苑第一届业主委员会	一	2021-07-14	2026-07-13	粤海
289	深南花园	深圳市南山区深南花园第五届业主委员会	五	2020-12-31	2025-12-30	粤海
290	深圳湾彩虹之岸	深圳市南山区深圳湾彩虹之岸第四届业主委员会	四	2022-12-21	2027-12-20	粤海
291	深圳湾锦缎之滨	深圳市南山区深圳湾锦缎之滨第六届业主委员会	六	2020-12-24	2025-12-23	粤海
292	天海花园	深圳市南山区天海花园第四届业主委员会	四	2015-12-22	2018-12-21	粤海
293	天悦园	深圳市南山区天悦园第五届业主委员会	五	2020-11-13	2025-11-12	粤海
294	蔚蓝海岸社区三期	深圳市南山区蔚蓝海岸社区三期第五届业委会	五	2019-12-30	2022-12-29	粤海
295	蔚蓝海岸一、二、四期	深圳市南山区蔚蓝海岸一、二、四期第四届业主委员会	四	2022-11-09	2027-11-08	粤海

序号	项目名称	业委会名称	业委会届数	任期时间	到期时间	所属街道
296	文德福花园	深圳市南山区文德福花园第六届业主委员会	六	2020-09-23	2025-09-22	粤海
297	西海湾花园	深圳市南山区西海湾花园第四届业主委员会	四	2019-12-02	2021-12-01	粤海
298	熙湾俊庭	深圳市南山区熙湾俊庭第二届业主委员会	二	2022-03-25	2027-03-24	粤海
299	现代城梦想家园	深圳市南山区现代城梦想家园第五届业主委员会	五	2022-06-1	2027-05-31	粤海
300	信和自由广场	深圳市南山区信和自由广场第四届业主委员会	四	2018-02-06	2021-02-05	粤海
301	学林雅院	深圳市南山区学林雅院第六届业主委员会	六	2020-11-02	2025-11-01	粤海
302	雅仕·荔景苑	深圳市南山区雅仕·荔景苑第五届业主委员会	五	2019-09-06	2022-09-05	粤海
303	阳光海景豪苑	深圳市南山区阳光海景豪苑第二届业主委员会	二	2018-04-21	2021-04-20	粤海
304	漾日湾畔	深圳市南山区漾日湾畔第五届业委会	五	2019-07-24	2022-07-23	粤海
305	怡海花园	深圳市南山区怡海花园第二届业主委员会	二	2020-10-19	2025-10-18	粤海
306	育德佳园	深圳市南山区育德佳园第五届业主委员会	五	2019-10-24	2022-10-23	粤海
307	缘来居	深圳市南山区缘来居第二届业主委员会	二	2020-12-07	2025-12-06	粤海
308	粤海小区	深圳市南山区粤海小区第四届业主委员会	四	2017-08-22	2020-08-21	粤海
309	云海天城世家	深圳市南山区云海天城世家第四届业主委员会	四	2021-07-05	2026-07-04	粤海
310	招商名仕花园	深圳市南山区招商名仕花园第六届业主委员会	六	2014-10-28	2017-10-27	粤海
311	爱榕园二期	深圳市南山区爱榕园第四届业主委员会	四	2019-08-21	2022-08-20	招商
312	爱榕园一期	深圳市南山区爱榕园一期第二届业主委员会	二	2019-06-27	2022-06-26	招商
313	半岛花园A区	深圳市南山区半岛花园A区第四届业主委员会	四	2022-06-14	2027-06-13	招商
314	半岛花园B区	深圳市南山区半岛花园B区第二届业主委员会	二	2018-05-27	2021-05-26	招商
315	半山海景·兰溪谷	深圳市南山区半山海景·兰溪谷第一届业主委员会	一	2017-03-31	2020-03-30	招商
316	半山海景·兰溪谷二期南区、北区	深圳市南山区半山海景·兰溪谷二期第一届业主委员会	一	2017-03-31	2020-03-30	招商
317	半山海景别墅	深圳市南山区半山海景别墅业第五届业主委员会	五	2022-10-20	2027-10-19	招商
318	碧涛苑小区	深圳市南山区碧涛苑小区第四届业主委员会	四	2022-01-21	2027-01-20	招商
319	翠谷居	深圳市南山区翠谷居第二届业主委员会	二	2021-12-18	2025-12-17	招商
320	翠薇园	深圳市南山区翠薇园第六届业主委员会	六	2022-08-15	2027-08-14	招商
321	翠竹园	深圳市南山区翠竹园第五届业主委员会	五	2021-03-22	2026-03-21	招商
322	港湾小区	深圳市南山区港湾小区第六届业主委员会	六	2020-12-27	2025-12-26	招商
323	龟山别墅	深圳市南山区龟山别墅第五届业主委员会	五	2017-09-06	2020-09-05	招商
324	桂园、榆园、地税楼	深圳市南山区桂园、榆园、地税楼第二届业主委员会	二	2018-12-11	2021-12-10	招商
325	海景广场	深圳市南山区海景广场第五届业主委员会	五	2019-10-11	2021-10-10	招商
326	海天楼	深圳市南山区海天楼第二届业主委员会	二	2020-12-16	2025-12-15	招商

序号	项目名称	业委会名称	业委会届数	任期时间	到期时间	所属街道
327	海洋星苑	深圳市南山区海洋星苑第七届业主委员会	七	2022-12-25	2027-12-24	招商
328	海月花园	深圳市南山区海月花园第八届业主委员会	八	2022-11-24	2027-11-23	招商
329	海月花园二期	深圳市南山区海月花园二期第六届业主委员会	六	2020-12-25	2025-12-24	招商
330	海月花园三期	深圳市南山区海月花园三期第三届业主委员会	三	2017-07-27	2020-07-26	招商
331	海月华庭	深圳市南山区海月华庭第二届业主委员会	二	2017-12-09	2020-12-08	招商
332	后海花半里雅居	深圳市南山区后海花半里雅居第五届业主委员会	五	2020-11-23	2025-11-22	招商
333	花果山大厦	深圳市南山区花果山大厦第六届业主委员会	六	2019-04-12	2022-04-11	招商
334	花果山住宅小区	深圳市南山区花果山住宅小区第四届业主委员会	四	2021-12-22	2026-12-21	招商
335	华采花园	深圳市南山区华采花园第七届业主委员会	七	2019-08-14	2022-08-13	招商
336	华府假日大厦	深圳市南山区华府假日大厦第一届业主委员会	一	2018-01-06	2021-01-05	招商
337	金竹园住宅楼	深圳市南山区金竹园住宅楼第四届业主委员会	四	2022-06-21	2027-06-20	招商
338	鲸山花园九期	深圳市南山区鲸山花园九期第一届业主委员会	一	2021-09-16	2026-09-15	招商
339	景园大厦	深圳市南山区景园大厦第八届业主委员会	八	2021-10-28	2026-10-27	招商
340	兰园商住楼	深圳市南山区兰园商住楼第四届业主委员会	四	2022-10-17	2027-10-16	招商
341	蓝月湾畔	深圳市南山区蓝月湾畔第四届业主委员会	四	2021-06-08	2026-06-07	招商
342	荔园小区	深圳市南山区荔园住宅楼第四届业主委员会	四	2021-01-15	2026-01-14	招商
343	玫瑰园	深圳市南山区玫瑰园第五届业主委员会	五	2020-12-28	2025-12-27	招商
344	鸣溪谷	深圳市南山区鸣溪谷第五届业主委员会	五	2022-08-01	2027-07-31	招商
345	蓬莱花园	深圳市南山区蓬莱花园第四届业主委员会	四	2017-05-11	2020-05-10	招商
346	山语海苑	深圳市南山区山语海苑第一届业主委员会	一	2021-08-25	2026-08-24	招商
347	蛇口高山花园	深圳市南山区蛇口高山花园第四届业主委员会	四	2020-12-25	2025-12-24	招商
348	蛇口花园城三期	深圳市南山区花园城三期第四届业主委员会	四	2018-01-27	2021-01-26	招商
349	蛇口花园城五期	深圳市南山区蛇口花园城五期第二届业主委员会	二	2017-12-13	2020-12-12	招商
350	蛇口花园城一期	深圳市南山区蛇口花园城一期第七届业主委员会	七	2022-05-30	2027-05-29	招商
351	四海宜家大厦	深圳市南山区四海宜家大厦第三届业主委员会	三	2022-06-28	2027-06-27	招商
352	天海豪景苑	深圳市南山区天海豪景苑第五届业主委员会	五	2021-10-13	2026-10-12	招商
353	天骄华庭	深圳市南山区天骄华庭第五届业主委员会	五	2021-09-03	2026-09-02	招商
354	文竹园二期	深圳市南山区文竹园二期第三届业主委员会	三	2012-03-16	2015-03-15	招商
355	文竹园一期	深圳市南山区文竹园一期第二届业主委员会	二	2018-09-24	2020-09-23	招商
356	伍兹华府	深圳市南山区伍兹华府第二届业主委员会	二	2019-10-24	2022-10-23	招商
357	怡庭园大厦	深圳市南山区怡庭园大厦第五届业主委员会	五	2019-11-03	2022-11-02	招商
358	雍华府	深圳市南山区雍华府第六届业主委员会	六	2021-09-13	2026-09-12	招商

序号	项目名称	业委会名称	业委会届数	任期时间	到期时间	所属街道
359	雍景湾花园	深圳市南山区雍景湾花园第一届业主委员会	一	2019-12-02	2022-12-01	招商
360	悠然居	深圳市南山区悠然居第四届业主委员会	四	2020-12-27	2025-12-26	招商
361	招北小区	深圳市南山区招北小区第三届业主委员会	三	2021-01-10	2026-01-09	招商
362	招商海琴花园	深圳市南山区招商海琴花园第四届业主委员会	四	2017-07-04	2020-07-03	招商
363	招商桃花园（三期）	深圳市南山区招商桃花园（三期）第四届业主委员会	四	2018-08-01	2021-07-31	招商
364	招商桃花园A、B区	深圳市南山区招商桃花园A、B区第四届业主委员会	四	2015-11-21	2018-11-20	招商
365	紫竹园	深圳市南山区紫竹园第二届业主委员会	二	2016-11-19	2019-11-18	招商

宝安区　　　　　　　　　　　　　　　　表4-1-5

序号	项目名称	业委会名称	业委会届数	任期开始时间	任期截止时间	所属街道
1	深航幸福花园	深圳市宝安区深航幸福花园第二届业主委员会	二	2022-11-21	2027-11-20	福海
2	御景水岸花园	深圳市宝安区御景水岸花园第一届业主委员会	一	2022-01-04	2027-01-03	福海
3	中粮凤凰里花苑	深圳市宝安区中粮凤凰里花苑第一届业主委员会	一	2022-10-16	2027-10-15	福海
4	凤凰花苑	深圳市宝安区凤凰花苑第三届业主委员会	三	2022-10-13	2027-10-12	福永
5	福安大厦	深圳市宝安区福安大厦第一届业主委员会	一	2022-12-12	2027-12-11	福永
6	福华大厦	深圳市宝安区福华大厦第一届业主委员会	一	2020-07-28	2023-07-27	福永
7	金石雅苑	深圳市宝安区金石雅苑第四届业主委员会	四	2018-10-26	2021-10-25	福永
8	金域豪庭（福侨花园）	深圳市宝安区福侨花园（金域豪庭）第六届业主委员会	六	2022-12-12	2027-12-11	福永
9	立新湖花园	深圳市宝安区立新湖花园第三届业主委员会	三	2017-09-10	2020-09-09	福永
10	龙腾阁	深圳市宝安区龙腾阁第一届业主委员会	一	2018-06-19	2021-06-18	福永
11	龙翔山庄	深圳市宝安区龙翔山庄第四届业主委员会	四	2018-06-03	2021-06-02	福永
12	天欣花园	深圳市宝安区天欣花园二、三期第二届业主委员会	二	2022-07-26	2027-07-25	福永
13	同和凤凰花苑	深圳市宝安区福永街道同和凤凰花苑第二届业主委员会	二	2018-05-30	2021-05-29	福永
14	万科金色领域	深圳市宝安区万科金色领域第一届业主委员会	一	2018-11-04	2021-11-03	福永
15	兴益工业城C1宿舍	深圳市宝安区兴益工业城第二届业主委员会	二	2018-12-24	2021-12-23	福永
16	永福苑	深圳市宝安区永福苑第三届业主委员会	三	2022-12-20	2027-12-19	福永
17	永恒楼	深圳市宝安区永恒楼第三届业主委员会	三	2022-11-02	2027-11-01	福永
18	永利大厦	深圳市宝安区永利大厦第一届业主委员会	一	2020-09-09	2023-09-08	福永
19	金达花园	深圳市宝安区金达花园第一届业主委员会	一	2018-01-12	2021-01-11	航城
20	西乡安居家园	深圳市宝安区西乡安居家园第一届业主委员会	一	2018-01-30	2021-01-29	航城
21	兴达华府	深圳市宝安区兴达华府第一届业主委员会	一	2022-10-15	2027-10-14	航城

续表

序号	项目名称	业委会名称	业委会届数	任期开始时间	任期截止时间	所属街道
22	佳华豪苑	深圳市宝安区石岩街道佳华豪苑第四届业主委员会	四	2022-08-30	2027-08-29	石岩
23	如意豪庭	深圳市宝安区如意豪庭第一届业主委员会	一	2018-10-31	2021-10-30	石岩
24	阳台山庄	深圳市宝安区阳台山庄第三届业主委员会	三	2022-02-28	2027-02-27	石岩
25	宝安山庄	深圳市宝安区宝安山庄第三届业主委员会	三	2020-02-20	2023-02-19	松岗
26	宝利豪庭	深圳市宝安区宝利豪庭业主大会第二届业主委员会	二	2021-03-09	2026-03-08	松岗
27	宏发君域花园	深圳市宝安区宏发君域第二届业主委员会	二	2020-10-13	2023-10-12	松岗
28	畔山御景花园	深圳市宝安区畔山御景花园第一届业主委员会	一	2022-10-26	2027-10-25	松岗
29	松岗麒麟新村	深圳市宝安区麒麟新村第二届业主委员会	二	2021-05-25	2026-05-24	松岗
30	松涛花园小区	深圳市宝安区松涛花园第四届业主委员会	四	2022-09-21	2027-09-20	松岗
31	中海西岸华府	深圳市宝安区中海西岸华府第二届业主委员会	二	2022-06-21	2027-06-20	松岗
32	75区商住楼	深圳市宝安区75区商住楼第四届业主委员会	四	2018-11-19	2021-11-18	西乡
33	白金假日公寓	深圳市白金假日公寓第一届业主委员会	一	2022-09-14	2027-09-13	西乡
34	半岛明苑	深圳市宝安区半岛明苑小区第三届业主委员会	三	2022-01-07	2027-01-06	西乡
35	宝城花园	深圳市宝安区宝城花园第一届业主委员会	一	2019-08-30	2022-08-29	西乡
36	宝兴花园	深圳市宝安区宝兴花园第一届业主委员会	一	2018-01-09	2021-01-08	西乡
37	碧海名园	深圳市宝安区碧海名园第一届业主委员会	一	2022-12-30	2027-12-29	西乡
38	碧海湾花园	深圳市宝安区碧海湾花园第一届业主委员会	一	2019-09-11	2022-09-10	西乡
39	缤纷世界花园	深圳市宝安区缤纷世界花园第五届业主委员会	五	2022-04-21	2027-04-20	西乡
40	槟城西岸华庭	深圳市宝安区槟城西岸第三届业主委员会	三	2022-09-16	2027-09-15	西乡
41	翠景居	深圳市宝安区翠景居第二届业主委员会	二	2019-11-18	2022-11-17	西乡
42	大益广场	深圳市宝安区大益广场第二届业主委员会	二	2019-12-30	2022-12-29	西乡
43	凤凰雅居	深圳市宝安区凤凰雅居第二届业主委员会	二	2018-04-03	2021-04-02	西乡
44	福中福花园	深圳市宝安区福中福花园第三届业主委员会	三	2019-11-18	2022-11-17	西乡
45	富通蟠龙居	深圳市宝安区蟠龙居第四届业主委员会	四	2017-09-24	2020-09-23	西乡
46	富盈门花园	深圳市宝安区富盈门花园第五届业主委员会	五	2022-01-17	2027-01-16	西乡
47	海乐花园（西乡）	深圳市宝安区海乐花园第四届业主委员会	四	2022-07-12	2027-07-11	西乡
48	海湾明珠花园	深圳市宝安区海湾明珠花园第一届业主委员会	一	2022-12-02	2027-12-01	西乡
49	海语西湾花园	深圳市宝安区海语西湾第二届业主委员会	二	2022-08-26	2027-08-25	西乡
50	豪业华庭	深圳市宝安区西乡街道豪业华庭第三届业主委员会	三	2017-11-21	2020-11-20	西乡
51	华侨新村	深圳市宝安区大浪街道三合华侨新村第一届业主委员会	一	2008-12-26	2001-01-12	西乡
52	嘉华花园东区	深圳市宝安区嘉华花园东区第二届业主委员会	二	2019-07-15	2022-07-14	西乡
53	金港华庭	深圳市宝安区金港华庭第二届业主委员会	二	2021-12-28	2026-12-27	西乡

序号	项目名称	业委会名称	业委会届数	任期开始时间	任期截止时间	所属街道
54	锦欣花园	深圳市宝安区锦欣花园第一届业主委员会	一	2016-05-12	2019-05-12	西乡
55	丽景城	深圳市宝安区丽景城第五届业主委员会	五	2019-01-29	2022-01-28	西乡
56	流塘大厦	深圳市宝安区流塘大厦第五届业主委员会	五	2022-12-06	2027-12-05	西乡
57	绿海名居	深圳市宝安区绿海名居第四届业主委员会	四	2022-01-26	2027-01-25	西乡
58	绿海名苑	深圳市宝安区绿海名苑第一届业主委员会	一	2022-06-23	2027-06-22	西乡
59	名城花园	深圳市宝安区名城花园第一届业主委员会	一	2021-12-10	2026-12-09	西乡
60	瑞尚居	深圳市宝安区瑞尚居第一届业主委员会		2019-12-23	2022-12-22	西乡
61	圣淘沙骏园	深圳市宝安区圣淘沙骏园第三届业主委员会	三	2022-06-14	2027-06-13	西乡
62	双龙花园	深圳市宝安区双龙花园第二届业主委员会	二	2020-01-31	2023-01-30	西乡
63	松茂柏景湾公馆	深圳市宝安区松茂柏景湾公馆第一届业主委员会		2022-12-12	2027-12-11	西乡
64	泰华豪园	深圳市宝安区泰华豪园第五届业主委员会	五	2020-09-14	2023-09-13	西乡
65	天骄世家	深圳市宝安区天骄世家第四届业主委员会	四	2018-05-04	2021-05-03	西乡
66	湾上六座花园	深圳市宝安区湾上六座花园第一届业主委员会	一	2018-05-28	2021-05-27	西乡
67	西城丰和	深圳市宝安区西城丰和家园第四届业主委员会	四	2022-08-16	2027-08-15	西乡
68	西乡兴华花园	深圳市宝安区兴华花园第二届业主委员会	二	2022-09-08	2027-09-07	西乡
69	颐合花园	深圳市宝安区颐合花园第一届业主委员会	一	2020-01-14	2025-01-13	西乡
70	永丰社区A、B区	深圳市宝安区天琴第一届业主委员会	一	2021-12-16	2026-12-15	西乡
71	御龙居	深圳市宝安区御龙居第四届业主委员会	四	2018-09-11	2021-09-10	西乡
72	中粮锦云花园	深圳市宝安区中粮锦云花园第二届业主委员会	二	2017-07-11	2020-07-10	西乡
73	中粮万福阁	深圳市宝安区中粮万福阁第三届业主委员会	三	2022-01-07	2027-01-06	西乡
74	29区富安楼	深圳市宝安区富安楼第一届业主委员会	一	2018-10-31	2020-10-30	新安
75	30区雅仕阁	深圳市宝安区雅仕阁第二届业主委员会	二	2018-10-16	2021-10-15	新安
76	35区海滨花园	深圳市宝安区海滨花园第一届业主委员会	一	2019-01-30	2022-01-29	新安
77	41区华安苑小区	深圳市宝安区华安苑第一届业主委员会	一	2018-07-13	2021-07-12	新安
78	45区综合市场	深圳市宝安区45区市场综合楼第三届业主委员会	二	2019-08-05	2022-08-04	新安
79	TATA公寓	深圳市宝安区TATA公寓第一届业主委员会	一	2018-06-26	2021-06-25	新安
80	白金酒店公寓1栋	深圳市宝安区白金酒店公寓1栋第一届业主委员会	一	2017-07-21	2020-07-20	新安
81	白金时代公寓	深圳市宝安区白金时代公寓第四届业主委员会	四	2022-05-12	2027-05-11	新安
82	百合苑	深圳市宝安区百合苑1～9栋第一届业主委员会	一	2018-11-29	2021-11-28	新安
83	宝安海滨城广场	深圳市宝安区海滨城广场第四届业主委员会	四	2019-10-15	2021-10-14	新安
84	宝安湖滨花园	深圳市宝安区二区住宅楼第一届业主委员会	一	2018-07-23	2021-07-22	新安
85	宝安五区市场住宅楼	深圳市宝安区五区市场住宅小区第一届业主委员会	一	2018-11-05	2021-11-04	新安

续表

序号	项目名称	业委会名称	业委会届数	任期开始时间	任期截止时间	所属街道
86	宝安新村	深圳市宝安区宝安新村第六届业主委员会	六	2019-12-21	2022-12-20	新安
87	宝海花园	深圳市宝安区宝海花园第二届业主委员会	二	2022-08-24	2027-08-23	新安
88	宝豪华庭	深圳市宝安区宝豪华庭第二届业主委员会	二	2018-11-02	2021-11-01	新安
89	宝河大厦商住楼	深圳市宝安区宝河裕宝大厦第三届业主委员会	三	2017-09-26	2020-09-25	新安
90	宝华花园	深圳市宝安区宝华花园第二届业主委员会	二	2016-07-30	2019-07-29	新安
91	宝佳苑	深圳市宝安区宝佳苑第一届业主委员会	一	2018-10-23	2021-10-22	新安
92	宝新花园	深圳市宝安区宝新花园第二届业主委员会	二	2022-08-23	2027-08-22	新安
93	宝雅花园	深圳市宝安区宝雅花园第五届业主委员会	五	2019-06-26	2022-06-25	新安
94	碧涛阁	深圳市宝安区48区碧涛阁第二届业主委员会	二	2017-09-13	2020-09-12	新安
95	碧涛居	深圳市宝安区碧涛居第一届业主委员会	一	2016-08-30	2019-08-29	新安
96	碧涛苑	深圳市宝安区碧涛苑第二届业主委员会	二	2021-11-16	2026-11-15	新安
97	滨城新村安乐花园	深圳市宝安区滨城安乐小区第二届业主委员会	二	2020-08-11	2023-08-10	新安
98	创业二村	深圳市宝安区创业二村第五届业主委员会	五	2018-01-23	2021-01-22	新安
99	创业一村	深圳市宝安区创业一村第六届业主委员会	六	2019-11-10	2022-11-09	新安
100	达海花园	深圳市宝安区达海花园第二届业主委员会	二	2018-01-08	2021-01-07	新安
101	德邻雅筑	深圳市宝安区德邻雅筑第五届业主委员会	五	2022-11-04	2027-11-03	新安
102	德业新城	深圳市宝安区德业新城第五届业主委员会	五	2021-12-08	2026-12-07	新安
103	登科花园	深圳市宝安区登科花园第五届业主委员会	五	2020-08-02	2025-08-01	新安
104	泛华苑	深圳市宝安区泛华苑第二届业主委员会	二	2020-09-29	2023-09-28	新安
105	丰华苑	深圳市宝安区丰华苑第五届业主委员会	五	2017-12-03	2020-12-02	新安
106	风采轩	深圳市宝安区风采轩第四届业主委员会	四	2022-08-01	2027-07-31	新安
107	风临洲苑	深圳市宝安区风临洲苑第四届业主委员会	四	2019-12-27	2022-12-26	新安
108	风尚时代小区	深圳市宝安区风尚时代小区第一届业主委员会	一	2019-04-18	2022-04-17	新安
109	福安楼	深圳市宝安区福安楼第三届业主委员会	三	2022-01-13	2027-01-12	新安
110	富华花园	深圳市宝安区富华花园第二届业主委员会	二	2019-10-31	2022-10-30	新安
111	富铭花园	深圳市宝安区富铭花园第一届业主委员会	一	2022-01-17	2027-01-16	新安
112	富怡花园	深圳市宝安区富怡花园第一届业主委员会	一	2018-08-01	2021-07-31	新安
113	富源商贸大厦	深圳市宝安区富源商贸大厦第一届业主委员会	一	2017-05-14	2020-05-13	新安
114	高发西岸花园	深圳市宝安区高发西岸花园第三届业主委员会	三	2021-09-14	2026-09-13	新安
115	冠城世家	深圳市宝安区冠城世家第四届业主委员会	四	2018-07-11	2021-07-10	新安
116	广信花园	深圳市宝安区广信花园第二届业主委员会	二	2022-09-28	2027-09-27	新安
117	海天花园	深圳市宝安区45区海天花园第一届业主委员会	一	2016-08-03	2019-08-02	新安

序号	项目名称	业委会名称	业委会届数	任期开始时间	任期截止时间	所属街道
118	海信花园(宝农一巷)	深圳市宝安区海信花园第二届业主委员会	二	2021-12-25	2026-12-24	新安
119	海云轩	深圳市宝安区海云轩第一届业主委员会	一	2019-09-05	2021-09-04	新安
120	海韵花园	深圳市海韵花园小区第三届业主委员会	三	2022-04-19	2027-04-18	新安
121	汉宝大厦	深圳市宝安区汉宝大厦第一届业主委员会	一	2016-09-25	2019-09-24	新安
122	豪城馨庭居	深圳市宝安区豪城馨庭居第一届业主委员会	一	2018-11-03	2020-11-02	新安
123	弘雅花园	深圳市宝安区弘雅花园二期第七届业主委员会	七	2021-12-27	2026-12-26	新安
124	弘雅花园雅豪轩	深圳市宝安区雅豪轩第六届业主委员会	六	2019-04-19	2022-04-18	新安
125	弘雅花园雅兰亭	深圳市宝安区弘雅花园雅兰亭第六届业主委员会	六	2022-08-26	2027-08-25	新安
126	洪福雅苑	深圳市宝安洪福雅苑第四届业主委员会	四	2019-12-23	2021-12-22	新安
127	洪浪二村	深圳市宝安洪浪二村第一届业主委员会	一	2017-11-10	2020-11-09	新安
128	洪浪一村	深圳市宝安洪浪一村第三届业主委员会	三	2019-12-02	2022-12-01	新安
129	鸿昌花园	深圳市宝安区鸿昌花园第三届业主委员会	三	2022-01-07	2027-01-06	新安
130	湖景居大厦	深圳市宝安区湖景居大厦第五届业主委员会	五	2017-07-31	2020-07-30	新安
131	华滨大厦	深圳市宝安区华滨大厦第一届业主委员会	一	2019-01-08	2022-01-07	新安
132	华翔居	深圳市宝安区华翔居第一届业主委员会	一	2018-12-19	2021-12-18	新安
133	黄金台管理处	深圳市宝安区黄金台一号综合楼第二届业主委员会	二	2020-09-28	2023-09-27	新安
134	佳华新村	深圳市宝安区佳华新村第五届业主委员会	五	2022-07-15	2027-07-14	新安
135	建安新村	深圳市宝安区建安新村第五届业主委员会	五	2018-01-11	2021-01-10	新安
136	金成时代家园	深圳市宝安区金成时代家园第二届业主委员会	二	2017-10-20	2020-10-19	新安
137	金鼎花园	深圳市宝安区金鼎花园第二届业主委员会	二	2020-01-09	2023-01-08	新安
138	金海华府	深圳市宝安区金海华府第三届业主委员会	三	2019-12-23	2022-12-22	新安
139	金泓凯旋城	深圳市宝安区金泓凯旋城第四届业主委员会	四	2020-05-23	2023-05-22	新安
140	金汇名园	深圳市宝安区金汇名园第三届业主委员会	三	2022-09-07	2027-09-06	新安
141	金泰花园	深圳市宝安区金泰花园第六届业主委员会	六	2022-04-29	2027-04-28	新安
142	金叶茗苑	深圳市宝安区金叶茗苑第五届业主委员会	五	2018-04-15	2020-04-14	新安
143	景富苑	深圳市宝安区富源景富苑第一届业主委员会	一	2018-10-16	2021-10-15	新安
144	君逸世家花园	深圳市宝安区君逸世家花园第二届业主委员会	二	2019-04-13	2022-04-12	新安
145	里仁府商住楼	深圳市宝安区里仁府第三届业主委员会	三	2022-05-18	2027-05-17	新安
146	理想居	深圳市宝安区理想居第五届业主委员会	五	2022-10-20	2027-10-19	新安
147	灵芝新村	深圳市宝安区灵芝新村第一届业主委员会	一	2017-12-13	2020-12-12	新安
148	勤诚达和园	深圳市宝安区勤诚达和园第一届业主委员会	一	2018-12-28	2021-12-27	新安
149	庆华花园	深圳市宝安区庆华花园第一届业主委员会	一	2020-08-05	2025-08-04	新安

序号	项目名称	业委会名称	业委会届数	任期开始时间	任期截止时间	所属街道
150	群贤花园	深圳市宝安区群贤花园第三届业主委员会	三	2021-12-30	2026-12-29	新安
151	融景园	深圳市宝安区融景园第四届业主委员会	四	2019-03-28	2022-03-27	新安
152	山语华庭	省深圳市宝安区山语华庭第二届业主委员会	二	2020-12-28	2023-12-27	新安
153	深宝花园	深圳市宝安区深宝花园第三届业主委员会	三	2021-01-10	2026-01-09	新安
154	深业·新岸线花园	深圳市宝安区深业新岸线第三届业主委员会	三	2022-01-25	2027-01-24	新安
155	深圳市宝安区45区富盛苑	深圳市宝安区富盛苑第二届业主委员会	二	2020-09-23	2023-09-22	新安
156	深圳市宝安区45区新城花园	深圳市宝安区新城花园第一届业主委员会	一	2016-05-24	2019-05-24	新安
157	石鸿花园	深圳市宝安区石鸿花园第三届业主委员会	三	2015-12-02	2018-12-01	新安
158	泰安花园	深圳市宝安区泰安花园第六届业主委员会	六	2018-07-31	2021-07-30	新安
159	泰华大厦	深圳市宝安区泰华大厦第四届业主委员会	四	2019-09-06	2022-09-05	新安
160	泰华花园	深圳市宝安区泰华花园第五届业主委员会	五	2021-11-30	2026-11-29	新安
161	泰华锦绣城	深圳市宝安区泰华锦绣城第六届业主委员会	六	2019-11-07	2022-11-06	新安
162	泰华俊庭	深圳市宝安区泰华俊庭第三届业主委员会	三	2017-09-27	2020-09-26	新安
163	泰华商业城	深圳市宝安区泰华商业城第五届业主委员会	五	2020-04-18	2022-04-17	新安
164	泰华苑	深圳市宝安区泰华苑第五届业主委员会	五	2019-06-13	2022-06-12	新安
165	腾阁	深圳市宝安区腾阁花园第一届业主委员会	一	2018-08-02	2021-08-01	新安
166	天健时尚空间名苑	深圳市宝安区天健时尚空间名苑第一届业主委员会	一	2019-12-16	2022-12-15	新安
167	天悦龙庭	深圳市宝安区天悦龙庭第五届业主委员会	五	2022-09-27	2027-09-26	新安
168	西城品阁	深圳市宝安区西城品阁第一届业主委员会	一	2018-08-30	2021-08-29	新安
169	西海岸花园	深圳市宝安区西海岸花园第六届业主委员会	六	2021-12-10	2026-12-09	新安
170	欣荣苑	深圳市宝安区欣荣苑第三届业主委员会	三	2022-06-21	2027-06-02	新安
171	新安湖花园高层住宅区	深圳市宝安区新安湖花园高层住宅区第二届业主委员会	二	2020-09-29	2023-09-28	新安
172	新安湖综合楼	深圳市宝安区新安湖综合楼第一届业主委员会	一	2019-07-11	2021-07-10	新安
173	新安园	深圳市宝安区新安园第二届业主委员会	二	2016-06-14	2019-06-14	新安
174	新厦苑	深圳市宝安区新厦苑第一届业主委员会	一	2020-08-04	2025-08-03	新安
175	新世界誉名别苑B区	深圳市宝安区新世界誉名别苑B区第一届业主委员会	一	2020-09-25	2023-09-24	新安
176	旭仕达名苑	深圳市宝安区旭仕达名苑第三届业主委员会	三	2017-05-17	2020-05-16	新安
177	雅景居	深圳市宝安区雅景居第一届业主委员会	一	2016-12-23	2019-12-22	新安
178	雅然居花园	深圳市宝安区雅然居第三届业主委员会	三	2020-03-11	2023-03-10	新安
179	怡合花园	深圳市宝安区怡合花园第二届业主委员会	二	2019-09-18	2022-09-17	新安

序号	项目名称	业委会名称	业委会届数	任期开始时间	任期截止时间	所属街道
180	御景台	深圳市宝安区御景台第五届业主委员会	五	2022-05-19	2027-05-18	新安
181	御景湾	深圳市宝安区御景湾花园第二届业主委员会	二	2018-07-14	2021-07-13	新安
182	裕安花园	深圳市宝安区裕安花园第一届业主委员会	一	2022-03-08	2027-03-07	新安
183	裕宝大厦	深圳市宝安区宝河裕宝大厦第三届业主委员会	三	2017-09-26	2020-09-25	新安
184	裕华花园	深圳市宝安区裕华花园第一届业主委员会	一	2019-10-25	2022-10-24	新安
185	招商华侨城曦城	深圳市宝安区招商华侨城曦城第二届业主委员会	二	2018-11-29	2021-11-28	新安
186	中粮紫云花园	深圳市宝安区中粮紫云花园第一届业主委员会	一	2020-01-13	2023-01-12	新安
187	中南花园	深圳市宝安区中南花园第五届业主委员会	五	2017-05-31	2020-05-30	新安
188	中商花园	深圳市宝安区中商花园第六届业主委员会	六	2022-01-17	2027-01-16	新安
189	中怡名苑	深圳市宝安区中怡名苑第三届业主委员会	三	2017-11-05	2020-11-04	新安
190	中洲华府二期	深圳市宝安区中洲华府二期第二届业主委员会	二	2019-03-29	2022-03-28	新安
191	富通丽沙花都	深圳市宝安区丽沙花都第三届业主委员会	三	2021-11-01	2026-10-31	新桥
192	棕榈堡花园	深圳市宝安区棕榈堡花园第一届业主委员会	一	2020-09-14	2023-09-13	新桥
193	集信名城	深圳市宝安区集信名城第一届业主委员会	一	2019-08-31	2022-08-30	燕罗

龙华区　　　　　　　　　　　　　　　　　　表4-1-6

序号	项目名称	业委会名称	业委会届数	任期开始时间	任期截止时间	所属街道
1	福东龙华府	深圳市龙华区福东龙华府第二届业主委员会	二	2022-01-13	2027-01-12	大浪
2	桂冠华庭	深圳市龙华区桂冠华庭小区第三届业主委员会	三	2020-11-12	2025-11-11	大浪
3	和平里花园一期	深圳市龙华区和平里花园一期小区第一届业主委员会	一	2019-12-14	2022-12-13	大浪
4	荟港尊邸	深圳市龙华区荟港尊邸（港铁天颂）小区第一届业主委员会	一	2021-10-10	2026-10-09	大浪
5	可乐园小区	深圳市龙华区可乐园小区第三届业主委员会	三	2021-06-29	2026-06-28	大浪
6	潜龙曼海宁花园（南区）	深圳市龙华区潜龙曼海宁花园（南区）小区第三届业主委员会	三	2021-12-26	2026-12-25	大浪
7	琼珠花园	深圳市龙华区琼珠花园第四届业主委员会	四	2020-08-01	2025-07-31	大浪
8	悠山美地家园	深圳市龙华区大浪街道办悠山美地第一届业主委员会	一	2022-04-16	2027-04-15	大浪
9	华盛峰荟名庭	深圳市龙华区华盛峰荟名庭第一届业主委员会	一	2020-10-24	2023-10-23	福城
10	华盛观荟名庭	深圳市龙华区华盛观荟名庭第一届业主委员会	一	2021-01-25	2026-01-24	福城
11	金泽花园	深圳市龙华区金泽花园第一届业主委员会	一	2021-05-06	2026-05-05	福城
12	迎侨花园	深圳市龙华区迎侨花园小区第二届业主委员会	二	2021-11-06	2026-11-05	福城
13	芷峪澜湾花园	深圳市龙华区芷峪澜湾花园第二届业主委员会	二	2021-03-24	2026-03-23	福城

续表

序号	项目名称	业委会名称	业委会届数	任期开始时间	任期截止时间	所属街道
14	奥宸观壹城	深圳市龙华区奥宸观壹城第一届业主委员会	一	2021-10-26	2026-10-25	观湖
15	金地塞拉维花园	深圳市龙华新区金地塞拉维花园第一届业主委员会	一	2016-12-09	2019-12-08	观湖
16	懿花园	深圳市龙华区懿花园小区第二届业委员会	二	2022-01-18	2027-01-17	观湖
17	银江春晓家园	深圳市龙华区银江春晓家园小区第一届业主委员会	一	2019-05-28	2022-05-27	观湖
18	招商观园	深圳市龙华区招商观园小区第二届业委员会	二	2018-08-31	2021-08-30	观湖
19	招商澜园	深圳市龙华区招商澜园小区第三届业委员会	三	2019-01-18	2022-01-17	观湖
20	中航格澜阳光花园	深圳市龙华区中航格澜阳光花园小区第三届业委员会	三	2018-07-06	2021-07-05	观湖
21	桂花园别墅	深圳市龙华区桂花园别墅小区第二届业委员会	二	2017-09-09	2020-09-08	观澜
22	佳兆业观禧花园	深圳市龙华区观禧花园第一届业主委员会	一	2022-08-16	2027-08-15	观澜
23	森之润爱心家园	深圳市龙华区爱心家园第一届业主委员会	一	2017-01-21	2020-01-20	观澜
24	城市明珠花园	深圳市龙华区城市明珠花园小区第四届业主委员会	四	2022-09-29	2027-09-28	龙华
25	城市阳光花园	深圳市龙华区城市阳光花园小区第二届业主委员会	二	2020-01-06	2023-01-05	龙华
26	大信花园	深圳市龙华新区大信花园第二届业主委员会	二	2016-09-12	2019-09-11	龙华
27	丹枫雅苑	深圳市龙华区丹枫雅苑第二届业主委员会	二	2021-07-08	2026-07-07	龙华
28	东华明珠园	深圳市龙华区东华明珠园第二届业主委员会	二	2020-09-28	2023-09-27	龙华
29	东源阁	深圳市龙华区东源阁小区第五届业主委员会	五	2022-04-11	2027-04-10	龙华
30	福景花园	深圳市龙华区福景花园小区第四届业主委员会	四	2021-04-30	2026-04-29	龙华
31	富通天骏花园	深圳市龙华区富通天骏花园第六届业主委员会	六	2022-04-29	2027-04-28	龙华
32	花半里清湖花园	深圳市龙华区花半里清湖花园小区第二届业主委员会	二	2018-01-09	2021-01-08	龙华
33	华昱苑	深圳市龙华区华昱苑小区第一届业主委员会	一	2019-01-11	2022-01-10	龙华
34	桦润馨居	深圳市龙华区桦润馨居小区第三届业主委员会	三	2019-08-12	2022-08-11	龙华
35	嘉逸花园	深圳市龙华新区嘉逸花园第二届业主委员会	二	2015-04-20	2018-04-19	龙华
36	金碧世家	深圳市龙华区金碧世家第四届业主委员会	四	2021-07-07	2026-07-06	龙华
37	金玲花园	深圳市龙华区金玲花园小区第一届业主委员会	一	2019-12-31	2022-12-30	龙华
38	金侨花园	深圳市龙华区金侨花园小区第一届业主委员会	一	2020-02-29	2023-02-28	龙华
39	锦绣花园二期	深圳市龙华区锦绣花园二期小区第一届业主委员会	一	2019-12-19	2022-12-18	龙华
40	锦绣花园一期	深圳市龙华区锦绣花园一期第一届业主委员会	一	2019-12-11	2022-12-10	龙华
41	康华苑	深圳市龙华区康华苑第二届业主委员会	二	2021-07-26	2026-07-25	龙华
42	乐景花园	深圳市龙华区乐景花园小区第一届业委员会	一	2019-05-16	2022-05-15	龙华
43	龙泉花园	深圳市龙华区龙泉花园第二届业主委员会	二	2020-09-12	2023-09-11	龙华
44	绿茵华庭	深圳市龙华区绿茵华庭第二届业主委员会	二	2021-06-15	2026-06-14	龙华
45	美丽365花园	深圳市龙华区美丽365花园小区第四届业委员会	四	2022-08-08	2027-08-07	龙华

序号	项目名称	业委会名称	业委会届数	任期开始时间	任期截止时间	所属街道
46	美丽家园	深圳市龙华区美丽家园小区第四届业主委员会	四	2018-11-02	2021-11-01	龙华
47	南国丽园	深圳市龙华区南国丽园第二届业主委员会	二	2020-11-13	2025-11-12	龙华
48	香缇雅苑和泰华新村	深圳市龙华区香缇雅苑与泰华新村第二届业主委员会	二	2021-07-09	2026-07-08	龙华
49	新城市花园及海荣豪苑	深圳市龙华区新城市花园及海荣豪苑第三届业主委员会	三	2019-11-11	2022-11-10	龙华
50	新华苑	深圳市龙华区新华苑小区第三届业主委员会	三	2021-08-20	2026-08-19	龙华
51	新阳丽舍小区	深圳市龙华区新阳丽舍小区第一届业主委员会	一	2019-07-10	2022-07-09	龙华
52	幸福城润园	深圳市龙华区幸福城润园第一届业主委员会	一	2021-10-09	2026-10-08	龙华
53	优品建筑	深圳市龙华区优品建筑第三届业主委员会	三	2022-10-08	2027-10-07	龙华
54	御筑轩	深圳市龙华区御筑轩小区第二届业主委员会	二	2019-04-19	2022-04-18	龙华
55	中环花园	深圳市龙华区中环花园第五届业主委员会	五	2021-09-17	2026-09-16	龙华
56	碧水龙庭	深圳市龙华区碧水龙庭第一届业主委员会	一	2021-09-23	2026-09-22	民治
57	丰泽湖山庄	深圳市龙华区丰泽湖山庄小区第二届业主委员会	二	2016-08-18	2021-08-17	民治
58	风和日丽花园	深圳市龙华新区风和日丽小区第六届业主委员会	六	2016-11-21	2019-11-20	民治
59	皓月花园	深圳市龙华区皓月花园小区第五届业主委员会	五	2019-09-23	2022-09-22	民治
60	华美丽苑	深圳市龙华区华美丽苑第二届业主委员会	二	2021-07-21	2026-07-20	民治
61	华业玫瑰四季馨园一期	深圳市龙华区华业玫瑰四季馨园一期小区第一届业主委员会	一	2018-01-29	2021-01-28	民治
62	汇龙湾花园	深圳市龙华区汇龙湾花园小区第二届业主委员会	二	2019-11-06	2022-11-05	民治
63	汇龙苑	深圳市龙华区汇龙苑第二届业主委员会	二	2021-11-26	2026-11-25	民治
64	金地梅陇镇	深圳市龙华区金地梅陇镇第三届业主委员会	三	2022-04-29	2027-04-28	民治
65	金地上塘道花园	深圳市龙华区金地上塘道花园第一届业主委员会	一	2022-03-09	2027-03-08	民治
66	锦绣江南	深圳市龙华区锦绣江南小区第四届业主委员会	四	2016-12-06	2021-12-05	民治
67	骏景华庭	深圳市龙华区骏景华庭第三届业主委员会	三	2022-01-20	2027-01-19	民治
68	莱蒙春天花园	深圳市龙华区莱蒙春天花园第二届业主委员会	二	2021-06-22	2026-06-21	民治
69	莱蒙水榭山花园	深圳市龙华区莱蒙水榭山小区第三届业主委员会	三	2019-10-09	2022-10-08	民治
70	龙岸花园	深圳市龙华区龙岸花园小区第三届业主委员会	三	2019-10-25	2022-10-24	民治
71	绿景香颂花园	深圳市龙华新区绿景香颂小区第一届业主委员会	一	2016-04-29	2019-04-28	民治
72	绿景香颂美庐园	深圳市龙华区绿景香颂美庐园小区第一届业主委员会	一	2017-11-27	2020-11-26	民治
73	梅花新园小区	深圳市龙华区梅花新园小区第二届业主委员会	二	2019-01-09	2022-01-08	民治
74	苹果园	深圳市龙华区苹果园小区第五届业主委员会	五	2019-05-30	2022-05-29	民治
75	七里香榭花园	深圳市龙华区七里香榭花园小区第一届业主委员会	一	2017-09-23	2020-07-22	民治
76	潜龙花园	深圳市龙华区潜龙花园小区第三届业主委员会	三	2017-07-23	2020-07-22	民治

续表

序号	项目名称	业委会名称	业委会届数	任期开始时间	任期截止时间	所属街道
77	潜龙鑫茂花园	深圳市龙华区鑫茂花园第三届业主委员会	三	2020-09-27	2023-09-26	民治
78	日出印象花园	深圳市龙华区日出印象花园第二届业主委员会	二	2016-09-17	2021-09-16	民治
79	榕苑	深圳市龙华区榕苑小区第二届业主委员会	二	2018-02-13	2021-02-12	民治
80	圣莫丽斯花园	深圳市龙华新区圣莫丽斯第一届业主委员会	一	2016-03-06	2019-03-05	民治
81	世纪春城（四）期	深圳市龙华区世纪春城四期第三届业主委员会	三	2017-08-19	2020-08-18	民治
82	万家灯火	深圳市龙华区万家灯火第五届业主委员会	五	2021-07-27	2026-07-26	民治
83	万科金域华府	深圳市龙华区万科金域华府小区第二届业主委员会	二	2019-07-18	2022-07-17	民治
84	溪山美地园	深圳市龙华区溪山美地园小区第二届业主委员会	二	2017-12-25	2020-12-25	民治
85	馨园小区	深圳市龙华区馨园小区第四届业主委员会	四	2021-08-17	2026-08-16	民治
86	星河丹堤花园	深圳市龙华新区星河丹堤小区第二届业主委员	二	2016-04-12	2019-04-11	民治
87	幸福枫景花园	深圳市龙华区幸福枫景花园第三届业主委员会	三	2022-05-16	2027-05-15	民治
88	阳光新境园	深圳市龙华区阳光新境园小区第一届业主委员会	一	2018-05-08	2021-05-07	民治
89	银泉花园	深圳市龙华区银泉花园小区第二届业主委员会	二	2019-12-13	2022-12-12	民治
90	滢水山庄	深圳市龙华区滢水山庄第三届业主委员会	三	2021-09-24	2026-09-23	民治
91	滢水山庄二区	深圳市龙华区滢水山庄二区小区第四届业主委员会	四	2018-09-28	2021-09-27	民治
92	玉华花园	深圳市龙华区玉华花园第四届业主委员会	四	2021-07-22	2026-07-21	民治
93	长城里程家园	深圳市龙华区长城里程家园小区第二届业主委员会	二	2018-05-02	2021-05-01	民治
94	中航阳光新苑	深圳市龙华区中航阳光新苑第四届业主委员会	四	2022-01-05	2027-01-04	民治
95	中央原著	深圳市龙华区中央原著（展远御珑苑及藏珑苑）小区第二届业主委员会	二	2019-11-09	2022-11-08	民治

龙岗区   表4-1-7

序号	项目名称	业委会名称	业委会届数	任期开始时间	任期截止时间	所属街道
1	富豪花园	深圳市龙岗区坂田街道富豪花园第三届业主委员会	三	2017-01-20	2020-01-19	坂田
2	富豪山庄	深圳市龙岗区富豪山庄第三届业主委员会	三	2019-12-25	2022-12-24	坂田
3	泓瀚苑	深圳市龙岗区泓瀚苑第二届业主委员会	二	2020-02-15	2021-08-21	坂田
4	家和花园	深圳市龙岗区家和花园小区第六届业主委员会	六	2021-10-29	2026-10-28	坂田
5	金洲嘉丽园	深圳市龙岗区金洲嘉丽园第六届业主委员会	六	2019-02-12	2022-02-11	坂田
6	骏雅居	深圳市龙岗区儒骏城立方第一届业主委员会	一	2019-12-10	2022-12-09	坂田
7	十二橡树庄园	深圳市龙岗区十二橡树庄园（一期）第一届业主委员会	一	2016-09-23	2019-10-07	坂田
8	石化新村	深圳市龙岗区石化新村第一届业主委员会	一	2020-12-24	2025-12-23	坂田
9	四季花城	深圳市龙岗区四季花城第五届业主委员会	五	2019-09-11	2022-09-10	坂田

序号	项目名称	业委会名称	业委会届数	任期开始时间	任期截止时间	所属街道
10	台湾花园	深圳市龙岗区台湾花园第六届业主委员会	六	2022-06-1	2027-05-31	坂田
11	天景山庄小区	深圳市龙岗区天景山庄第五届业主委员会	五	2021-09-24	2026-09-23	坂田
12	万科城	深圳市龙岗区万科城第三届业主委员会	三	2018-11-28	2021-11-27	坂田
13	万科第五园	深圳市龙岗区万科第五园第二届业主委员会	二	2021-01-01	2023-12-31	坂田
14	万科金色半山花园	深圳市龙岗区万科金色半山花园第二届业主委员会	二	2021-12-13	2026-12-12	坂田
15	星光之约花园	深圳市龙岗区星光之约花园第七届业主委员会	七	2022-11-30	2027-11-29	坂田
16	旭景佳园	深圳市龙岗区旭景佳园第二届业主委员会	二	2021-10-11	2026-10-10	坂田
17	中海坂田日辉台花园	深圳市龙岗区中海日辉台第四届业主委员会	四	2020-04-22	2023-04-21	坂田
18	中海月朗苑	深圳市龙岗区中海月朗苑第二届业主委员会	二	2017-06-07	2020-06-06	坂田
19	东鸿雅居	深圳市龙岗区东鸿雅居第二届业主委员会	二	2017-07-14	2020-07-13	宝龙
20	风临四季花园	深圳市龙岗区风临四季花园第二届业主委员会	二	2021-12-23	2026-12-22	宝龙
21	鸿景春天花园	深圳市龙岗区鸿景春天花园第四届业主委员会	四	2021-11-03	2024-11-02	宝龙
22	金汐府	深圳市龙岗区金汐府第一届业主委员会	一	2019-08-26	2022-08-25	宝龙
23	绿色满庭芳	深圳市龙岗区绿色满庭芳第一届业主委员会	一	2021-06-29	2024-06-28	宝龙
24	仁恒峦山美地花园	深圳市龙岗区仁恒峦山美地花园第一届业主委员会	一	2020-12-15	2025-12-14	宝龙
25	振业峦山谷花园二期	深圳市龙岗区振业峦山谷花园二期第一届业主委员会	一	2020-06-09	2025-06-08	宝龙
26	中信果岭假日别墅	深圳市龙岗区中信果岭假日别墅栖湖第二届业主委员会	二	2020-07-02	2025-07-01	宝龙
27	中信龙盛广场	深圳市龙岗区中信龙盛广场第一届业主委员会	一	2021-10-20	2024-10-19	宝龙
28	中信绿色高尔夫天籁山庄	深圳市龙岗区中信绿色高尔夫天籁山庄第一届业主委员会	一	2020-10-09	2025-10-08	宝龙
29	半岛苑	深圳市龙岗区布吉街道东方半岛B区小区第四届业主委员会	四	2021-06-18	2026-06-17	布吉
30	布吉国都花园	深圳市龙岗区国都花园第八届业主委员会	八	2019-07-05	2022-07-04	布吉
31	布吉中心花园	深圳市龙岗区布吉中心花园第一届业主委员会	一	2015-07-27	2020-07-26	布吉
32	大芬艺术大厦	深圳市龙岗区大芬艺术大厦第一届业主委员会	一	2022-05-26	2027-05-25	布吉
33	大芬油画苑	深圳市龙岗区大芬油画苑第二届业主委员会	二	2022-03-31	2027-03-30	布吉
34	大世纪花园	深圳市龙岗区大世纪花园第五届业主委员会	五	2017-06-21	2020-06-20	布吉
35	德兴花园	深圳市龙岗区德兴花园第三届业主委员会	三	2018-11-28	2021-11-27	布吉
36	东方半岛花园	深圳市龙岗区东方半岛花园第四届业主委员会	四	2021-06-18	2026-06-17	布吉
37	翡翠星光园	深圳市龙岗区翡翠星光园第一届业主委员会	一	2018-04-09	2021-04-08	布吉
38	国展苑	深圳市龙岗区国展苑第五届业主委员会	五	2017-08-06	2020-08-05	布吉
39	灏景明苑	深圳市龙岗区灏景明苑第一届业主委员会	一	2019-04-12	2021-04-11	布吉
40	鸿景豪苑	深圳市龙岗区鸿景豪苑业主大会第二届业主委员会	二	2018-09-28	2021-09-27	布吉

续表

序号	项目名称	业委会名称	业委会届数	任期开始时间	任期截止时间	所属街道
41	华浩源	深圳市龙岗区华浩源第二届业主委员会	二	2018-12-27	2021-12-26	布吉
42	华昱花园1-08号楼	深圳市龙岗区华昱花园第一届业主委员会	一	2021-08-11	2026-08-10	布吉
43	汇福花园	深圳市龙岗区汇福花园第三届业主委员会	三	2018-11-11	2021-11-10	布吉
44	吉祥别墅	深圳市龙岗区吉祥别墅第四届业主委员会	四	2017-12-17	2020-12-16	布吉
45	吉信大厦	深圳市龙岗区吉信大厦第六届业主委员会	六	2016-12-12	2019-12-11	布吉
46	吉星花园	深圳市龙岗区吉星花园第一届业主委员会	一	2021-09-15	2026-09-14	布吉
47	加洲花园	深圳市龙岗区加洲花园第三届业主委员会	三	2019-03-25	2022-03-24	布吉
48	金运家园	深圳市龙岗区金运家园第一届业主委员会	一	2015-08-13	2020-08-12	布吉
49	京南华庭	深圳市龙岗区京南华庭第一届业主委员会	一	2018-11-02	2021-11-01	布吉
50	康达尔花园	深圳市龙岗区康达尔花园第四届业主委员会	四	2019-05-07	2022-05-06	布吉
51	可园	深圳市龙岗区佳兆业可园业主大会第二届业主委员会	二	2021-04-13	2026-04-12	布吉
52	莲花山庄	深圳市龙岗区莲花山庄第四届业主委员会	四	2019-04-25	2022-04-24	布吉
53	龙威花园	深圳市龙岗区布吉街道龙威花园第一届业主委员会	一	2022-03-01	2027-02-28	布吉
54	龙园意境华府	深圳市龙岗区龙园意境华府第一届业主委员会	一	2019-05-16	2024-05-15	布吉
55	慢城四期	深圳市龙岗区慢城四期第二届业主委员会	二	2019-09-12	2022-09-11	布吉
56	慢城一、二、三期	深圳市龙岗区布吉街道慢城1-3期第四届业主委员会	四	2022-06-21	2027-06-20	布吉
57	万隆苑	深圳市龙岗区万隆苑第三届业主委员会	三	2019-11-20	2022-11-19	布吉
58	万山汇福花园	深圳市龙岗区万山汇福花园第二届业主委员会	二	2018-09-05	2021-09-04	布吉
59	文雅豪庭	深圳市龙岗区文雅豪庭第二届业主委员会	二	2018-08-02	2021-08-01	布吉
60	信和爱琴居	深圳市龙岗区信和爱琴居第四届业主委员会	四	2017-09-28	2020-09-27	布吉
61	信义假日名城逸翠园·山翠居	深圳市龙岗区信义假日名城逸翠园·山翠居业主大会第一届业主委员会	一	2020-03-19	2023-03-18	布吉
62	怡康家园	深圳市龙岗区怡康家园业主大会第一届业主委员会	一	2020-10-25	2025-10-24	布吉
63	倚山别苑	深圳市龙岗区倚山别苑第三届业主委员会	三	2018-06-10	2021-06-09	布吉
64	盈翠家园	深圳市龙岗区盈翠家园第三届业主委员会	三	2018-06-04	2021-06-03	布吉
65	友联花园	深圳市龙岗区布吉街道友联花园第四届业主委员会	四	2022-03-07	2027-03-06	布吉
66	长兴楼	深圳市龙岗区长兴楼第一届业主委员会	一	2014-10-22	2019-10-21	布吉
67	中翠花园	深圳市龙岗区中翠花园第一届业主委员会	一	2017-06-29	2022-06-28	布吉
68	中房怡芬花园	深圳市龙岗区中房怡芬花园第三届业主委员会	三	2016-04-22	2019-04-21	布吉
69	中加名园	深圳市龙岗区中加名园第四届业主委员会	四	2021-08-02	2026-08-01	布吉
70	紫瑞花园	深圳市龙岗区紫瑞花园第一届业主委员会	一	2018-09-12	2021-09-11	布吉
71	城市中心花园	深圳市龙岗区城市中心花园第五届业主委员会	五	2019-12-10	2022-12-09	横岗
72	翠湖山庄	深圳市龙岗区翠湖山庄第八届业主委员会	八	2021-03-18	2026-03-17	横岗

序号	项目名称	业委会名称	业委会届数	任期开始时间	任期截止时间	所属街道
73	大山地花园	深圳市龙岗区大山地花园第二届业委员会	二	2020-04-17	2025-04-16	横岗
74	恒地悦山湖花园	深圳市龙岗区恒地悦山湖花园第一届业主委员会	一	2021-07-23	2026-07-22	横岗
75	横岗街道办	深圳市龙岗区横岗街道翠湖山庄第八届业主委员会	八	2021-03-18	2026-03-17	横岗
76	锦冠华城	深圳市龙岗区锦冠华城第四届业主委员会	四	2017-10-29	2020-10-28	横岗
77	瑞泽佳园	深圳市龙岗区瑞泽佳园第一届业主委员会	一	2021-08-27	2026-08-26	横岗
78	深圳怡和山庄	深圳市龙岗区深圳怡和山庄第二届业主委员会	二	2020-04-26	2023-04-25	横岗
79	腾昌花园	深圳市龙岗区腾昌花园第一届业主委员会	一	2018-07-03	2021-07-02	横岗
80	梧桐花园	深圳市龙岗区梧桐花园第二届业主委员会	二	2015-06-24	2018-06-23	横岗
81	信义锦绣花园	深圳市龙岗区信义锦绣花园第二届业主委员会	二	2017-12-05	2020-12-04	横岗
82	正大时代华庭	深圳市龙岗区正大时代华庭第一届业主委员会	一	2021-04-27	2026-04-26	横岗
83	卓越弥敦道名苑	深圳市龙岗区横岗街道卓越弥敦道名苑第一届业主委员会	一	2022-01-27	2027-01-26	横岗
84	翠枫豪园	深圳市龙岗区吉华街道翠枫豪园第三届业主委员会	三	2020-06-11	2025-06-09	吉华
85	景华苑	深圳市龙岗区景华苑第二届业主委员会	二	2020-06-17	2023-06-17	吉华
86	丽湖花园	深圳市龙岗区丽湖花园第五届业主委员会	五	2022-12-29	2027-12-28	吉华
87	龙富花园吉华	深圳市龙岗区布吉龙富花园第二届业主委员会	二	2021-12-10	2026-12-09	吉华
88	尚水天成花园	深圳市龙岗区尚水天成花园第一届业主委员会	一	2019-04-08	2022-04-07	吉华
89	茵悦之生花园	深圳市龙岗区茵悦之生花园第六届业主委员会	六	2019-11-19	2022-11-18	吉华
90	又一村花园	深圳市龙岗区又一村花园第一届业主委员会	一	2022-04-18	2027-04-17	吉华
91	中海怡翠山庄	深圳市龙岗区吉华街道中海怡翠山庄第七届业主委员会	七	2019-10-10	2024-10-09	吉华
92	爱地花园一期	深圳市龙岗区爱地花园一期第三届业主委员会	三	2021-12-10	2026-12-09	龙城
93	保利上城花园	深圳市龙岗区保利上城第二届业主委员会	二	2019-11-07	2022-11-06	龙城
94	碧湖花园	深圳市龙岗区碧湖花园第二届业主委员会	二	2021-11-30	2026-11-29	龙城
95	碧湖玫瑰园	深圳市龙岗区碧湖玫瑰园第二届业主委员会	二	2020-03-20	2025-03-19	龙城
96	缤纷世纪公寓	深圳市龙岗区缤纷世纪公寓第一届业主委员会	一	2019-10-03	2022-10-02	龙城
97	朝阳里雅苑	深圳市龙岗区朝阳里雅苑第一届业主委员会	一	2022-02-20	2027-02-19	龙城
98	城龙花园	深圳市龙岗区城龙花园第三届业主委员会	三	2022-10-31	2027-10-30	龙城
99	城市花园二期	深圳市龙岗区城市花园二期第三届业主委员会	三	2020-01-17	2025-01-16	龙城
100	东都花园一期	深圳市龙岗区东都花园第三届业主委员会	三	2021-07-22	2026-07-21	龙城
101	东方沁园	深圳市龙岗区东方沁园第一届业主委员会	一	2016-01-06	2021-01-04	龙城
102	东方御花园	深圳市龙岗区东方御花园第二届业主委员会	二	2018-08-12	2021-08-11	龙城
103	翡翠明珠花园	深圳市龙岗区翡翠明珠花园第一届业主委员会	一	2019-08-10	2022-08-09	龙城

序号	项目名称	业委会名称	业委会届数	任期开始时间	任期截止时间	所属街道
104	福园小区	深圳市龙岗区福园小区第五届业主委员会	五	2018-03-18	2021-03-17	龙城
105	富康苑	深圳市龙岗区富康苑第一届业主委员会	一	2021-05-31	2026-05-30	龙城
106	公园大地花园	深圳市龙岗区公园大地第二届业主委员会	二	2020-07-27	2023-07-26	龙城
107	广业成学府道花园	深圳市龙岗区广业成学府道花园第三届业主委员会	三	2022-03-31	2027-03-30	龙城
108	和兴花园 四期	深圳市龙岗区和兴花园四期(和煦苑)第二届业主委员会	二	2020-07-28	2025-07-27	龙城
109	和兴花园三期	深圳市龙岗区和兴花园三期第二届业主委员会	二	2022-04-03	2027-04-02	龙城
110	宏兴苑	深圳市龙岗区宏兴苑第五届业主委员会	五	2022-09-21	2027-09-20	龙城
111	鸿进花园	深圳市龙岗区鸿进花园第一届业主委员会	一	2020-09-30	2025-09-29	龙城
112	花半里花园	深圳市龙岗区花半里小区第五届业主委员会	五	2021-02-02	2026-02-01	龙城
113	华业玫瑰郡	深圳市龙岗区华业玫瑰郡第一届业主委员会	一	2018-01-30	2021-01-29	龙城
114	黄阁翠苑	深圳市龙岗区黄阁翠苑第二届业主委员会	二	2021-10-08	2026-10-07	龙城
115	吉祥来花园	深圳市龙岗区吉祥来花园第二届业主委员会	二	2019-10-26	2021-10-25	龙城
116	佳馨园	深圳市龙岗区佳馨园第一届业主委员会	一	2019-12-30	2022-12-29	龙城
117	家和盛世花园一期	深圳市龙岗区家和盛世花园一期第二届业主委员会	二	2021-05-10	2026-05-09	龙城
118	锦绣东方花园	深圳市龙岗区锦绣东方花园第一届业主委员会	一	2016-10-17	2019-10-16	龙城
119	劲嘉·龙园印象	深圳市龙岗区龙城街道劲嘉·龙园印象第二届业主委员会	二	2019-04-28	2022-04-27	龙城
120	君悦龙庭	深圳市龙岗区君悦龙庭第二届业主委员会	二	2017-11-11	2020-11-10	龙城
121	琳珠华庭	深圳市龙岗区琳珠华庭第一届业主委员会	一	2021-09-01	2026-08-31	龙城
122	龙城国际花园	深圳市龙岗区龙城国际花园第二届业主委员会	二	2021-07-02	2026-07-01	龙城
123	龙城华府	深圳市龙岗区龙城华府第三届业主委员会	三	2021-12-28	2026-12-27	龙城
124	龙福一村	深圳市龙岗区龙福一村第五届业主委员会	五	2022-09-22	2027-09-21	龙城
125	龙岗城市花园	深圳市龙岗区龙岗城市花园第七届业主委员会	七	2022-05-06	2027-05-05	龙城
126	龙岗佳盛园	深圳市龙岗区育龙庭第一届业主委员会	一	2021-12-08	2026-12-07	龙城
127	龙岗天安数码城	深圳市龙岗区龙岗天安数码城第四届业主委员会	四	2021-08-18	2026-08-17	龙城
128	龙平紫园	深圳市龙岗区龙平紫园第一届业主委员会	一	2022-04-20	2027-04-19	龙城
129	龙翔花园	深圳市龙岗区龙翔花园第三届业主委员会	三	2019-02-18	2022-02-17	龙城
130	满园1—5栋	深圳市龙岗区满园第二届业主委员会	二	2022-09-24	2027-09-23	龙城
131	美利达新村	深圳市龙岗区美利达新村第二届业主委员会	二	2021-02-04	2026-02-03	龙城
132	欧景城华庭	深圳市龙岗区欧景城华庭第三届业主委员会	三	2019-11-28	2022-11-27	龙城
133	欧意轩花园	深圳市龙岗区欧意轩花园第二届业主委员会	二	2020-05-07	2025-05-06	龙城
134	瑞华园	深圳市龙岗区瑞华园第二届业主委员会	二	2019-11-29	2021-11-28	龙城

序号	项目名称	业委会名称	业委会届数	任期开始时间	任期截止时间	所属街道
135	睿智华庭	深圳市龙岗区睿智华庭第一届业主委员会	一	2018-11-29	2021-11-28	龙城
136	尚景花园	深圳市龙岗区尚景花园第二届业主委员会	二	2021-12-17	2026-12-16	龙城
137	尚景华园	深圳市龙岗区尚景华园第二届业主委员会	二	2021-11-25	2026-11-24	龙城
138	尚景欣园	深圳市龙岗区尚景欣园第二届业主委员会	二	2018-01-13	2021-01-12	龙城
139	盛龙花园	省深圳市龙岗区盛龙花园第一届业主委员会	一	2019-06-18	2022-06-17	龙城
140	盛龙花园北	深圳市龙岗区盛龙社区盛龙花园北小区第二届业主委员会	二	2022-05-24	2027-05-23	龙城
141	水蓝湾	深圳市龙岗区水蓝湾第二届业主委员会	二	2017-01-17	2020-01-16	龙城
142	顺景花园	深圳市龙岗区顺景花园第一届业主委员会	一	2017-10-13	2020-10-12	龙城
143	天昊华庭	深圳市龙岗区天昊华庭第三届业主委员会	三	2018-12-17	2021-12-16	龙城
144	天集雅苑	深圳市龙岗区天集雅苑第一届业主委员会	一	2022-10-25	2027-10-24	龙城
145	天健花园	深圳市龙岗区天健花园第六届业主委员会	六	2018-08-30	2021-08-29	龙城
146	熙和园	深圳市龙岗区熙和园第三届业主委员会	三	2022-07-07	2027-07-06	龙城
147	香林玫瑰花园	深圳市龙岗区香林玫瑰花园第三届业主委员会	三	2019-06-11	2022-06-10	龙城
148	新鸿进花园	深圳市龙岗区新鸿进花园第二届业主委员会	二	2021-07-30	2026-07-29	龙城
149	新龙岗花园	深圳市龙岗区新龙岗花园第三届业主委员会	三	2019-12-17	2022-12-16	龙城
150	新亚洲花园	深圳市龙岗区新亚洲花园第三届业主委员会	三	2021-05-09	2026-05-08	龙城
151	雅庭名苑	深圳市龙岗区雅庭名苑第二届业主委员会	二	2020-03-24	2023-03-23	龙城
152	阳光广场	深圳市龙岗区阳光广场第一届业主委员会	一	2020-12-11	2025-12-10	龙城
153	阳光天健城	深圳市龙岗区阳光天健城第一届业主委员会	一	2019-03-18	2021-03-17	龙城
154	愉园新村1-13栋及综合楼	深圳市龙岗区愉园新村1-13栋及综合楼第六届业主委员会	六	2018-03-26	2021-03-25	龙城
155	御府名筑花园	深圳市龙岗区御府名筑第二届业主委员会	二	2019-06-28	2022-06-27	龙城
156	园景花园	深圳市龙岗区园景花园第三届业主委员会	三	2022-08-16	2027-08-15	龙城
157	阅山公馆	深圳市龙岗区阅山公馆第一届业主委员会	一	2022-09-23	2027-09-22	龙城
158	悦城花园	深圳市龙岗区悦城花园第一届业主委员会	一	2022-11-2	2027-11-01	龙城
159	悦澜山花园	深圳市龙岗区悦澜山花园第一届业主委员会	一	2021-12-3	2026-12-02	龙城
160	泽洋园	深圳市龙岗区泽洋园第二届业主委员会	二	2021-04-07	2026-04-06	龙城
161	中海康城花园二期	深圳市龙岗区中海康城花园二期第二届业主委员会	二	2021-11-25	2026-11-24	龙城
162	中森双子座公馆	深圳市龙岗区中森双子座公馆第三届业主委员会	三	2022-03-01	2027-02-28	龙城
163	紫薇花园（紫薇苑）	深圳市龙岗区紫薇花园第五届业主委员会	五	2022-05-27	2027-05-26	龙城
164	八仙岭华庭	深圳市龙岗区八仙岭华庭第一届业主委员会	一	2021-06-19	2026-06-18	龙岗
165	城南雅筑	深圳市龙岗区城南雅筑第二届业主委员会	二	2020-08-20	2025-08-19	龙岗

续表

序号	项目名称	业委会名称	业委会届数	任期开始时间	任期截止时间	所属街道
166	德沁苑	深圳市龙岗区德沁苑第一届业主委员会	一	2016-02-21	2019-02-20	龙岗
167	叠翠新峰花园	深圳市龙岗区叠翠新峰第五届业主委员会	五	2022-01-19	2027-01-18	龙岗
168	鸿威鸿景华庭	深圳市龙岗区鸿威鸿景华庭第二届业主委员会	二	2022-12-07	2027-12-06	龙岗
169	金地名郡园	深圳市龙岗区金地名郡园第一届业主委员会	一	2022-05-11	2027-05-10	龙岗
170	金阳成大厦	深圳市龙岗区金阳成大厦第二届业主委员会	二	2022-03-16	2027-03-15	龙岗
171	锦城星苑	深圳市深圳市龙岗区锦城星苑第一届业主委员会	一	2019-08-08	2022-08-07	龙岗
172	锦龙名苑	深圳市龙岗区锦龙名苑第二届业主委员会	二	2022-05-26	2027-05-25	龙岗
173	聚龙苑	深圳市龙岗区聚龙苑第二届业主委员会	二	2021-08-20	2026-08-19	龙岗
174	龙富花园	深圳市龙岗区布吉龙富花园第二届业主委员会	二	2018-05-24	2021-05-23	龙岗
175	龙禧雅苑	深圳市龙岗区龙禧雅苑第一届业主委员会	一	2018-01-08	2021-01-07	龙岗
176	满京华喜悦里	深圳市龙岗区满京华喜悦里第一届业主委员会	一	2019-10-10	2022-10-09	龙岗
177	鹏达花园	深圳市龙岗区鹏达花园第三届业主委员会	三	2022-01-26	2027-01-25	龙岗
178	千林山居	深圳市龙岗区千林山居第一届业主委员会	一	2020-12-26	2025-12-25	龙岗
179	深房翠林苑	深圳市龙岗区深房翠林苑第一届业主委员会	一	2022-08-04	2027-08-03	龙岗
180	深房尚林花园	深圳市龙岗区深房尚林花园第二届业主委员会	二	2019-12-24	2022-12-23	龙岗
181	特丰综合楼	深圳市龙岗区特丰综合楼第二届业主委员会	二	2021-01-19	2026-01-18	龙岗
182	仙岭居	深圳市龙岗区仙岭居第一届业主委员会	一	2021-03-17	2024-03-16	龙岗
183	榭丽花园三期（东方明珠城）	深圳市龙岗区榭丽花园三期（东方明珠城）第二届业主委员会	二	2014-06-23	2017-06-22	龙岗
184	旭源瑞景轩	深圳市龙岗区旭源瑞景轩第一届业主委员会	一	2019-07-30	2022-07-29	龙岗
185	雅豪祥苑	深圳市龙岗区榭丽花园第四届业主委员会	四	2020-07-18	2025-07-17	龙岗
186	怡龙枫景园	深圳市龙岗区怡龙枫景园第一届业主委员会	一	2020-11-22	2025-11-21	龙岗
187	颐景峰苑	深圳市龙岗区颐景峰苑第二届业主委员会	二	2020-09-28	2025-09-27	龙岗
188	远洋新干线荣域花园	深圳市龙岗区远洋新干线荣域花园第一届业主委员会	一	2022-09-21	2027-09-20	龙岗
189	运河蓝湾家园	深圳市龙岗区运河蓝湾家园第二届业主委员会	二	2020-12-25	2025-12-24	龙岗
190	安鸿峰景苑	深圳市龙岗区安鸿峰景苑第一届业主委员会	一	2017-06-19	2020-06-18	南湾
191	大世纪水山缘	深圳市龙岗区大世纪水山缘第六届业主委员会	六	2018-04-18	2021-04-17	南湾
192	国香山翡翠华庭	深圳市龙岗区国香山翡翠华庭第一届业主委员会	一	2021-07-06	2026-07-05	南湾
193	国香山花园	深圳市龙岗区国香山花园第一届业主委员会	一	2021-02-23	2026-02-22	南湾
194	和通花园	深圳市龙岗区和通花园第一届业主委员会	一	2020-03-13	2025-03-12	南湾
195	和谐家园	深圳市龙岗区和谐家园第二届业主委员会	二	2021-02-23	2026-02-22	南湾
196	鸿润豪苑	深圳市龙岗区鸿润豪苑第二届业主委员会	二	2021-12-29	2026-12-28	南湾

序号	项目名称	业委会名称	业委会届数	任期开始时间	任期截止时间	所属街道
197	康桥花园	深圳市龙岗区康桥花园第四届业主委员会	四	2022-07-16	2027-07-15	南湾
198	龙泉别墅	深圳市龙岗区龙泉别墅第三届业主委员会	三	2022-04-01	2027-03-31	南湾
199	南和花园	深圳市龙岗区南和花园第二届业主委员会	二	2022-12-07	2027-12-06	南湾
200	南岭花园	深圳市龙岗区南岭花园第三届业主委员会	三	2022-01-25	2027-01-24	南湾
201	颂雅苑	深圳市龙岗区颂雅苑第二届业主委员会	二	2022-06-14	2027-06-13	南湾
202	泰阳金桔苑	深圳市龙岗区泰阳金桔苑第四届业主委员会	四	2019-07-01	2022-06-30	南湾
203	文峰华庭	深圳市龙岗区文峰华庭第三届业主委员会	三	2022-05-09	2027-05-08	南湾
204	祥云苑	深圳市龙岗区祥云苑第一届业主委员会	一	2021-05-07	2026-05-06	南湾
205	阳光翠园	深圳市龙岗区阳光翠园第三届业主委员会	三	2021-04-19	2026-04-18	南湾
206	阳基新天地家园	深圳市龙岗区阳基新天地家园第一届业主委员会	一	2021-01-29	2026-01-28	南湾
207	怡乐花园	深圳市龙岗区怡乐花园第五届业主委员会	五	2022-06-13	2027-06-12	南湾
208	银领公馆	深圳市龙岗区银领公馆第一届业主委员会	一	2021-09-11	2026-09-10	南湾
209	英郡年华花园	深圳市龙岗区英郡年华第二届业主委员会	二	2021-12-09	2026-12-08	南湾
210	阅景花园	深圳市龙岗区阅景花园第一届业主委员会	一	2018-06-15	2021-06-14	南湾
211	中兆花园	深圳市龙岗区中兆花园第一届业主委员会	一	2020-04-10	2025-04-09	南湾
212	左庭右院	深圳市龙岗区左庭右院第二届业主委员会	二	2020-12-28	2025-12-27	南湾
213	东都雅苑	深圳市龙岗区东都雅苑第一届业主委员会	一	2017-10-30	2020-10-29	平湖
214	凤冠华庭一期	深圳市龙岗区凤冠华庭第二届业主委员会	二	2021-03-10	2026-03-09	平湖
215	茗萃园二期	深圳市龙岗区茗萃园二期第一届业主委员会	一	2021-11-03	2026-11-02	平湖
216	南油花园	深圳市龙岗区南油花园第三届业主委员会	三	2019-04-29	2022-04-28	平湖
217	平湖翠峰丽景花园	深圳市龙岗区平湖翠峰丽景花园第四届业主委员会	四	2020-05-19	2025-05-18	平湖
218	平湖满庭芳	深圳市龙岗区平湖满庭芳第六届业主委员会	六	2022-03-30	2027-03-29	平湖
219	融湖世纪花园（一期）	深圳市龙岗区融湖世纪花园（一期）第一届业主委员会	一	2021-02-24	2026-02-23	平湖
220	融悦山居B区	深圳市龙岗区融悦山居B区第一届业主委员会	一	2021-12-31	2026-12-30	平湖
221	融悦山居C区	深圳市龙岗区融悦山居C区第一届业主委员会	一	2022-04-18	2027-04-17	平湖
222	水门逸欣园	深圳市龙岗区水门逸欣园第一届业主委员会	一	2021-11-13	2026-11-12	平湖
223	威凤山庄	深圳市龙岗区威凤山庄第三届业主委员会	三	2021-11-22	2026-11-21	平湖
224	富民阁	深圳市龙岗区坪地街道富民阁小区第三届业主委员会	三	2021-11-20	2026-11-19	坪地
225	西湖苑	深圳市龙岗区西湖苑第二届业主委员会	二	2020-07-25	2025-07-24	坪地
226	西湖苑二期	深圳市龙岗区西湖苑二期第二届业主委员会	二	2020-11-19	2025-11-18	坪地
227	香林世纪华府	深圳市龙岗区香林世纪华府第二届业主委员会	二	2020-04-04	2025-04-03	坪地
228	中航鼎尚华庭	深圳市龙岗区中航鼎尚华庭小区第四届业主委员会	四	2021-11-11	2026-11-10	坪地

续表

序号	项目名称	业委会名称	业委会届数	任期开始时间	任期截止时间	所属街道
229	金色盛晖华庭	深圳市龙岗区金色盛晖华庭第一届业主委员会	一	2017-03-07	2020-03-06	园山
230	水晶之城	深圳市龙岗区水晶之城第四届业主委员会	四	2019-11-10	2022-11-09	园山

光明区 表4-1-8

序号	项目名称	业委会名称	业委会届数	任期开始时间	任期截止时间	所属街道
1	盛迪嘉光明壹号花园	深圳市光明区盛迪嘉光明壹号第一届业主委员会	一	2021-12-24	2026-12-23	凤凰
2	福盈中央山花园	深圳市光明区福盈中央山花园第二届业主委员会	二	2022-07-05	2027-07-04	公明
3	宏发上域花园	深圳市光明区宏发上域第三届业主委员会	三	2019-12-29	2022-12-29	公明
4	南星大厦	深圳市光明区南星大厦第二届业主委员会	二	2022-12-03	2027-12-02	公明
5	雍景城	深圳市光明区宏发雍景城第二届业主委员会	二	2019-12-29	2022-12-29	公明
6	金城大第花园	深圳市光明区金城大第花园第一届业主委员会	一	2021-07-30	2026-07-29	光明
7	深房传麒山	深圳市光明区深房传麒山小区第一届业主委员会	一	2018-06-28	2021-06-27	光明
8	正兆景嘉园	深圳市光明区正兆景嘉园第一届业主委员会	一	2019-10-29	2022-10-28	光明
9	峰荟花园	深圳市光明区峰荟花园一期第一届业主委员会	一	2020-11-16	2023-11-15	马田
10	宏发美域花园	深圳市光明区宏发美域第一届业主委员会	一	2020-12-05	2025-12-04	马田
11	锦鸿花园	深圳市光明区锦鸿花园第一届业主委员会	一	2018-10-24	2021-10-24	马田
12	中粮云景花园北区	深圳市光明区中粮云景花园北区第一届业主委员会	一	2020-10-29	2025-10-28	马田
13	中粮云景花园南区	深圳市光明区中粮云景花园南区第一届业主委员会	一	2020-12-23	2025-12-22	马田
14	乐府花园	深圳市光明区乐府花园第一届业主委员会	一	2022-11-27	2027-11-26	新湖

大鹏新区 表4-1-9

序号	项目名称	业委会名称	业委会届数	任期开始时间	任期截止时间	所属街道
1	大鹏下沙新村	深圳市大鹏新区下沙新村第二届业主委员会	二	2022-06-30	2027-06-29	大鹏
2	大围小区	深圳市大鹏新区大围小区第四届业主委员会	四	2018-04-25	2021-04-24	大鹏
3	叠福小区	深圳市大鹏新区叠福小区第五届业主委员会	五	2020-06-01	2025-05-31	大鹏
4	东部明珠雅苑	深圳市大鹏新区东部明珠雅苑第一届业主委员会	一	2021-07-09	2026-07-08	大鹏
5	旱塘仔小区	深圳市大鹏新区旱塘仔小区第五届业主委员会	五	2020-06-01	2025-05-31	大鹏
6	黄岐塘小区	深圳市大鹏新区黄岐塘小区第五届业主委员会	五	2020-06-01	2025-05-31	大鹏
7	莲花村	深圳市大鹏新区大鹏办事处莲花村小区第四届业主委员会	四	2017-06-15	2020-06-15	大鹏
8	岭吓花园小区	深圳市大鹏新区岭吓花园小区第五届业主委员会	五	2020-06-01	2025-05-31	大鹏

序号	项目名称	业委会名称	业委会届数	任期开始时间	任期截止时间	所属街道
9	鹏海苑	深圳市大鹏新区鹏海苑第二届业主委员会	二	2017-08-28	2020-08-28	大鹏
10	璞岸花园	深圳市大鹏新区璞岸花园第一届业主委员会	一	2021-10-25	2026-10-24	大鹏
11	沙埔小区	深圳市大鹏新区沙埔小区第四届业主委员会	四	2018-04-25	2021-04-24	大鹏
12	上下圩门小区	深圳市大鹏新区上下圩门小区第五届业主委员会	五	2020-06-01	2025-05-31	大鹏
13	水头小区	深圳市大鹏新区水头小区第四届业主委员会	四	2018-04-25	2021-04-24	大鹏
14	王母围小区	深圳市大鹏新区大鹏办事处王母围小区第四届业主委员会	四	2018-06-15	2021-06-14	大鹏
15	王母新村东区	深圳市大鹏新区王母新村东区第五届业主委员会	五	2020-06-01	2025-05-31	大鹏
16	王母新村西区	深圳市大鹏新区王母新村西区第五届业主委员会	五	2020-06-01	2025-05-31	大鹏
17	王桐山小区	深圳市大鹏新区王桐山小区第五届业主委员会	五	2020-06-01	2025-05-31	大鹏
18	王屋巷小区	深圳市大鹏新区王屋巷小区第五届业主委员会	五	2020-06-01	2025-05-31	大鹏
19	中山里小区	深圳市大鹏新区中山里小区第四届业主委员会	四	2020-06-01	2025-05-31	大鹏
20	17英里花园	深圳市大鹏新区17英里花园第一届业主委员会	一	2021-08-29	2026-08-28	葵涌
21	半山海花园	深圳市大鹏新区半山海花园第一届业主委员会	一	2020-05-27	2025-05-26	葵涌
22	海语山林花园	深圳市大鹏新区海语山林花园第二届业主委员会	二	2019-11-14	2022-11-13	葵涌
23	华侨海景山庄	深圳市大鹏新区华侨海景山庄第七届业主委员会	七	2018-06-16	2021-06-15	葵涌
24	金众金域半山花园	深圳市大鹏新区金众金域半山花园第一届业主委员会	一	2020-12-31	2025-12-30	葵涌
25	陶柏莉花园（一期）	深圳市大鹏新区陶柏莉花园（一期）第一届业主委员会	一	2022-08-01	2027-07-31	葵涌
26	鑫园广场	深圳市大鹏新区鑫园广场第三届业主委员会	三	2018-12-15	2021-12-14	葵涌
27	亚迪村	深圳市大鹏新区亚迪村第二届业主委员会	二	2021-09-11	2026-09-10	葵涌
28	凯旋湾花园	深圳市大鹏新区凯旋湾花园第一届业主委员会	一	2019-11-21	2022-11-20	南澳
29	南沙兴苑	深圳市大鹏新区南沙兴苑第一届业主委员会	一	2020-07-16	2025-07-15	南澳
30	山海名苑	深圳市大鹏新区山海名苑第一届业主委员会	一	2020-07-16	2025-07-15	南澳

坪山区　　　　　　　　　　　　　　　　　　　　　表4-1-10

序号	项目名称	业委会名称	业委会届数	任期开始时间	任期截止时间	所属街道
1	凤凰公馆	深圳市坪山区凤凰公馆第一届业主委员会	一	2022-08-27	2027-08-26	碧岭
2	新城东方丽园	深圳市坪山区新城东方丽园第一届业主委员会	一	2021-12-31	2026-12-30	碧岭
3	丹梓龙庭	深圳市坪山区丹梓龙庭第一届业主委员会	一	2020-01-15	2023-01-14	坑梓
4	金田风华苑	深圳市坪山区金田风华苑第三届业主委员会	三	2017-05-26	2020-05-25	坑梓
5	深业御园	深圳市坪山区深业御园第一届业主委员会	一	2020-01-06	2023-01-05	坑梓
6	亚迪三村	深圳市坪山区亚迪三村第一届业主委员会	一	2021-08-28	2026-08-27	坑梓

序号	项目名称	业委会名称	业委会届数	任期开始时间	任期截止时间	所属街道
7	奥园·翡翠东湾花园	深圳市坪山区奥园·翡翠东湾花园第一届业主委员会	一	2021-05-27	2026-05-26	龙田
8	豪方菁园	深圳市坪山区豪方菁园第三届业主委员会	三	2021-10-26	2026-10-25	龙田
9	中粮一品澜山花园	深圳市坪山区中粮一品澜山花园第一届业主委员会	一	2018-10-19	2021-10-18	龙田
10	金地朗悦花园	深圳市坪山区金地朗悦花园第一届业主委员会	一	2019-11-30	2022-11-29	马峦
11	京基御景印象家园	深圳市坪山区京基御景印象家园第二届业主委员会	二	2022-08-01	2027-07-31	马峦
12	力高君御花园	深圳市坪山区力高君御花园第一届业主委员会	一	2022-10-17	2027-10-16	马峦
13	东城上邸	深圳市坪山区深业东城上邸第三届业主委员会	三	2022-07-18	2027-07-17	坪山
14	东晟时代花园	深圳市坪山区东晟时代花园第一届业主委员会	一	2022-06-06	2027-06-05	坪山
15	嘉宏湾花园	深圳市坪山区嘉宏湾花园第二届业主委员会	二	2019-01-12	2022-01-11	坪山
16	嘉宏湾花园二期	深圳市坪山区嘉宏湾花园二期第一届业主委员会	一	2018-03-27	2021-03-26	坪山
17	金域缇香一期	深圳市坪山区金域缇香一期第一届业主委员会	一	2021-06-15	2026-06-14	坪山
18	六和商业广场一期	深圳市坪山区六和商业广场一期第一届业主委员会	一	2021-05-16	2026-05-15	坪山
19	水岸明珠	深圳市坪山区水岸明珠第五届业主委员会	五	2021-07-03	2026-07-02	坪山
20	万科金域东郡	深圳市坪山区万科金域东郡第三届业主委员会	三	2022-08-12	2027-08-11	坪山
21	万科金域缇香二期	深圳市坪山区万科金域缇香花园二期第二届业主委员会	二	2021-04-02	2026-04-01	坪山
22	招商花园	深圳市坪山区招商花园第一届业主委员会	一	2022-08-04	2027-08-03	坪山

（资料来源：深圳市物业管理信息平台）

第二节　业主满意度总体情况

1.综述

为深入了解2022年深圳市物业管理业主满意状况，聆听业主对物业服务的真实感受，分析物业管理行业变化趋势，聚焦物业服务过程中的优势及薄弱环节，进一步提升深圳市物业管理行业的服务质量，深圳市物业管理行业协会、深圳中深南方物业管理研究院以及深圳市维度数据科技股份有限公司联合成立课题组，开展2022年度物业管理业主满意度深圳指数测评工作。

本次测评以PMCSI模型作为理论基础，按照规模大小成比例的方式抽取样本，并通过入户访问的形式采集数据。在调查中涉及深圳市221家物业服务企业所管理的329个物业项目，项目组考虑了区域分布和物业类型等因素，在90%的置信度水平、绝对误差小于1%的条件下，发放问卷7232份，回收有效问卷7000份，问卷有效率为96.8%。测评旨在深入了解过去一年深圳市物业管理业主满意状况，进一步提升深圳市物业管理行业的服务质量。

2.业主满意度指数分析

【2022年度物业管理业主满意度深圳指数为83.0，上升0.8】

2022年，我市物业管理行业整体工作难中有进，稳中向好，在政府及相关部门的关怀和指导下，物业企业以业主需求为导向，通过信息化、智能化等手段，不断提升服务技能和管理水平，物业服务质量得到了一定的提升。2022年由于病毒感染多点发生，广大物业企业坚守防控一线，更彰显了我市物业管理行业的责任和担当。整体来看，2022年度业主满意度深圳指数较上一年有所提升，近年来整体呈现稳步上升趋势（图4-2-1）。

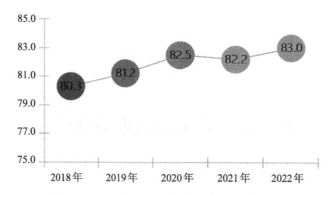

图4-2-1　近五年物业管理业主满意度深圳指数

3.不同物业类型满意度

【**写字楼与商业满意度均稳步上升，住宅满意度仍有较大提升空间**】

写字楼物业满意度仍处于90.0以上的高位水平，商业物业次之，为88.4，两类业态业主满意度均高于行业总体水平。相较而言，住宅物业业主满意度低于80.0，且仍低于行业总体水平。与2021年相比，2022年写字楼与商业物业满意度均有小幅上升；住宅物业满意度则略有下降（图4-2-2）。

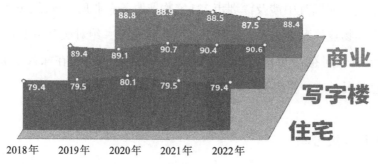

图4-2-2　近五年不同物业类型业主满意度

【**住宅物业**】

（1）总体满意度

调查结果显示，2022年住宅物业的满意度为79.4，同比下降0.1。从近五年数据来看，住宅物业的满意度呈波动趋势，满意度基本维持在79.5左右，近两年来有所波动，且与写字楼和商业物业的满意度相比仍存在较大差距，各住宅项目管理单位应引起重视。

一方面在我市房地产进入存量市场这一大背景下，2020年《深圳经济特区物业管理条例》颁布实施后，住宅物业业主对于物业服务企业的选聘和任用有了更大自主权，住宅小区的物业服务企业更迭更为频繁，造成住宅物业管理市场动荡，一定程度上影响了住宅小区业主对物业管理的满意度评价，这亦是住宅物业项目业主满意度不升反降的重要原因之一。未来需要进一步完善对业主组织的制度建设和监管，通过培训提升业主组织的专业化水平，不断明确业主组织和物业服务企业的权利和责任，促进我市物业管理市场的良性健康发展（图4-2-3）。

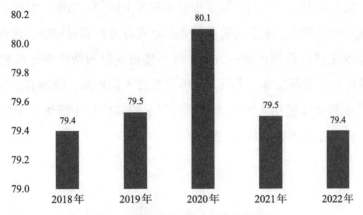

图4-2-3 近五年住宅物业业主满意度

（2）各分项指标满意度

调查结果显示，2022年住宅物业各项指标的满意度均在73.5～82.5之间，其中，人员服务获得评价最高，满意度为82.1；而忠诚度相对较低，为73.7。

从近五年数据来看，各分项指标满意度均呈波动变化趋势。其中，设备设施管理、秩序维护服务、人员服务均较上年有小幅上升；环境管理、社区文化、品牌形象、价值感知、忠诚度等指标则有不同程度下降，其中环境管理下降较多，下降了0.8（图4-2-4）。

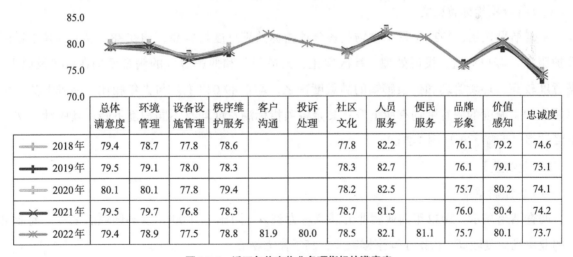

	总体满意度	环境管理	设备设施管理	秩序维护服务	客户沟通	投诉处理	社区文化	人员服务	便民服务	品牌形象	价值感知	忠诚度
2018年	79.4	78.7	77.8	78.6			77.8	82.2		76.1	79.2	74.6
2019年	79.5	79.1	78.0	78.3			78.3	82.7		76.1	79.1	73.1
2020年	80.1	80.1	77.8	79.4			78.2	82.5		75.7	80.2	74.1
2021年	79.5	79.7	76.8	78.3			78.7	81.5		76.0	80.4	74.2
2022年	79.4	78.9	77.5	78.8	81.9	80.0	78.5	82.1	81.1	75.7	80.1	73.7

图4-2-4 近五年住宅物业各项指标的满意度

【写字楼物业】

（1）总体满意度

调查结果显示，2022年写字楼物业的满意度为90.6，略高于去年，与住宅物业、商业物业相比优势明显。

从近三年数据来看，写字楼物业满意度趋于稳定，且保持较高水平；整体而言，写字楼物业业主对物业服务的满意度较高，自2018年起一直保持在89.0以上，2020—2022年均保持在90.0以上的高位水平。究其原因，一方面，写字楼物业服务主体相对清晰，且甲乙双方责任权利划分明确，推诿扯皮现象相对较少，业主与物业服务企业双方关系相对较好，进而促进物业管理各项工作的落实到位，业主评价较高；另一方面，写字楼物业管理费收费标准较高，项目利润相对充裕，因此在设施配套、设备运维、人员投入等方面投入均较高，能够有效保障物业管理工作的良性循环。此外写字楼物业使用人多数为受教育程度较高的青年群体或个体素质较好的高管群体，因此在沟通、合作方面也更加顺畅（图4-2-5）。

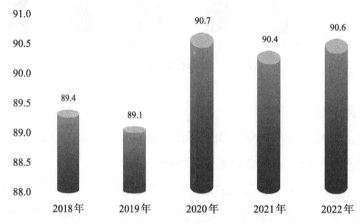

图4-2-5 近五年写字楼物业满意度

（2）各分项指标满意度

调查结果显示，2022年写字楼物业各分项指标的满意度均较高，均在88.0以上，其中秩序维护服务、客户沟通、投诉处理、社区文化、人员服务和便民服务的满意度均在90.0及以上，满意度较高；环境管理和价值感知的满意度次之，均在89.0以上。与去年相比，品牌形象、价值感知和忠诚度的满意度均有所上升；其余各项指标满意度均有不同程度下降，其中社区文化下降较多，下降了0.7（图4-2-6）。

【商业物业】

（1）总体满意度

调查结果显示，2022年商业物业的满意度为88.4，同比上升0.9。从不同业态来看，商业物业的业主满意度较高，仅次于写字楼物业，高于住宅物业。

从近五年数据来看，商业物业的满意度2018年以来一直保持88.0上下波动，2021年较前几年有明显下降，在2022年有小幅回升。商业物业在人员服务、环境管理和秩序维护服务方面有较明显改善，业主的物业使用感受与满意度评价有所提升，此外随着疫情相应防控措施逐步放开，商业区人流量相继增加，商户日常运营有所回暖，对整体满意度也产生了一定的正面影响（图4-2-7）。

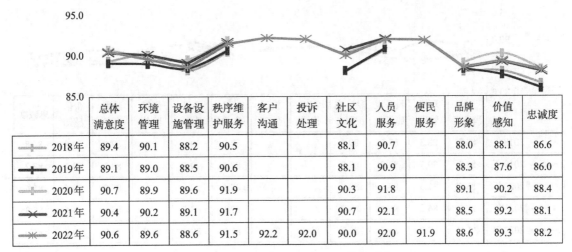

	总体满意度	环境管理	设备设施管理	秩序维护服务	客户沟通	投诉处理	社区文化	人员服务	便民服务	品牌形象	价值感知	忠诚度
2018年	89.4	90.1	88.2	90.5			88.1	90.7		88.0	88.1	86.6
2019年	89.1	89.0	88.5	90.6			88.1	90.9		88.3	87.6	86.0
2020年	90.7	89.9	89.6	91.9			90.3	91.8		89.1	90.2	88.4
2021年	90.4	90.2	89.1	91.7			90.7	92.1		88.5	89.2	88.1
2022年	90.6	89.6	88.6	91.5	92.2	92.0	90.0	92.0	91.9	88.6	89.3	88.2

图4-2-6 近五年写字楼物业各项指标的满意度

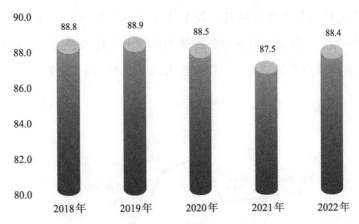

图4-2-7 近五年商业物业满意度

（2）各分项指标满意度

调查结果显示，2022年商业物业各分项指标的满意度均在85.0～90.0之间，其中人员服务获得评价较高，满意度为89.4；业主忠诚度相对较低，为85.0。

与去年相比，环境管理、秩序维护服务、人员服务、品牌形象和价值感知的满意度均有所上升，其中价值感知满意度上升幅度最大，上升了1.6；其余各项指标均有不同程度下降，其中设备设施管理下降较多，下降了1.3（图4-2-8）。

4.各分项指标评价情况

【各项指标满意度】

各项基础物业服务均有不同程度提升，设备设施管理满意度持续偏低

2022年各项基础物业服务中，人员服务的评价较好，满意度为85.4。相较2021年，物业服

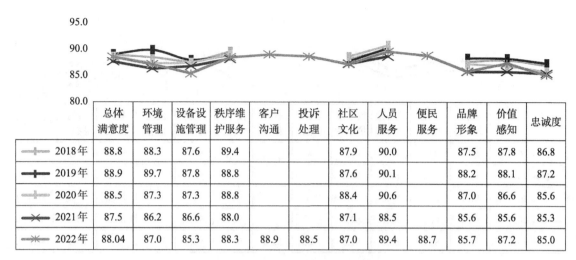

	总体 满意度	环境 管理	设备设 施管理	秩序维 护服务	客户 沟通	投诉 处理	社区 文化	人员 服务	便民 服务	品牌 形象	价值 感知	忠诚度
2018年	88.8	88.3	87.6	89.4			87.9	90.0		87.5	87.8	86.8
2019年	88.9	89.7	87.8	88.8			87.6	90.1		88.2	88.1	87.2
2020年	88.5	87.3	87.3	88.8			88.4	90.6		87.0	86.6	85.6
2021年	87.5	86.2	86.6	88.0			87.1	88.5		85.6	85.6	85.3
2022年	88.04	87.0	85.3	88.3	88.9	88.5	87.0	89.4	88.7	85.7	87.2	85.0

图4-2-8　近五年商业物业各项指标的满意度

务各项基础服务满意度均有不同程度提升，其中秩序维护服务和人员服务上升最多，均上升了1.3，业主对物业服务企业各项基础物业服务均较为肯定。值得关注的是，设备设施管理满意度较2021年上升1.1，但其满意度仅为81.1，仍有较大提升空间（图4-2-9）。

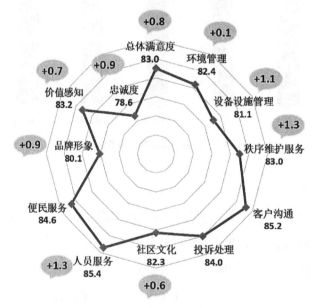

图4-2-9　各项指标满意度

【重要度—满意度矩阵图】

为了对物业管理工作进行系统评估，找出目前物业管理的优劣势区域，为行业健康发展提供参考依据，课题组构建了物业管理重要度—满意度矩阵分析图。该矩阵以影响满意度各项指标的路径系数为横轴，以满意度为纵轴，不仅反映了各指标对满意度的影响大小，更关键的是反映了物业管理的资源配置问题。

重要度—满意度矩阵解读：右上角为优势区，该区域的特点是高满意度、强影响，位于本区域的指标进步空间较小，应力保其优势地位；左上角为维持区，此区具有高满意度、弱影响的特点，落入此区的指标只需维持现状即可；左下角为机会区，此区具有低满意度、弱影响的特点，在此区域的指标有较大的提升空间，这些指标的改进是提高业主满意度的机会；右下角为劣势区，该区域的特点是低满意度、强影响，此区中的指标亟须改进，是未来工作的重点方向（图4-2-10）。

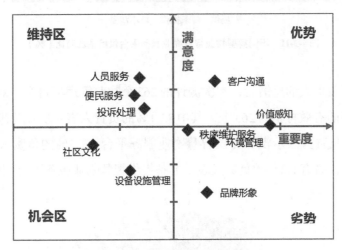

图4-2-10　重要度—满意度矩阵

由图可知，秩序维护服务、环境管理和品牌形象落入劣势区，且环境管理是影响业主满意度的关键性驱动因素，对提升业主满意度有较大影响。2022年环境管理满意度为82.4，同比上升了0.1，未来仍有较大提升空间，需重点关注。

5.智慧物业平台使用及评价情况

【智慧物业平台供给情况】

从智慧物业服务平台的供给情况看，此次调查的7000个样本中，有效回答样本为4407个，其中67.0%的受访业主表示所在小区/大厦有提供智慧物业服务平台，对比去年（64.3%）上升2.7个百分点；17.7%的受访业主表示所在小区/大厦未提供智慧物业服务平台，智慧物业服务平台的普及率有所提升，但总体普及程度仍有一定提升空间。

从物业类型来看，写字楼物业智慧物业服务平台的供给率最高，为71.0%，较去年小幅下降0.2个百分点；其次是住宅物业，供给率为66.0%，同比上升1.7个百分点；商业物业的供给率为61.3%，同比上升5.7个百分点。较其他业态而言，写字楼物业管理面积适中，智慧物业的运用场景相对简单，与智慧物业平台的普适性更高，故大部分物业服务企业会选择率先将智慧物业平台投入到写字楼业态项目使用，基于使用中的反馈情况进行优化完善，再将其投入到其他更加复杂的运用场景之中（图4-2-11）。

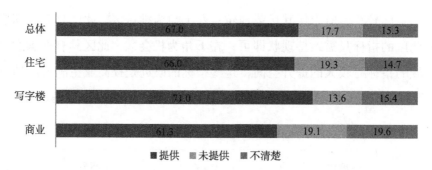

图4-2-11　不同类型物业智慧物业服务平台供给情况对比（％）

从物业管理项目负责人的反馈看，本次测评的263个物业管理项目中，对智慧物业服务平台的供给情况进行回答的有效样本为263个，其中82.1%的负责人表示所在管理处有提供智慧物业服务平台，15.6%的负责人表示没有提供智慧物业服务平台，1.1%的负责人表示不清楚是否提供智慧物业服务平台，另有1.2%的负责人表示准备提供智慧物业服务平台（图4-2-12）。

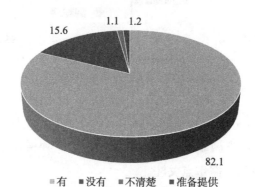

图4-2-12　物业管理项目提供智慧物业服务平台情况（％）

综合物业管理项目负责人和受访业主的反馈看，2022年深圳市各物业服务小区/大厦智慧物业服务平台的供给率除商业业态外均在66.0%及以上，为深圳市打造智慧城市、物管城市提供良好基础。

【智慧物业平台使用情况】

（1）业主使用情况

从智慧物业服务平台的使用情况看，此次调查的7000个样本中，有效回答样本为2951个，其中95.1%的受访业主表示使用过所在小区/大厦提供的智慧物业服务平台，智慧物业服务平台的使用率较高。

从物业类型来看，住宅物业业主对智慧物业服务平台的使用率最高，为95.8%；其次是写字楼物业，使用率为94.6%；商业物业业主的使用率相对较低，为90.7%。在数字中国构建的大背景之下，近年来智慧社区的打造成为物业管理行业聚焦的重点。目前，在运用互联网、人工智能等技术加快建设智慧物业管理服务平台，推动物业管理服务线上线下融合发展的同时，业主对智慧物业服务平台的接受度也在不断提升（图4-2-13）。

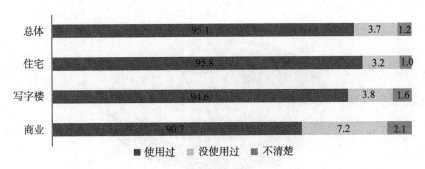

图4-2-13　不同类型物业业主使用智慧物业服务平台情况对比（％）

从智慧物业管理平台各功能的使用情况看，线上缴费的提及率最高，为76.9%；其次是智能停车和门禁系统，提及率均为72.2%；再次是线上报修，提及率为62.5%；居家养老服务的提及率较低，仅为4.6%。物业管理作为一个与人民群众密切相关的行业，在社区养老中具有先天优势，而居家养老是目前社会养老体系的主体，也是构建社会化养老体系最主要的方向。目前，部分物业服务企业积极探索和尝试"物业服务＋养老服务"模式，但整体仍处于摸索阶段，未来需进一步呼吁行业参与到居家社区养老服务行列，满足广大居民群众的养老需求，携手创造行业新的价值增长点（图4-2-14）。

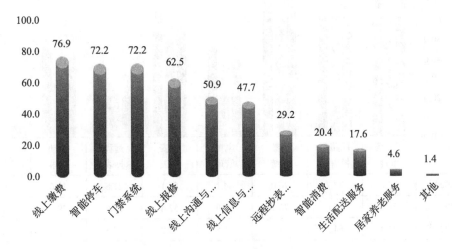

图4-2-14　管理处使用智慧物业服务相关产品情况（％）

（2）物业管理平台使用情况

本次项目共调查了263个物业管理项目，对智慧物业管理平台的使用情况进行回答的有效样本为263个，其中使用智慧物业管理平台的比例为71.1%，使用率仍有一定提升空间。从物业管理项目负责人的反馈来看，智慧物业平台的使用，一定程度上降低了物业管理成本，提升了物业管理效率，同时也给居民提供了便利，能够多渠道满足居民需求，进而提升居民满意度；但智慧化设备更新换代较快，升级更新所需要的技术和资金是各物业服务企业面临的重要难题，各物业服务企业需综合考虑自身实际情况，同时结合公司实际发展规划和方向推进物业管理智慧化建设（图4-2-15）。

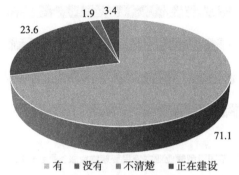

图4-2-15　2022年物业管理项目使用智慧物业管理平台情况（％）

从智慧物业管理平台各功能的使用情况来看，使用停车场管理和门禁系统功能的提及率较高，分别为84.0%和78.1%；其次是保安巡逻和闭路监控管理功能的提及率分别为65.2%和64.2%；再次是使用电梯管理、自动喷淋功能，提及率均为46.5%；远程抄表功能的提及率相对较低，为34.8%；使用其他功能的提及率仅为3.7%（图4-2-16）。

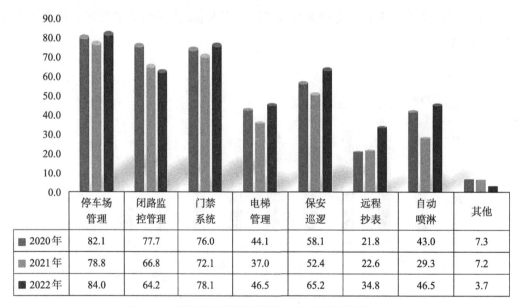

	停车场管理	闭路监控管理	门禁系统	电梯管理	保安巡逻	远程抄表	自动喷淋	其他
2020年	82.1	77.7	76.0	44.1	58.1	21.8	43.0	7.3
2021年	78.8	66.8	72.1	37.0	52.4	22.6	29.3	7.2
2022年	84.0	64.2	78.1	46.5	65.2	34.8	46.5	3.7

图4-2-16　近三年智慧物业管理平台各功能使用情况（％）

综合近三年智慧物业管理平台及各功能的使用情况可知，当前深圳市智慧物业管理平台的使用率总体呈现波动变化，2021年受疫情的影响，各物业服务企业在智慧物业管理平台的投入比重有所下降，使得平台建设推进进程延缓，2022年，各物业服务企业逐步加大对智慧物业服务平台的投入建设，平台使用率整体呈现上升趋势。从整体智慧物业管理平台运用情况来看，秩序维护方面的功能应用较多，而在便民服务、环境卫生、客户服务等方面功能相对单一，提及率不高，后续可着重拓展功能较少的服务项，不断推进物业管理行业智慧升级的整体进程。

【智慧物业平台满意情况】

本次调查主要了解业主或物业管理项目对智慧物业管理平台使用的评价情况。结果显示，业主对该平台使用情况的满意度为86.1，与2021年相比上升了0.6。

从各物业类型看，写字楼物业业主对智慧物业服务平台的满意度最高，为92.3；其次为商业物业，满意度为91.6；住宅物业的满意度相对较低，为82.7。与2021年相比，写字楼和商业业态项目的业主对智慧物业服务平台的满意度分别上升1.2和0.3，住宅则下降0.7，各业态项目变化幅度均较小（图4-2-17）。

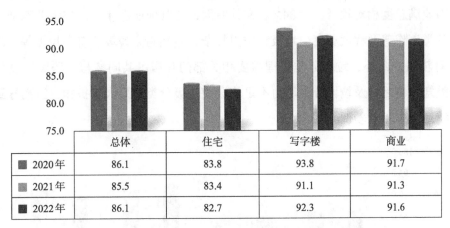

	总体	住宅	写字楼	商业
2020年	86.1	83.8	93.8	91.7
2021年	85.5	83.4	91.1	91.3
2022年	86.1	82.7	92.3	91.6

图4-2-17　近三年不同物业类型业主对智慧物业服务平台的满意度

近年来，智慧物业、智慧城市建设的话题热度持续高升。2022年11月，由深圳市住房和建设局、深圳市物业管理行业协会等联合举办的"2022深圳国际智慧物业产业博览会"在深圳国际会展中心圆满举行，博览会围绕"智慧创美好，共生向未来"主题设置智慧社区、智慧停车等十大展区，通过展览展示、新品推介、现场洽谈等形式对接各方需求，为展商搭建合作平台，助力物业管理行业智慧化升级，推进物业产业高质量发展。对物业服务企业而言，智慧社区一直是行业聚焦的重点，后续要加快社区"数字+运营"的智慧体系建立，赋能物业数字化转型和社区运营，进一步推动物业企业实现运营效率与服务品质的双提升。

数字化时代，智慧城市、智慧社区、智慧物业已成为行业热词。2022年5月民政部等部门印发的《关于深入推进智慧社区建设的意见》指出，到2025年基本构建起网格化管理、精细化服务、信息化支撑、开放共享的智慧社区服务平台，初步打造成智慧共享、和睦共治的新型数字社区，提高社区服务智能化水平，更好感知社会态势、畅通沟通渠道、方便群众办事。2022年10月，住房和城乡建设部和民政部联合印发《关于开展完整社区建设试点工作的通知》（建办科〔2022〕48号）中提到要"推进智能化服务"，提出要引入物联网、云计算、大数据、区块链和人工智能等技术，建设智慧物业管理服务平台，促进线上线下服务融合发展。推进智慧物业管理服务平台与城市运行管理服务平台、智能家庭终端互联互通和融合应用，提供一体化管理和服务，整合家政保洁、养老托育等社区到家服务，链接社区周边生活性服务业资源，建设便民惠民智慧生活服务圈，不断提高社区治理数字化、智能化水平。未来，智慧物业将为物业管理行业注入全新活力，物业服务企业亦将迎来重要发展机遇。

6.垃圾分类工作开展情况及其满意度评价

调查数据显示，业主对垃圾分类的总体满意度为86.3，超过2022年度深圳指数总体水平（83.0）。

从物业类型看，商业和写字楼物业业主对垃圾分类工作的满意度评价较高，分别为91.6和91.5；住宅物业满意度相对较低，为84.4。究其原因，与其他业态相比，住宅业态项目涉及范围较广，垃圾分类工作普及程度更高，垃圾种类更复杂，包括厨余垃圾、有害垃圾等，故垃圾分类工作难度相对较高；此外，垃圾分类管理需要相关部门和居民共同参与，居民垃圾分类意识不够、垃圾分类知识缺乏以及垃圾分类动力不足均会使垃圾分类效果大打折扣，进而导致住宅业主反馈较多，满意度也相对较低（图4-2-18）。

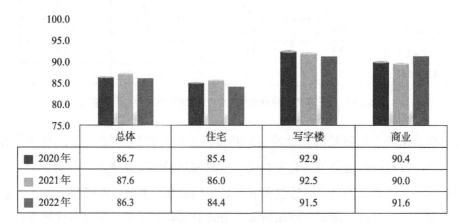

	总体	住宅	写字楼	商业
2020年	86.7	85.4	92.9	90.4
2021年	87.6	86.0	92.5	90.0
2022年	86.3	84.4	91.5	91.6

图4-2-18　业主对垃圾分类工作开展情况的满意度评价

【垃圾分类开展情况】

（1）业主反馈

调研数据显示，大部分业主反馈所在小区/大厦有开展垃圾分类工作，占比为84.7%，9.1%的业主反馈没有开展垃圾分类，另有6.2%的业主表示不清楚是否有开展垃圾分类工作。

从物业类型来看，住宅物业业主普遍反映所在小区有开展垃圾分类，占比为95.1%；其次是商业物业，占比为83.2%；写字楼物业业主反馈有开展垃圾分类工作的比例为60.3%。住宅物业垃圾分类工作的普及程度较写字楼和商业更高，究其原因，这与目前政策的大方向有一定关系。自《深圳市生活垃圾分类管理条例》实施后，深圳市推进生活垃圾分类工作指挥部办公室印发《深圳市生活垃圾分类星级住宅区评价标准（试行）》，对住宅区生活垃圾分类星级制定了明确标准，以健全生活垃圾分类激励机制，推动住宅区高质量开展垃圾分类工作，在相关政策的影响下，住宅成为目前垃圾分类工作的主要和首攻场所，垃圾分类工作开展情况的普及率较高（表4-2-1）。

	有		没有		不清楚	
	2021年	2022年	2021年	2022年	2021年	2022年
总体	86.3	84.7	8.8	9.1	4.9	6.2
住宅	95.5	95.1	3.3	3.3	1.2	1.6
写字楼	66.6	60.3	20.0	22.8	13.4	16.9
商业	77.7	83.2	15.8	9.8	6.5	7.0

（2）物业项目反馈

调研数据显示，绝大部分物业管理项目负责人反映所服务的小区/大厦开展了垃圾分类工作，占比为92.4%；7.2%的物业管理项目负责人表示所在物业项目并未开展垃圾分类工作；仅有0.4%的物业管理项目负责人表示不清楚所在物业项目是否开展了垃圾分类工作。针对垃圾分类工作的开展情况，物业项目负责人表示已开展该项工作的占比较业主反馈更高，物业和业主双方存在一定的信息差。究其原因，物业服务的特性是"强关联、弱联系"，物业服务的每一项工作都与客户息息相关，但因为物业服务自身特点，缺乏与客户之间的联系，使得客户对相关工作的开展并不完全知情，造成两者之间的信息差，后续企业应积极加强垃圾分类工作的宣传，鼓励业主共同参与垃圾分类工作，提高业主垃圾分类和环境保护意识，携手打造良好的社区环境（图4-2-19）。

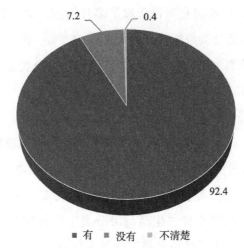

图4-2-19 所在小区/办公场所是否有开展垃圾分类（%）

【垃圾分类具体措施】

（1）业主反馈

调查显示，针对开展的各项垃圾分类工作，开展相对较多的是配备分类垃圾桶，业主提及率为89.6%；其次是张贴垃圾分类宣传单，业主提及率为76.4%；再次是专人指导垃圾分类和入户宣传垃圾分类知识，业主提及率分别为64.0%和61.5%；组建垃圾分类志愿服务组织的提及率相对较低，为32.5%。综合来看，业主对垃圾分类工作的感知主要集中在配备分类垃圾桶和张贴垃圾分类宣传单等硬件设施配备上，而在入户宣传垃圾分类知识、专人指导垃圾分类和组建垃圾分类志愿服务组织等方面的感知较弱，后续要多渠道加大垃圾分类工作的宣传，提升业主对垃圾分类工作的感知度，推动垃圾分类工作在各物业项目的有序开展（图4-2-20）。

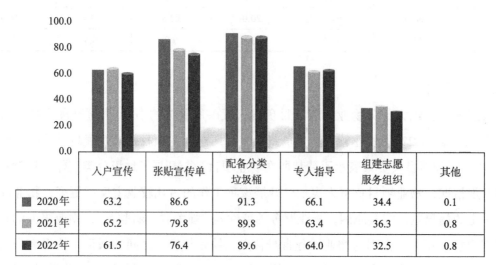

	入户宣传	张贴宣传单	配备分类垃圾桶	专人指导	组建志愿服务组织	其他
2020年	63.2	86.6	91.3	66.1	34.4	0.1
2021年	65.2	79.8	89.8	63.4	36.3	0.8
2022年	61.5	76.4	89.6	64.0	32.5	0.8

图4-2-20　业主对小区/大厦垃圾分类开展情况的认知（%）

（2）物业项目反馈

在开展垃圾分类工作方面，各物业项目采取了多种措施，其中张贴垃圾分类宣传单的提及率最高，为97.1%；其次是配备分类垃圾桶，提及率为96.7%；再次是入户宣传垃圾分类知识和专人指导垃圾分类，提及率分别为87.2%和83.1%；组建垃圾分类志愿服务组织的提及率相对较低，为54.3%。综合来看，2022年各物业项目均积极采取多种措施开展垃圾分类工作，除张贴垃圾分类宣传单提及率小幅下降0.6%外，其余方式提及率均有明显上升，后续各项目可进一步在组建志愿服务组织上下功夫，动员、招募和培训不同人群参与到志愿服务组织，发挥志愿服务组织的积极功能，切实推动垃圾分类工作的广泛且有效开展（图4-2-21）。

自2020年《深圳市生活垃圾分类管理条例》开始施行以来，深圳正式跨入"垃圾强制分类"新时代。2022年9月，广东省深圳市推进生活垃圾分类工作指挥部办公室印发了《关于进一步发挥基层治理优势做深做细做实生活垃圾分类工作的实施意见》，要求以深圳先行示范区的担当和标准全面推进垃圾分类工作，围绕垃圾分类广泛开展美好环境与幸福生活共同缔造活动，进一步发挥基层治理优势，做深做细做实垃圾分类工作，为建设美丽深圳和文明典范城市作出积极贡献。

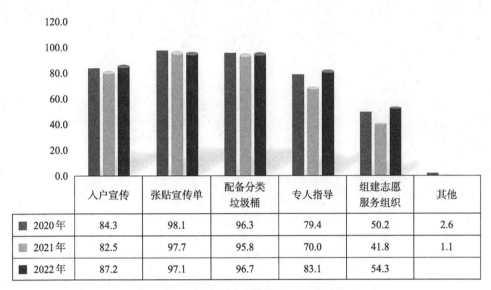

	入户宣传	张贴宣传单	配备分类垃圾桶	专人指导	组建志愿服务组织	其他
2020年	84.3	98.1	96.3	79.4	50.2	2.6
2021年	82.5	97.7	95.8	70.0	41.8	1.1
2022年	87.2	97.1	96.7	83.1	54.3	

图4-2-21　物业项目垃圾分类项目开展情况（%）

7. NPS测评结果

【物业管理行业NPS小幅回落，提升业主体验感是行业未来的重点方向】

NPS，即净推荐值，是衡量业主体验与忠诚度的工具。调查显示，2022年深圳市物业管理行业NPS为20.2%，较2021年低1.6%，比2022年中国服务业行业NPS高4.7%，未来需进一步提高物业服务品质，提升业主体验感（图4-2-22）。

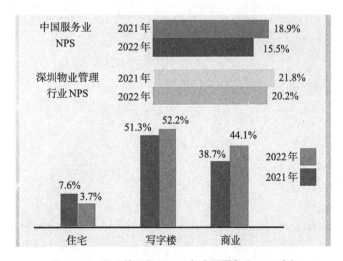

图4-2-22　物业管理行业NPS与中国服务业NPS对比

（资料来源：《2022年度物业管理业主满意度深圳指数》）

PROPERTY MANAGEMENT

第一节　物业管理理论研究

1.深圳市住房和建设局组织开展的研究工作（表5-1-1）

2022年，深圳市住房和建设局深入行业一线调查研究，切实解决行业发展与民生关注的重大问题，加大行业标准研究与制定，并在调查研究基础上，推动部门之间的联动，推动绿色物业管理、智慧物业管理、物业管理信息化平台的建设，完成了《绿色物业管理项目评价标准（2022年修订版）》《2022年深圳市物业服务质量分数指数测评报告》《深圳市物业管理行业2021年度及2022年上半年统计数据与分析报告》。

深圳市住房和建设局2022年度课题成果一览表　　　　　　　　　　　　　　表5-1-1

序号	课题名称	年份	课题目录
1	2022年深圳市物业服务质量分数指数测评报告	2022	前言 第一章　基本情况介绍 一、质量指数指标体系介绍 二、质量指数测评结果 第二章　观测指标数据采集 一、数据采集方法 二、指标计算方法 第三章　各层级指标数据处理 一、指标数据的无量纲化 二、根据权重计算综合指标得分 第四章　测评结果及分析 一、2010–2021年深圳物业管理质量指数测评结果 二、驱动要素分析 三、核心指标测评结果分析 四、质量指数结果优秀指标分析 五、质量指数结果反映出的问题及分析 六、促进深圳市物业管理行业质量提升的对策及建议 附件一　调查问卷
2	深圳市物业管理行业2021年度及2022年上半年统计数据与分析报告	2022	前言 第一章　深圳市物业管理行业的总体发展情况及分析 一、物业服务企业基本情况 二、在管项目情况

续表

序号	课题名称	年份	课题目录
2	深圳市物业管理行业2021年度及2022年上半年统计数据与分析报告	2022	（一）在管项目数量与面积总体情况 （二）外包服务项目情况 （三）本市保障性住房、城中村情况 （四）企业项目分布情况 三、从业人员状况 （一）人员结构分布分析 （二）人力效能情况 四、经营情况 （一）物业行业基本经营现状 （二）物业行业经营能力 五、物业管理行业集中度分析 （一）在管项目面积分析 （二）CR50企业营业收入分析 （三）CR50企业人员优势分析 第二章　深圳市物业管理行业不同企业集群情况分析 一、上市物企情况 （一）深圳市上市物企经营状况 （二）深圳市上市物企行业地位 二、中小微物业服务企业发展状况 （一）中小微物业服务企业所处行业地位 （二）中小微物业服务企业发展现状及经营情况 三、各行政区域内注册物业服务企业发展情况分析 （一）各行政区物业服务企业数量 （二）各行政区企业在管物业项目的数量 （三）各行政区企业在管物业项目的建筑面积 （四）各行政区物业管理行业从业人员情况 （五）企业办公地点分布 第三章　2022年深圳市物业服务企业综合发展情况及分析 一、综合发展基本情况 二、年经营总收入 三、管理面积情况 四、年度净利润 五、年净资产 六、年度纳税总额 七、其他软实力 第四章　2022年深圳市物业管理行业从业人员市场薪酬分析 一、2022年全市物业服务企业员工薪酬总体情况 二、CR8/CR50/CR100物业服务企业不同岗位从业人员薪资水平 第五章　深圳市物业管理行业发展的特点及相关建议 一、行业发展的总体特征 （一）营收创新高，营业总收入首次突破1500亿元 （二）服务赛道多元化，业务提质增速 （三）行业从业人员数持续增长，稳就业发挥重要作用 （四）人才占比持续增长，行业人才吸引力提升 （五）行业盈利能力有所下降，但行业总体营收有所提升 二、行业发展的相关建议 （一）加强党建引领，增进民生福祉 （二）推进行业标准化建设，改善物业服务品质

序号	课题名称	年份	课题目录
2	深圳市物业管理行业2021年度及2022年上半年统计数据与分析报告	2022	（三）重视企业品牌塑造，多措并举实施品牌战略 （四）完善配套政策，促进行业产业化、规模化发展 （五）注重物业人才资源，加强智慧物业建设 （六）深化"物业城市"管理模式，协助加强政府基层治理 （七）协助推动成立业委会工作，营造行业良好发展环境
3	绿色物业管理项目评价标准修订项目	2022	一、总则 二、术语 三、基本规定 （一）一般规定 （二）评价与等级划分 四、低碳运维 （一）控制项 （二）评分项 1.运维总体要求 2.设施设备运维 五、环境宜居 （一）控制项 （二）评分项 1.环境管理 2.健康舒适 六、绿色设施 （一）控制项 （二）评分项 1.计量与数据管理 2.节能设施设备 3.节水设施设备 4.其他绿色设施 七、行为引导 （一）控制项 （二）评分项 1.氛围营造 2.行为管理 3.宣传引导 八、持续改进 （一）控制项 （二）评分项 1.组织管理 2.实施管理 3.评价管理 九、提高与创新 （一）一般规定 （二）加分项 附录A　绿色物业管理项目评价评分表 本标准用词说明 引用标准名录 条文说明

2. 深圳市福田区住房和建设局组织开展的研究工作（表5-1-2）

深圳市福田区住房和建设局2022年度课题成果一览表　　　　表5-1-2

课题名称	内容摘要
福田区老旧小区"文明美好家园"创建行动	一、背景及概要 老旧小区"文明美好家园"创建行动是深入贯彻落实习近平总书记提出"人民城市人民建，人民城市为人民"重要理念的社会领域改革措施。部分老旧小区建成年代较早，小区环境卫生脏乱、安全管理松散、物业管理效率差等问题突出，严重影响了居民的居住体验和生活幸福感。本项改革着眼于探索建立符合福田区实际的老旧小区提升机制，并提炼相应的治理模式进行复制推广，打造福田区老旧小区"文明美好家园"金字招牌。 二、内容及创新点 （一）四大板块常态化推进创建测评。一是量化标准。制定《福田区老旧小区"文明美好家园"创建成效评价指标》及工作细则，围绕"党群共建""文明美丽""平安无疫""幸福宜居"四大板块建立评价标准并动态完善更新。二是广泛开展测评。常态化开展月度测评及随机抽查，通过"智慧住建"平台对测评问题进行分析并每周复盘，组织"文明美好家园"各成员单位与物业城市运营商围绕重点问题、频发问题，对物业企业开展专项提升，促进各类短板问题有效整改。三是充分调动物业服务企业参与基层治理的积极性。奖惩并用，通过以奖代补方式，对89个"党建强、服务好、群众满意度高"的老旧小区予以评定公示并核拨奖金；对测评较差的企业，视情况采取约谈、通报、挂牌整改、加强执法检查等方式予以惩戒。 （二）深化基层党建引领基层治理。一是落实"支部建在小区上"工作要求，会同区委组织部推进小区党支部应建尽建，引导发动物业党员参与住宅小区党支部建设，在"包进联"行动中发挥党员先锋模范作用。二是深化物业行业党建，全市率先成立区级物业行业党委，健全完善党建摸排、组织建设、服务提升"三同步"长效机制。三是试点设立社区物业管理委员会，探索社区物业党建联建和协调共治机制。 （三）多元协同促进老旧小区焕发新活力。一是"留改拆"并举推动老旧小区更新改造工作。2022年老旧小区改造项目开工147个，完工80个，投资额8008.37万元，惠及3万户居民。二是调动居民共建共治积极性。强化"小区党组织+业主委员会+物业服务企业"运行机制，发动长城大厦7号楼、竹盛花园等小区自主完成小区绿化、更换电梯、加宽消防通道等改造事项，显著提升居民幸福指数。 三、成效及推广价值 一是打造一批国家、省、市级可复制推广的党建引领物业服务高质量发展案例。"长城二花园"入选住房和城乡建设部办公厅、中央文明办发布的"加强物业管理 共建美好家园"典型案例，全市仅两个物业项目获此殊荣；辖区梅林一村等6个物业项目被列为省级"红色物业"试点，占全市15个试点的40%；测评产生的18个"优秀典范小区"及89个测评达标小区经验在南方日报等媒体广泛推广。 二是深入引导物业服务企业参与基层治理。印发《深圳市福田区住房和建设局关于进一步加强福田区物业行业党建工作的若干措施》，进一步完善四级联动的物业行业党建组织体系。引导物业党员深入参与社区小区党联建，46名物业党员担任小区党支部书记，145人（不含担任书记人数）担任小区党支部委员；在"包进联"专项行动中，有310名物业党员担任楼栋长，99个物业项目与社区签订了共建协议

3. 深圳市普华博睿公共管理和行业标准化研究中心开展的研究工作（表5-1-3）

深圳市普华博睿公共管理和行业标准化研究中心2022年度课题成果一览表　　　　表5-1-3

课题名称	内容摘要
盐田区公共住房规划和建设技术服务项目	1.开展盐田区公共住房规划和建设工作，负责公共住房项目概念方案、专项规划、设计方案、装修方案等报建资料的收集、整理、审核，提出修改完善建议；并对公共住房项目后续的施工、竣工、移交、回购等建设全过程进行监管。 2.协助开展政策性公共住房分配、供应和办理产权登记证书工作。 3.负责公共住房项目固定资产投资数据跟踪、问题反馈、协调解决以及系统数据的填报工作。 4.负责辖区C类房屋和建筑幕墙的日常巡查和整治工作，自建房、改变使用功能工业厂房安全隐患排查整治工作，以及辖区暗涵暗渠上盖建筑风险评估和C、D级危房管控工作

课题名称	内容摘要
参与编制《物业管理师国家职业技能标准（2022年版）》	为规范从业者的从业行为，引导职业教育培训的方向，为职业技能鉴定提供依据，依据《中华人民共和国劳动法》，适应经济社会发展和科技进步的客观需要，立足培育工匠精神和精益求精的敬业风气，人力资源社会保障部联合住房和城乡建设部组织有关专家，普华博睿作为标准起草人参与其中，对《物业管理员国家职业标准（2003年版）》进行修订，制定了《物业管理师国家职业技能标准（2022年版）》。2022年版标准以《中华人民共和国职业分类大典》为依据，以客观反映现阶段本职业从业人员的工作水平和能力状况为目标，在充分考虑经济发展、科技进步和产业结构变化对本职业影响的基础上，对物业管理师从业人员的职业活动内容进行规范细致描述，对各等级从业者的技能水平和理论知识水平进行了明确规定

4.深圳市物业管理行业协会开展的研究工作（表5-1-4）

深圳市物业管理行业协会2022年度课题成果一览表　　　　　　表5-1-4

课题名称	内容摘要
2022年深圳质量指数物业管理分指数体系修正研究和测评工作报告	第一部分：基本情况介绍。具体包括：(1)质量指数指标体系介绍；(2)质量指数测评结果。 第二部分：观测指标数据采集及处理。具体包括：(1)数据采集方法和指标计算方法；(2)计算综合指标得分。 第三部分：评测结果及分析
2021年度与2022年上半年物业管理统计及数据研究报告	第一部分：深圳市物业管理行业的总体发展情况及分析。 第二部分：2022年深圳市物业服务企业综合发展情况及分析。对2022年深圳市物业服务综合发展领先的百家物业服务企业，在2021年度的经营总收入、总管理面积、净利润、净资产、纳税总额等指标进行汇总分析。该部分内容为本年度新增。 第三部分：2022年深圳市物业管理行业从业人员市场薪酬分析。对全市范围内物业服务企业各岗位员工薪酬信息，进行了收集和分类测算。该部分内容为本年度新增。 第四部分：深圳市物业管理行业发展的特点及相关建议
深圳市直党政机关和事业单位物业管理服务费标准建设服务调研报告	第一部分：物业服务收费概要。包括物业服务收费制度发展沿革、原则、定价形式等。 第二部分：深圳市直党政机关和事业单位物业管理服务标准数据调研结果及分析。 第三部分：现场调研情况
物业管理的产业定位和发展方向研究报告	第一部分：文献综述。具体包括：(1)产业经济学；(2)物业管理产业发展现状、发展动因和定位、产业发展存在的矛盾问题等。 第二部分：案例分析。分别选取万物云空间科技服务股份有限公司、碧桂园服务控股有限公司、桃源居社区、宝石花物业管理有限公司，以及国际物业管理龙头进行案例分析。 第三部分：产业发展建议。具体包括：(1)明确物业管理产业的内涵和外延；(2)产业定位与发展方向分析；(3)产业发展政策建议

第二节 物业管理教育、培训

1.概述

深圳素来注重物业管理教育和培训工作。早在1990年，深圳市房产管理培训中心正式成立，在此基础上，全国房地产业深圳培训中心1992年经原国家建设部房地产业司批准正式成立，担负起全国房地产和物业管理从业人员的培训任务。1998年，深圳开始出现物业管理的学历教育，这一年，深圳职业技术学院开始成立物业管理专业并招生，三年后，广东新安职业技术学院的物业管理专业开始招生，并于2003年成立物业管理系。它们为我国物业管理行业发展尤其是人才培育做出了重大贡献。而深圳物业管理主管部门为提高物业行业从业人员的整体素质，多年来更是不遗余力地组织各类培训。

2.物业管理教育

深圳职业技术学院开展的学历教育

深圳职业技术学院于1998年开始成立物业管理专业并招生，首任系主任是刘少文，后历任主任为周中元、欧国良，现任专业主任为周志刚。面向全国生源招生，规模为每届两个班级约80人，在校生约240人。随着深圳房地产及物业管理市场的蓬勃发展，物业管理人才需求量进一步扩大，学校为了适应市场需求，曾扩大招生规模为4个班约160人。自本专业成立以来，就定位为深圳物业管理行业输送"理论够用，技术娴熟"的物业管理专业人才，做行业的能工巧匠。学生毕业后能在物业管理公司、房地产公司、社区工作站、政府相关部门等胜任物业管理员、物业咨询策划人员、智慧社区运营管理员及部门经理等岗位。专业在教学过程中注重结合深圳市场实际，切合岗位需求，并且根据市场变化对教学内容做适当修正和调整。专业组建了由星河物业、明喆物业、中海物业、世邦魏理仕等业界资深专家组成的专业教学指导委员会，对专业教学计划和课程内容进行指导，根据产业数字化和数字产业化的发展趋势，加开了大数据分析、房地产测量、房地产统计等相关课程，确保了课程设置紧贴产业发展方向。

在20多年办学历程中，物业管理专业立足深圳，服务行业，为社会输送了近2000名物业管理专门人才，就职于万科物业、招商物业、华侨城物业、城建物业、星河物业等多家物业管理企业，为深圳物业管理行业的发展贡献了深职力量。专业现拥有广东省大学生校外物业管理实训示范基地，分别与世邦魏理仕、碧桂园、易居、明喆、星河、卓越等多家企业签订了校企合作协议，联合培养复合型技术技能人才。办学过程中本专业也注重社会服务，分别为万科物业、广晟集团、石岩街道办、大磡社区等多家单位提供物业管理培训课程，与深圳明喆物业管理有限公司探索订单班人才培养模式，实现校企深度融合。通过扎实办学，本专业历届毕业生就业率达98%以上，毕业生专业性强，适应性好，发展后劲足，广受用人单位的好评。本专业教师中，研究生占比100%，其中博士6名，85%为"双师型"教师，具有海归背景和万科、碧桂园等一线企业工作经验。本专业开设的专业课程有：物业管理概论、物业管理实务、物业管理法规、物业公关礼仪、楼宇智能化管理、建筑识图、客户心理与沟通、楼盘调研、房地产经营管理、物业管理方案编制实训、职业素质综合实训等。

广东新安职业技术学院开展的学历教育

广东新安职业技术学院简介

广东新安职业技术学院成立于1998年，是由杰出的人民教育家王屏山先生创办，并经广东省人民政府批准（粤府函〔2000〕356号）设立的一所全日制非营利性民办普通高等院校。学校地处中国特色社会主义先行示范区、粤港澳大湾区"双区"中心——深圳，是一所集高等职业教育、国际合作、继续教育、社会培训为一体的高等职业院校，系深圳三所高职院校之一。学校把立德树人作为培养人才之根本，始终坚持以"学会做人、打好基础、培养专长、加强实践、报效祖国"为校训，实现全员育人、全程育人、全方位育人。目前开设有8个系（部），2022年招生36个专业，在校生规模6700余人。

学校秉承教育家一心一意办学的初心，经过二十余年的调整、更新与积累，业已发展成为一所治学严谨、教风优良、学风日盛的民办高职院校，社会知名度和美誉度不断提升。历获"全国民办百强学校""广东省首届十佳民办高等院校""广东省民办高校就业竞争力十强""广东当代民办学校突出贡献奖"等荣誉。2022年在全省"创新强校工程"考核中位列B类第4，在25所民办高职院校排名第3；学校连续多年上榜"广州日报高职高专排行榜——民办院校TOP100"，且所在榜单排名连年上升。

学校坚持"工学结合、产教融合"发展，重视加强与企业深度合作。目前已与包括华大基因、华为、腾讯、万科、金蝶软件、香格里拉酒店、深圳市中建南方建设集团有限公司等著名企业在内的近百家企业建立了校企合作关系，并与招商、宏发、中海等龙头物业公司以及海王集团等知名企业开展现代学徒制试点项目，与中兴教育成立"广东新安职业技术学院——中兴ICT产业学院"，与猛犸基金会、华大智造共建了国内首个真实场景基因测序教学实训室，为学生实习、实训和就业搭建了良好的平台。学生掌握实践技能的能力得以提高，近年来，学校先后在国家级、省级和市级各类技能竞赛中获得330余个奖项。

物业管理专业介绍

管理系目前开设有工商企业管理、人力资源管理、物业管理、旅游管理、酒店管理、社会工作、社区管理与服务等七个专业。管理系拥有一批优秀的专兼职教师队伍，专职教师有教授、副教授、高级工程师、讲师、工程师等，研究生以上学历12名，兼职教师来源于业界的技术专家和中高层管理者，老师们责任心强，教学水平高，受到历届学生好评。物业管理专业旨在培养掌握现代城市智能物业管理方法、服务标准、实操能力，能够在现代化场馆、商厦、办公楼、高端居住区从事物业管理的高素质技能型专业人才。

开设的专业课程有：物业管理概论、物业文函写作、楼宇智能化管理、建筑识图、物业修缮管理、物业环境管理、物业管理法规、物业客户服务管理、物业管理实务、物业经营管理、物业管理信息系统等。

物业管理专业历史情况

物业管理专业于2001年开始招生，2003年成立物业管理系，并于当年与深圳招商物业、莲花物业、中信物业等十余家一级资质物业管理企业成立了首个物业管理专业建设委员会，请企业专家来校参与制订物业管理专业人才培养方案，保证人才培养符合行业、企业岗位需求。2007年与观澜湖集团骏高物业、居佳物业等多家企业开展"2+1"校企合作、工学结合的人才培养模式，让学生在岗位上培养实操技能、契合岗位需求，与观澜湖集团骏高物业共建的物业管理专业省级大学生校外实践基地项目于2019年通过验收。2013年，深圳新闻以《破解就业难，深企推荐新安学院2+1模式》报道了物业管理专业人才培养创新模式。

2019年物业管理系与管理系合并为管理系。

2019年物业管理专业与万科物业、招商物业、中海物业开展"订单班"人才培养模式，为企业培养高技能人才。2020年春物业管理专业与招商物业、宏发物业、中海物业开展面向企业员工开展"现代学徒制试点"学历教育，为企业在职员工提升学历开辟新途径。

2021年国家专业目录调整，物业管理专业改为现代物业管理专业。

截至2022年6月，现代物业管理专业向社会培养专业人才共750余人。

2022年现代物业管理专业招生情况及获得奖项

2022年现代物业管理专业招收学生人数为15人。

2022年因广东省教育厅无此专业类学生竞赛项目，该专业学生无获奖项。

3. 住房和建设系统开展的培训（表5-2-1～表5-2-12）

深圳市住房和建设局开展的培训工作 表5-2-1

序号	培训名称	培训内容	培训时间	培训对象	培训效果
1	2022年绿色（宜居）社区建设线上培训	解读2022年绿色（宜居）社区创建工作总体安排、生态文明建设考核指标以及《深圳市绿色（宜居）社区建设评价要求（试行）》等		各区、各街道办事处、各社区工作站相关负责人及2022年列入绿色（宜居）社区创建计划的社区工作人员	通过培训，提高了市、区工作人员及社区业务人员对绿色（宜居）社区创建工作的认识
2	2022年深圳市物业管理行业从业人员疫情防控培训	主要为"1+1+N"视频课程体系培训。 第一个"1"课程：习近平总书记关于疫情防控的重要指示批示精神，重在进一步统一思想、提高认识。 第二个"1"课程：疫情防控基本知识，包括讲解病毒特征，传播规律，现行疫情防控政策、方案、规范、指南，抗原检测应用；解读"动态清零""外防输入、内防反弹""早发现、早报告、早隔离、早诊疗、早治疗"、积极接种疫苗等防疫政策；介绍深圳市疫情防控形势与情况等，重在科学指导、掌握要领。 "N"项目课程：主要围绕物业管理区域在疫情防控应急状态下，物业服务企业应尽责任和义务。包括企业内部管理篇、综合管控篇、物业管理区域防控篇、应急处置篇等内容		全市物业管理行业从业人员，即纳入物业管理行业"白名单"人员。包括所有在区住房和建设局开展过物业服务合同备案的物业服务企业，其就职于深圳公司、深圳项目的所有自聘员工和采购的第三方服务人员	深入学习贯彻了习近平总书记关于疫情防控工作的重要指示批示精神，引导全市物业管理行业从业人员充分认识到疫情防控工作的重要性，增强了其疫情防控治理能力和专业能力
3	深圳市2022年度物业服务企业疫情防控服务财政补贴发放政策业务培训	解读《深圳市2022年度物业服务企业疫情防控服务财政补贴发放指引》；讲解市物业管理信息平台"疫情防控补贴"模块操作等		各区、各街道办事处、各社区工作站负责物业服务企业疫情防控补贴的相关负责人；计划申请2022年度物业服务企业疫情防控补贴的物业服务企业及对应在管物业项目的项目负责人	加强了相关人员对2022年度物业服务企业疫情防控补贴政策的理解，确保了疫情补贴申请、审核、发放等工作有条不紊地开展
4	2022年物业管理业务培训	安全生产方面：对上半年物业管理行业安全工作进行总结、对下半年工作进行安排和部署；解读《广东省实施〈中华人民共和国消防法〉办法》《深圳市电动自行车管理规定（试行）》等法规文件； 疫情防控方面：解读物业管理区域在疫情防控应急状态下，物业服务企业应尽责任和义务。 文明城市创建方面：解读《深圳市创建全国文明典范城市行动纲要》等文件		各区局（含各区、新区住房和建设局及深汕特别合作区住房和建设和水务局）物业监管部门工作人员。全市物业服务企业及在管项目上的所有工作人员	
5	"禁止高空抛物共建安全家园"专项普法宣传培训	深入浅出地讲解高空抛物的危害后果以及法律知识，让小区居民深入认识高空抛物的危害，自觉主动抵制高空抛物行为		物业服务企业，小区居民	增进物业管理从业人员和小区居民对高空抛物危害性及后果的了解，提高其自觉主动抵制高空抛物行为的意识

深圳市福田区住房和建设局开展的培训　　　　　　　　　　表5-2-2

序号	培训名称	培训内容	培训时间	培训对象	培训效果
1	物业安全生产培训	对物业管理范围内安全生产开展培训	2022年11月9日	物业服务企业	提升物业管理人员日常安全管理能力
2	《消防安全管理能力提升》公开课	消防安全知识培训	2022年7月5日	物业服务企业	提升物业管理人员消防安全管理能力
3	深圳市物业管理业务讲座	物业管理相关事项	2022年7月21日	物业服务企业	提升物业管理知识和能力
4	福田区水务局供排水普法宣传活动	水务排水普法宣传	2022年7月27日	物业服务企业	提升物业企业相关法律知识水平
5	物业企业合规经营与发展	企业发展	2022年8月19日	物业服务企业	提升企业相关政策知悉度
6	"城中村"物管企业政策宣讲	物业城市政策解读解答	2022年9月22日	物业服务企业	提升相关政策熟知度
7	《物业项目如何通过预算管理降本增效》讲座	物业高质量发展管理	2022年10月12日	物业服务企业	提升相关业务能力
8	企业组织绩效管理设计策略及年终多维度经营提升措施培训	企业发展	2022年11月16日	物业服务企业	提升相关业务能力

深圳市罗湖区住房和建设局开展的培训　　　　　　　　　　表5-2-3

序号	培训名称	培训内容	培训时间	培训对象	培训效果
1	2022年罗湖区住宅小区电动自行车充电事故应急演练	加强住宅小区电动自行车安全监管工作，提高物业服务企业人员对应急事故处置能力	2022年4月12日	物业从业人员、街道、社区物业专员	通过专家点评，强化各单位关于电动自行车事故应急的能力，此次培训共100余人参加
2	2022年罗湖区住宅小区化粪池作业事故应急演练	结合事故教训，为加强住宅小区化粪池及粪渣安全监管工作，提高物业服务企业人员化粪池规范作业和应急事故处置能力	2022年6月17日	物业从业人员、街道、社区物业专员	通过演练，增强了小区化粪池应急处置能力，此次培训共100余人参加
3	超高层楼宇极端天气情况应急救援演练	根据市三防指挥部《深圳市提升台风暴雨灾害防御能力重点任务实施方案》(深防指〔2019〕15号)的工作要求，负责编制极端天气情况下(超)高层建筑物安全风险，指导监督基层单位和组织制定相应的人员疏散、转移预案及操作指引，强化人员培训并开展演练	2022年9月2日	物业从业人员、街道、社区物业专员	通过演练，增强了小区极端天气应急处置能力，此次培训共100余人参加
4	2022年罗湖区物业服务行业消防安全应急演练	根据《深圳市住房和建设局关于开展物业管理区域安全专项整治行动的通知》的工作要求，为加强住宅小区电动自行车安全监管工作，提高物业服务企业人员对应急事故处置能力	2022年10月21日	物业从业人员、街道、社区物业专员	通过演练，增强了小区消防应急处置能力，此次培训共100余人参加

序号	培训名称	培训内容	培训时间	培训对象	培训效果
5	罗湖区物业服务领域"消防车通道"集中攻坚行动、疫情防控及安全生产相关工作线上动员部署和消防划线培训会	会议围绕五大项内容展开，一是对辖区物业服务领域"消防车通道"集中攻坚行动任务进行动员部署；二是传达《深圳市电动自行车管理规定（试行）》相关规定和宣传《深圳经济特区安全生产监督管理条例》及《广东省实施中华人民共和国消防法办法》相关规定；三是强化疫情防控和飞线整治工作要求；四是明确疫情防疫补贴申领工作的相关要求，五是邀请区消防救援大队专家讲解消防车通道划线、标名、立牌，实行标识化管理等事项标准及相关消防法规规定	2022年8月30日	物业从业人员、街道、社区物业专员	全区各街道办和各物业服务企业共1000个腾讯会议账号登录参会，3400多人参加动员部署和业务培训

深圳市盐田区住房和建设局开展的培训　　　　　　　　　　　　　表5-2-4

序号	培训名称	培训内容	培训时间	培训对象	培训效果
1	有限空间作业安全管理培训	有限空间作业安全管理规范、事故案例分析	2022年1月17日	物业项目负责人、安全管理人员	75人参加，有效提高了物业人员对有限空间的认识，避免有限空间事故盲目施救
2	应急预案的编制实施和事故应急救援培训	应急预案编制、事故应急救援	2022年1月17日	物业项目负责人、安全管理人员	127人参加，有效提高了物业人员的应急处置能力
3	防范高空坠物安全培训	高空坠物的危害性、高空坠物防范措施	2022年4月7日	物业项目负责人、安全管理人员	有效加大了物业管理区域的高空坠物防范力度
4	电动自行车安全管理培训	电动自行车火灾案例、电动自行车火灾处理	2022年4月7日	物业项目负责人、安全管理人员	有效增强了物业人员对电动自行车的安全管理能力
5	物业服务企业在安全生产中的权责	安全生产法、消防法、民法典相关内容	2022年5月26日	物业项目负责人、安全管理人员	145人参加，有效提高了物业人员依法管理能力
6	2022年度物业行业安全培训	"打通生命通道"、防范高空坠物、防汛备汛	2022年5月26日	物业项目负责人、安全管理人员	93人参加，有效提高了物业人员的综合安全管理能力
7	电动自行车消防安全培训	电动自行车安全管理、电动自行车火灾预防	2022年6月22日	物业项目负责人、安全管理人员	有效提高了物业人员对电动自行车的安全管理能力

深圳市南山区住房和建设局开展的培训　　　　　　　　　　　　　表5-2-5

序号	培训名称	培训内容	培训时间	培训对象	培训效果
1	2022年南山区物业管理行业安全生产法律法规宣讲	宣讲《中华人民共和国安全生产法》《深圳经济特区物业管理条例》《广东省消防安全工作若干规定》等法律法规	2022年10月11日—11月15日	物业服务企业法人代表、主要负责人、分管安全的负责人、物业管理项目主要负责人、安全主管、安全岗位工作人员	本次培训共计781人参加，并对所有参训人员进行了安全生产知识考试，参考率达92.4%。经评卷，本次考试成绩合格率达92.3%，进一步强化企业的安全意识及法律意识，提高防范能力
2	2022年南山区物业管理行业法律法规宣讲	结合《深圳经济特区物业管理条例》及党建引领社区治理改革配套文件，对物业行业政策法规、物业纠纷调处、案例分析及日常运作等内容宣讲（物业管理指导委员会篇）	2022年11月17—18日	街道、社区相关科室负责同志、社区党委及物业管理指导委员会负责同志等	本次培训共计146人参加，进一步推进了新条例内容的贯彻落实，保障相关职能部门能更好履行监管职责

续表

序号	培训名称	培训内容	培训时间	培训对象	培训效果
3	2022年南山区物业管理行业法律法规宣讲	结合《深圳经济特区物业管理条例》及党建引领社区治理改革配套文件，对物业行业政策法规、物业纠纷调处、案例分析及日常运作等内容宣讲（业主委员会篇）	2022年11月12—13日	物业小区业主委员会成员	本次培训共计131人参加，对业主能更好规范业主大会和业主委员会运作起到了积极作用
4	2022年南山区物业管理行业法律法规宣讲	结合《深圳经济特区物业管理条例》及党建引领社区治理改革配套文件，对物业行业政策法规、物业纠纷调处、案例分析及日常运作等内容宣讲（物业服务企业篇）	2022年11月22日—12月9日	物业服务企业法人代表、主要负责人、部门负责人，物业管理项目主要负责人、各部门管理人员	本次培训共计1267人参加，深入宣传了条例精神，对企业能更好规范物业服务经营行为起到了良好的引导作用

深圳市宝安区住房和建设局开展的培训

表5-2-6

序号	培训名称	培训内容	培训时间	培训对象	培训效果
1	绿色物业培训	讲解绿色物业的标准、做法，进行案例分析，并要求各物业服务企业严格落实物业管理区域内安全生产工作	2022年4月26日	各街道物业管理部门工作人员；全区物业服务企业工作人员	为业主和物业使用人营造安全、舒适、文明、和谐、美好的工作和生活环境，在物业管理中全面导入资源节约、环境保护理念，推进绿色物业管理工作
2	宝安区物业管理矛盾纠纷调解暨全国文明城市创建培训	（1）物业矛盾纠纷调解方面。分析辖区物业管理区域内矛盾纠纷的形势，讲解相关案例，重点梳理和研讨物业管理区域内涉停车场、停车位纠纷事项。（2）文明城市创建方面。解读《宝安区2022年度全国文明城市测评实地考察点位测评标准》文件	2022年8月9日	各街道物业管理部门工作人员；全区物业服务企业工作人员	及时有效化解物业管理矛盾纠纷，维护物业管理区域和谐稳定，积极落实好争创全面文明典范城市有关工作
3	宝安区业委会履职工作暨全国文明城市创建培训	（一）业主委员会履职培训；（二）文明城市创建培训	2022年10月10日	各街道物业管理部门工作人员；全区业主委员会	提高业主委员会的履职能力，维护业主在物业管理中的合法权益，进一步提升业主委员会的自治水平；进一步提升宝安的城市品质和业主文明程度，配合在宝安辖区内的住宅小区推动创文工作深入开展

深圳市龙岗区住房和建设局开展的培训

表5-2-7

序号	培训名称	培训内容	培训时间	培训对象	培训效果
1	物业小区安全管理线上培训	（1）物业小区消防安全管理培训；（2）物业小区防风防汛安全管理培训；（3）电动自行车停放充电场所安全管理培训	2022年9月15日	各街道物管部门、各社区、各物业服务企业安全管理工作相关人员	效果显著
2	物业小区安全管理线上培训	（1）消防安全管理（含消防设施、电气火灾、新能源汽车充电设施等内容）；（2）小散工程安全管理；（3）设施设备安全管理	2022年11月3日	各街道物管部门、各社区、各物业服务企业安全管理工作相关人员	效果显著
3	物业小区安全管理线上培训	（1）消防安全管理；（2）防范高空坠物安全管理	2022年12月6日	各街道物管部门、各社区、各物业服务企业安全管理工作相关人员	效果显著

序号	培训名称	培训内容	培训时间	培训对象	培训效果
4	物业小区安全管理线上培训	（1）消防安全管理； （2）有限空间安全管理	2022年 12月12日	各街道物管部门、各社区、各物业服务企业安全管理工作相关人员	效果显著
5	既有住宅加装电梯政策宣传培训	既有住宅加装电梯政策宣传	2022年 12月	各街道有关部门、各社区	效果显著

深圳市龙华区住房和建设局开展的培训 表5-2-8

序号	培训名称	培训内容	培训时间	培训对象	培训效果
1	物业服务企业疫情防控工作培训会	（1）习近平总书记关于疫情防控的重要指示批示精神； （2）物业公司疫情防控（企业内部的防疫管理、围合管理、物业管理区域防控、应急处置）	2022年 4月14日	辖区各物业项目负责人和疫情防控工作人员	持续做好物业管理区域疫情防控工作，压实物业服务企业责任，切实筑牢群防群控防线
2	2022年龙华区物业安全管理培训会	1.物业安全相关的新法律法规。 2.安全生产基础知识。 3.消防安全管理重点： （1）辖区各街道办（城建科、物业办）负责安全的工作人员； （2）辖区各物业项目负责人或安全主管。 4.防高空落（坠）物管理。 5.住宅小区电动汽车充电设施安全管理。 6.自然灾害防范	2022年 11月18日	（1）辖区各街道办（城建科、物业办）负责安全的工作人员； （2）辖区各物业项目负责人或安全主管	进一步加强物业管理区域安全生产管理工作，防范和遏制物业管理区域安全生产事故的发生
3	业主大会和业主委员会法律实务专题培训会	业主大会和业主委员会法律实务专题培训	2022年 11月10日	（1）辖区各街道办城建科（物业办）物业管理业务负责人； （2）辖区各社区工作站负责物业管理的主要工作人员； （3）辖区各物业项目负责人或主管人员； （4）辖区各小区业主委员会成员	加强业主大会和业主委员会法律法规的实际应用
4	业主大会与业主委员会法律专题培训会	业主大会筹备与业主委员会选举流程培训	2022年 11月24日	（1）辖区各街道办城建科（物业办）物业管理业务工作人员； （2）辖区各社区工作站负责物业管理的工作人员	加强业主大会和业主委员会法律法规的实际应用，规范业主大会成立、业主委员会选举程序

深圳市坪山区住房和建设局开展的培训 表5-2-9

序号	培训名称	培训内容	培训时间	培训对象	培训效果
1	物业管理领域宣讲会	物业服务评价管理办法、物业管理信息平台使用，包括但不限于业主大会的召开、业委会的成立及运行、维修金使用等	2022年 9月29日	坪山、马峦、碧岭街道办事处物管办相关负责人及工作人员、辖区社区工作站相关负责人及工作人员、物业小区业委会成员、物业服务企业负责人	更好地推进《深圳经济特区物业管理条例》的贯彻实施，促进各街道、社区顺利开展首次业主大会会议筹备，各物业小区业委会、物业服务企业依法管理使用业主共有资金，确保《深圳市物业服务评价管理办法》等系列文件有效落实落地，物业管理水平进一步提高

续表

序号	培训名称	培训内容	培训时间	培训对象	培训效果
2	物业管理领域宣讲会	物业服务评价管理办法、物业管理信息平台使用，包括但不限于业主大会的召开、业委会的成立及运行、维修金使用等	2022年11月23日	坑梓、龙田、石井街道办事处物管办相关负责人及工作人员、辖区社区工作站相关负责人及工作人员、物业小区业委会成员、物业服务企业负责人	更好地推进《深圳经济特区物业管理条例》的贯彻实施，促进各街道、社区顺利开展首次业主大会会议筹备，各物业小区业委会、物业服务企业依法管理使用业主共有资金，确保《深圳市物业服务评价管理办法》等系列文件有效落实落地，物业管理水平进一步提高

深圳市光明区住房和建设局开展的培训 表5-2-10

序号	培训名称	培训内容	培训时间	培训对象	培训效果
1	《光明区关于进一步加强物业管理领域矛盾纠纷源头防范的若干措施（试行）》培训会（第一场）	《光明区关于进一步加强物业管理领域矛盾纠纷源头防范的若干措施（试行）》	2022年8月4日	各街道、各社区工作站物业管理相关工作人员、各物业服务企业全体管理人员、各业主委员会全体成员	令光明区物业管理工作负责人充分了解物业领域矛盾纠纷，为矛盾纠纷的处理提供政策建议和基础
2	《光明区关于进一步加强物业管理领域矛盾纠纷源头防范的若干措施（试行）》培训会（第二场）	《光明区关于进一步加强物业管理领域矛盾纠纷源头防范的若干措施（试行）》	2022年8月15日	各街道、各社区工作站物业管理相关工作人员、各物业服务企业全体管理人员、各业主委员会全体成员	令光明区物业管理工作负责人充分了解物业领域矛盾纠纷，为矛盾纠纷的处理提供政策建议和基础
3	光明区物业管理培训大会暨物业领域防疫、疫情防控工作部署会	《光明区关于进一步加强物业管理领域矛盾纠纷源头防范的若干措施（试行）》，部署物业领域信访维稳、文明城市创建、疫情防控等工作	2022年7月19日	各街道、各社区工作站物业工作负责人；各物业小区业主委员会主任、各物业小区（含城中村）物业服务企业负责人	令光明区物业管理工作负责人充分了解物业领域矛盾纠纷，为矛盾纠纷的处理提供政策建议和基础

深圳市大鹏新区住房和建设局开展的培训 表5-2-11

序号	培训名称	培训内容	培训时间	培训对象	培训效果
1	2022年度物业管理领域安全生产工作培训	（1）物业管理领域安全生产责任相关法律法规宣贯（含《广东省实施〈中华人民共和国消防法〉办法》）；（2）重点培训电动自行车、有限空间、高空坠物、打通生命通道等内容；（3）物业管理领域安全事故案例剖析	2022年11月3日	（1）新区住房和建设局物业管理相关工作人员，各办事处物业管理相关工作人员；（2）各社区工作站物业管理负责人；（3）新区物业服务企业负责人、安全主管及相关工作人员	（1）进一步学习物业管理领域安全生产责任的相关法律法规，提高安全责任意识；（2）通过物业管理领域安全事故案例剖析，吸取相关安全事故的经验教训，引以为戒

深圳市深汕合作区住房建设和水务局开展的培训 表5-2-12

序号	培训名称	培训内容	培训时间	培训对象	培训效果
1	深圳市物业管理行业从业人员疫情防控培训	物业管理区域疫情防控知识讲解	2022年5月6日	各物业服务企业工作人员	使物业服务从业人员充分认识疫情防控工作重要性，切实提升疫情防控常态化工作和应急处置能力

序号	培训名称	培训内容	培训时间	培训对象	培训效果
2	深汕特别合作区2022年度人防工程设备设施维护管理培训会议	对人防工程维护使用标准、人防工程主体结构保养、人防防护设备日常维护火和排水、供电设施的日常使用与保养进行讲解	2022年7月15日	各物业服务企业设备维护管理相关人员	增强物业服务企业管理人员对人防工程维护保养重要性的认识，并对小区人防工程维护管理知识和技能有更深入的了解和掌握

4.行业自律组织开展的培训（表5-2-13～表5-2-15）

深圳市物业管理行业协会开展的培训　　　　　　　　表5-2-13

序号	培训名称	培训内容	培训时间	培训对象	培训效果
1	"物业安全事故防范"公益培训	1.内容 (1)安全生产的管理：从企业主体责任出发，做好安全生产管理。 (2)突发事件的应对：从社会责任出发协同应对自然灾害、事故灾难、公共卫生事件和社会安全事件。 2.2022年的工作重点 (1)企业安全管理架构、责任体系的完善和执行； (2)强化安全生产基础管理。 3.落实在管项目安全管理职责（尤其关注超高层建筑） (1)开展安全风险辨识评估； (2)应急预案更新及备案； (3)做好建筑物及其配套设施设备的维修保养； (4)火灾防控及打通"生命通道"工作； (5)防汛备汛； (6)高空坠物（抛物）防范； (7)新能源汽车充电设施和充电行为排查； (8)有限空间作业管理。 4.完成各专项工作（均通过物业管理信息平台开展） (1)一年两次的"常规检查"； (2)各类专项检查； (3)项目负责人的技能水平测试	2022年3月3-4日	物业从业人员	为了提升物业企业在自然灾害、事故灾难、公共卫生事件和社会安全事件中的防范意识，强化物业企业在各种突发事件中的应对能力，在深圳市住房和建设局物业监管处的指导下，3月3-4日下午，深圳市物业管理行业协会通过线上网络直播开展"物业安全事故防范"免费公益培训，各物业企业近12万人次在线观看学习本次课程。 本次公益免费培训特别邀请深圳市住房和建设局物业监管处副处长仇晨卉、北京市物业管理行业协会副会长史文军授课。两位讲师先后围绕物业安全管理内容及工作重点，物业项目安全管理职责，以及全角度认识理解"大安全"等方面展开讲解。不少参训人员表示，此次培训对物业人在日常工作中更好遵循安全生产法律法规，避免安全事故的发生有着积极意义
2	"物业增值服务与多种经营"专题班	(1)迎难而上！物业企业在业务推进中常见的问题和解决方案； (2)物业多种经营项目怎么选？因地制宜很重要； (3)物业经营创新的破局关键与主流盈利模式有哪些； (4)从全局视角出发，构建增值服务与多种经营体系； (5)以客户需求至上，多种经营项目落地	2022年4月15-29日	(1)物业企业总经理、副总经理及分管运营、品质管控的中高层领导； (2)物业企业项目经理及负责运营、品质管理的各职能岗位主管；	此次培训共702位学员参加学习并取得结业证书

续表

序号	培训名称	培训内容	培训时间	培训对象	培训效果
2	"物业增值服务与多种经营"专题班	执行八大经营策略； （6）物业多种经营项目落地执行十大管理方法； （7）如何通过科学谋划与运营，从公共空间挖掘盈利点； （8）老旧小区收费难，如何在翻新改造中创新服务模式； （9）从事多种经营需要具备哪些能力； （10）产业园区如何通过多种经营突破瓶颈； （11）100米服务圈，住宅区多种经营能玩出几种花样； （12）一切为了效率！写字楼多种经营案例分享； （13）专注医院后勤服务，如何在创新中要效益； （14）购物中心如何利用多种经营盘活全局； （15）要专业也要规模，多种经营项目前景系统性规划		（3）物业企业各岗位从业人员	
3	物业项目品质提升与标准化实施专题班	（1）解析物业项目品质提升的难点和重点； （2）梳理物业项目品质提升的方法和流程； （3）建立物业项目标准化落地执行的办法； （4）完善项目提升与客户满意度的有效连接	2022年5月12–13日	物业服务企业公司中高层管理人员、品质部、拓展部等物业从业人员，房地产业相关人员及社会各界人士	本次培训近186名从业人员参加并取得结业证书，通过培训，对物业服务标准化建设在品质提升中的作用有了更深层次的了解，下一步也将会把培训学到的新知识、新理论、新思维运用到工作中去，提升项目服务能力
4	《物业设施设备风险管控与智慧节能运维》专题培训班	第一部分 物业设施设备管理概述 一、物业管理的设施设备管理特点 二、设备管理的基本原则 三、国家部委对物业设备管理要求 四、中国物协"四化建设"要求 五、世界主要设施设备管理模式 第二部分 设施设备管理主要流程 一、项目实施计划编制 二、打造高效运营团队 三、设施设备档案管理 四、设施设备运行管理 五、设施设备维修保养 六、设施设备更新改造 七、维修备品配件管理 八、专业委托分包管理 第三部分 设施设备系统运行原理 一、房屋设施系统 二、供配电系统	2022年6月23–24日	（1）物业企业及项目负责人、相关工程管理人员； （2）房地产公司物业总监、部门经理、相关工程类人员	此次培训共195位学员参加并取得结业证书，此次培训旨在帮助会员企业有效识别和防范设施设备运维风险，提升技术团队的标准化水平和技能，合理制定设施设备的绿色运维计划，充分发挥智慧运维在管理中的作用，同时借鉴其他优秀项目的现场管理经验，加强对设施设备安全管理工作细节上的把控力度

序号	培训名称	培训内容	培训时间	培训对象	培训效果
4	《物业设施设备风险管控与智慧节能运维》专题培训班	三、电梯系统 四、空调系统 五、给水排水系统 六、消防系统 七、智能化系统 第四部分 设施设备风险管控 一、关于安全 二、安全生产管理体系建立 三、物业企业安全管理重点 四、各系统安全运维精讲 五、物业企业加强设备安全管理的建议 第五部分 设施设备标准化建设 一、标准化与精细化管理的意义 二、设施设备管理制度 三、TnPM全面规范化生产维护 四、设备管理现场案例分享 第六部分 设施设备节能减排 一、3060"双碳"目标 二、我国能源现状 三、建筑能耗与碳排放 四、物业项目节能、节水措施 五、物业企业节能降耗工作的思考			
5	"与时间赛跑,方舱管理如何做到零差评"主题公益培训	(1)物业人在方舱医院管理中的角色与作用; (2)重中之重!如何做好方舱医院物资保障; (3)从保安保洁到志愿者,服务保障怎么做; (4)如何做好资源协调、发放、信息宣传等工作	2022年6月28日	物业从业人员	物业人在方舱医院管理中的角色与作用;重中之重!如何做好方舱医院物资保障;从保安保洁到志愿者,服务保障怎么做;如何做好资源协调、发放、信息宣传等工作四个方面,分享了方舱管理人员用自己的行动诠释责任与担当,守护人民的健康的经验
6	"物业管理招标投标全流程管理与风险管控"专题培训班	(1)招标投标政策运用及市场拓展; (2)物业管理招标投标基本内容; (3)投标前期策划及实施步骤; (4)如何编制高质量的投标文件; (5)物业服务费用测算及管理方案实施要点分析; (6)讲标与答辩能力; (7)物业管理投标策略及影响中标结果因素分析; (8)招标投标风险及管控要点; (9)投标失利补救策略与技巧; (10)物业服务合同的实施要点	2022年7月21-30日	(1)企业董事长、总经理、副总经理及中、高层人员; (2)企业市场拓展及品牌创建等相关人员; (3)企业负责项目投标及标书制作人员; (4)物业项目经理及主管等相关岗位人员	此次培训共557位学员参加学习并取得结业证书

序号	培训名称	培训内容	培训时间	培训对象	培训效果
7	第二期物业项目品质提升与标准化实施专题班	第一部分 导入 (1)优质的服务是如何产生的？ (2)追求顾客满意经营，我们应当尽量满足所有顾客的各种需求？ (3)物业管理标准化与项目品质提升的关系。 第二部分 一、物业项目品质提升的四个要素 1.人员：了解项目和顾客 (1)顾客特征分析； (2)项目特点分析； (3)服务项目、标准及服务承诺； (4)关键成功因素及挑战； (5)服务定位及愿景。 2.工具：工具管理的价值 (1)清洁工具的管理； (2)保安工具的管理； (3)设备工具的管理。 3.环境：服务氛围的营造 不同业态项目的服务氛围营造。 4.流程：物业管理流程策划 (1)物业管理服务流程； (2)顾客服务操作流程。 二、物业项目品质提升的六大思维 (1)客户导向思维； (2)现场服务思维； (3)解决问题思维； (4)服务创新思维； (5)场景营造思维； (6)个性服务思维。 第三部分 一、标准化建设在品质提升中的作用 (1)标准化建设在项目品质提升中作用； (2)标准化建设与项目服务设计； (3)标准化建设与项目团队建设； (4)标准化建设与团队执行力； (5)标准化建设与项目风险管控。 二、标准化与品质提升的工作原则 (1)顾客导向原则； (2)基层中心原则； (3)信息沟通原则； (4)简化工作原则。 第四部分 物业管理标准化在项目品质提升的落地实施 (一)安全管理模块标准化的制订与实施 1.安全管理标准化制订的原则； 2.安全管理标准化制订的方法和策略	2022年11月29–30日	物业服务企业公司中高层管理人员、品质部、拓展部等物业从业人员，房地产业相关人员及社会各界人士	本次培训近150名从业人员参加并取得结业证书，本次培训也是协会继5月份举办第一期"物业项目品质提升与标准化实施"专题培训班后，举办的第二期同类培训。不少学员表示，通过培训，对物业服务标准化建设在品质提升中的作用有了更深层次的了解，下一步也将会把培训学到的新知识、新理论、新思维运用到工作中去，提升项目服务能力

序号	培训名称	培训内容	培训时间	培训对象	培训效果
7	第二期物业项目品质提升与标准化实施专题班	3.安全管理的标准化建立与应用 (1)岗位值守的标准化应用(人员进出、物品出入、装修监管); (2)风险管控制标准化应用(火灾、各类安全管理突发事件及标准化应用); (3)安全管理工具的标准化的应用; (4)安全工作流程标准化的应用。 (二)设备管理模块标准化的制订与实施 1.设备管理标准化制订的原则 2.设备管理标准化制订的方法和策略 3.设备管理的标准化建立与应用 (1)五大设备房(配电房、水泵房、发电机房、电梯机房、中央空调房)的标准化应用; (2)各类操作流程的标准化应用(设备巡视、保养); (3)设备管理工具的标准化应用。 第五部分 一、环境管理模块标准化的制订与实施 1.环境管理标准化制订的原则 2.环境管理标准化制订的方法和策略 3.环境管理的标准化建立与应用 (1)环境管理工具的标准化; (2)清洁检查流程的标准化; (3)清洁操作流程的标准化; (4)现场环境的标准化(各类标识管理等)。 二、客户服务模块标准化的制订与实施 1.客户服务标准化制订的原则 2.客户服务标准化制订的方法和策略 3.客户服务的标准化建立与应用 (1)客服人员如何做到标准化; (2)工作流程的标准化(会务服务、客户关系建立)			

深圳市福田区物业行业协会开展的培训　　　　　　表5-2-14

序号	培训名称	培训内容	培训时间	培训对象	培训效果
1	《消防安全管理能力提升》公开课	1.常用消防监管法规介绍 2.消防设施常规检查学习 (1)消火栓系统检查; (2)气体灭火系统检查; (3)建筑灭火器检查	2022年7月5日	各物业服务企业管理单位安全负责人	3002人次
2	物业企业合规经营与发展	(1)目前物业行业大背景和物业风险的成因; (2)物业企业经营风险的种类及风险的防范和规避; (3)如何构建风险防范体系	2022年8月19日	物业服务企业中高层管理人员	1841人次

续表

序号	培训名称	培训内容	培训时间	培训对象	培训效果
3	"城中村"物管企业政策宣讲	《实施细则》中针对股份公司的帮扶政策内容、资金申请基本条件、资金申报及拨付流程、资金的使用监管等政策细则宣讲讲解	2022年9月22日	城中村项目	7家企业代表
4	关于物业管理小散工程安全培训	(1)宣讲贯彻《福田区小散工程和零星作业安全生产管理实施细则》《深圳市住房和建设局关于调整施工许可证办理限额和小散工程安全纳管范围有关事项的通知》和相关法律、法规、政策、档案管理等规定和要求; (2)建设单位、业主方、物业企业和施工单位在小散工程施工期间检查方法、安全管理等; (3)住建综合监管平台的应用知识和注意事项	2022年11月9日	各物业服务企业管理安全负责人	3万多人次
5	新的疫情形势下如何做好物业防控工作	(1)物业行业如何应对新的疫情防控形势? (2)物业企业应做好哪些应急预案及重点人员的防护措施; (3)快速缓解症状的主要方法	2022年12月30日	各物业服务企业管理安全负责人	2548人次
6	企业组织绩效管理设计策略及年终多维度经营提升措施培训	(1)洞悉市场行情趋势及经营转型方向掌握组织; (2)绩效管理体系设计及经营指标:分解落地的方法; (3)掌握不同维度的经营提升策略	2022年11月16日	各物业服务企业管理项目负责人	1.2万多人次
7	《物业项目如何通过预算管理降本增效》讲座	(1)从财务视角重新定义物业项目; (2)为什么预算管理如此重要; (3)预算管理在物业项目中的有效应用; (4)如何编制物业项目的降本增效预算方案; (5)如何搭建物业项目的预算体系	2022年10月12日	各物业服务企业管理项目负责人	1.5万多人次
8	深圳疫情防控工作培训	(1)学习习近平总书记关于疫情防控工作的重要论述; (2)通过物业管理区域疫情防控实施标准文件制定日常防疫工作要求	2022年5月6-7日	各物业服务企业管理项目负责人	
9	深圳市物业管理业务讲座	(1)《广东省实施〈中华人民共和国消防法〉办法》《深圳市电动自行车管理规定(试行)》等相关法规的普及; (2)《深圳市创建全国文明典范城市行动纲要》等文件内容讲解; (3)解读物业管理区域在疫情防控应急状态下,物业服务企业应尽责任与义务	2022年7月21日	各物业服务企业管理项目负责人	60239人次
10	福田区水务局供排水普法宣传活动	供水、排水有关法规规章及管理知识	2022年7月27日	各物业服务企业管理项目负责人	8911人次

深圳市宝安区物业管理协会开展的培训   表5-2-15

序号	培训名称	培训内容	培训时间	培训对象	培训效果
1	"绿色物业"公益培训活动	活动内容分为两个部分: (1)绿色物业大有可为; (2)《深圳市绿色物业管理项目评价标准》总纲及基本制度	2022年4月26日	会员单位各项目上管理人员	效果良好、圆满成功

序号	培训名称	培训内容	培训时间	培训对象	培训效果
2	城中村物业管理品质提升专题培训活动	城中村物业管理实务。在内容上主要围绕着城中村物业管理背景、现状、案例剖析、贯彻新条例等方面进行详细讲解	2022年6月15日	宝安区各股份合作公司、协会会员单位中涉及城中村物业管理的从业人员	效果良好、圆满成功
3	"遵守安全生产法当好第一责任人"公益培训活动	(1)安全基本概念；(2)物业管理安全管理职责的法规依据；(3)物业公司主体责任；(4)物业公司安全管理及事故案例警示；(5)疫情情况安全如何开展	2022年6月28日	全区物业服务企业从业人员、会员单位各项目上管理人员	效果良好、圆满成功
4	"信用中国"信用修复培训活动	主要围绕企业信用修复申请整体流程、企业信用修复申请步骤、常见问题等方面作出详细解读	2022年8月17日	协会会员单位代表	效果良好、圆满成功
5	提升业委会履职能力 助力创建全国文明典范城市	为参训人员详细讲解业委会履职工作要点，重点围绕着业委会、业主大会如何依法规范履职、印章及档案管理制度、共有资金管理等问题进行讲解	2022年10月10日	全区各街道物业管理部门、各社区工作站物业专干、商住小区业委会的成员	效果良好、圆满成功

5.深圳市深投教育物业管理培训中心有限公司开展的培训

简介

深圳市深投教育物业管理培训中心有限公司是国家建设类一级培训机构，其前身为"深圳市房产管理培训中心"，1990年经深圳市教育局批准正式成立，是深圳市较早的十所成人教育办学机构之一，先后系原深圳市住宅局、深圳市国土资源和房产管理局直属事业单位。

1992年，在深圳市房产管理培训中心的基础上，经原国家建设部房地产业司批准，"全国房地产业深圳培训中心"正式成立。作为全国城市房地产业职业教育委员会的培训基地之一，全国房地产业深圳培训中心承担起全国房地产和物业管理从业人员的培训任务。

1997年6月，在全国房地产业深圳培训中心的基础上，经建设部住宅与房地产业司和深圳市教育局批准，中国第一家物业管理专业教育机构——深圳物业管理进修学院正式成立。

由于行政体制改革的原因，2004年，经深圳市教育主管部门批准，深圳物业管理进修学院更名为"深圳房地产和物业管理进修学院"。

2006年，国家国土资源部批准深圳房地产和物业管理进修学院为"国土资源部干部培训中心深圳基地"，使学院增加了国土资源管理等方面的培训业务，扩大了学院的培训领域和业务范围。

2006年，根据深圳市市属事业单位分类改革实施方案，深圳房地产和物业管理进修学院正式划转至深圳市国资委，并于2017年12月更名为"深圳房地产和物业管理进修学院有限公司"，2023年7月12日，进一步更名为"深圳市深投教育物业管理培训中心有限公司"。

深圳市深投教育物业管理培训中心开展房地产及物业管理行业培训32年，为物业管理在全国的推广和全行业人员整体素质的提高及深圳市荣获"中国人居环境范例奖"做出了重要贡献。据不完全统计，全国从事物业管理的企业经理和主要骨干约有三分之一接受过深圳市深投教育物业管理培训中心的培训，学员遍及全国30多个省、自治区、直辖市和香港特别行政区、澳门特别行政区，形成了名师荟萃、英才辉映的盛况，为我国物业管理行业发展尤其是人才培育做出了特殊的贡献，深圳市深投教育物业管理培训中心先后出任了中国物业管理协会、广东省物业管理行业协会和深圳市物业管理行业协会副会长单位。深圳市深投教育物业管理培训中心曾被中国物业管理协会授予"中国物业管理改革开放三十年突出贡献奖"、被深圳市人民政府授予"深圳市教育系统先进单位"、被中共深圳市委组织部授予全市"干部培训先进单位"、被深圳市教育局评估为全市首批"成人教育一级办学机构"，被誉为"中国物业管理的人才摇篮"和"中国物业管理的黄埔军校"。

公务培训

2019年至2022年，共举办公务培训76期，培训4047人。先后为深圳市住房和建设局及各区局、深圳市政务服务系统、深圳市不动产登记中心、深圳市人才安居系统、南山区公安系统、龙岗区国有资产监督管理局、福田区沙头街道、龙华区大浪街道、光明区光明街道、龙华街道工商联等单位提供专业人才综合能力培养的智力支持。

企业人才发展与咨询

致力于行业人才发展与持续成长，坚持立足行业，聚焦人才成长关键点、紧贴企业发展需求，着力吃透并超越企业的人才约束，不断把先进的人才管理方法进行项目化、实战化、标准化、体系化，探索适合企业人才发展的独特路径。其中，企业人才发展咨询与人才培育是针对企业发展需求而量身定做的有计划、有系统的培养和训练活动，旨在提高人员素质、改进工作绩效和提升组织贡献度。经过多年的沉淀，已经形成梯级人才建设咨询与培育、人才培育学习项目设计与开发、人才培育课程设计与开发、内训师选拔与培育等相结合的培养生态圈，实现了人才选育与学习发展的一体化。

2019年—2022年，先后为北京首开、北京金茂、北京金隅、深业物业集团、中海物业集团、国贸物业、越秀物业、天虹商业、粤海物业、仲量联行（平安金融中心项目）、新疆广汇物业、山西仁和物业等知名品牌企业设计人才梯队培养项目，得到企业的高度认可。

学历教育培训

2020年秋季启动国家开放大学现代物业服务与不动产管理学院物业管理专业专科、本科招生。目前，已有本科班3个、专科班2个，在籍学生100人。在籍学生大部分为物业管理行业从业人员，他们利用工作之余的时间通过线上学习，不断提升个人专业能力，从而促进整个行业的持续发展（表5-2-16～表5-2-18）。

序号	培训名称	培训内容	培训对象	培训效果
1	物业管理项目经理培训班	物业管理实操技能、最新法规解读等	物业企业在职项目经理和拟任项目经理	系统掌握项目经理岗位技能，了解最新法律法规、物业管理典型案例处理技巧、物业管理方案编制，学习小组围绕项目沙盘20天面对面深度交流，知名企业标杆管理项目现场研讨，专家教授一对一指导与专业点评，行业主管部门领导和企业专家参与沙盘推演结业汇报，现场演讲展示学员个人风采，建立行业人脉资源
2	物业管理从业人员（管理员）岗位培训班	物业管理基础理论、操作技能、客户关系、投诉处理、法规常识、职业礼仪	有志于从事物业管理行业者及在职者	掌握物业管理相关基础理论知识，了解行业发展现状与前景，熟悉物业管理相关法律法规常识，掌握物业服务职业礼仪
3	企业人才发展与咨询	深入企业内部，根据企业发展现状及人才需求情况，结合企业发展战略规划，由学院自主设计与企业匹配的个性化课程，开展人才定制和企业顾问咨询业务，帮助企业培育及选拔关键岗位人才	物业企业中、高层干部、项目经理和拟任项目经理	以企业诊断技术介入，查找企业人才发展中存在问题与误区，以此为依据设计人才培训项目，做到精准设计、精细运营、精确内容，助力企业达到培养人才目标
4	聚焦行业热点、难点、重点的专题培训	物业服务企业劳动用工风险防范与应对专题、物业管理市场拓展策略与招标投标实务专题、安全生产的标准化建设与应急能力提升专题、物业高端服务礼仪与会务服务实战专题、石材护理技术在物业管理中的应用专题、商业物业运营与管理专题、物业项目全过程风险管理与危机处理专题、内训师课程开发与授课技巧表达专题、高端写字楼资产管理专题、超甲级写字楼国际化运营管理专题、物业催缴费实务专题、项目预算编制专题、住宅项目房屋渗漏水与裂缝防治专题、物业服务的流程重构与数智化转型专题、民法典视角下业主委员会和业主大会成立与操作实务专题等	物业企业中层干部、项目经理和拟任项目经理、专业技术人员	专题培训云集大咖老师智慧，围绕"行业热点、难点、重点"内容开发与设计课题，让参训学员来了有收获、回去能运用，达到了"短、平、快"的教学目标
5	项目经理跟岗实训	以"走进前沿、考察标杆"为教学主线，介绍深圳物业管理前沿知识、标杆企业的管理经验等。培训采取学与习的方式，在理论知识学习的同时，贯穿标杆考察学习	物业企业在职项目经理和拟任项目经理	项目经理跟岗实训遵循"用实践提升参训学员的学习体验，用实践提升参训学员对物业管理的认知"的教学设计思路，展开教学活动。让学员在观察、聆听、交流、思考中一步步感受品牌企业的管理精华，提升物业管理能力
6	国家开放大学现代物业服务与不动产管理学院，物业管理专业专科、本科	物业管理专业知识	有志于从事物业管理行业者及在职者	掌握物业管理专业知识在学籍有效期内取得教学计划规定的最低毕业总学分，颁发国家开放大学毕业证书，符合条件的本科毕业生由国家开放大学授予管理学学士学位

表5-2-17

深圳市深投教育物业管理培训中心有限公司2012—2022年物业项目经理培训情况

类别	2012年		2013年		2014年		2015年		2016年		2017年		2018年		2019年		2020年		2021年		2022年	
	期数	人数	期数	人数	期数	人数	期数	人数	期数	人数	期数	人数	期数	人数	期数	人数	期数	人数	期数	人数	期数	人数
深圳以外 小计	4	298	3	252	15	1240	13	999	26	2501	20	1781	17	1451	12	1058	16	1147	18	1093	13	721
深圳班 小计	4	259	1	56	10	326	13	467	11	507	11	671	9	552	9	841	14	827	12	709	7	412
以上合计	8	557	4	308	25	1566	26	1466	37	3008	31	2452	26	2003	21	1899	30	1974	30	1802	20	1133
总合计	258期 18168人																					

表5-2-18

深圳市深投教育物业管理培训中心有限公司2012—2022年物业管理员培训情况

类别	2012年		2013年		2014年		2015年		2016年		2017年		2018年		2019年		2020年		2021年		2022年	
	期数	人数	期数	人数	期数	人数	期数	人数	期数	人数	期数	人数	期数	人数	期数	人数	期数	人数	期数	人数	期数	人数
深圳班 小计	18	1248	17	1236	23	2103	19	1333	10	506	11	650	6	286	7	389	7	263	4	109	3	109
总合计	125期 8232人																					

第三节　物业管理出版

1.概述

作为我国内地最早诞生物业管理的城市，深圳成为早期内地城市学习物业管理的榜样。物业管理出版事业因此也应运而生。1992年，《住宅与房地产》杂志开始试刊，1995年正式创刊，这本刊物将深圳物业管理的经验以及由此上升总结的理论开始向全国进行广泛传播。1999年，《深圳物业管理年鉴》的诞生，更是开启了全景式展示深圳物业管理行业发展情况的历史征程。与此同时，深圳的物业管理企业随着向外拓展步伐的加大，也纷纷创办自己的内刊，加强企业文化的宣传。其中办刊比较出色的有《莲花物业》《掘金》《万厦居业》《深业物业》《国贸之窗》《长城物业》《联合物业》《佳兆业物业》《中航物业》《深物通讯》《城建物业》《鹏基物业》《承越》《航天物业》《天利物业》《信托物业资讯》《特科物业》《臻》《特发物业》《龙城报》《华佳宏物业》《卓越物业》《开元国际》《振业物业》《万科VOICE》《中海物业报》《绿清人》等。部分内刊曾获得"广东省优秀企业期刊""深圳市十优企业期刊""深圳优秀内刊传媒奖"等荣誉。近年来，随着智能手机的普及，许多企业纷纷取消纸质刊物，开始探索电子版刊物、企业公众号以及视频号等新的传播宣传方式。

2.期刊、连续公开出版物

《住宅与房地产》物业管理版（上旬刊）

2022年，《住宅与房地产》物业管理版编辑坚持人文理念，坚持职业操守，坚持专业精神，站在行业前沿，对物业管理行业的发展趋势、物业管理的本质、物业管理法制建设、物业服务企业的转型升级、社区治理、社区经济、居家养老、绿色物业、智慧物业、城市物业服务等进行了深入探讨。刊物为深圳物业管理品牌的传播、行业及企业的交流借鉴做出了重大贡献。

2022年，编辑部共精心策划了10期专题。2022年是中国物业管理第五个10年发展的起点，为此，编辑部在1月刊组织了专题《重构行业理论体系——物业管理的回归与超越》，在行业内掀起了新一轮物业管理的本质讨论热潮。2022年9月29日，物业行业的龙头企业万物云在港交所上市，引发了业内的强烈关注，编辑部及时推出专题《万物云上市，蝶变未来？》，请来行业专家对此事件进行解读。这一年，编辑部还策划了党建引领物业管理、警惕物业管理风险以及如何解决停车位困境等专题，响应了物业行业内许多热点问题（表5-3-1）。

2022年《住宅与房地产》物业管理版刊发的论文　　　　　　　　表5-3-1

序号	标题	作者
1	理论与实践：物业管理研究的回顾与思考	黄 蕾 谷 娟 熊 涛
2	物业管理理论体系重构之管理美学在物业管理中的应用	闻 涛
3	物业管理理论体系的回顾与检视：业主大会成立与业主大会投票的上海示范	陈幽泓
4	立法与实践：从物业管理到物业服务的理论重构之浅谈	陈凤山
5	重构理论体系视角下的我国物业管理法律制度建设梳理	王 帅
6	物业还应该干什么？ ——刍议中国物业管理的概念、定义	张一民
7	浅谈重构物业管理理论 ——社区动力模型	余志彬
8	重构物业管理理论体系的几点思考	吴沂城
9	人本时代，物业行业的价值重构	郭金龙 陈锡斌
10	不能让良心的行业变成逐利的产业 ——重构物业管理理论体系，回归物业管理本来的常识属性	舒可心
11	物业管理行业的四个常识 ——从重构物业管理理论体系说开去	范 芸
12	物业行业中的物联网	祝银莹
13	电梯"保险+服务"浅谈	林铄众 李 响
14	小区内黑狗伤人致死 物业公司是否要赔偿？	方湘子
15	居民委员会参与物业管理活动的研究分析（一） ——性质、定位及与业主委员会的相互关系	徐 成
16	更上层楼，深圳物业管理"后监管时代"大有可为 ——对《深圳市物业服务评价管理办法》的思考	雷昭新
17	深圳物业服务评价管理制度的解读与思考	李 纯
18	物业服务评价管理助力深圳物业行业高质量发展	赵林夫
19	《深圳市物业服务评价管理办法》六大亮点	白 潔 李 刚
20	《深圳市物业服务评价管理办法》亮点频出	诚则成
21	从深圳市物业条例到物业服务评价办法 ——从"运行体系""逻辑体系"两个维度解读	徐 成
22	读懂深意 抓住要点 稳健前行 ——从行业发展角度解读2021年中央经济工作会议精神	张林华 赵向标
23	企业管理战术上也需要集中优势兵力（上） ——向毛泽东学领导方法和领导艺术	王兆春

序号	标题	作者
24	物业服务企业习武操练（上）	江　旭
25	"双碳"新时代，房地产及物业企业如何行稳致远	范　芸
26	探路绿色物业管理	马　达
27	进一步加强国有物管企业党建工作的思考	陈焕然
28	党建引领优服务　物业红心暖人心	李海涛　窦春辉
29	人工智能在物业服务中应用的瓶颈	李　韵
30	优化中央空调末端室内空气环境的解决方案	后　石
31	业主专有部分维修维护常见法律问题分析 　　　——从一宗树木修剪案说起	张奕蕾
32	四十无惑：现代物业行业服务供给侧革新的另类思考	苏宝炜
33	房地产住宅物业保修金采用保险制度的研究 　　　——以浙江省为例	王　畅　张　俏　王佳萍
34	社区长效治理与资产化运营	郭金龙　汪校正
35	住宅小区"狗扰民"问题背后的思考	金庆亮
36	南京市小区治理中的物业管理问题及建议	王兴宏
37	剥夺业主选择权，业主大会决定是否应撤销？	程　磊　周　滨
38	十个关键句擘画2022 　　　——透过政府工作报告看物业管理	王　帅
39	解读两会释放信号，2022物业行业大势继续利好	汪洋海
40	物业服务五大新特色，绘制业主幸福新画卷4P	刘昌兵
41	企业管理战术上也需要集中优势兵力（下） 　　　——向毛泽东学领导方法和领导艺术	王兆春
42	当我们谈论"服务力"时，我们在谈什么？	范　芸
43	物业服务企业习武操练（下）	江　旭
44	其他特种物业的管理服务与经营管理	张林华　赵向标
45	物业服务水平与物业费费率调整之间冲突根源与化解之道	舒可心
46	社区资产论	郭金龙　汪校正
47	业主之间停车纠纷，物业公司是否要承担责任？	方湘子
48	创新党建引领　打造美好家园 　　　——荣获国家住房和城乡建设部"美好家园"称号的经验分享	黄　翾　易　聪
49	打造共建共治共享的物业管理新格局	王伟进　张起帆
50	居民委员会参与物业管理活动的研究分析（二） 　　　——居民委员会参与物业管理的法律依据和理由	徐　成
51	业委会与居委会职能融合，完善社区治理结构	施法振
52	"居代业"政策背景、目的、风险与政策建议	陈幽泓
53	居委会代行业委会职责的前提条件	李广友
54	浅谈"居代业"模式下的四点建议	李　萍

续表

序号	标题	作者
55	业主的权利不该被代行	李焰红
56	关于居业关系的一些分析 ——以上海为例	韩 冰
57	疫情之下，物业服务企业的"权"与"责"	张 俊
58	病毒传播引发的室内空调系统运营管理的三点启示	王守章
59	"最低评标价法"下物企的投标策略	范 芸
60	业主大会选聘物业企业"乱象"成因分析	黄光宇 顾玉兰
61	浅谈智慧社区建设的实现方式	卞守国
62	物企怎样做好智慧社区建设	马 达
63	内退员工再就业，应当由谁承担工伤赔偿责任？	方湘子 张杨茹
64	马峦街道花园小区：党建引领 源头治理	马峦街道办
65	安居乐业方法论如何助力业委会工作走出困境？	郭金龙 汪校正
66	"同案"不同判：未提前15日通知业主召开业主大会，决议能否被撤销？	宋安成 陈妮妮
67	新城建时代下深圳市南山区智慧社区建设研究	叶芙伶 刘嘉琪 胡 荣
68	住宅专项维修基金管理使用问题及建议	董永梅
69	聚焦、推动及提高 ——三个关键词构建"党建+物业"新发展格局	王 帅
70	"红色物业"之"物业"内涵浅析	鲁 捷 王粤钦
71	论党建工作在物业服务中的必要性	郭玉山
72	心怀党的宗旨，发展红色物业	周宏泉
73	深圳全面推行"党支部+业主委员会+物业服务企业"治理模式	雷 杰
74	党建引领探索社会基层治理框架下的小区物业管理新格局 ——以《宁波市住宅小区物业管理条例》为例	金厚桥 江 斌 陶伦康
75	郑州圆方集团：发挥党建工作优势 助推企业高质量发展	李章柱 戴兆成
76	金地智慧服务：坚守民生底色，党建引领共建美好家园	卢靖尧
77	物业人的家国情怀	黄 蕾 罗 锦 熊 涛
78	物业公司介入社区养老的安居乐业方法论	郭金龙 汪校正
79	如何打造创新型组织 ——向毛泽东学创新管理	王兆春
80	体育场馆物业管理与大型赛事物业服务保障	张林华 赵向标
81	物业服务企业履行疫情防控措施引发纠纷的责任认定	方湘子
82	物业企业在社区治理中的使命	范 芸
83	居民委员会参与物业管理活动的研究分析（三） ——居民委员会参与物业管理的实现途径、手段和界限	徐 成
84	商品住宅配建车位归属之探讨（一） ——商品住宅配建车位归属学说简述	倪益民
85	司法裁判视角下小区停车位权属认定路径简析	骆伟新

序号	标题	作者
86	停车位纠纷争议焦点与解决思路	贺倩明　廖创造
87	深圳住宅小区车位建设的成本究竟由谁买单？	陈德福
88	商品住宅配建车位归属之探讨（二） ——商品住宅配建车位的性质与功能	倪益民
89	从深圳宝能公馆车位事件看社区治理的本质	郭金龙
90	物业企业的本手、妙手与俗手	范　芸
91	物业服务企业的开疆拓土（上） ——市场发展定位	江　旭
92	企业管理中的多维度成本控制	吕晓东
93	物企参与政采物业服务项目投标业务流程	李　韵
94	物企供应链与品牌管理思考	张　江
95	抢抓机遇　乘势作为 ——积极推进物企开启"碳管理"转型升级	陈焕然
96	商业项目工程运维组织的全数字化转型	卞守国
97	前任物业公司溢收（预收）费用处理评析 ——从一则案例看司法实践中对退场项目溢收费用的处理	宋安成　贺晓旻
98	社区治理成效指标体系与评估机制研究 ——以"上海社区治理发展指数"为例	盛智明
99	城镇老旧小区改造模式与对策分析	谢　蕊
100	关于老旧小区加装电梯的新思考 ——以宁波为例	严向红　王雯倩
101	开发商承诺减免物业费，业主是否可以拒缴物企物业费？	方湘子
102	物业企业如何理解和应对股市估值骤降	刘双乐
103	物业行业应该是个什么模样？	范　芸
104	未来社区与新物业	郭金龙
105	我国物业服务发展观察与思考	蔡成军
106	南京市"智慧家园"信息平台的建设及实践运用分析（上）	徐　成
107	方舱医院的独特属性及物业服务保障	张林华　赵向标
108	物业服务企业的开疆拓土（下） ——招标投标技巧	江　旭
109	如何打造创新型组织 ——向毛泽东学创新管理之二	王兆春
110	对物业服务企业人力资源管理的思考	刘英健
111	"我的脸我做主" ——谈物业服务企业在个人信息保护纠纷中的风险防范	方湘子
112	城市社区生活垃圾处理的困境及对策研究 ——以T市C社区为例	贾一凡

续表

序号	标题	作者
113	商品住宅配建车位归属之探讨（三） ——属于业主共有或业主有限专有而非开发商专有	倪益民
114	业主大会选聘物业服务企业的机制探析	潘世朋
115	《民法典》视角下物业计费模式的探讨	赵　光
116	业委会无法正常运作，居委会代履行职责是否需授权	宋安成　王宇锋
117	社会学视角下的物业管理风险与防范	黄　蕾
118	物业管理的风险处理策略与方法	范　芸
119	物业服务中的风险与管理浅谈	郭金龙
120	住宅小区物业管理三大阶段风险防控	方湘子
121	物业公司公众责任险理赔案件的处理与建议 ——从一起保险公司拒付巨额保险金案例谈起	宋安成　刘一品
122	对物业管理的本质认识 ——也谈物业管理体系构建	鲁　捷
123	方舱医院后勤物业管理标准化的发展	张林华　赵向标
124	南京市"智慧家园"信息平台的建设及实践运用分析（下）	徐　成
125	不起眼的数据	李　韵
126	浅谈设备设施的预见性管理	卞守国
127	党建引领　幸福启航 ——以郑地·美景东望社区的创新实践为例	李　倩
128	依托信托制物业管理破解社区治理难题	王伟进　张　亮　张　芳
129	浅析物业管理区域业主自治的必要性	黄　飞　余建辉
130	业主委员会及其成员履职主要法律风险及防范	任晨光
131	社区用房的所有权属于谁	颜雪明
132	商品住宅配建车位归属之探讨（四） ——车位归属之法条解读及业主们车库权属的实现路径	倪益民
133	万物云"上市"，是蝶变？还是异化？	钟　冶
134	万物云上市融资全解析	钟志斌
135	万物云上市能给行业带来什么？	郭金龙　汪校正
136	从万物云上市谈起	汪洋海
137	差异化定位和布局 ——上市物企在存量市场构筑竞争护城河的关键	赵林夫
138	大变局下的城市服务及其发展之我见 ——由万物云上市引发的思考	黄世超
139	物业城市管家服务高效攻略	杜功文
140	深圳物业专项维修资金续筹管理的探索和实践	李　纯
141	物业技术标编写要点及常见问题	范　芸
142	打开石材护理的正确姿势	尹若芹

序号	标题	作者
143	物业企业如何实现在后疫情时代的大重构	陈焕然
144	价值视角下的物业企业商业模式对比分析 ——以碧桂园和万达商管为例	徐晓雨　程　鹏
145	首问责任制	李　韵
146	同一区域内不同类型项目的物业费标准争议评析 ——从一起最高人民检察院指导性案例说起	方湘子
147	职业素养视阈下"物业管理服务"教学探索	张栋栋
148	物业人的专业觉悟	江　旭
149	三楼排水淹了二楼，谁来修？如何赔？	颜雪明
150	终止前期物业服务的理据	李建春
151	业委会主张小区公共收益诉讼时效问题初探 ——从三则有关诉讼时效问题的类案谈起	宋安成　祝茗屿
152	物业深水区需要理性博弈	毛志远
153	资本市场的跌宕露出了行业的底色	钟　冶
154	无问西东，回归初心	王　帅
155	莫听穿林打叶声，何妨吟啸且徐行	金科丽
156	2022：时代一转身　来去疾无影	黄世超
157	"大物业"时代的兴起	范　芸
158	顺势务本，思变谋远	陈本林
159	物业行业全面深度融入社会治理体系	郭金龙
160	出清浮躁　摆脱狂飙　再出发	江　旭
161	智慧创美好　共生向未来 ——2022深圳国际智慧物业产业博览会顺利举办	揭　森
162	物业行业的舆情危机谁来回应？	范　芸
163	新形势下物业服务企业的战略选择及分析	潘世朋
164	不动产大宗交易中工程尽职调查工作的实践与思考	贺　凯
165	万科物业创新老年友好型社区服务模式	余　爽
166	小区业委会，"普遍不专职"能否"普遍够专业"？ ——基层小区治理的武汉市南湖街道样本分析	杨志敏
167	住宅建筑区划的业主身份辨析	李建春

《深圳物业管理年鉴》

《深圳物业管理年鉴》(以下简称《年鉴》)是在住房和城乡建设部指导下，由深圳市住房和建设局主持编辑出版的大型连续出版物，是全国最早编撰的物业管理年鉴，自1999年起已连续出版了1999、2003、2004、2005、2006、2007、2008、2009和2010、2011、2012、2019、2021、2022共14期。它汇集了截至2021年12月31日的有关深圳物业管理行业发展的大量数据资料，全景式地展示了深圳物业管理行业的发展情况。

《年鉴》是一部较全面系统记录深圳物业管理行业当年发展状况的行业编年史册，也是供政府相关部门、企业及其他人士了解和研究深圳物业管理发展的一本大型工具书。《年鉴》在完善深圳物业管理行业信息统计、收集分析行业发展态势、促进行业理论研究以及为政府提供决策参考等方面起到了良好的作用，受到了物业管理主管部门及业界的极大关注与支持，已成为记录深圳物业管理发展的权威史书。同时，《年鉴》在宣传和推广深圳市物业管理整体形象、构建和谐深圳、效益深圳等方面也起到了良好的作用。

《深圳物业管理年鉴2022》除按以往体例进行编撰外，还作了几大调整：重点强调了深圳物业管理信息化建设在行业管理方面产生的重大积极影响；重点展示了深圳物业管理信息平台的数据资料；强调了党建引领（红色物业）与法制建设、标准建设的重要作用；增加了深圳市物业管理服务促进中心的职能与工作介绍；独立设置了"业主自治"一章。《深圳物业管理年鉴2023》的编撰将坚持上一年的调整，并又作了一些新的调整，比如在物业管理活动版块增加了物博会以及住宅与房地产杂志社举办的中国幸福社区范例奖颁奖典礼等内容。

3.行业协会会刊——《深圳物业管理》及微信公众号、网站

2022年，深圳市物业管理行业协会一方面通过《深圳物业管理》会刊、深物协微信公众号、网站三大平台，为会员企业搭建交流互动平台；另一方面加强与各大主流媒体互动，向社会宣传物业行业良好形象。

（1）发挥三大平台作用，搭建交流互动平台

协会《深圳物业管理》会刊共出刊12期，发放30000余册；协会微信公众号全年共发布各类稿件1612篇，总阅读次数105.74万。深物协网站全年共发布各类稿件711篇，累计阅读人数36.18万人次。2022年3月，协会视频号上线，全年共发布视频197个，总浏览次数为29.98万。

为了向社会宣传物业行业的良好形象，展示物业企业在解决业主急难愁盼中的积极作为，2022年1月，协会在公众号推出《关注业主"急难愁盼"，邀您选出最给力的"实事"》，得到近7万人次参与，《深圳特区报》以《深圳物业体贴 传递城市温度》对该事件进行了报道；2022年下半年，协会会刊特别策划了"物业荣耀榜"栏目，共发布了近百家物业企业的锦旗故事。12月19日，《深圳晚报》以《深晚快评：小锦旗里的大民生》为题，对物业服务中的锦旗故事给予高度评价。

（2）加强社会媒体互动，展示行业社会形象

协会与各大社会媒体建立良性互动，通过《深圳特区报》《南方日报》《深圳晚报》和深圳新闻网等社会主流媒体，累计发布相关稿件60余篇。其中，被深圳市政府官方网站转载6篇、市政府新闻办"深圳发布"公众号转载2篇、"学习强国"平台转载4篇、中国物业管理协会公众号

转载21篇。

为大力宣传物业企业坚守小区防疫主阵地，积极支援封控区、配合社区抗疫中的主动担当，2022年3月，深物协与《深圳特区报》、读特客户端联合策划"对话物业战疫力量"系列报道9期；与《南方日报》、南方+深圳频道联合开展了"深圳战'疫'物业力量——为奋战在一线的深圳物业企业点赞"活动，近百家会员企业参与了该活动，阅读量超445万人次，点赞票数超240万，在社会上引发强烈反响。

第四节 物业管理行业抗疫行动与品牌活动

1.深圳物业管理行业开展的抗疫行动

（1）深圳市住房和建设局开展的抗疫行动

深圳市住房和建设局在抗疫行动中，提神聚力，激发行业活力，提高行业的凝聚力。

一是严爱并举，以疫情防控为契机，唤醒企业的行业归属感、职业认同感和社会责任感。通过印发指引、开展培训、现场督导等方式，指导物业管理行业在疫情防控期间，积极嵌入基层政府应急响应体系，充分发挥贴近居民、服务居民的作用，切实做好看好门、守好人、管好车、强服务。同时，面对疫情防控期间企业职责多、压力大、成本骤增等现象，全力为服务深圳市住宅小区的物业服务企业争取到了"物业服务企业疫情防控补贴"。2022年期间，共有1964家企业为其在管的5227个住宅项目提出了补贴申请，申请金额达到4.46亿元。最终通过社区、街道和区住建部门审核的有4953个项目，企业共获得补贴资金4.2亿元。

二是表彰先进，激励企业勇当先锋，持续做好疫情防控工作。2022年以来，广大物业服务企业坚守疫情防控一线，积极贯彻落实市委市政府疫情防控决策部署，筑牢群防群控防线，体现了"最后一百米"的专业服务价值，为广大人民群众的生命安全和身心健康筑起了坚实屏障，彰显了物业行业的责任和担当。深圳市住房和建设局为充分发挥先进典型的引领作用，在行业内树立榜样，持续做好精准化、常态化疫情防控工作，根据各企业在物业管理区域防控、围合管理、应急处置、组织志愿服务等履行防控职责和承担社会责任方面的具体表现，经综合评审和社会公示，对在2022年疫情防控工作中表现优秀的69家物业服务企业进行了通报表彰。

附件：深圳市疫情防控表现优秀企业名单

2022年以来，广大物业服务企业坚守疫情防控一线，积极贯彻落实市委市政府疫情防控决策部署，筑牢群防群控防线，体现了"最后一百米"的专业服务价值，为广大人民群众的生命安全和身心健康筑起了坚实屏障，彰显了物业行业的责任和担当。为充分发挥先进典型的引领作用，在行业内树立榜样，持续做好精准化、常态化疫情防控工作，根据各企业在物业管理区域防控、围合管理、应急处置、组织志愿服务等履行防控职责和承担社会责任方面的具体表现，经综合评审和社会公示，市住房和建设局对在2022年疫情防控工作中表现优秀的69家物业服务企业进行通报表彰。

深圳市疫情防控表现优秀物业服务企业名单

深圳市万科物业服务有限公司

深圳市金地物业管理有限公司

中海物业管理有限公司深圳分公司

福田物业发展有限公司

深圳市合正物业服务有限公司

深圳市鸿荣源物业服务有限公司

深圳星河智善生活股份有限公司

深圳市宏发物业服务有限公司

深圳百仕达物业管理有限公司

深圳市国贸美生活服务有限公司

招商局积余产业运营服务股份有限公司

深圳市物业管理有限公司

龙城城市运营服务集团有限公司

深圳市午越物业管理有限公司

深圳华强物业管理有限公司

深圳市新银物业管理有限公司

深业物业集团有限公司

深圳市东部物业管理有限公司

深圳市常安物业服务有限公司

深圳市红树林物业管理有限公司

深圳市海岸物业管理集团有限公司

深圳市富通物业管理有限公司

深圳市特发服务股份有限公司

深圳市金田物业管理有限公司

深圳市华盛物业管理有限公司

深圳广田物业服务有限公司

深圳市新东升物业管理有限公司

佳兆业物业管理（深圳）有限公司

深圳市城建物业管理有限公司

华侨城物业（集团）有限公司

深圳市泰源物业管理有限公司

深圳市嘉诚物业管理有限公司

深圳市保利物业管理集团有限公司

深圳泰华物业管理有限公司

深圳市国贸物业管理有限公司

深圳市新洲城物业管理有限公司

深圳市广业物业管理有限公司

深圳市光华物业管理有限公司

深圳市万泽物业管理有限公司

深圳市沙保物业发展有限公司

深圳市康厦物业管理有限公司

深圳市福浩物业管理有限公司

深圳市博林物业服务有限公司

深圳市华联物业集团有限公司

深圳市联投物业有限公司

深圳市半岛物业管理有限公司

深圳市印力物业服务有限公司

北京仲量联行物业管理服务有限公司深圳分公司

深圳市城泰物业管理有限公司

深圳市天健城市服务有限公司

深圳市住宅物业管理集团有限公司

深圳市鹏基物业管理有限公司

深圳市卓越物业管理有限责任公司

深圳地铁物业管理发展有限公司

深圳市深华物业集团有限公司

深圳华业物业管理有限公司

深圳市金众物业管理有限公司

深圳市大族物业管理有限公司

深圳市锦峰物业经营管理有限公司

深圳市颐安物业服务有限公司

深圳市赛格物业发展有限公司

嘉邻物业服务（深圳）股份有限公司

深圳市中盈物业管理有限公司

深圳市庐山物业管理有限公司

深圳市花样年国际物业服务有限公司

深圳市首地物业管理有限公司

安居（深圳）城市运营科技服务有限公司

明喆集团有限公司

深圳市方益城市服务发展有限公司

（2）深圳市各区住房和建设局开展的抗疫行动

在深圳市住房和建设局的领导下，各区住房和建设局也采取和落实各项防控举措，严防严控筑牢防疫战线。

福田区住房和建设局采取的抗疫措施如下：一是聚焦企业发展诉求，强化行业扶持，实施惠企纾困发展政策，于2022年3月全市率先出台物业企业防疫消杀补助政策，发放物业企业防疫消杀补助资金1417.5万元；8月，在福田区稳企惠民纾困物业消杀补贴政策的基础上，再推2022年度物业疫情防控服务财政补贴政策，惠及住宅物业项目800余个，拨付补助资金约4500万元（含首批已拨付金额）。二是发挥物业企业专业化、服务型优势，组建质量型"特种物业兵团"，为福田区常态化防疫和疫情处置提供有力支撑。三是各项惠企措施拉动2022年前三季度辖区物业企业从业人员工资总额实现23.7%的增长。

罗湖区住房和建设局采取的抗疫措施如下：根据市、区政府工作安排及《深圳市2022年度物业服务企业疫情防控服务财政补助发放指引》要求，对罗湖区801个住宅小区的物业服务企业发放34847973.76元。同时，罗湖区印发了《关于构建罗湖区大口岸物业管理区域疫情防控街社联动工作方案》，由局领导挂点南湖、黄贝及莲塘街道，其他干部同志挂点27个具体社区，对片区物业项目、住宅小区督导检查，发现问题就地解决，建立问题反馈机制。

盐田区住房和建设局采取的抗疫措施如下：根据《深圳市2022年度物业服务企业疫情防控服务财政补贴发放指引》，印发了《盐田区2022年度物业服务企业疫情防控服务财政补贴发放指引》，对在2022年1–3月期间提供了物业服务，并向所在社区提供疫情联防联控服务及落实物业管理区域消杀等疫情防控要求的物业服务企业发放补贴。经社区、街道及区住房和建设局的三级审核后，全区共审核通过172个项目，累计补贴金额6633118.66元。2022年，区住房和建设局成立疫情防控专项检查组，每天不间断开展物业小区防疫督导检查，累计出动1384人次，检查2750项次，督促物业卡口整改问题219项，组织辖区各物业服务企业召开疫情防控部署会议8

场，进行物业行业通报8批次，全年没有发生物业从业人员疫情突发事件。

南山区住房和建设局采取的抗疫措施如下：一是开展督导检查，发布情况通报。全年督导检查物业项目2011项次，实现全区755个小区防疫检查督导全覆盖。对59个未做好卡口管理的物业项目的在管物业进行不良行为认定，数量居全市首位。先后组织各物业服务企业召开7次南山区物业服务行业疫情防控工作部署视频会，并通过创新南山发布9期通报，指导、督促各物业服务企业做好卡口查验、行业从业人员核酸一天一检等各项疫情防控工作。开展涉疫项目倒查，对38个涉疫项目进行倒查，通过政数局调取流调数据及小区电子哨兵、场所码的扫码率，核查现场监控，约谈项目负责人等措施，综合判断小区物业是否履职，对未能做好卡口管理工作26个项目进行不良行为认定。二是发放防疫补贴，支持企业共渡难关。印发《深圳市南山区2022年度物业服务企业疫情防控服务财政补贴发放指引》，对2022年1-3月期间为南山区住宅物业项目的在管物业服务企业按照在管项目总建筑面积1元/m²的标准发放补贴。共有737个项目申请，其中679个项目审核通过，共申请金额52390061.79元。

宝安区住房和建设局采取的抗疫措施如下：一是强化工作部署，印发《深圳市宝安区住房和建设局关于加强住宅小区卡口管理的紧急通知》等通知31份、指引文件2份。二是大力落实防控督查，"0131"疫情以来，在市、区社区小区组指导下，开展住宅小区疫情防控督导检查，并在清明、五一、端午等重要时段加大频次力度。2022年共计出动4346人次，检查小区4925项次，制发通报、简报7份，下发整改通知书137份，约谈企业相关负责人62人，发出不良行为认定书13份。三是落实惠企撑企政策，按照《深圳市宝安区2022年度物业服务疫情防控服务财政补贴发放指引》组织各物业企业开展补贴申请工作，并指导街道、社区依流程审核企业申请。最终核定补助建筑面积为104827008.43m²，按照在管项目总建筑面积1元/m²的标准，共计发放补助金额共104827008.43元。

深汕特别合作区住房建设和水务局采取的抗疫措施如下：一是强化工作部署。根据省、市、区疫情防控工作要求，印发《深圳市深汕特别合作区住房建设和水务局关于全面做好物业管理区域疫情防控工作的通知》《深圳市深汕特别合作区住房建设和水务局关于坚持不懈做好物业管理区域疫情防控工作的紧急通知》等多份通知，指导物业服务企业做好小区疫情防控工作。二是开展防控督查。联合小区属地镇政府常态化开展物业管理区域疫情防控检查，同时结合明察暗访的方式进行突击检查，深入了解物业服务企业疫情防控工作落实情况，对防疫工作落实不到位的企业发出整改通知，并进行约谈和通报，确保做到疫情防控不松懈、严落实、速整改。三是建立行业白名单。动态更新统计深汕特别合作区物业服务企业纳入白名单管理人员数据，开展白名单人员核酸检测和疫苗接种常态化督促工作。四是发放疫情防控补贴。组织各镇政府及各物业服务企业开展2022年度物业疫情防控服务财政补贴申请工作，对符合条件的2家企业发放补贴共44.4万元，进一步减轻企业防疫支出负担，激励企业积极配合相关部门做好联防联控工作。

（3）深圳市物业管理行业协会开展的抗疫行动

疫情发生后，在深圳市住房和建设局的指导下，深圳市物业管理行业协会紧急行动，一方面，通过发布倡议、培训等方式，引导各物业企业加强物业管理区域疫情防控工作；另一方面，通过媒体宣传，展示物业行业在疫情防控中的责任与担当。协会还积极了解企业在防疫工作中的相关问题，形成报告，向相关部门传递行业声音。

同时，深圳市物业管理行业协会积极响应政府号召，组织志愿队加强疫情防控工作。2022年3月14日，根据深圳市疫情防控指挥部和深圳市住房和建设局统一部署，深圳市物业管理行业协会发布《关于招募疫情防控志愿服务队的紧急动员令》，仅一天时间就有约20家企业组织近300名志愿者报名，并被分派至福田区香密湖街道侨香社区、南园街道赤尾社区等近10个封控区域，支援一线防疫工作。该轮疫情，深圳物业企业累计派出支援政府管控区和封控区的志愿人员超过2200人。2022年3月31日，福田区委区政府发来感谢信，对深圳物业行业派出精锐力量驰援福田区委区政府抗击疫情的行为表示感谢，并对深圳物业行业参与抗疫的志愿者团队授予"青年文明号"称号。协会也发文对派出志愿队并出征的60家物业企业进行表扬，对积极响应组队待命的8家物业企业发出了《感谢信》。

（4）各区物业行业协会开展的抗疫行动

福田区物业行业协会开展的抗疫行动：一是组织各大物业企业积极响应区住房和建设局号召参与"2·16"疫情防控工作。在福田区"2·16"疫情防控形势日趋严峻之际，福田区物业行业协会积极响应区住房和建设局号召，组织26家物业企业紧急召集几批共2600多名志愿者，支援福田区沙头街道抗疫一线，彰显了物业服务企业强烈的社会责任和担当精神，也体现了"物业人"逆流而上、向险而行的可贵品质，成为打赢这场"战疫"的一支重要力量。二是组织各物业企业捐赠水果、防疫物资慰问福田街道和沙头街道各社区工作站工作人员。福田区政府各级领导和福田区住房和建设局都非常关注和重视沙头、福田街道的防疫工作，为表达对一线防疫工作人员的支持与关爱，在福田区住房和建设局及物业党组织的指导下，由福田区物业行业协会进行宣传发动，组织13家物业企业深入沙头街道、福田街道等16个社区工作站，为在防疫最前线夜以继日的各社区防疫工作人员及物业人员送去关怀和慰问物资。三是组织各物业企业捐款物资慰问一线志愿者队伍。组织23家物业企业负责人亲临现场向一线的物业志愿者捐赠总价值近20万元的生活物资。四是组建中海物业"疫剪没"义剪队伍进驻疫区为广大志愿者现场服务。在抗疫期间，3月逐渐升温，志愿者们无暇打理头发，在前线工作时备感炎热，为了帮助志愿者们解决这个难题，带给他们一丝清凉，在福田区住房和建设局的指导和协调下，组织了此次"疫剪没"志愿者义剪活动。活动得到了中海物业的大力支持和配合，在半天时间迅速招募组建了4人的义剪队。当晚就在上沙小学球场快速搭建起了一个临时"理发室"，"疫"剪志愿服务在场地有限的情况下得以顺利开展，让他们"轻装"上阵继续战"疫"。五是在疫区组织"三八"妇女节慰问及志愿者退出仪式。4月初，福田区物业抗疫志愿队伍在各抗疫一线营地举行福田区物业志愿者返程仪式。仪式上，志愿者们已摘下防护面罩，褪下防护服，受福田区住房和建设局委托，协会为用担当和奉献换来平安和希望的志愿者们颁发荣誉证书和感谢信，赠送福墩墩。六是积极配合福田区住房和建设局开展志愿服务费用和表彰等工作。为表彰在"2·16"疫情防控期间志愿服务工作中表现突出的物业服务企业和志愿者，组织开展了福田区"2·16"疫情防控优秀防疫志愿者评选活动，采取"自愿申报、专家评审"相结合的方式，最终评选出福田区2家"疫情防控突击先锋单位"、24家"疫情防控贡献单位"、32家"疫情防控爱心企业"、10名"福田区物业行业十佳防疫志愿者"和100名"福田区物业行业优秀防疫志愿者"。

宝安区物业管理协会开展的抗疫行动：协会积极引导各物业企业认真贯彻宝安区疫情防控指挥部工作部署，全面动员全体物业企业及社区居民积极参与疫情防控和全民核酸检测等重点工作。各物业企业快速响应，服从大局、凝聚力量、无私奉献、迎难而上，做实疫情防控工作，最大限度地保障了人民群众的生命健康安全。用实际行动诠释了物业人的使命与担当，为宝安坚决打赢疫情防控阻击战贡献力量！期间协会通过各种宣传方式，发布《疫情防控倡议书》，广泛宣传各会员单位疫情防控先进事迹。南方日报对协会进行独家专访，并刊登《守护美好家园，我们有个共同的名字"物业人"》；公众号发布《齐心同战致 敬风雨同舟物业人》《战"疫"有我 勇于担当的物业人》等文章，充分展现宝安区物业企业在抗疫工作中的先进事迹和物业企业的风采。对物业企业在抗击疫情工作中存在的困难和问题，及时向政府及主管部门反映诉求，力争为企业争取到最大帮助。

龙岗区物业管理协会开展的抗疫行动：积极指导和参与行业抗击疫情工作。为切实做好抗击疫情防控工作，协会先后撰写、转发省、市、区政府部门相关通知、通报文件50余份，积极宣传物业企业抗击疫情的先进事迹和经验做法。协会分批印制了《打好境外输入物品疫情防控阻击战》《疫情防控"一问二测三查验四安置"四步法》《预防新型冠状病毒"个人防护如何做"》海报3000份，免费发放给会员单位；疫情期间，协会秘书处工作人员主动到一线参加抗疫志愿服务，累计服务时长60余小时。

（5）深圳市物业服务企业开展的抗疫行动

2022年初，深圳的疫情多点暴发，沙头等多个街道成为重灾区，广大物业服务企业坚守疫情防控一线，积极贯彻落实市委市政府疫情防控决策部署，一方面，积极筑牢群防群控防线，体现了"最后一百米"的专业服务价值，为广大人民群众的生命安全和身心健康筑起了坚实屏障，另一方面，积极派出志愿者，支援政府抗疫，彰显了物业行业的责任和担当。

自"2·16"疫情发生以来，深圳市多家物业企业积极响应政府防疫号召，主动参与自身小区、所属社区防控之外的防控区域支援，并调集全国项目力量抵深组建志愿服务队，进驻各街道封控管控区域协助物资分拣、物品分送，协助垃圾收集、清理，协助开展核酸检测及秩序维护等工作。其中，卓越商企服务派出900余人的志愿服务团队，万物云累计派出800余人的志愿服务团队，金地智慧服务集团派出400余人的志愿服务团队，华润万象生活物业深圳中心累计派出350余人志愿服务团队，中海物业派出144人志愿服务团队，同时还派出20人赴香港支援抗疫。

尤其在深圳按下慢行键的一周里，广大物业企业更是"全力以赴"，在做好小区管控的同时，当起搬运工、救助员、消杀员，以实际行动彰显了特殊时期物业人的责任与担当：城建物业在管项目仁山智水物业服务中心，得到老人独自在家摔倒需要帮助的消息后，第一时间前往其家中安抚并帮助联系急救中心；从小区封闭管理开始，世纪开元物业住宅项目的秩序维护员肩负起小区1800多户居民的物资接收和运送工作，尽最大努力保障小区业户的日常生活；为了保障小区服务不受影响，中海物业员工吃住在项目上，晚上在办公室打地铺。

（6）深圳业委会和住户开展的抗疫行动

2022年是极不平凡的一年。疫情反复，严重影响各企业正常工作。随着疫情形势的不断变化，防控措施的不断升级，物业小区的工作量也越来越大，各物业小区在管项目陷入了人手紧缺的局面。3月8日，深圳市住房和建设局发布《守护家园 你我有责——致全市业主委员会和广大住户的公开信》，并就进一步加强小区疫情防控、众志成城守护好我们共同的家园提出倡议。《公开信》希望广大业委会和住户能参与围合管理，支持卡口查验，帮助和配合物业企业共同做好小区疫情防控，共同画出最大抗疫"同心圆"。

《公开信》发出后，各小区业委会、业主纷纷行动，积极响应号召，以不同形式参与到各小区的疫情防控中。积极协助相关部门开展居民核酸检测，还要更加严格地守住小区疫情防控的安全防线，更好地保障小区各项设施设备的正常运转，保障广大住户的正常生活不受影响。

值得一提的是，招商积余在管的海上世界双玺花园项目的15位业主代表将自发募捐的防疫抗疫专项奖金，以慰问红包和水果等方式发放至战斗在防疫一线的106位物业员工手上；为表达对福田物业全海花园管理处工作的支持和感谢，小区业委会发出倡议书，号召大家自愿献出一点爱。不到三天，就收到近3万元的爱心款项；华侨城物业在管的天鹅湖花园全体业主为文昌社区工作站、物业服务中心送上锦旗及慰问物资，真挚表达了对双方在疫情防控工作中紧密配合、通力协作、守望相助的认可；因小区防疫人手紧张，鸿荣源物业向业主发起志愿者招募，迅速得到了业主们响应，一支126人的志愿者队伍就地"成团"，这些业主志愿者负责各自防控区楼栋的大堂看护、配合医护人员上门核酸，挑起防疫"大梁"。

2. 2022深圳国际智慧物业产业博览会

【2022深圳国际智慧物业产业博览会报道】

2022深圳国际智慧物业产业博览会圆满举行

参展企业近300家，专业观众超3万人次，签约金额预计达千万级

2022年11月21-23日，由深圳市住房和建设局指导，深圳市物业管理行业协会主办，上海克而瑞信息技术有限公司承办，全国各省市50多家地方协会鼎力协办，为期三天的"2022深圳国际智慧物业产业博览会"在深圳国际会展中心8号馆圆满举行。

本届物博会展览面积达2万 m²，围绕"智慧创美好 共生向未来"主题，设置十大展区。参展企业近300家，专业观众超3万人次。物博会紧扣"智慧"这一国家重点发展战略，突出展示近年来广大物业服务企业和产业链企业在智慧领域的发展建设成果，围绕多个经典智慧化应用场景，集中呈现一批科技化、数字化成果。

物博会同期还举办了八场高质量会议，发布5篇重磅年度行业专题研究报告，为全国物管行业转型升级探索新路，共话行业发展之道。同时，组委会还安排了13个"博物"分会场，邀请全国企业代表赴大湾区不同类型标杆项目参访交流，助力企业提升增长韧性，拓宽发展视野，提高创新能力。

本次物博会还开通了现场直播采访间、线上看展、论坛直播等线上发布形式，通过各直播平台线上同步观展人数达60余万。相关新闻不仅得到了全国近百家主流媒体的报道，还被深圳市政府官方网站、"深圳发布"公众号、学习强国平台、"深圳微博发布厅"等权威平台转发。广大参展单位和观展企业也纷纷对本次物博会发挥的作用给予高度评价。

四海宾朋聚一堂，开幕式上献寄语

2022年11月21日上午，一曲由1872相约合唱团带来的《祖国，深圳对你说》拉开了2022深圳国际智慧物业产业博览会的帷幕。深圳市住房和建设局党组书记、局长徐松明，局班子成员、一级调研员朱文芳，物业监管处处长张雁，副处长仇晨卉，深圳市物业管理事务促进中心主任谢吾德，中国物业管理协会副秘书长刘寅坤，深圳市物业管理行业协会会长曹阳、副会长兼秘书长吕维，易居克而瑞副总裁张兆娟，招商蛇口副总经理、招商积余董事长聂黎明、招商积余总经理陈海照以及来自全国各地方协会嘉宾，全国各物业服务企业、供应商服务商代表等共同出席开幕式。

朱文芳在致辞中希望深圳物业管理行业以本届物博会为契机，推动构建智慧社区、智慧物业产业生态圈，打造与深圳城市定位相匹配、与国际一流水平相接轨的现代物业服务行业。刘寅坤

通过视频致辞，他表示，党的二十大擘画了以中国式现代化全面推进中华民族伟大复兴的宏伟蓝图，也为新时代奋斗者创造了实现中国梦的广阔舞台。希望物业行业全体人员汇合作之力、聚创新之势、谋发展之道、绘共赢篇章。

作为物博会主办方代表，曹阳表示，将努力把本届物博会办成一场创新成果展示会、先进经验分享会、增进友谊交流会、谱写新篇的盛会。作为参展商代表，聂黎明在现场表示，招商积余期盼与各位同行伙伴们开放互通，深入交流，共同促进物业产业博览会的成果转化，推动中国物业管理产业融合发展，实现物业产业联动增长。

开幕式上，招商积余物业各岗位杰出代表带来舞蹈《国之大者》，参演"物业风华"最美物业人风采秀，员工代表刘颖演唱《向光而行》……这一次舞台，他们用歌曲、舞蹈的形式展现时代之魂，他们为构建和谐社区、建设美好生活勇当先锋，体现着物业人自强不息、坚韧不拔的"精气神"。

在领导嘉宾的深情寄语中，在物业人的载歌载舞中，物博会大幕徐徐拉开。

红色物业展风采，美好家园筑和谐

在本次物业管理博览会粤港澳大湾区物业产业馆，由深圳市物业管理行业党委和深圳市物业管理行业协会联合打造的红色物业展区备受瞩目。该馆共600m²，采取独特的外观形象，宛如一艘巨轮劈波斩浪，象征大湾区物业行业的蓬勃发展，展区汇集粤港澳总部型物业及服务商企业，集中展示大湾区物业行业发展的蓬勃生机，立体彰显粤港澳大湾区物业管理行业发展历程及未来展望，体现深圳企业立足大湾区，辐射全国各地，共享行业发展。馆内全方位展示了粤港澳大湾区数十家优秀物企在"红色物业"和美好家园建设方面的经典案例等，集中呈现大湾区物企党建引领、多元共治、打造共建共治共享和谐社区的发展成果。

在物博会开幕首日，深圳市住房和建设局党组书记、局长徐松明莅临展会现场，并首先来到红色物业展区参观，了解了深圳"红色物业"推进情况。他强调，物业管理是城市治理的重要组成部分，提升物业管理水平是人民群众对美好生活期待的具体要求；各物业企业要坚持问题导向、居民需求导向，激活红色细胞在社区治理中的作用，发挥好物业管理在建设美好家园中的作用，着力提升群众获得感、幸福感、安全感。他希望深物协发挥好枢纽作用，利用本届物博会契机，为各参展企业搭建交流学习、经验分享、品牌展示的平台，为全国物业管理行业转型升级探索新路、提供示范。

展会期间，该场馆人员络绎不绝。广大物业人纷纷来到这里，打卡拍照，学习各优秀物企在"红色物业"方面的先进做法，交流"美好家园"建设方面的经验。

展商路演引关注，服装秀上搭桥梁

为更好对接各方采购需求，为展商搭建合作平台，开拓市场新机，促进成果转化，在本次物博会上，主办方特别组建了一支百人专业招采评审团，并设置了展商路演环节，邀请各展商进行产品推介、企业宣传、项目推广、新品发布等一系列活动，开展了30余场展商路演。向参展观众和招采评审团详细介绍了新产品、新技术、新发展，引起了强烈反响。

展会现场特别组织的"物业风华·最美物业人风采秀"等配套活动，由乐华德等服装展商提供职业装，万物云、金地物业、华侨城物业、招商积余、星河智善生活等物业企业人员现场走秀，在展示物业人风采的同时，也为服装企业与物业企业之间搭建了供需对接平台，赢得现场阵阵掌声。

展会期间，通过打造百人专业招采评审团，组织30余场展商路演，展会期间共实现招采入库86家，促成意向合作订单500多单，现场战略合作签约35组，预计合约金额达千万级。其中，深圳市物业管理行业协会分别与深圳市律师协会、深圳市高空清洗行业协会、深圳市客户通科技有限公司签署战略合作协议，在法律服务、城市清洁、楼宇立面清洁维护服务方面的品质提升、行业数字化建设等方面达成战略合作。深圳百城精工有限公司与深圳市信德行物业管理有限公司，深圳市博思高科技有限公司与深圳市大众物业管理有限公司、深圳市万厦世纪物业管理有限公司、深圳之平物业发展有限公司分别签署战略合作协议。还有不少企业正在进一步洽谈中。

参展企业有特色，科技产品很吸睛

本次物博会上，不仅有来自物业服务企业、物业管理行业上下游产业链的设施设备制造商、产品供应商、技术提供商和工程服务商，以及房地产开发企业等领域，还有黑龙江、湖南、重庆、武汉、合肥等省市设置的城市展区。

参展企业百花齐放各有特色，招商积余展示的"招商π"数字化管理平台、中海物业品牌生态主题展、深业运营的物联管控平台、华侨城物业的智慧楼宇三维可视化平台和智慧城区管理平台，以及赛格物业的园区智能"云"管理监控平台和"物业服务＋园区低碳智慧能源"解决方案、绿城服务的未来社区展陈模块、旭辉永升服务展示的图灵数据共享中心等，不仅充满了科技感，更能看到各参展企业在推动物业企业向智慧化、绿色化方面取得的成果。不少智慧平台还可以开放给其他同行使用，为其他企业提供服务。

奇见科技展示的"智能立体车库＋在线停车解决方案"，让不少物业企业大呼给力，纷纷表示要进一步洽谈。博思高的无人值守设备，不仅可以实现防尾随，还有刷脸识别健康码功能，高仙展示的多功能智能机器人可以应用于多种物业场景，得到了深圳都市频道第一现场的关注。e电梯提供的集电梯魔盒和电梯专用AIOT摄像机等黑科技于一体的"保险＋服务"解决方案，重庆物协馆展商电力综合能源服务供应商彩弘锦展示的智能控制拓扑平台，金蝶科技展示的"智慧资管＋收入中台＋智慧物业"平台，德国哈高展示的集洒水、清扫、剪草为一体的多功能作业车等，不仅能助力物业企业降本增效、提升服务品质，还为解决物业服务中遇到的各种问题提供了解决方案，得到了广大物业企业的关注，不少观展人员都主动索要联系方式，表示有进一步合作的意向。

大咖云集献智慧，百家争鸣论发展

资本关注之下如何更好坚守初心？行业数字化建设的难点在哪里？物业行业未来又该何去

何从？本次物博会上，主办方围绕粤港澳大湾区物业创新发展、城市服务、社区美好生活、物业数字力、智慧化建设、法律政策、产业发展等维度，推出了八场高端论坛"粤港澳大湾区物业创新发展论坛""新周期的开启：2022中国物业行业高峰论坛暨城市服务论坛""深圳物协法律政策工作委员会成立大会暨首届论坛""中国社区生活服务第三届'美好生活'论坛""深圳物博会·中国物业管理产业发展趋势论坛""2022中国物业数字力峰会（深圳）""'联接未来'思享会 第三季智汇·物联""物业产业协同发展论坛暨物业好声音颁奖典礼"，百位嘉宾上演百家争鸣，为行业创新发展把脉问诊、出谋献策，为全国物管行业转型升级探索新路。现场更是一位难求，场场爆满。

著名经济学家向松祚对未来经济大趋势的判断，易居企业集团首席执行官丁祖昱对行业重新启动需满足的三个条件，万物云董事长朱保全那句"不因资本市场忘记做好服务的初心"，碧桂园服务执行董事兼总裁李长江对于市场变化中物业发展机遇的思考，绿城服务董事会主席杨掌法对物企如何进一步获得发展、获得经营品质提升的解析，招商积余总经理陈海照的"光合作用的破局之道"，中海物业董事局主席张贵清对物业企业品牌重塑与品牌升级的见解……大家的观点在碰撞中激荡出各种智慧的火花，更为行业发展打开了新的思路，不少物业人直呼"过瘾"。

物博会期间，长城物业、绿城服务、万科物业、中海物业四大品牌物企达成共识，在深物协会长曹阳的见证下，联合签署《住宅物业服务倡议书》，希冀行业正本清源，明确行业的产业定位、市场主体与责任等，让公众了解物业管理服务的价值与意义。让物博会不仅为展商开拓了市场新机，更为企业搭建了良好的交流平台。

媒体助阵增姿色，行业内外评价高

本次物博会得到了全国近百家媒体支持，南方日报、深圳特区报、深圳晚报、晶报、深圳新闻网、深圳电视台都市频道等多家本土主流媒体，人民日报客户端、中国日报、环球网、网易新闻、新浪新闻、凤凰新闻等全国性媒体以及上海、北京、广东、陕西、湖南、山东、河南等区域权威媒体纷纷给予报道。

值得一提的是，《南方日报》"南方+"客户端报道《深圳物博会开幕，十大主题展区近300家企业参展》被深圳市人民政府新闻办公室官微"深圳发布"、"深圳微博发布厅"、深圳市政务服务数据管理局官微"i深圳"、"学习强国"等权威平台关注并转载，深圳特区报头版刊发的《2022深圳物博会开幕》被深圳市人民政府门户网站首页转载，在行业内引发强烈反响。多家参展单位代表也对本次物博会发挥的作用给予高度评价。

作为深物协友好协会，合肥物业管理协会会长程纯洁本次亲自带领多家合肥物业企业参展观展，他认为，通过物博会，不仅让合肥物业企业了解深圳及全国物业企业发展情况，也能让合肥物业企业与各地物业同行互通有无，共同发展，攻坚克难，难中求成！物业大家庭欢聚鹏城，交流经验，畅叙友谊，搭接桥梁！

湖南物业管理行业协会书记封浩建表示，物博会云集了中国主流物业服务企业、展现了现代科技赋能行业服务社会的价值，解读了行业发展的前景与机遇，湖南物协将充分利用本次盛会的收获带领区域企业坚持不懈地走在创新、高质量、不断优化产业结构的发展之路上。

作为本次物博会开幕式承办方，招商积余党委书记、总经理陈海照表示，深圳物博会立足深圳、面向全国，集结了一线优秀企业，是全国物业行业重要的交流平台，为物企提供了难得的行业经验交流与学习契机。招商积余借此机会与同行、公众、媒体进行了充分的交流对话，对共同推动物业行业高质量发展，充满了信心。

作为头部上市物企，中海集团董事、中海物业董事局主席张贵清表示，物博会举办于党的二十大胜利闭幕之际，恰逢其时。中海物业将以"好时节 好物业 好社区"回应"客户、行业、社会"三方关切，履行央企担当，引领行业新风尚。

作为物业行业上下游供应商代表，e电梯公司CEO萧健表示，这次物博会，让他感受到了物业行业蓬勃活力，也更坚定了与物业行业共发展的决心。博思高董事长李启家认为物博会发挥了很好的平台作用，公司新研发的无人值守设备在展会上得到了多家企业关注，下一步将进行更深层次的洽谈。

【八大论坛】

本次博览会上，主办方围绕粤港澳大湾区物业创新发展、城市服务、社区美好生活、物业数字力、智慧化建设、法律政策、产业发展等维度，推出了八场高端论坛，百位嘉宾上演百家争鸣，为行业创新发展把脉问诊、出谋献策，为全国物管行业转型升级探索新路。

（1）粤港澳大湾区物业创新发展论坛

2022年11月21日，"粤港澳大湾区物业创新发展论坛"在深圳国际会展中心（宝安）举办。会议邀请著名经济学家、粤港澳大湾区研究院院长向松祚，万物云董事长、执行董事兼总经理朱保全，碧桂园服务执行董事、总裁李长江，招商积余党委书记、董事总经理陈海照，中海物业集团董事局主席兼执行董事张贵清，易居克而瑞副总裁张兆娟等多位行业大咖围绕党的二十大后经济金融大趋势以及大湾区物业创新发展等问题进行探讨。论坛还发布了《2022年度大湾区物业企业市场及服务力发展报告》。

（2）中国社区生活服务第三届"美好生活"论坛

2022年11月21日下午，中国社区生活服务第三届"美好生活"论坛在深圳国际会展中心正式开幕。会上，由社区生活委和南方日报社、深圳市物业管理协会共同发起的"美好生活·幸福社区"活动启动仪式。会议还邀请到了诸多业内大咖纵论社区增值服务。会议邀请到了中央党校二级教授、社会学教研室主任、中央党校重大创新程首席专家谢志强现场为大家作党的二十大精神解读，中国物业管理协会社区生活服务委员会顾问昌峰做《中国物业行业增值服务蓝皮书》的发布和解读。会议还进行了中国社区生活服务"美好生活缔造者"圆桌论坛，在诚信行物业管理集团董事长王宏杰的主持下，长城物业总裁梁志军、旭辉永升服务集团总裁周洪斌、黑龙江万瑞物业董事长李春俐、上海益中亘泰集团董事长朱春堂、留存道整理学院院长卞栎淳分享了他们在不同的细分赛道所做出的尝试或者是值得关注的案例。

（3）深圳物协法律政策工作委员会成立大会暨首届论坛

2022年11月22日上午，"深圳市物业管理行业协会法律政策工作委员会（以下简称深物协法工委）成立大会暨首届论坛"在深圳国际会展中心8号馆成功举办。会上，深物协副会长兼秘书长吕维宣读深物协法工委的成立文件，协会会长曹阳为副会长余绍元颁发深物协法工委主任聘书。现场还举行深物协法工委揭牌及委员聘任仪式。

中物协名誉副会长、中物协法律政策工作委员会主任委员李书剑在线上致贺词。会议还邀请深圳市人大常委会法工委原主任刘曙光、湖南省物业管理行业协会书记封浩建、威海市物业行业党委副书记、协会党委书记刘笃章，中物协法工委委员、深物协法律顾问刘长森、深物协法工委副秘书长周华斌，中物协副会长、苏宁银河物业总经理许德军、协会副会长刘洪兴等特邀嘉宾围绕相关主题进行演讲。会议还进行圆桌对话环节，在副会长林琅的主持下，协会副会长吴浩彬、罗华、黄继东，南山区人大代表、华联物业总经理黄欣，法工委秘书长兼之平管理副总裁凌梅圣，分别围绕"如何依法续聘、选聘物业服务企业""业委会如何依法履职""停车位产权收益的争端""小区公共收益纠纷"以及"物业合同效力问题"等多个热点痛点的法治问题进行充分探讨。

会上，深圳市物业管理行业协会与深圳市律师协会举行战略协议签约仪式。

（4）新周期的开启：2022中国物业行业高峰论坛暨城市服务论坛

2022年11月22日上午，"新周期的开启：2022中国物业行业高峰论坛暨城市服务论坛"在深圳举办，论坛汇集了500余名来自全国领军物业服务企业的高管精英，以及各地方物业管理协会、物业服务企业及供应商、服务商企业代表、金融机构和研究机构的嘉宾代表，共话行业美好前景。易居企业集团首席执行官丁祖昱、绿城服务董事会主席杨掌法、招商积余总经理陈海照、宝石花物业董事长张小军、康桥悦生活执行董事兼总裁戴卫、深圳历思联行物业董事长兼总经理赵昀、碧桂园服务CMO兼城市服务集团总裁汪英武、易居克而瑞副总裁张兆娟，中物研协总经理杨熙等多位领导嘉宾围绕城市服务领域发表了主题演讲。此外，论坛发布了《旧时代的终结新周期的开启》《2022中国物业城市研究报告》两大行业报告，对当下物业行业的发展现状与趋势作了全面解读。

（5）深圳物博会·中国物业管理产业发展趋势论坛

2022年11月22日，由深圳物博会组委会主办，上海克而瑞承办，长城物业、彩生活服务集团协办的"深圳物博会·中国物业管理产业发展趋势论坛"在深圳国际会展中心（宝安）举办。中国物协名誉副会长、产业发展研究委员会主任、深圳物协会长曹阳出席论坛并致辞。深圳物协副会长，深业物业运营集团党委书记、董事长肖武春，绿城物业服务集团党委书记、行政总裁金科丽，金地智慧服务集团物业总监盖世家，长城物业·共享之家养老服务有限公司总经理李志建，彩生活服务集团创新与系统部总经理吴超出席论坛，并围绕论坛主题，介绍了物业企业深度参与社区治理的模式和做法，论述了物业企业如何重塑行业品质管理体系，分享了各种新业态的项目运营经验，展示了酒店式居家养老服务的运营模式，提供了全新的行业数字化转型系统解决方案。论坛由协会副会长、玉禾田智慧城市运营集团总经理鲍江勇主持。

（6）2022中国物业数字力峰会（深圳）

2022年11月22日，由上海克而瑞信息技术有限公司主办、绿城科技集团协办、克而瑞科创事业部承办的"2022中国物业数字力峰会（深圳）"在深圳国际会展中心举办。本次峰会围绕"智慧创美好·共生向未来"主题，邀请多位领导嘉宾从不同维度对物业数字力发展进行交流，分享行业经典案例，展示优秀研究成果。会上，易居克而瑞发布了《2022中国物业数字力行业报告》。绿城科技集团董事长吴志华等人在现场发表了主题演讲，对企业数字化实践进行了深度分享。在"物业数字化赋能社区运营""科技赋能智慧社区"圆桌对话环节，中海、招商积余、绿城科技、蚂蚁集团等多家企业代表围绕物业在社区运营中的数字化实践、智慧社区建设等方面展开思想碰撞。

（7）深圳物博会·智慧物业与数字化转型暨"联接未来"思享会

2022年11月22日下午，由蝴蝶派联合深圳市物业管理行业协会以及克而瑞成功举办以"智慧物业与数字化转型暨'联接未来'思享会第三季《智汇·物联》"为主题的思想风暴会在物博会现场成功举办。

本次会议特别邀请了深圳市物业管理行业协会副会长王西山、张祺鑫、黄继东、尤东，副秘书长周文戚、黎峰、朱镇华、孙力军、何林军，理事何楚平，城建物业总裁赵纲，以及部分行业专家、头部物业企业、物业科技服务企业等200余位企业家出席了此次风暴会。会议围绕数字化建设、降本增效、增值服务、创新发展等方面深入研讨物业服务企业数字化转型和智慧物业平台运营的思路，探讨行业发展趋势，助力行业新未来。

（8）物业产业协同发展论坛暨物业好声音颁奖典礼

2022年11月23日上午，"物业产业协同发展论坛暨物业好声音颁奖典礼"在会展中心8号馆举行。论坛环节，上海高仙自动化科技发展有限公司业务发展部总监杨光熙、深圳市飞蜘蛛环境产业有限公司总经理冯秀琼、深圳万洁物业科技服务有限公司总经理徐润、深圳市安杰信息科技有限公司董事长吴方正等物业产业上下游产业链演讲嘉宾，分别分享了各自在智慧清洁、智能化建设等领域的优势与经验，并对如何与物业产业协同发展发表观点。

会上，深圳物协为第九届深圳物业好声音"绿清服务杯"获奖单位进行颁奖。彩生活物业、天安智慧运营获第九届深圳物业好声音"金奖"，华侨城物业、深圳融创服务获第九届深圳物业好声音"银奖"，彩生活物业、深圳融创服务、深业物业运营集团获第九届深圳物业好声音"铜奖"。活动还颁发了最美物业人主题奖、抗疫先锋主题奖等多个奖项。

3. 2022第三届中国幸福社区范例奖评选活动

【2022第三届中国幸福社区范例奖报道】

幸福花盛开　一起向未来

——2022第三届中国幸福社区范例奖颁奖典礼暨第四届幸福社区超级演说家大会盛大举行

活动一：第三届中国幸福社区范例奖

两年一度，幸福之约。2022年11月16日下午，"2022第三届中国幸福社区范例奖颁奖典礼暨第四届幸福社区超级演说家大会"在深圳深业上城文华东方酒店文华厅隆重举行。这次活动是由已有30年历史的专业媒体、在物业服务行业与业主圈极具影响力的住宅与房地产杂志社主办，深圳市深投文化投资有限公司独家冠名。多家高校与学术机构提供了学术支持，活动还得到了数十家物业行业与业主类协会、学会组织的支持。

深圳市住房和建设局局领导朱文芳，深圳市住房和建设局原副局长、深圳市住房研究会会长、深圳市城市建设类行业联合党委第一书记胡建文，深圳市住房和建设局物业监管处处长张雁，中海物业集团行政总裁、董事、中国物业管理协会副会长杨鸥，深圳市物业管理行业协会会长曹阳，中海物业深圳平台公司总经理、深圳市物业管理行业协会副会长刘洪兴，深圳市安全应急产业协会秘书长李晓三，全国智标委绿色智慧物业应用推广中心主任刘政，深圳大学政府管理学院教授、博士生导师、城市治理研究院执行院长陈文，英国特许房屋经理学会亚太分会副主席吴沂城，深圳市第十届文明市民（道德模范）、深圳市五届、六届人大代表、深圳减灾救灾联合会会长杨勤，深圳市深投文化投资有限公司党委副书记、纪委书记颜明权，《住宅与房地产》杂志联合出品单位的领导，住宅与房地产杂志社常务副社长钟仪、总编辑李春云，以及范例奖独立专家评审团与督查委员会的专家代表，来自全国各地的基层政府部门代表、地产企业代表、业主组织代表、物业企业代表、第三方机构代表等出席了此次活动。新华网、南方日报（南方+）、新浪乐居、腾讯大粤网、凤凰房产、深圳商报（读创）等媒体朋友，今日头条、楼市温度、物业管理信息网等多家资讯平台对活动进行了直播与深度报道。活动由中国物业管理协会副会长、之平管理董事长兼执行总裁余绍元主持。

主办方以《我们都是追梦人》宣传片拉开了范例奖颁奖典礼的序幕。该宣传片剪辑自全国30多个城市物业服务与社区治理的鲜活场景，生动体现了城市与社区共建共治共享的成果。

深圳市深投文化有限公司（以下简称深投文化）党委副书记、纪委书记颜明权作为活动冠名单位、主管单位致欢迎辞。深投文化是目前世界五百强企业深投控旗下唯一一家文产企业。他在致辞中首先介绍了中国幸福社区范例奖评比的背景与本届范例奖评审情况。他表示，当前，深投文化正紧密围绕深投控战略部署，抢抓深圳"双区建设"和综合改革试点等重大历史机遇，以"服务于投控发展战略、服务于深圳城市文化软实力提升、服务于更好满足市民精神文化生活新期待"为发展使命，推动形成文化服务、文化体验、文化科技、文化传媒四大特色业务板块，系统发展综合文化服务、特色影院建设运营、数字文化、文化金融、文化科技、出版传媒等业务，稳步做大做强产业规模，打造特色鲜明的文化企业和投资平台集团，提升公司核心竞争力、创新力、影响力和传播力。同时，他还表示，未来，深投文化将努力建设成为综合型文化产业投资及资产运营管理平台，为深投控打造"世界500强"国际一流企业集团，为"双区建设"以及深圳市打造全球区域文化中心城市和国际文化创新创意先锋城市文化赋能。

第三届中国幸福社区范例奖独立专家评审团专家代表——国务院发展研究中心公共管理与人力资源研究所公共管理研究室主任、副研究员，第三届全国基层政权建设和社区治理专家委员会委员王伟进博士，为这次范例奖作评审总结。王伟进博士分享了在阅读幸福社区创建申报材料时的体会：一是当前我国社区治理创新呈现出党建引领、社会协同、服务导向的趋势。社区、社会企业不断创新服务形式，公益志愿服务提供者越来越多。二是社区治理的初心使命没变。即不断夯实基层治理基础，让社区充满活力又和谐有序的重大使命没变；不断满足居民对社区更安全、更舒适、更便利、更有人情味的美好期待没变；持续提升居民获得感、幸福感、安全感没变。王伟进同时指出，创新社区治理要做到如下几点：一是将党建引领作为社区治理的主线，推动基层党建与基层治理双线融合，实现社会秩序与社会活力的平衡。二是将社区发展作为社区治理的动力，认识到社区也是发展的平台，在发展社区公共空间、社区经济、社区组织、社区服务中创新社区治理。三是将"三治"融合作为社区治理的关键，创新自治、法治、德治的实现形式。四是将社区服务作为社区治理的手段，坚持安民、便民、亲民与治理与服务。五是将社区文化视为社区治理的粘合剂，形成社区共同记忆，增强居民认同感。

颁奖现场，来自政府、物业协会组织、业主组织、人大代表、专家学者们，共颁出"2022第三届中国幸福社区范例奖——物业服务范例奖、多元共治范例奖、社区养老服务范例奖、老旧小区/城中村物业服务范例奖、红色物业范例奖、绿色智慧物业范例奖、社区智慧运营范例奖、基层治理创新奖"82个；产业园区服务范例奖、商业/写字楼服务范例奖、物业城市服务范例奖、公共物业服务范例奖、第三方专业服务范例奖25个；青年先锋奖、特殊贡献人物/团队奖、最美物业人/团队奖83个。

获奖社区与项目来自香港、澳门、北京、广州、深圳、武汉、杭州、成都、南京、贵阳、郑州、合肥、重庆、长沙、沈阳、哈尔滨、济南、无锡等五十多个城市。既有当地街道办、社区工作站申报，又有业委会、物业服务企业、地产企业申报。申报的社区多数是当地有标杆意义的社区与项目。

获奖的社区与项目团队，他们善于在平凡中挖掘探索，创新拼搏，把平凡事做出非凡价值。他们秉承着全心全意为居民服务的理念，主动了解居民需求，倾听居民意见，在坚持党建引领、营造社区空间、优化社区服务、推动居民参与、培育智慧场景、承担社会责任等方面贡献了自己的力量。这些创新实践有效提升了居民的幸福感，增进了社区和谐，形成了一批可复制，可推广的社区治理新模式，为共建幸福家园，营建社区治理共同体，打造共建共治共享的社会治理格局提供了重要参照。

一事一物皆品质，一举一动尽服务。获奖的个人与团队，他们在平凡的岗位上兢兢业业，尽职尽责，扎实做好本职工作，用心打造品质服务的标杆。在他们中，有爱琢磨，敢实践的创新能手，积极探索着社区治理新模式；有奋发有为的青年先锋，激荡着青春的力量；有带着细心、热心和爱心的物业人，做好每一个细节；有重责任，讲担当的物业服务团队，以昂扬的热情对待工作。他们以实际行动，闪耀着作为一颗平凡螺丝钉的光辉，给居民、社区和社会带来无尽的温暖与感动，也为行业做出了不忘初心，勇于担当的表率。

此次评选活动，为了保证专业性、权威性与公正性，主办方设立了独立专家评审团与督查委员会。独立专家评审团专家由来自国务院发展研究中心公共管理与人力资源研究所、社科院社会学研究所、同济大学设施管理研究院、深圳大学城市治理研究院等机构与学府，以及国内、国际物业管理相关机构的专家组成。督查委员会专家则全部由具有丰富经验的法官、业主组织的代表、社区治理领域专家、社区管理与服务经验的专家与会计师、律师、研究机构专家组成。主办方还对经过专家评审出来的社区与人物进行了多媒体公示，并采取了一票否决制，即社区发生过重大治安事故、恶劣影响的事件、群体性事件、责任事故的一票否决。

此次活动得到了中国社会科学院社会学研究所社区信息化研究中心、中国人民大学公共政策研究院社区治理与研究中心、全国智标委绿色智慧物业应用推广中心绿色物业管理专委会、同济大学设施管理研究院、红旗新愿景社区文化与治理研究院、湖北人文社会科学重点研究基地城市社区建设研究中心、深圳大学城市治理研究院、深圳市普华博睿公共管理和行业标准化研究中心、深圳市减灾救灾联合会、英国特许房屋经理学会亚太分会、澳门物业管理商会、长沙学院物业管理研究所、长沙市物业管理研究所等学术机构的支持。

此次活动同时得到深圳市安全应急产业协会、北京市海淀和谐社区发展中心、深圳市风范和谐社区促进中心、上海德同宜居（社区服务）事务中心、安徽中特律师事务所业主物权研究与调解中心、湖南省三湘文明社区促进中心、上海众蚁社区、海南省业主委员会协会、成都市新兴社区发展中心、成都市城乡社区发展治理促进会、辽宁省物业管理行业协会、沈阳市业主委员会协会、宁波三江红社区治理服务中心、温州业主委员会协会、中原和谐社区大讲堂、山西朔州市业主联合会、深圳市绿典环保促进中心、为心社区等机构的大力支持。

主办方住宅与房地产杂志社希望通过总结幸福社区建设先进经验，挖掘社区服务经典案例，表彰社区服务先进人物的方式，凝聚社区共同价值，激发各方参与幸福社区建设的内生动力，引导各方力量推动幸福社区的建设。

中国幸福社区范例奖每两年举办一次。在后期会将独立第三方的调研数据，作为范例奖客观评价的指标，不断完善范例奖的评价体系，使"中国幸福社区范例奖"成为未来基层治理、智慧社区、绿色社区、幸福社区最专业最经典的品牌奖项！

活动二：第四届幸福社区超级演说家大会

超级演说家演讲，已经成为"中国幸福社区范例奖"的例牌活动。本届主办方邀请到了4位超级演说家，从不同角度传播幸福社区的理念、情怀与理想。

绿城服务社区共治中心总经理张征的演讲主题是"幸福力量——绿城服务社区共治思考与实践"，演讲内容分为"幸福时代""幸福画卷""幸福之路"三个部分。他首先从政策层面、行业层面、企业层面为大家解读了幸福时代"共治"为什么是当下热词。其次他重点分享了"绿城幸福里"讲述了一个什么样的故事。"绿城幸福里"是在党建引领下，以业主委员会为主导，以里长组织为支撑，以业主共同参与为基础，以园区服务中心为执行单位，合力打造众筹、自治、共建、分享的新型园区治理模式。它是以社区党委、幸福里委员会、里长组织为一体，以园区睦邻社团组织、园区志愿服务组织为两翼，以社区党委、幸福里委员会、园区服务者共治，重点围绕安全共治、品质共建、人文共享、公益共行开展活动，形成"一体两翼，三方共治，四轮驱动"的运行模式。

招商局积余产业运营股份有限公司工会主席、高级政工师、中物协改革发展三十周年风云人物、招商蛇口优秀党务工作者夏欣刚作为首位超级演说家为现场观众带来"让从事物业服务的基层员工更有尊严"的主题演讲。夏欣刚先跟大家分享了"王卫与被打的快递小哥现身敲钟仪式"和"海底捞你学不会"这两个关乎员工尊严的故事，后分析了物业行业基层员工的人员构成、工资水平、社保缴纳情况及社会认可度。夏欣刚认为，员工成长是企业发展的基石和动力，客户满意是企业竞争的制胜法宝，客户满意度来源于每位基层员工的用心服务，作为企业应该关注、重视、尊重基层员工，让基层员工能更体面工作、生活。演讲的最后他提出建议：物业协会要加强引导，规范行业，避免恶性竞争，促进行业健康发展，进而提升从业人员的薪酬水平；正面宣传，崇尚荣誉，弘扬最美物业精神，提升物业行业基层员工的社会认可度，让从事物业服务行业的基层员工更有尊严一起向未来！

此次主办方还邀请到深圳国贸物业管理有限公司副总经理盛世与大家分享大型超高层物业数字化运营管理经验。在演讲中他讲述了大型超高层物业运营管理难点、传统物业运营管理的方法和弊端及大型高层物业数字化运营管理的应用。他认为，通过数字化管理平台在物业运营管理中的应用，一可有效提高数据收集和统计分析能力，及时发现运营管理中的问题，制定有效解决方案；二打通了客户、管理人员、员工信息渠道，有效实现制度文件共享、数据共享、信息共享；三可有效缩短管理者发现问题时间，提升分析问题准确率，提高解决问题效率，真正意义上做到了精准管理、精准服务、精准成本控制。

最后一位压轴演讲的是上海青年业委会委员联谊会秘书长、复旦大学当代中国研究中心研究员、众蚁社区创始人韩冰。他的演讲主题是"当大部分小区都有了业委会会怎样？——上海社区治理观察"。韩冰在演讲中说道，上海有9000多个业主大会，该组织有好处也有弊端。他观察到，业委会缺少规范化，组织成员特性是不专业、不稳定、不持续的，也许可以通过大力发展业主外围第三方来实现规范化。如何构建党建引领下的三驾马车协同机制，形成社区治理合力，还需要在实践中不断探索！

超级演说家的演讲引起了现场嘉宾的共鸣与深层思考。

活动三：2022中国物业服务上市企业排行榜发布会

在本次颁奖典礼上，住宅与房地产杂志社还首次发布了2022中国物业服务上市企业排行榜。

根据"十四五"规划纲要："以提升便利度和改善服务体验为导向，推动生活性服务业向高品质和多样化升级。加快发展健康、养老、托育、文化、旅游、体育、物业等服务业，加强公益性、基础性服务业供给。"作为重要基础性服务供给主体之一的物业服务企业，在提升居民生活品质、促进提高社区和城市治理水平等方面日益发挥着关键作用。其中，作为物业管理行业创新发展的中坚力量，上市物企的示范引领效应不断凸显。作为物业行业的老牌专业媒体，住宅与房地产杂志社经过深入谋划、深度研究，正式发布《2022中国物业服务上市企业排行榜》，以此总结上市物企的发展经验、促进物企的发展交流、推动中国社会经济的和谐发展。

该榜单的评价对象为：截至2022年6月30日在上海证券交易所、深圳证券交易所、香港联交所上市，且截至2022年8月31日已公布2021年度报告的55家上市物企。该榜单是以前述上市物企2021年度报告的财务、业务等数据资料为基础进行编制的，包括服务规模榜单、经营业绩榜单、盈利榜单、成长能力榜单和市值榜单，其中，服务规模、经营业绩、盈利、市值榜单是以相关业务或财务指标数值由高到低排序所得，成长能力榜单是以相关业务和财务指标的同比增长率加权平均值由高到低排序所得。

现场发布了物业服务上市企业5大评价指标的TOP10榜单。

榜单1 服务规模榜单

排名	企业代码	企业简称	实际在管项目总建筑面积（截至2021年年底，亿m²）
1	6098.HK	碧桂园服务	7.6570
2	3319.HK	雅生活服务	4.8890
3	6049.HK	保利物业	4.6530
4	2869.HK	绿城服务	3.0410
5	001914.SZ	招商积余	2.8100
6	2669.HK	中海物业	2.6000
7	0873.HK	世茂服务	2.4050
8	9666.HK	金科服务	2.3790
9	1516.HK	融创服务	2.1500

续表

排名	企业代码	企业简称	实际在管项目总建筑面积（截至2021年年底，亿㎡）
10	3913.HK	合景悠活	2.0610

注：（1）实际在管项目总建筑面积不含顾问项目及已签约但未进驻项目的面积，为截至2021年年底的数据，数据来自各企业披露的2021年年报（下同）。（2）浦江中国2021年度报告披露了在管项目数量，未披露在管项目建筑面积。

榜单2　经营业绩榜单

排名	企业代码	企业简称	营业收入（2021年度，亿元人民币）
1	6098.HK	碧桂园服务	288.4301
2	3319.HK	雅生活服务	140.8009
3	2869.HK	绿城服务	125.6613
4	6049.HK	保利物业	107.8255
5	001914.SZ	招商积余	105.9093
6	1209.HK	华润万象生活	88.7538
7	0873.HK	世茂服务	84.2578
8	1516.HK	融创服务	79.0367
9	2669.HK	中海物业	78.3727
10	9666.HK	金科服务	59.6845

注：年报中财务数据货币单位为港元的，按照"1港元＝0.83004元人民币（2021年港币兑人民币平均汇率）"进行换算（下同）。

榜单3　盈利榜单（TOP10）

排名	企业代码	企业简称	归属于上市公司股东的净利润（2021年度，亿元人民币）
1	6098.HK	碧桂园服务	40.3340
2	3319.HK	雅生活服务	23.0846
3	1209.HK	华润万象生活	17.2493
4	1516.HK	融创服务	12.7633
5	0873.HK	世茂服务	11.3004
6	9666.HK	金科服务	10.5718
7	2869.HK	绿城服务	8.4628
8	6049.HK	保利物业	8.4569
9	2669.HK	中海物业	8.1665
10	3913.HK	合景悠活	6.7484

榜单4　成长能力榜单

排名	企业代码	企业简称	综合成长能力（2021年度，%）
1	3913.HK	合景悠活	260.1123%
2	2107.HK	第一服务控股	93.9943%
3	6093.HK	和泓服务	90.2479%
4	6098.HK	碧桂园服务	88.3775%

排名	企业代码	企业简称	综合成长能力（2021年度，%）
5	9916.HK	兴业物联	74.0967%
6	0816.HK	金茂服务	70.5903%
7	2270.HK	德商产投服务	65.1662%
8	0873.HK	世茂服务	63.8511%
9	3658.HK	新希望服务	60.5502%
10	9666.HK	金科服务	60.4964%

注：（1）综合成长能力评价得分=2021年实际在管面积同比2020年增长率×0.3+2021年合约面积同比2020年增长率×0.2+2021年营业收入同比2020年增长率×0.5。（2）方圆生活服务2021年度报告未披露2021年在管项目建筑面积、合约面积同比增长率等数据；浦江中国2021年度报告披露了在管项目数量，未披露在管项目建筑面积。

榜单5　市值榜单

排名	企业代码	企业简称	总市值（截至2022年6月30日，亿元人民币）
1	6098.HK	碧桂园服务	1，007.0190
2	1209.HK	华润万象生活	759.3168
3	2869.HK	绿城服务	246.6010
4	2669.HK	中海物业	237.5202
5	6049.HK	保利物业	236.6026
6	6666.HK	恒大物业	212.6418
7	001914.SZ	招商积余	190.5442
8	3319.HK	雅生活服务	153.2536
9	1995.HK	旭辉永升服务	149.8751
10	1516.HK	融创服务	124.6965

活动四：第二届中国幸福社区城市论坛（十城十人论坛）

2022年11月16日上午，由住宅与房地产杂志社和深圳市风范和谐社区促进中心共同举办，深圳市社区云科技有限公司承办，北京市海淀和谐社区发展中心协办的2022第二届中国幸福社区城市论坛在深圳深业上城文华东方酒店77楼云境厅举行。主办方特别邀请到了来自全国多个城市的多位社区治理专家进行经验分享，并通过圆桌互动的方式与其他的与会嘉宾进行了热烈的探讨，论坛由深圳市风范和谐社区促进中心理事长施法振主持。

活动五：智慧物业创新技术应用精品展

与颁奖活动同时举行的还有"智慧物业创新技术应用精品展"活动。万融社区科技服务（深圳）有限公司作为精品展活动的承办方，以"科技打造幸福社区"为主题，与合作伙伴一起展示了多种黑科技产品，让人大开眼界。室内厘米级精准定位技术、轻质高强的防潮防水保温隔热装配式新材料、智能立体停车库、高空抛物智能防控系统等高科技产品，受到了参会嘉宾的高度关注。

附录：

深圳物业管理发展大事记（2022）

2022年1月1日，由深圳市住房和建设局印发的《深圳市物业服务评价管理办法》（以下简称《管理办法》）正式施行。《管理办法》共43条，列六章，有效期5年。《管理办法》明确物业服务评价的调整规范对象为在深圳市范围内开展实施物业服务活动的物业服务企业和物业管理项目负责人。由深圳市住房和建设部门负责统筹全市物业服务评价管理工作，市、区住房和建设部门负责物业服务信息的采集、录入、认定、评价等工作，街道办事处负责配合区住房和建设部门做好物业服务评价管理相关工作。深圳市物业管理服务促进中心负责建立物业服务信息评价管理系统，并承担统计汇总，以及有关信息的采集和录入等具体事务性工作。该办法旨在贯彻落实住房和城乡建设部等10部门对建立物业服务信息公开公示制度的相关要求，规范企业行为，推动行业高质量发展。

2022年1月13日，深圳市物业管理行业协会印发《关于物业管理项目物业管理权交接中停车场经营管理交接的指导意见》（以下简称《指导办法》），对物业服务领域在原、新物业管理单位之间就项目物业管理权交接中涉及的停车场经营管理交接中存在的五种问题进行明确和规范。该《指导意见》的出台，旨在保证停车场利益相关方不因物业管理权交接而形成利益受损和产生新的矛盾纠纷，减少物业管理单位就物业管理项目在管理权交接过程中的矛盾，保障全体业主和相关合法权益方的正常生产生活秩序和合法权益。

2022年1月26日，住房和城乡建设部办公厅、中央文明办秘书局公布"加强物业管理，共建美好家园"100个典型案例，由金地智慧服务集团在管的坪山区金地朗悦花园小区、长城物业集团在管的福田区长城二花园小区成功入选。2021年，住房和城乡建设部精神文明建设办公室印发《关于推进"加强物业管理，共建美好家园"活动的通知》，深圳市为试点单位。深圳市住房和建设局高度重视，制定了《深圳市住房和建设系统开展"加强物业管理，共建美好家园"活动工作方案》，并从加强住宅小区党组织建设、增强居民自我管理能力、党建引领住宅物业小区治理三大方面对美好家园建设提出要求，全面部署创建工作。最终，金地朗悦花园和长城二花园两个物业项目因成绩突出被成功入选。

2022年4月27日，深圳市住房和建设局发布《深圳市住房和建设局关于表彰疫情防控表现优秀物业服务企业的通报》，根据各企业在物业管理区域防控、围合管理、应急处置、组织志愿服务等履行防控职责和承担社会责任方面的具体表现，对在年初的疫情防控工作中表现优秀的69家物业服务企业进行表彰。同日，深圳物协也发布《关于对支援封控区、管控区疫情防控工作的物业服务企业通报表扬的决定》，对60家在支援疫情封控区和管控区行动中表现突出的物业企业进行表彰。2022年年初，深圳的疫情多点发生，沙头等多个街道成为重灾区，广大物业服务企业坚守疫情防控一线，积极贯彻落实市委市政府疫情防控决策部署，一方面，积极筑牢群防群控防线，体现了"最后一百米"的专业服务价值，为广大人民群众的生命安全和身心健康筑起了坚实屏障，另一方面，积极派出志愿者，支援政府抗疫，彰显了物业行业的责任和担当。

2022年8月4日，深圳市住房和建设局和深圳市财政局联合印发《深圳市2022年度物业服务企业疫情防控服务财政补贴发放指引》，对2022年1月至3月期间为深圳住宅物业项目提供物业服务，并按市、区疫情防控指挥部门要求向所在社区提供疫情联防联控服务、落实相关防疫要求的物业企业给予每平方米1元的补贴。物业服务疫情防控补贴申请期间，共有1964家企业为其在管的5227个物业项目提出了补贴申请，申请金额近5亿元。这也是深圳自2020年在全国率先为物业行业发放防疫补贴之后，再一次对深圳物业企业真金白银的扶持。

2022年9月29日，深圳市物业管理行业协会联合万科物业共同编制的《空巢老人物业服务指南》（以下简称《指南》）正式发布。《指南》在"物业服务+养老服务"的时代背景下，聚焦居家社区养老模式，在两千余个住宅小区空巢老人的13270份调研问卷基础上，明确了由"点"及"面"的服务思路，根据客户需求划分了基础服务和增值服务，并在科技助力、老年人友好型社区、时间银行等方面进行了延伸和探索，由此呼吁全行业参与到居家社区养老服务中来，共同携手创造行业新的价值增长点。这也是国内首份《空巢老人物业服务指南》，将为物业企业服务空巢老人、做好居家养老服务提供指引。

2022年10月21日，深圳市物业管理行业协会发布《关于任命第七届深圳市物业管理行业协会专业委员会首批主任委员的通知》，对法律政策工作委员会、行业自律规范与督察委员会、权益保障委员会、行业评价与质量促进委员会、发展研究与合作交流委员会、资本市场与投资运营委员会、物业服务产业联盟等七个专业委员会主任委员进行正式任命。本次任命是落实第七届理事会对专委会运作模式改革的第一步，通过赋予各专委会更多自主权，推动专业委员会更好服务行业发展、服务会员企业。各主任委员可按照协会章程及分支机构管理办法，组建分支机构工作团队，有序开展各项工作。

2022年11月21日至23日，由深圳市住房和建设局指导，深圳市物业管理行业协会主办，上海克而瑞信息技术有限公司承办，全国各省市50多家地方协会鼎力协办的"2022深圳国际智慧物业产业博览会"在深圳国际会展中心圆满举行。本届博览会展览面积达2万㎡，围绕"智慧创美好 共生向未来"主题，设置十大展区。参展企业近300家，专业观众超3万人次。博览会同期还举办了八场高质量会议，13个"博物"分会场。博览会共实现招采入库86家，促成意向合作订单500多单，现场战略合作签约35组，预计合约金额达千万级。物博会期间，长城物业、绿城服务、万科物业、中海物业四家头部物企联合签署《住宅物业服务倡议书》。

2022年，在深圳纳入统计的1994家企业中，从业人员总数达到73.44万人，间接带动就业岗位超百万个。深圳物业企业在管项目达25756个，在管总面积28.8亿㎡，行业总产值首次突破1500亿元，达1554.37亿元，其中主营业务收入突破1300亿元，多种经营创收额达226.08亿元。为落实"六稳""六保"发挥了重要作用。

2022年9月29日，万科集团分拆万物云于港交所上市，股票代码2602。本次IPO，万物云获基石投资金额约2.8亿美金。万物云业务模式主要分为三大业务板块：社区空间居住消费服务、商企和城市空间综合服务、AIoT及BPaaS解决方案服务。从2022年中报数据来看，万物云在管面积8.4亿㎡。作为国内最大的全域空间的服务商，2022年最大的首发IPO案例，万物云是近2年以来募资最高的物业企业，也是物业板块中上市时规模体量最大的物企。

2022年11月16日，"2022第三届中国幸福社区范例奖颁奖典礼暨第四届幸福社区超级演说家大会"在深圳深业上城文华东方酒店隆重举行。中国幸福社区范例奖评比起始于2018年，每两年举办一次。2022年第三届中国幸福社区范例奖的评比，在23位来自全国各地业主圈的精英与第三方机构专家的监督下，经过13位来自全国社区治理领域顶级机构与高等院校、国际机构的专家组成的独立专家评审团，历时一个月的评审，共评出住宅类项目范例奖60个，商业类与公建类项目范例奖20个、第三方范例奖5个、基层治理创新奖22个、最美物业人与最美物业团队奖48个、青年先锋奖11个、特殊贡献人物与特殊贡献团队奖24个。同期举行的活动还有"第四届幸福社区超级演说家大会""第二届中国幸福社区城市论坛""首届智慧物业创新技术应用精品展""2022中国物业服务上市企业排行榜发布会"。主办方住宅与房地产杂志社开创性地策划组织了业主圈与物业圈的互动评比，旨在通过媒体力量，汇总与甄选出散落在全国各地的社区治理的典型优秀案例，并将它们宣传推广，以此推动共建共治共享社区的建设，践行一个专业媒体的使命担当。

致　谢

协助编辑单位（排名不分先后）

深圳市住房保障署

深圳市福田区住房和建设局

深圳市罗湖区住房和建设局

深圳市盐田区住房和建设局

深圳市南山区住房和建设局

深圳市宝安区住房和建设局

深圳市龙岗区住房和建设局

深圳市龙华区住房和建设局

深圳市坪山区住房和建设局

深圳市光明区住房和建设局

深圳市大鹏新区住房和建设局

深汕特别合作区住房建设和水务局

深圳市物业管理服务促进中心

深圳市房地产和城市建设发展研究中心

深圳市物业管理行业协会

深圳市罗湖区物业服务行业协会

深圳市南山区物业管理协会开展

深圳市宝安区物业管理协会开展

深圳市龙岗区物业管理协会开展

深圳市房地产和物业管理进修学院

深圳住房研究会